파리의 풍경 V

파리의 풍경 V

초판 1쇄 인쇄 2014년 10월 10일
초판 1쇄 발행 2014년 10월 15일

지은이 루이세바스티앵 메르시에
옮긴이 이영림 외
펴낸곳 서울대학교출판문화원
펴낸이 성낙인

책임 편집 곽진희
디자인 장혜원

출판등록 제15-3호
주소 (151-742) 서울 관악구 관악로 1
대표전화 02-880-5252 | 팩스 02-888-4148
마케팅팀(주문상담) 02-889-4424, 02-880-7995
이메일 snubook@snu.ac.kr
홈페이지 www.snupress.com

ISBN 978-89-521-1602-4 04920
978-89-521-1597-3 04920(세트)

이 저서는 2010년 한국연구재단의 지원을 받아 수행된 연구임(NRF 2010-322-A00006).

파리의 풍경 V

루이세바스티앵 메르시에 지음
이영림 외 옮김

서울대학교출판문화원

일러두기

1. 이 책은 18세기 프랑스의 문인 루이세바스티앵 메르시에(Louis-Sébastien Mercier)가 1781~1788년에 출판한 총 12권의 『파리의 풍경(*Tableau de Paris*)』을 번역한 것이다.

2. 각 장의 순서는 원서의 장(chapter)의 순서와 일치하며 총 1,050장으로 이루어져 있다. 각 장은 1~4쪽 분량으로 내용 또한 자유롭게 전개되고, 이러한 80~100개의 장이 모여 다시 하나의 권을 이루며, 전체 12권으로 구성된다.

3. 이 책은 I(1, 2권), II(3, 4권), III(5, 6권), IV(7, 8권), V(9, 10권), VI(11, 12권) 총 6권으로 구성된다.

4. 이 책에서 역자 서문은 대표 역자인 이영림 교수가, 머리말은 원저자인 루이세바스티앵 메르시에가 각각 작성한 것이다.

5. 각 장의 번역은 7명의 번역자들에 의해 이루어졌다. I권은 송기형·최갑수·이영림·양희영·장진영 교수, II권은 장진영·이규현 교수, III권은 주명철·송기형 교수, IV권은 최갑수·장진영 교수, V권은 이영림·양희영·장진영·이규현 교수, VI권은 이규현·주명철 교수가 번역하였다.

6. 번역자들은 지금까지 다양하게 사용되어 온 프랑스 역사와 문화 용어와 개념어의 통일을 시도했으며, 원서의 각주 외에 번역서의 이해에 필요한 상세한 주석을 첨부했다. 따라서 본문의 각주는 원서의 각주와 다르며 번역자의 것이다.

7. 사용된 그림들은 원서에는 없는 것이며, 독자들의 이해에 도움을 주고자 첨부하였다.

8. 프랑스어 표기는 외래어 표기 용례에 근거하였다.

9. 참고문헌은 각 권 말미에 넣었다.

10. 찾아보기는 사항별·인명별로 작성하여 권별로 각각 넣었다.

Tableau de Paris

Louis-Sébastien Mercier

Trans. by Lee Young-Lim et al.

Seoul National University Press

역자 서문

18세기 말 파리에서의 삶과 역사

『파리의 풍경(*Tableau de Paris*)』은 18세기 프랑스 문인 루이세바스티앵 메르시에(Louis-Sébastien Mercier)가 1781~1788년에 출판한 총 12권의 책이다. 방대한 분량의 이 책은 검열 당국의 준엄한 감시망을 피해 스위스에서 처음 씌어져 파리와 스위스, 네덜란드, 독일에서 비밀리에 출판되었는데, 출판되자마자 경찰의 추적을 받는 동시에 엄청난 인기를 누렸다. 1781년 『파리의 풍경』 첫 2권이 출판되자 도처에서 주문이 쇄도했다. 1781년에만 5종류의 위조본이 유통되고, 1782년에 첫판본의 2쇄 3,500부가 재간행되었다. 이 책은 다시 같은 해 4권짜리 판본으로 확대되어 9,000부가 인쇄되었다. 1789년 12권이 모두 한꺼번에 출판될 때까지 간행된 다양한 판본과 재간행본, 위조본을 합치면 수백만 부가 유통되었다. 출판물의 홍수를 이룬 18세기 출판업계에서 『파리의 풍경』은 볼테르나 루소의 저술보다 훨씬 더 성공을 거둔 초대형 베스트셀러였던 것이다. 이렇듯 『파리의 풍경』의 인기는 오늘날의 기준으로 보더라도 상상을 초월한다. 그 비결은 무엇이었을까?

책 제목이 시사하듯 『파리의 풍경』은 18세기 말 파리의 모든 것, 일상생활과 거리를 오가는 사람들의 모습, 사회풍속과 관행, 제도와 정치, 도시문제, 직업, 건강 등을 구체적이고 생생하게 묘사한 관찰 보고서이다. 실제로 『파리의 풍경』은 심오한 정치철학서도, 사회개혁 의지를 담은 사상서도 아니다. 그럼에도 불구하고 이 책이 커다란 성공을 거둔 이유는 무엇일까?

저자 메르시에는 누구인가?

우선 메르시에가 과연 어떤 인물인지, 그리고 그가 위험을 무릅쓰고 그토록 방대한 양의 책을 출판한 이유는 무엇인지 살펴보자.

루이세바스티앵 메르시에는 파리에서 태어나서 활동한 전형적인 파리인이다. 1740년 칼을 갈고 금속 무기의 광을 내는 숙련공 아버지와 석수장이의 딸인 어머니 사이에서 태어난 그는, 노동자 계층 출신이었지만 명문 콜레주 데 카트르나시옹(Collège des Quatre-Nations)에서 수준 높은 정규교육을 받았다. 1763~1765년에는 수사학을 가르치는 교사생활을 하기도 했다. 그러나 문학의 꿈을 포기하지 못한 그는 20대 초부터 『메르퀴르 드 프랑스(*Mercure de France*)』에 습작을 발표하기 시작했다. 1766년에는 볼테르의 작품을 모방한 『아랍 시인 이제르벤 이야기(*Hisotire d'Izerben, poête arabe*)』를 발표함으로써 문인으로서의 신고식을 치렀다. 이후 그는 소설, 희곡, 연극이론, 어휘연구, 신문기사, 수필 등 다양한 장르의 글을 발표하며 문인으로서의 길을 걸었다.

메르시에의 출세작은 1770년에 발표한 『2440년, 한 번 꾸어봄직한 꿈(*L'an 2440, Rêve s'il en fût jamais*)』이다. 무명의 젊은 문필가였던 메르시에가 익명으로 발표한 이 작품은 파리에서 큰 성공을 거두었다. 전국에서 주문이 쇄도해서 1770년의 첫판본이 25쇄 출판될 정도였다. 1775년부터 2년간 그는 『귀부인들의 신문(*Journal des dames*)』의 편집장을 맡고 정기적으로 글을 올렸다. 이때 쌓인 원고의 상당 부분이 『파리의 풍경』에 활용되었다. 1770년대에 살롱과 연극 비평 모임에 참여하며 본격적으로 글을 발표하기 시작한 그는, 평생 쉴 새 없이 글을 쓴 다작가로 총 73편의 작품을 발표했다.

그에게 문학은 삶이자 생존 수단이었다. 프랑스 혁명 이전에 활약한 수많은 문인들 중 글을 써서 자신의 생계를 해결할 수 있는 사람은 30명에 지나지 않았는데, 메르시에는 그중에서도 윤택한 생활을 누릴 수 있었던 극소수의 인기작가에 속했다. 그러나 메르시에에게 글이 갖는 의미는 경제적 차원에서 국한되지 않았다. 그는 단순히 돈벌이만을 좇아다니던 인기작가가 아니었다. 그에게는 글이 곧 행위였고 미래였다. 그는 글을 통해 끊임없이 사회를 비판하고 변화를 꿈꾸며 미래 사회를 설계했다.

메르시에는 그 누구보다 계몽사상의 세례를 듬뿍 받았다. 계몽사상의 태동기인 1740년 파리에서 태어나고, 계몽사상이 절정에 달한 1750~1760년대에 그곳에서 성장하고 교육을 받았으니 말이다. 1694년생 볼테르와 1712년생 루소는 그의 스승이었고, 1743년생 콩도르세와 엘베시위스는 그의 동료였다. 메르시에는 살롱, 문학 클럽, 카페에 드나들며 그들과 교류하고 지적 토론을 벌였다. 그는 인기작가였을 뿐 아니라, 사회에 대한 비판 의식에 가득 찬 지식인이었던 것이다.

메르시에의 출세작 『2440년』은 그의 사회비판 의식이 잘 드러난 대표작이다. 공상소설의 형식을 띤 『2440년』은 메르시에 자신을 암시하는 익명의 남자가 철학자 친구와 파리의 불공평함과 타락에 대해 열띤 토론을 벌이는 장면으로 시작된다. 그 후 잠이 든 주인공은 꿈속에서 700년 후의 파리를 경험한다. 여기서 메르시에는 그 자신이 꿈꾸는 파리의 모습을 묘사한다. 미래의 파리는 성직자도, 사제도, 매춘부도, 군인도, 노예도 없는 사회이다. 그곳에서 사람들은 편안하고 실용적인 복장으로 자유롭게 공론을 즐긴다. 반면 먼 과거의 모습으로 묘사된 1770년 당시의 파리는 부패와 타락이 만연한 곳이다. 『파리의 풍경』은 바로 이 지점에서 출발한다. 그로부터 10년 후 메르시에는 18세기 말 파리를 신랄하게 비판한 『파리의 풍경』을 발표하기 시작했다.

『2440년』과 『파리의 풍경』은 출판되자마자 금서로 지정되고 당국의 추적을 받았다. 그럴수록 인기는 치솟았다. 이상사회를 꿈꾸며 다른 사람들은 무관심하게 지나치는 주변의 모든 위선과 모순을 고발한 메르시에는, 엘베시위스나 돌바크처럼 금서를 통해 계몽사상을 전파한 제3세대 '계몽사상가'였다.

하지만 메르시에는 사상가에 머무르지 않았다. 1780년대 프랑스인들은 대부분 개혁의 필요성을 절감하고 있었지만, 그는 누구보다 용감했다. 1787년에 발표한 『정부에 관한 명백한 관념들(*Notions claires sur les gouvernements*)』에서 그는 세금 감면, 특권 폐지, 능력 위주의 사회, 교회 재산의 일부 몰수, 영국식 농경, 산업 육성책 등 구체적인 정부 개혁안을 제시했다. 혁명이 일어나자 그는 기다렸다는 듯 적극적으로 혁명에 가담했다. 우선 그는 1789년에 일간지 『프랑스 애국 문학 연보(*Annales patrioques et littéraires de la France*)』를 창간하며 언론인으로 활약했다. 1791년에는 루소를 혁명의 선구자로 찬양한 『프랑스 혁명의 일류 저자로 꼽히는 장자크 루소에 대하여(*De J. J. Rousseau, considéré comme l'un des premiers auteurs de la Révolution*)』를 발표했다. 1792년에는 국민공회 의원에 선출되어 직접 정치활동에 나섰다.

메르시에는 확실한 공화주의자였다. 그러나 정치적 현실주의자였던 그는 루이 16세 처형에 반대했다. 공포정치로 치닫던 숨가쁜 상황에서 그의 판단과 선택은 설 곳이 없었다. 결국 그는 로베스피에르와 다투고 감옥에 갇혔다. 메르시에만이 아니라 그 시대 누구도 혁명 과정을 명확히 이해하지 못했고, 또 혁명의 미래를 예측하지도 못했다. 실제로 혁명은 철학자들이나 혁명의 지도자들이 사유하고 의도했던 것과는 상이한 모습과 방향으로 전개되었다.

테르미도르 반동 후 감옥에서 나온 메르시에는 1797년 에콜 상트랄의 역사 교수가 되었다. 1798년에는 『파리의 풍경』의 후편 격으로 혁명 당시의 파리를 묘사한 『새로운 파리』 6권을 발표하며 문인의 자리로 돌아왔다.

혁명가 메르시에에 관해서는 오늘날까지도 거의 알려진 바가 없다. 메르시에는 마라, 당통, 로베스피에르와 동시대 인물이었지만, 혁명 당시 그의 정치적 행적은 화려한 혁명 지도자들의 그늘에 가려졌기 때문이다. 그러나 시대적 변화를 꿰뚫어 보고 이끌어 간 그의 탁월한 통찰력은 『파리의 풍경』을 통해 오늘날까지 생생하게 전해지며 빛을 발하고 있다.

『파리의 풍경』은 어떤 책인가?

파리의 관찰 보고서이자 역사서

총 73편의 작품을 발표한 메르시에의 최고 걸작이자 18세기 말 최대 베스트셀러 중 하나인 『파리의 풍경』은 일종의 관찰 보고서이다. 메르시에의 인생 자체에서 축적된 엄청난 자산이 그 탄생의 밑거름이 되었다. 퐁뇌프와 루브르 사이에 위치한 파리 중심부에서 태어난 그는 파리의 구석구석을 누비며 자랐고, 센 강가에 있던 학교에 다니며 6년을 보냈다. 또한 신문기자로 활약한 경험과 능력, 그리고 정보력을 지닌 그는 누구보다 예리한 관찰자였다. 이 모든 자산을 토대로 그는 자신이 직접 경험하고 목격하던 파리를 신문 기사처럼 간결하고 명쾌하게 묘사했다.

파리는 중세 이래 오랜 역사가 어린 곳이다. 메르시에는 그런 파리에 대해 강한 자부심을 지니고 있었다. 그러나 그는 정작 파리의 빼어난 건축이나 이름난 명소, 기념 건축물에 대해서는 말을 아낀다. 겉모습에 치중한 그러한 종류의 정보를 제공하는 책들은 이미 수없이 많기 때문이다. 실제로 『파리의 풍경』은 광장이나 거리를 지형학적으로 묘사하지 않았다. 대신 마구 뒤엉킨 파리의 모습을 있는 그대로 묘사하고, 그 안에 감추어진 이면의 역사와 변화한 모습을 말해 준다. 건축물의 역사를 전하며 조상의 삶을 이야기하는 『파리의 풍경』이 진정 하고 싶은 이야기는 바로 "18세기 말 파리가 조상이 살던 파리와 얼마나 달라졌는가, 그리고 사회 풍속이 어떻게 바뀌었는가?"이다. 유구한 전통이 서린 도심과 인근 농촌 지역을 잠식해 가는 개발 구역들에 대한 상세한 설명과 다양한 사회구조에 관한 분석을 통해, 우리는 수세기에 걸친 파리의 역사와 사회를 꿰뚫어 볼 수 있다.

『파리의 풍경』이 묘사한 파리의 모습은 만화경처럼 다양하다. 종교생활의 실상 및 결혼과 자살, 카바레의 술주정뱅이, 눈부신 인도산 천, 중국이나 일본산 도자기 등 거리의 다양한 볼거리에 이르기까지 온갖 잡다한 내용의 글을 읽다보면 정치, 사회, 경제, 문화, 종교 면이 총망라된 오늘날의 신문을 읽는 것 같은 느낌을 받는다.

그중에서도 압권은 매일매일 어깨를 부딪히며 살아가던 파리인들의 일상생활에 관한 묘사이다. 18세기 말 당시 파리의 인구는 70만 명에 달했다. 도처에서 몰려든 온갖 부류의 사람들로 들끓는 파리는 거대한 익명의 바다였다. 사람들은 이름도 모르는 채 서로의 팔을 스치거나 혹은 부딪치며 지나갔다. 주인의 심부름으로 온 하인들, 인근 농촌에서 무작정 상경한 어린 소녀들과 아낙들, 머나먼 브르타뉴와 랑그독에서 한밑천 잡으려고 올라온 청년들. 그들은 대부분 파리 성벽에 인접한 변두리 지역에 가까스로 거처를 마련하고, 아침이 되면 중앙시장 근처를 어슬렁거리며 일거리를 찾았다.

파리는 다양한 인종 전시장이기도 했다. 메르시에가 "생각할 줄 아는 사람이라면 파리에서 인류에 관한 모든 것을 알 수 있다"고 언급했듯이, 18세기 말 파리에서는 일본인, 에스키모인, 흑인, 퀘이커교도 등 세계 곳곳에서 온 사람들이 거리를 활보했다.

파리에서는 날마다 한편에서는 사제의 주례하에 한 쌍의 부부가 태어나고, 다른 한편에서는 사제의 종부성사를 받으며 사람들이 죽어갔다. 적어도 외형상으로 보면 파리는 가톨릭 중심지이고, 파리인들은 가톨릭인으로 태어나고 죽었다. 그러나 그들의 일상생활은 신앙심과는 거리가 멀었다. 사람들은 서로 아귀다툼을 벌이고, 거리는 온통 소음과 다툼으로 아수라장이다. 카페에서는 학생들과 글쟁이들이 모여 열띤 토론을 벌이고, 선술집에서는 대낮부터 얼굴이 벌게진 술꾼들이 죽치고 있다. 물장수, 모자장수, 생선 파는 아낙, 서적 행상인들은 손님을 부르기 위해 경쟁하듯 저마다 목청을 높였다. 물건을 팔려는 장사꾼의 찢어지는 목소리 외에도 싸우는 소리, 우는 소리, 사람 찾는 소리로 파리는 하루 종일 소란스러웠다.

시끌벅적한 파리의 모습은 거리의 또 다른 풍경인 사치스런 진열대, 화려한 마차행렬과 기묘한 대조를 이룬다. 마차를 타고 거리를 지나가는 귀족 나리들은 마차 안에서 거만한 눈초리로 거리의 사람들을 내다본다. 이렇듯 『파리의 풍경』에서는 서로 다른 두 세계의 대조적인 모습이 끝없이 펼쳐진다. 위대한 철학자들과 혁명가들의 탄생은 바로 이러한 파리의 양면성에서 비롯된 것이 아닐까?

신랄한 사회 비판서

메르시에는 파리와 살아 숨 쉬는 파리인들의 모습을 묘사했지만, 보이는 것을 글로 표현하는 데 그치지 않았다. 그의 시선에는 철학자의 비판적 시각이 담겨 있다. 실제로 『파리의 풍경』의 진면목은 객관적인 묘사를 하는 동시에, 사회와 풍속에 대한 신랄한 비평을 가하는 중층적이고 복합적인 묘사에 있다.

우선 메르시에가 꿈꾸는 도시는 위생적이고 청결한 근대적 도시이다. 그러나 18세기 말의 파리는 그와는 거리가 멀었다. 그는 센 강으로 온갖 배설물을 쏟아내는 파리의 게걸스러움을 개탄했다. 그가 묘사한 파리에서는 오염과 악취가 진동한다. 도로는 좁고 더러우며 흉측한 건물들로 가득 차 있다. 공중변소와 식수대 주변도 불결하기 짝이 없다. 거리의 공기는 탁하고, 도처에서 온갖 시끄러운 소리들이 울려 퍼진다.

메르시에가 가장 건전한 구역으로 꼽는 곳은 대학가에 인접한, 종교기관과 인쇄소 밀집 지역인 생자크 포부르이다. 반면 가장 불건전한 구역은 파리 한복판의 시테 섬이다. 최고법원이 위치한 시테 섬은 2개의 파리가 압축되어 있는 곳이다. 그곳에서는 사법부의 권위를 뽐내듯 장엄한 건축물이 즐비하고, 정의와 신념을 상징하는 수많은 조상(彫像)들이 늘어서 있다. 경찰의 감시와 염탐도 물샐 틈이 없다. 하지만 그와 동시에 시테 섬은 궁상스런 노점들이 즐비하고, 사기와 협잡, 매춘이 판치는 곳이기도 하다. 거리에는 유랑민들과 거지들이 떼지어 몰려다닌다. 메르시에에 의하면 이들의 수는 10만 명을 넘는다. 『파리의 풍경』에서 그는 권위와 무법, 사치와 빈곤을 대조시키며, 화려한 겉모습에 감추어진 비열한 관습과 폭력, 질병, 매춘, 암거래 등 도시의 온갖 치부를 낱낱이 고발한다.

민중의 삶 자체를 파리의 원천으로 간주한 메르시에는 이 모든 것을 민중의 시선으로 바라보고 묘사했다. 파리 인구의 대다수를 차지하는 민중은 파리의 중앙시장에서 각 구역의 작은 시장으로 연결된 도로망 주변에서 하루 종일 일에 허덕인다. 그러나 파리를 지배하고 있는 사람들은 약 3만 명의 부자 귀족들이다. 파리는 미식가이자 난봉꾼이고 낭비를 일삼는 그들이 판치는 불평등한 세상이다. 부르주아는 그런 가운데서 눈치를 보며 신분상승을 꾀할 뿐이다. 민중을 착취하는 귀족, 기회주의적인 부르주아 외에 경찰의 끄나풀들도 민중의 동요를 감시하고 억압하는 인간 군상으로 자주 등장한다. 『파리의 풍경』이 놀라운 흡입력을 발휘한 비결은 이렇듯 부자와 빈자, 귀족과 평민처럼 계급과 신분의 경계선으로 구분되는 혁명 직전 파리의 사회구조적 모순과 불공평함을 신랄하게 비판한 데 있다.

대중적인 계몽 사상서

메르시에는 어떻게 해서 사회비판자가 되었을까? 그에게 가장 많은 영향을 미친 철학자는 루소이다. 볼테르와 디드로의 영향을 받기도 했지만, 그는 루소의 사상과 문체를 본받으려고 애썼다. 그에게 '루소의 원숭이', '시궁창의 루소'라는 별명이 붙여진 것은 그 때문이다. 그는 특히 루소의 『사회계약론』에 심취했다. '사회계약론'은 홉스와 로크가 주창한 것이지만, 루소에 의해 파리에서 완전히 새로운 어휘로 재탄생했다. 루소의 저술이 인기를 얻으면서 일반의지와 인민주권론은 1780년대 파리에서 정치적 논의의 핵심이 되었다. 그러나 일반 독자들로서는 난해하고 심오한 루소의 『사회계약론』에 접근하기가 결코 쉽지 않았다. 그 징검다리 역할을 한 것이 바로 『파리의 풍경』이다.

18세기 말 파리는 누구나 쉽게 글을 읽고 접할 수 있는 특수한 공간이었다. 17세기 말 유언장에 서명한 파리의 남녀 비율은 이미 각각 85%와 60%로 전국 평균보다 훨씬 높았다. 혁명 직전 프랑스 전체의 문자 해독률이 남녀 각각 48%, 27%인 데 비해, 파리의 문자 해독률은 남녀 각각 90%와 80%로 늘어났다. 더구나 파리인들은 100년 전보다 10배나 더 글을 많이 읽었다. 거리에서는 서적행상인들이 쉽게 눈에 띄었고, 길모퉁이나 노천에서 노점상들이 책을 파는 모습도 파리의 일상적인 풍경 중 하나였다. 파리인들에게 독서는 무료함과 일상의 지루함을 달래줄 수 있는 벗이었다. 독서가 지극히 평범한 일상생활에 자리 잡게 되면서 종교적인 책들은 점차 자취를 감추었다. 사람들이 가장 즐겨 찾는 것은 두껍고 어려운 책보다는 짧은 소책자였으며, 쉽고 재미있는 내용의 글들이었다.

이러한 사회 · 문화적 변화를 예리하게 간파한 메르시에는 책과 독서를 통해 형성된 공중에 희망을 걸었다. 18세기 중엽에 형성된 여론의 기반이 바로 책과 공중이기 때문이다. 우선 그는 공중이 무엇을 원하는지, 그리고 무엇이 그들에게 호소력을 발휘할 수 있는지를 정확하게 파악했다. 그런 다음 『파리의 풍경』에서 계몽사상가들이 제시한 입헌주의, 공화주의, 대의제 등 추상적 담론을 파리의 실상을 통해 구체적으로 전달하는 동시에, 자신의 비판적 시선과 경험으로 재구성했다. 『백과전서』가 모든 지식을 경험론적인 시각에서 총체적으로 재구성한 지식의 나무라면, 『파리의 풍경』은 파리의 모든 것을 메르시에의 경험과 민중의 시선으로 재구성한 문화의 나무였던 것이다.

일찍이 모르네는 『프랑스 혁명의 지적 지원』(1933)에서 지식사회학의 차원에서 제도와 관습, 종교적 광신에 대한 비판, 관용에 대한 찬양과 같은 계몽사상이 어떻게 전파되어 가는가를 추적한 바 있다. 『파리의 풍경』은 모르네가 추적한 지식의 생산과 소비의 관계를 역동적으로 보여주는 증거이다. 메르시에가 파리의 일상생활을 폭로

하고 비판하는 가운데 계몽사상가들의 사상과 담론을 알기 쉽게 용해시켜 전달했으니 말이다. 『파리의 풍경』이야말로 계몽사상을 굴절시키고 전파시킨 공로자였던 것이다.

혁명의 예언서이자 준비서

앙시앵 레짐의 역사는 늘 프랑스사 최대의 화두인 혁명의 기원 문제로 이어진다. 이런 점에서 혁명의 진원지인 파리의 실상을 낱낱이 고발한 『파리의 풍경』은 혁명의 발발과 무관할 수 없다. 그렇다면 『파리의 풍경』은 과연 혁명에 영향을 미쳤을까?

18세기 중엽 이후 출판물의 홍수 속에서 수많은 책들이 사회적 불만과 긴장, 갈등을 토로했다. 어떤 책들은 혁명적 사고와 평등의식을 자각시키는 데 기여했다. 그런 종류의 책 자체가 혁명적 위기를 예고하는 징조였다. 그러나 어떤 책도 혁명의 직접적인 조건을 형성하지는 않았다. 주지하다시피 프랑스 혁명은 정치·사회·경제적 모순에서 비롯되었다. 파리 민중의 불만을 폭발시키고 바스티유 감옥의 습격을 감행시킨 동력은 계급 갈등이었다.

실제로 앙시앵 레짐 말기 파리는 소수의 부자가 극도의 풍요와 사치를 누리고, 대다수 민중은 빵 문제조차 해결하기 어려운 불평등한 사회였다. 1787년 이후 계속된 이상기후 현상은 상황을 더욱 악화시켰다.

민중의 불만은 이미 18세기 후반부터 도처에서 터져 나왔다. 특히 파리는 그러한 동요의 중심지였다. 17세기의 반란은 농촌에서 일어난 국가 조세를 거부한 농민들의 폭동이었다. 루이 14세 시대의 잠복기를 거친 후 저항의 중심지와 주체 세력이 바뀌었다. 18세기의 저항은 도시 노동자들의 음모와 파업의 형태로 나타났다. 노동자들은 선술집에서 회합을 갖고 더 나은 임금과 작업 조건을 요구했다.

불공평하고 불합리한 사회조건에서 그들은 자신도 모르는 사이에 저항의 심성을 공유하고 실천했던 것이다. 노동자들의 저항은 단순히 과거에 대한 동경이 아니라, 장인들에 맞서는 집단적인 계급 저항의 몸짓으로 발전했다. 『파리의 풍경』은 이러한 노동자들의 불복종을 증명하고 또 그것에 영향을 미쳤다.

오랫동안 민중은 사회 · 경제적인 측면에서 피동적이고 수동적 존재였다. 구태의연한 권위와 신분질서에 억눌려온 그들은 『파리의 풍경』을 읽으며 자유와 해방감을 느꼈다. 역으로 『파리의 풍경』은 그러한 민중이 자신의 삶의 주체로서, 나아가 정치적 주체로서의 인민으로 다시 태어나는 과정을 보여주는 동시에 그들을 일깨워 주었다. 이렇듯 민중이 '천민'에서 '인민'으로 바뀌는 과정은 이미 혁명 이전 앙시앵 레짐 아래에서 서서히 나타나기 시작했고, 『파리의 풍경』은 그 징검다리 역할을 했다. 1793년 메르시에 자신이 『파리의 풍경』에서 1789년의 혁명을 예언했다고 주장했듯이, 혁명의 도래를 예감케 하는 이 책은 프랑스 혁명이라는 엄청난 사회적 격변 직전 의식적 혹은 무의식적으로 불안감을 느끼고 있던 파리인들의 심리적 탈출구의 역할을 했을 뿐 아니라, 혁명을 준비시켰던 것이다.

오늘 우리의 자화상

18세기 말 파리의 일상생활을 적나라하게 묘사한 『파리의 풍경』은 17세기 말 베르사유의 궁정사회를 세밀하게 묘사한 생시몽 공작의 『회고록』과 무척 대조적이다. 그러나 둘 사이에는 일맥상통하는 부분이 있다. 생시몽 공작은 『회고록』에서 궁정이라는 좁은 무대를 중심으로 펼쳐지는 추잡하고 비열한 권력의 암투와 경쟁을 미시적으로 분석했다. 인간 내면에 도사리고 있는 권력에 대한 욕망과 인간의 허약함을 꿰뚫어 본 생시몽 공작의 통찰력은 17세기만이 아니라 오늘 우리 사회에도 적용할 수 있다. 『파리의 풍경』도 마찬가지이다. 메르시에가 꿰뚫어 본 18세기 말 파리의 다양한 모습은 18세기 파리만이 아니라 모든 도시가 갖는 보편적 속성이기 때문이다. 이런 점에서 『파리의 풍경』 역시 시공을 초월해서 오늘날 우리에게 시사하는 바가 크다.

물론 230년 전 메르시에가 묘사한 파리의 모습은 오늘날 파리와는 거리가 있다. 파리의 거리를 오가는 사람들 중에는 귀족도 민중도 찾아볼 수 없다. 230년 전의 파리는 우리가 사는 도시와는 더더욱 다르다. 그러나 메르시에가 전하는 18세기 말 파리의 모습은 겉모습에서는 달라도 그 본질에서는 분명히 21세기의 파리, 나아가 전 세계 모든 도시와 일맥상통하는 부분이 있다.

21세기 한국의 도시도 마찬가지이다. 개발 붐 속에서 엄청난 속도로 변화하는 도시의 외관, 대로변의 고층 빌딩과 지저분한 이면도로의 옹색하고 초라한 건물들, 화려한 진열대와 초라한 노점들, 부자와 가난한 사람, 노숙자들 그리고 도처에서 몰려드는 온갖 부류의 사람과 다양한 인종들. 이렇듯 다양하고 대조적인 모습은 18세기 말의 파리나 오늘 우리가 사는 도시나 똑같다. 서로 누구인지도 모르고 바쁘게 스쳐 지나가는 익명의 물결 속에서 파리인들이 느꼈던 고통과 기쁨, 분노와 소외 역시 오늘 우리 삶의 이야기이다. 이런 점에서 18세기 말 『파리의 풍경』은 멀지만 가까운 우리의 모습이자 자화상이다.

왜 다시 『파리의 풍경』인가?

『파리의 풍경』은 18세기 말 파리의 출판업계에서 이례적인 성공을 거두며 문단의 주목을 받았음에도 불구하고, 국내에서는 오랫동안 잘 알려지지 않았다. 『파리의 풍경』이 국내에 본격적으로 소개되기 시작한 것은 최근의 일이며, 그나마 프랑스 문학 분야에서는 거의 언급되지 않고 있다. 이러한 궤적은 『파리의 풍경』이 서구학계에서 겪은 풍파와 무관하지 않다.

혁명 직전 수백만 부가 팔린 『파리의 풍경』의 인기는 혁명이 끝나자 하루아침에 사그라들었다. 1815년 왕정이 복고되고 정통성의 원리가 천명되면서 예술계는 신고전주의에 의해 지배되었다. 이런 상황에서 제도권을 신랄하게 공격했던 『파리의 풍경』이 문학계로부터 외면당한 것은 당연한 현상이었다.

『파리의 풍경』에 대한 관심이 되살아난 것은 1830년 7월 혁명 이후이며, 그 가치를 재평가한 것은 문학계가 아니라 역사학계였다. 프랑스 혁명을 지지하며 혁명의 원인 규명에 몰두한 미슐레와 루이 블랑, 텐느와 같은 역사가들은 앙시앵 레짐 사회를 비판한 『파리의 풍경』을 높이 평가했다. 그러나 그들은 『파리의 풍경』의 앙시앵 레짐 비판에 초점을 맞추었을 뿐, 파리의 구체적이고 일상적인 삶을 묘사한 『파리의 풍경』의 진정한 가치를 제대로 인식하지는 못했다.

20세기 초 이후 역사학이 사회경제사 연구에 지배되면서 『파리의 풍경』은 역사가들의 관심에서 더욱 멀어졌다. 사회혁명론을 주장한 역사가들은 『파리의 풍경』이 계급의식과 투쟁의 문제보다는 자질구레한 신변잡기식 묘사에 그쳤다고 비난했다. 또한 구조사가들은 평범한 일상생활의 묘사 자체를 무가치하게 여겼다.

역사가들이 『파리의 풍경』에 다시 주목하고 그 가치를 재평가하게 된 것은 서구학계의 새로운 연구 동향과 더불어서이다. 1970년대 이후 역사가들은 사회사의 '장기 지속의 감옥'에 갇혀버린 인간성을 복원해 내기 위한 학문적 도전과 보완 작업을 시도했다. 그 과정에서 구조와 계급 대신 성, 가족, 죽음, 사랑, 의복, 음식물 등이 새롭게 조명되고, 과거에 살아 숨 쉬던 인간의 구체적인 삶의 모습을 복원하려는 노력이 전개되었다.

『파리의 풍경』이 재평가되고 역사적 사료로서의 가치를 인정받게 된 것은 이러한 맥락에서이다. 특히 일상사와 풍속사의 시각에서 민중문화를 연구한 아를레트 파르주는 『18세기 파리의 거리에서의 삶(*Vivre dans la rue à Paris au xviiie siècle*, 1979)』과 『취약한 삶. 18세기 파리의 폭력, 권력, 사회성(*La Vie fragile. Viloence, pouvoirs et solidarités à Paris au xviiie siècle*, 1986)』에서 메르시에의 시선으로 파리 민중의 삶을 복원시켰다. 다니엘 로슈도 『파리의 민중. 18세기 민중문화 연구(*Le Peuple de Paris. Essai sur la culture populaire au xviiie siècle*, 1981)』에서 『파리의 풍경』을 인용하며 계몽주의 시대의 여론과 민중문화를 연구했다.

『파리의 풍경』과 메르시에가 본격적으로 학문적 관심이 대상이 된 것은 1990년대부터이다. 그것은 1980년대 이후 서구학계에서 유행한 책과 독서의 연구 경향에 힘입은 바 크다. 특히 책과 프랑스 혁명의 관계에 주목하며 18세기 여론과 출판문화를 연구한 로버트 단턴, 로제 샤르티에와 같은 역사가들은 『파리의 풍경』을 18세기 독서 관행의 실제를 증언해주는 귀중한 자료이자, 실제 독서문화 그 자체를 대변하는 문화적 조건으로 간주했다. 예를 들어, 앙시앵 레짐 시기의 책과 프랑스 혁명의 관계를 연구한 단턴은 『책과 혁명』(1995; 주명철 옮김, 2003)에서 다양한 장르의 문학과 결합한 계몽사상의 생산과 보급, 그리고 그 영향을 보여주는 여러 사례 중 하나로 『파리의 풍경』을 들고 있다. 로제 샤르티에가 『프랑스 혁명의 문화적 기원』(1990; 백인호 옮김, 1999)에서 주목한 것은 18세기의 독서 관행이다. 그는 책과 사상 그 자체가 아니라, 앙시앵 레짐 말기 구체적인 일상생활 속에서 이루어진 독서 방식의 변화를 분석했다. 정치적 · 종교적 권위를 상징하던 책과 경건하고 진지한 독서 방식이 점차 혼자 있는 시간에 자유롭게 즐기는 독서 혹은 함께 모여 비판적 논의를 즐기는 독서로 바뀌면서, 기존의 사고방식과 체제에 비판적인 책이 인기를 끌었음을 강조했다. 샤르티에에 의하면 『파리의 풍경』과 메르시에 자체가 18세기 말 혁명의 문화적 조건을 갖춘 파리의 상황이었다.

국내에서는 현재까지 『파리의 풍경』이 부분적으로 소개되거나 인용되었을 뿐이며, 본격적인 연구가 이루어지거나 번역이 시도된 바 없다. 저자 메르시에에 관한 연구 논문이 발표되기 시작한 것도 최근이다.

『파리의 풍경』은 어떻게 이루어졌는가?

『파리의 풍경』 전체 12권은 총 1,050장으로 이루어져 있다. 메르시에는 각 장마다 구체적인 제목을 붙여 독자의 관심을 끌고 있다. 각 장의 분량은 1~4쪽으로 자유로운 편이며, 내용 또한 자유롭게 전개된다. 이러한 80~100개의 장이 모여 다시 하나의 권을 이루고 있다.

전체 구성을 보면 제1권은 1~104장, 2권은 105~205장, 3권은 206~297장, 4권은 298~357장, 5권은 358~454장, 6권은 455~541장, 7권은 542~603장, 8권은 604~675장, 9권은 676~766장, 10권은 767~849장, 11권은 850~958장, 12권은 959~1,050장까지이다.

방대한 분량의 이 책은 다양한 판본으로 출판되었으나, 가장 정확한 판본은 파리에 위치한 프랑스 국립도서관에 80L3i52c 등록번호로 보관되어 있는 1789년 판본과, 가장 최근 장클로드 보네의 주도하에 메르퀴르 드 프랑스 출판사에서 출판된 1994년 판본이다. 이 책의 번역은 두 판본을 토대로 이루어졌다.

주지하다시피 『파리의 풍경』은 개인적인 작업으로는 번역이 불가능할 정도로 방대한 분량이다. 더구나 정치, 사상, 제도, 문화, 경제, 종교, 풍속 등 다방면에 걸친 내용으로 말미암아 다양하고도 구체적인 지식과 언어적 훈련이 요구된다. 따라서 이 책의 번역은 2010년 이후 앙시앵 레짐 연구자 2명(이영림, 주명철), 프랑스 혁명 연구자 2명(양희영, 최갑수), 프랑스 어문학 연구자 3명(송기형, 이규현, 장진영)의 공동작업을 통해 완성되었다. 그 과정에서 7명의 번역자들은 지금까지 다양하게 사용되어 온 프랑스 역사와 문화 용어와 개념어의 통일을 시도했으며, 번역서의 이해에 필수적인 상세한 주석을 첨부했다. 이 모든 노력에도 불구하고 여전히 번역이 미진하고 부족하다고 느껴지는 것이 솔직한 심정이다. 크고 작은 오역에 대한 두려움도 피할 길이 없다. 독자 여러분의 관심과 지적을 기대하며 앞으로의 수정 작업을 다짐할 뿐이다.

2014년 9월

이영림

머리말

나는 파리에 대한 이야기를 하려고 한다. 건물, 교회, 기념물, 명소 등에 관한 이야기가 아니다. 그런 이야기는 다른 사람들이 이미 충분히 했다. 나는 공적이고 사적인 풍속, 지배적인 사상, 파리인들의 정신의 현재 상황, 요컨대 말도 안 되거나 또는 합리적인, 그러나 항상 변화하는 여러 가지 관습 중에서 나에게 감명을 준 것에 대해 이야기하려고 한다. 또 파리의 무한한 위대함, 지나칠 정도의 풍요로움, 터무니없는 사치에 대해 이야기할 것이다. 파리는 돈과 사람들을 빨아들인다. 또한 다른 도시들을 흡수하고 집어삼킨다. 언제나 파리는 무엇을 집어삼키려고 애쓴다.

나는 모든 시민 계층을 조사했다. 거만한 부로부터 가장 거리가 먼 대상들도 간과하지 않았다. 이러한 대비를 통해 이 거대한 수도의 정신적인 모습을 더 잘 보여주기 위해서이다.

많은 파리 주민들은 자신의 도시 안에서 외국인이나 다름없다. 이 책은 그들에게 무엇인가를 가르쳐 줄 수도 있다. 아니면 그들이 너무 오랫동안 보아왔기에 더 이상 인식하지 못하는 장면들을 더 분명하고 더 정확한 관점에서 보여줄 것이다. 실제로 우리가 매일 보는 사물들을 아주 잘 알고 있는 것은 아니기 때문이다.

만약 이 책에서 광장과 길에 대한 지형학적 묘사나 또는 지난 일들의 역사를 기대한다면 잘못이다. 나는 정신적인 것과 그 일시적인 뉘앙스에 전념했다. 왕비의 인쇄상-서점상인 무타르 가게에는 4권으로 구성된 두꺼운 사전이 있다. 검열관이 승인하고 왕의 특허를 받은 이 사전에는 성, 콜레주 그리고 아주 작은 골목들의 내력이 실려 있다. 만약 어느 날인가 이 수도를 팔아먹을 공상을 한다면, 이 두꺼운 사전이 그에 대한 목록이나 카탈로그 역할을 할 수 있으리라.

그렇다고 목록이나 카탈로그를 만들지는 않았다. 내가 본 것에 따라 그렸고, 가능한 한 내 '풍경'에 변화를 주었으며, 여기저기 색을 칠했다. 내 눈과 이해력으로 조각들을 모아서 펜으로 그려낸 그림이 바로 이 책이다. 작가가 잘못 보거나 잘못 색칠한 것은 독자들이 스스로 교정해야 한다. 독자들에게는 사물을 다시 보고 비교해 보고 싶은 은밀한 욕구가 생길지도 모른다.

내가 한 것보다 훨씬 더 많은 이야기가 남아 있고 내가 관찰한 것보다 훨씬 더 많이 관찰할 수 있지만, 자신이 알고 있거나 배운 것을 모조리 다 쓰려고 하는 사람이 있다면 그는 미치광이가 분명하다.

설사 내가 호메로스와 베르길리우스가 말한 100개의 입과 200개의 혀 그리고 우렁찬 목소리를 갖고 있더라도, 대도시의 대조적인 모습들은 비교에 의해 더욱 두드러지기 때문에 모두 소개할 수는 없을 것이다. "세상의 축약판이다"와 같은 이야기는 아무짝에도 필요가 없다. 세상을 보고 돌아다니며 그 안에 있는 것을 조사해야 한다. 세상 사람들의 재능과 어리석음, 우유부단함과 어찌할 수 없는 허풍을 연구해야 한다. 일반적인 법칙과 끊임없이 충돌하는 개별적인 법칙을 만들어내는 일상적이고 사소한 모든 관습에 대해 주시해야 한다.

1,000명이 똑같은 여행을 한다고 가정해보자. 저마다 관찰자가 되어 여행기를 쓰더라도, 이 사람들 다음에 오는 사람들이 할 또 다

른 재미있는 이야기는 얼마든지 남아 있을 것이다.

나는 여러 가지 악습에 대해 비판했다. 오늘날 그 어느 때보다도 악습을 개혁하기 위해 노력하고 있는 것은 사실이다. 악습을 고발하는 것은 그 철폐를 준비하는 일이다. 이 글을 쓰고 있는 순간에도 몇몇 악습이 없어졌으며, 이러한 사실을 나는 즐겁게 인정하는 바이다. 하지만 이런 악습들은 아주 최근까지 존재했기 때문에 내 이야기가 시의에 맞지 않는다고 볼 수는 없다.

여전히 야만적인 모든 것이 변하고 정화되고 계몽주의의 철늦은 과실인 선이 그토록 많은 오류에 뒤이어 오길 바라는 우리의 간절한 염원에도 불구하고, 이 도시는 무지의 시대 동안 축적된 모든 천박하고 편협한 사상들에 아직도 집착하고 있다. 이 도시는 그런 것들을 단번에 떨쳐낼 수가 없다. 왜냐하면 이 도시는 그 찌꺼기들과 함께 뒤섞여 있기 때문이다. 완성된 정부의 손으로 만들어진 최신 도시는, 불완전하고 뒤얽힌 법과 조롱의 대상이 되는 종교 관습 그리고 지켜지지 않는 민간 풍습으로 알려진 오래된 도시들보다 가다듬고 개선하기가 더 용이하다. 오래된 도시에서는 권력과 부를 장악하고 있는 소수가 건전하고 새로운 사상과 부흥의 원동력인 원칙들을 금지하고 여론의 외침에 귀를 닫기 때문에 없어지지 않는 오류들이 많다.

거짓으로 된 건물은 시멘트로 붙인 것처럼 견고하기 때문에 공격해도 헛일이다. 보수공사를 하길 원하지만, 이런 작업은 새로 다시 짓는 것보다 훨씬 더 어렵다. 몇 군데를 고쳐도 전체와 어울리지 않기 때문에 여전히 문제가 많다. 책에는 그럴듯한 이론들이 얼마든지 있지만, 아주 작은 선이라도 실천하기는 어려운 법이다. 지나친 집착에 의해 완강해진 사소한 개인적 이해관계들이 공익을 저해한다. 공익을 옹호하는 사람은 한두 명에 불과할 때가 많다. 따라서 사람들과 마찬가지로 아직 나이 들지 않은 도시들이 행복한 법이다. 새로운 도시들만이 만인이 동의하고 심오하며 분별력 있는 법을 만들 수 있다.

이 책에서는 화가의 붓만 사용하고 철학자의 성찰은 거의 하지 않았다는 점을 분명히 해야 한다. 풍자를 위주로 했더라면 이 '풍경'이 쉬웠을 테지만, 나는 풍자를 철저하게 삼갔다. 전형화된 풍자는 자극적이고 무감각하게 만들 뿐, 올바른 길로 인도하거나 제대로 바꾸지 못한다는 점에서 잘못된 것이다. 나는 전체적인 그림만을 그렸고, 이것을 넘어서는 일은 공익을 위해서 하지 않았다.

나는 살아 있는 인물들을 보고 이 '풍경'을 그렸다. 지난 시대 이야기를 자랑스럽게 하는 사람들이 많지만, 나는 페니키아와 이집트 사람들의 불확실한 이야기보다는 우리 시대가 훨씬 더 중요하다고 생각하기 때문에 우리 시대의 모습과 현 세대를 다루었다. 내 주위에 있는 것에 각별한 관심이 가는 것은 당연하다. 스파르타, 로마, 아테네 등을 산책하는 것보다는 내 동류들과 함께 살아야 한다. 고대의 인물들은 아주 멋진 그림 소재이지만, 나에게는 단순한 호기심의 대상일 뿐이다. 나와 같은 시대에 같은 나라에 사는 사람을 특히 잘 알아야 한다. 나는 그 사람과 소통해야 하고, 그래서 그 성격의 모든 뉘앙스들이 더없이 소중하게 느껴진다.

분별력 있는 작가가 각 세기말에 자기 주위에 대한 전체적인 그림을 그렸더라면, 풍속과 관습 등 자신이 본 그대로를 묘사했더라면, 이것들이 모여서 오늘날엔 사물들을 비교할 수 있는 진귀한 진열실이 되었을 것이다. 우리가 모르는 수많은 특성들을 발견할 수 있고, 그 덕에 도덕과 입법이 발전했을 것이다. 그러나 사람은 자기 눈에 직접 보이는 것은 대개 무시하게 마련이고, 지난 시대로 거슬러 올라가길 좋아한다. 쓸데없는 사실과 사라진 관습들을 추측하려고 하지만, 결코 만족할 만한 결과를 얻지 못한다. 쓸모없고 공허한 토론 속에 파묻혀 헤맬 뿐이다.

100년 후에는 내 '풍경'을 참고하게 될 것이라고 감히 믿는다. 그림이 뛰어나서가 아니라, 나의 관찰 기록들을 다가올 세기의 관찰 기록들과 연결해야 하기 때문이다. 그래야 후세가 우리의 광기와 이성을 활용할 수 있을 것이다. 현재의 오류를 시정할 수 있는 유익한 진실들을 조금이라도 밝혀보고 싶은 작가에게 가장 필요한 것은, 그가 함께 살고 있는 사람들에 대한 지식이다. 이것이 내가 인정받길 바라는 유일한 공이라고 말할 수 있다.

수도의 성벽 안 사방팔방에서 그림 소재를 찾다가, 적당한 여유보다는 끔찍한 가난을, 그리고 예전에 파리인들이 누린다고 여겨지던 기쁨과 즐거움보다는 슬픔과 불안을 더 자주 만나게 된 것은, 내가 이 슬픈 색깔을 우선시했기 때문이 아니다. 내 붓이 정직해야 했기 때문이다. 내 붓이 참신한 행정가들에게 새로운 열성을 불러일으키고, 몇몇 적극적이고 고귀한 영혼의 동정심을 자극하게 되리라고 믿는다. 나는 이 달콤한 확신이 있어야만 글을 쓴다. 그런 확신이 사라진다면 절필할 것이다.

모든 애국심에는 오랫동안 발에 밟히면서도 차츰 자라서 커지는 식물의 싹과 비교할 수 있는 보이지 않는 싹이 있다고 나는 믿는다.

선이 악에서 나오는 경우도 이따금 있으며, 불가피한 악습이 있고 인구가 많고 타락한 도시에 미덕은 없지만 큰 범죄가 드문 것을 다행으로 여겨야 하고, 억눌린 내면적인 격정의 충돌 속에서는 표면적인 평온만으로도 이미 대단한 것이라는 점을 나도 모르지 않는다. 거듭 말하지만, 나는 심판하려고 하지 않고 그리려고만 했다.

개인적인 관찰에서 나는 인간이 매우 다양하고 놀라운 변신이 가능한 동물이며, 파리인의 삶이 본질에 있어서는 아프리카와 아메리카 미개인들의 유목생활과 마찬가지이고, 200리외* 사냥과 희가극의 아리에타가 똑같이 단순하고 자연스러운 행위이며, 인간은 여기에서

나 거기에서나 자기 지능과 변덕의 힘을 확대하기 때문에 그가 하는 일에는 모순이 없다는 것을 알고 있다. 그래서 장소, 상황, 시간에 따라 개인을 진정으로 변신시키는 무수한 형태들이 나오는 것이다. 크라수스의 궁전이 과시하는 사치나, 미개인들이 사지에 그려 넣은 빨갛고 파란 줄이나, 똑같이 놀랄 필요가 없는 것이다.

하지만 비교라는 것이 행복을 방해하게 마련이라는 점에 비추어, 파리에서는 행복하기가 거의 불가능하다고 실토하지 않을 수 없다. 부자들의 거만한 향락을 극빈자가 너무 가까이에서 볼 수 있기 때문이다. 꿈도 꾸지 못하는 그 엄청난 낭비를 보면서 극빈자가 탄식하는 것은 너무나 당연하다.

당신이 중산층이라면, 다른 곳에서는 괜찮겠지만 파리에서는 가난하다는 생각이 들 것이다. 파리에서는 다른 곳에서는 생기지 않는 욕구가 생긴다. 향락을 보면 누구나 향락을 누리고 싶은 마음이 든다. 이 거대하고 유동적인 극장의 모든 배우들 때문에 당신도 배우가 되지 않을 수 없다. 평온이라는 것은 없다. 욕망은 더욱 강렬해지고 사치품이 필수품이 된다. 자연이 요구하는 필수품보다 여론이 우리에게 강요하는 필수품이 비할 수 없이 더 절실하게 느껴지는 법이다.

빈곤 그리고 이것에 뒤따르는 더욱 끔찍한 굴욕을 느끼고 싶지 않은 사람, 오만한 부자들의 경멸적인 시선에 상처를 받는 사람, 이런 사람은 파리에서 멀리 떠나야 하고, 절대로 가까이 오면 안 된다.

루이세바스티앵 메르시에

* 구체제의 모든 도량형과 화폐 단위는 프랑스어 발음을 그대로 표기한다. 1리외(lieue)는 약 4km(10리).

차례

10권 사랑하는 아네스, 이 세상은 정말 이상한 곳이야!

권외 차례

2권 | 유용한 진리는 적나라한 것도, 너무 꾸며진 것도 바람직하지 않나니

12권 | 아! 진실은 얼마나 잔인한가! 보지 못하는 자는 할 말도 없는 법이니

992 왕의 수집품 진열실
993 피뢰침
994 교회를 하얗게 칠하기
995 헌책방
996 거리의 악사
997 생루이 십자 훈장
998 상업재판소
999 별거
1000 귀부인의 잡학 총서
1001 아카데미 회원들의 하소연
1002 라모
1003 역마차
1004 방패꼴 간판
1005 돈 빌리는 사람
1006 초상 그리기
1007 지방의회
1008 식사시간
1009 극장 바닥석
1010 가정교사
1011 폴리냑 추기경
1012 퀴피스 부자
1013 법적 절차
1014 처치 곤란한 작시가
1015 빵 만들기
1016 2리브르를 저자에게 돌려주기
1017 설교용 만능열쇠
1018 루소 신부
1019 장신구
1020 바니외
1021 술꾼
1022 괘종시계
1023 검술사범
1024 박물관
1025 아메트 3세의 딸
1026 에포케
1027 두 부류의 귀족
1028 장님
1029 펀치
1030 아이스크림
1031 1월의 달력과 연감
1032 기묘한 창고
1033 수요일 모임
1034 농촌 여성의 교육
1035 앵무새
1036 기묘한 사기
1037 요리
1038 식전 기도
1039 승리의 기념물
1040 불복종
1041 뜻밖의 발견
1042 아첨
1043 뗏목
1044 방부처리
1045 소르본의 방
1046 현자들
1047 비법
1048 유심론자
1049 르그로
1050 초상화

9권

소크라테스가 처음으로
철학을 하늘에서 끌어내렸고,
도시에 정착시켰으며,
가정에까지 도입했다.
그리고는 삶, 풍속, 좋은 것과 나쁜 것에 대한
연구를 담당하게 했다.

- 키케로, 『투스쿨라네스』, 제5권

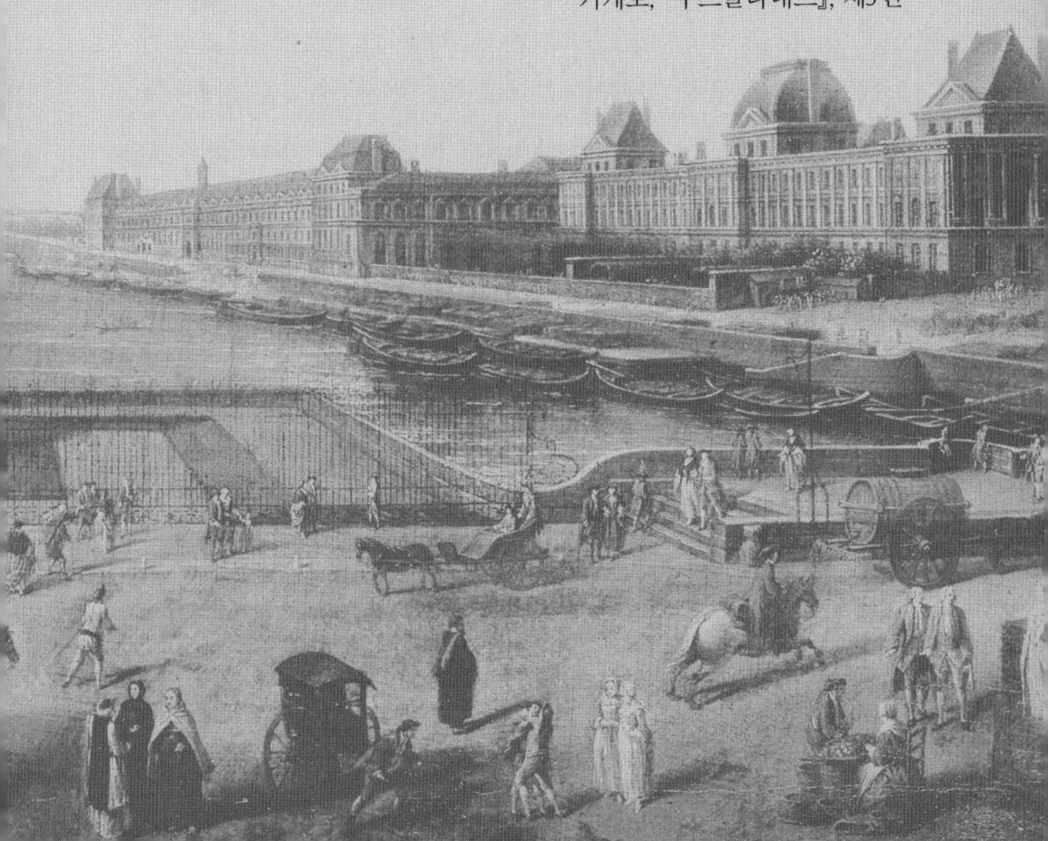

676 성난 말들

말들은 베르사유로 갔다가 3시간 만에 돌아간다. 왕의 총애를 원하는 사람들과 궁정인들은 베르사유에 나타났다가 저녁식사를 하러 파리로 돌아가려 한다. 11시에 출발한 그들은 2시에 사무실을 방문해서 대신이나 사무관들을 만나고는 자신들의 거처로 돌아간다. 베르사유에서 파리 사이의 도로보다 더 많이 부서진 도로는 없다.

사람들은 성난 말 2마리에 24리브르를 지불한다. 자신의 말을 아끼기 위해서 성난 말들을 빌린다. 땀으로 뒤범벅이 된 말들이 창살에서 기다린다. 그 말들은 여위고 배는 쑥 꺼져 있는데, 건초만 먹어서인지 항상 흥분 상태이다.

그러나 그 성난 말들은 귀한 존재들이다. 그 말들이야말로 소란스럽고 항상 성급하고 나쁜 짓을 유발하는 열정이 판치는 곳에서 땀방울을 흘리며 신속하게 이성적인 판단과 차분함을 지닌 현자들을 옥좌 아래 대령해주니 말이다.

베르사유는 말들의 나라이다. 그곳에서는 도처에서 수많은 말의 무리들이 보인다. 대귀족들의 마구간은 왕의 마구간과 경쟁을 벌인다. 개선하려는 시도도 있었지만, 말들의 수가 여전히 사람 수와 거의 비슷해 보인다. 도시 주민들 사이에서 나타나는 것과 똑같은 차이가 베르사유에 있는 말들에게서도 나타난다. 살이 찌고 영양상태가 좋으며 잘 훈련받은 말들은 특별한 혜택을 누리는 반면, 궁정 하인들이나 촌사람들만 실어 나르는 말들은 침울한 모습이다. 그런 말들은 자신들을 단지 경멸의 시선으로 바라보는 탁월한 준마들의 존재를 보며 모욕감을 느끼는 듯하다.

성난 말 2마리를 타고 사람들의 왕래가 끝없이 이어지는 도로를 달리고 있으니, 이제 궁정으로 가서 작은 도시 구석에서 왕과 왕의 거처, 그리고 거대한 건축물을 구경하러 온 시골 가족들을 따라가 보자. 그들은 이미 앵발리드의 돔과 구혈(軀穴)[1]을 구경했다. 그들 모두 얼마나 행색이 남루하던지! 부인의 드레스는 수직직의 양탄자 같고, 딸은 25년 전에 유행했던 그러나 그 지방에서는 새로 유행하는 듯한 옷을 걸쳤다. 그녀는 자신의 매력이 돋보이기를 기대하는 듯하다. 그녀는 통통하고 생기발랄하지만, 풍만한 젖가슴에서는 시골의 무지함이 느껴진다. 아버지는 약간 쓸린 데가 있는 벨벳 옷을 입었다. 옷장에서 접힌 그 자국이 없어지지 않았던 것이다. 그들은 예의 바른 사람들이지만, 사람들은 그들을 모욕할 것이다. 그러나 그들은 그 점을 눈치채지 못할 것이다. 그들은 모든 사람들이 무척 정중하다고 여길 것이다. 베르사유 사람들은 냉소적이다. 하지만 그곳에서는 비웃음이 대수로운 일이 아니다.

나는 그 가족과 함께 회랑 안에 있다. 사람들의 시선은 이미 그들에게 집중되었다. 극도로 정중한 대접을 받고 딸은 까딱하면 제복을 입은 스위스 근위병들에게 인사를 할 뻔했다. 그러나 궁정을 잘 아는 아버지는 그녀에게 눈짓을 하며 귓속말로 아무에게도, 심지어 성령기사단의 기사들에게도 인사하지 말라고 말해주었다. 그런 충고가 없었다면 그 딸은 왕실 가족에게 깊은 경의를 표했을지도 모른다.

확신컨대 그 딸은 마음속으로 어디에서도 그렇게 잘생긴 남자

1 앵발리드(hôtel royal des Invalides)는 1670년 상이군인들의 거처용으로 건축되었으며, 1576년에 처음으로 상이군인들을 맞이했다. 유명한 돔 건축물은 망사르의 설계에 따라 1675년에 건축되기 시작해서 30년 만에 완성되었다.

들을 본 적이 없다고 말했을 것이다. 그러나 근위대 병사들 모두로부터 사열을 받을지라도 그녀는 결코 그 사실을 증명하지 못할 것이다. 그다음 그녀는 궁정의 공주들과 귀부인들의 머리 치장 모양에 관심을 보였다.

페늘롱과 생피에르 신부[2]에도 불구하고 루이 14세를 숭배하는 아버지는 그의 초상화를 찾아가 깊은 상념에 빠져서는 내게 말을 걸지도 않았다. 그러나 그는 언젠가 자신이 품었던 대담한 생각들을 드러낼 것이라고 내게 넌지시 알려주었다. 그는 사람들이 자신의 머릿속에 있는 그 생각들을 눈치챌까 봐 걱정했다. 겉으로 진지하고 냉철해 보이는 그의 태도는 모두에게 용의주도함과 교묘한 위선을 권하는 것처럼 보인다.

어머니는 아직도 젊어 보였고 지사의 부하에게도 그렇게 보였는데, 불현듯 이제는 자신도 나이를 먹었음을 깨달았다. 그녀는 사람이 더 많아지기를 바랐다. 왜냐하면 그녀는 본능적으로 자신이 시골 사람 말투를 쓰지 않는다는 것을 알았기 때문이다. 그런데 사람들이 어찌나 예의바르든지 그 가족은 사람들의 얼굴에서 아무런 낌새를 발견하지 못했다. 오직 나만이 모두가 선량하고 밝은 그 가족을 조롱의 시선으로 바라보고 있음을 알아차렸다.

큰아들은 항상 내 오른편에 붙어다녔다. 하지만 그가 어리고 얼굴이 순진하게 생겨서인지, 사람들은 그가 예절교육을 제대로 받지 못했다고 여기는 것 같았다. 그러면서도 그들은 짓궂게도 속으로 빈정대는 눈초리를 주고받으며 그를 너그럽게 바라보았다.

이 선량한 사람들은 자신들이 궁정 사람들의 기분을 전환시켜

---

2 생피에르 신부와 마찬가지로 페늘롱은 루이 14세와 그의 치세에 대한 신랄한 비판자이다.

주었다고는 짐작도 못할 것이다. 어머니는 그 멋진 여행에 대해 끝없이 되풀이해서 말하며 회상할 때마다 딸이 궁정에 선을 보였다고 말할 것이고, 그녀가 그렇게 말하면 그녀의 딸도 그렇게 믿을 것이다.

677 궁정에 대하여

수많은 볼거리들과 화류계 여성들이 많고 자유롭게 온갖 취향을 즐기는 파리인들은 아주 귀한 특혜를 누린다고 생각한다. 멋진 도시 파리는 군주에게는 함정이고 유럽 도처에서 온 이방인은 그곳에 돈을 쏟아붓지만, 타키투스가 말했듯이 "탐욕스런 미래 권력의 감시자"인 궁정인은 자신이 갈망하는 총애를 제공할 현재와 미래, 그리고 숨은 분배자들을 점친다. 오! 어떤 궁정인이 '탐욕스런 미래 권력의 감시자'라는 라틴어를 프랑스어로 번역해줄까?

궁정인을 추종하는 사람의 말에 의하면, 공화정의 백성이 되기보다는 군주의 백성이 되는 편이 낫다. 명예와 총애의 분배자인 군주는 자신에게 잘 보이는 사람에게 그것들을 하사한다. 그는 중요한 인물을 출세시키고 또 출세시켰던 인물을 바닥으로 내동댕이치기도 한다. 그는 사람들을 마음대로 움직인다. 각각의 사람들은 나름대로 군주의 총애를 갈망할 권리가 있다.

사람들은 어느 누구도 주권자가 되기를 희망할 수는 없지만, 최소한 출세와 신임, 높은 지위, 부담이 그다지 과하지 않은 영혼의 직책에서 오는 엄청난 수입을 바랄 수는 있다. 이렇듯 은근히 실속을 차리면 민중 폭동을 걱정할 필요가 없다.

가깝건 멀건 백성이라면 누구나 궁정의 소식을 듣고 싶어 한다. 백성의 눈은 언제나 왕을 향해 있다. 그들은 궁금해한다. 2,400만 명에게 명령을 내리고 모든 것이 그의 이름으로 행해지는 바로 그는 누구인가? 그는 온갖 호사와 쾌락에 휩싸여 있다. 사람들은 그에게 새로운 자극제를 제공하기 위해 고심한다. 그는 온갖 쾌락을 누렸으며, 사람들은 충족될 필요가 없는 그의 욕구조차 해결해 주었다. 그러한 최고 지위를 누리는 왕은 과연 자신을 에워싸고 있는 모든 것에 대해 어떤 생각을 가지고 있을까?

왕을 직접 볼 수 있는 지위에 있는 사람이라면 누구나 베르사유로 구경을 간다. 그는 거대한 성안으로 들어간다. 그는 궁정인들 모두가 열을 지어 행진하는 것을 목격한다. 그러나 그러한 광경은 100년 동안 계속해서 날마다 목격될 것이다. 그는 1세기 반 동안 긴 거처의 마룻바닥을 밟을 것이며, 그가 아는 사람들도 똑같은 지점에 머물 것이다.

궁정의 분위기는 어린 감시자인 침실 시동에게 고스란히 전달된다. 신발을 만드는 법은 모르지만 왕에게 신발을 신겨주는 역할을 맡은 그는 신발제조공보다는 높이 평가된다. 왜냐하면 그것은 하나의 공적 직책이기 때문이다.

전날 불침번이었던 대영주는 처음엔 겸손한 척하다가 상냥해지고, 당당해지다가 오만해진다. 그와 마찬가지로 시종들은 다른 모든 곳에서 우스꽝스럽기 짝이 없는 어조로 말한다.

궁정에서 사람들은 어깨를 맞대고 걷는다. 궁정인들은 가볍게 인사를 하고, 서로 쳐다보지도 않은 채 안부를 묻고, 극도로 가벼운 걸음걸이로 마룻바닥을 미끄러져가고, 우아한 어조로 말하며, 어떤 단어가 그저 막연히 몇 개의 음절들로 여겨질 때까지 모임을 주재한다.

궁정예절이 널리 알려진 이유는 그것이 권력의 핵심에서 비롯되었기 때문일까, 아니면 가장 세련된 취향에서 기인한 것이기 때문일까? 궁정에서의 언어는 훨씬 우아하고, 품행은 고귀하고 단순하며, 태도는 자연스럽다. 어조와 농담은 세련되고 특별하다. 그러나 궁정에서의 판단은 정확하지 않다. 또한 감정과 마음은 궁정에서 아무것도 아니다. 그것은 쓸데없는 야망이고, 출세를 향한 터무니없고 게으른 욕망이다.

궁정인들의 무리 중에는 이리저리 쏘다니며 진위가 의심스럽거나 대수롭지 않은 소식들을 퍼뜨리는 협잡꾼들이 섞여 있다. 그들이 성급하게 오간 곳들을 보라. 그곳에서 그들은 무엇을 하는가? 사람들은 아무것도 알지 못하고, 아무도 그들에게 묻지 않는다.

거리에서 여러분에게 인사한 사람은 동틀 때나 혹은 미사에서 여러분을 알아보지 못한다. 그를 뒤쫓아가 보라. 그가 침실 문지기에게 얼마나 간청하는가! 의사, 군인, 법관, 고위성직자들은 서로에 대한 경멸로 가득 차 있지만, 한목소리로 같은 언어로 말하고 형제지간인 것처럼 평온하게 보인다.

궁정인들은 여러분을 주교, 재판장, 연대장, 아카데미 회원으로 만들어준다. 모르가 지적했듯이, 부속성당의 참석자들은 성직자들과 신비스런 성인들을 모른 척하고 특별석에서 무릎을 꿇고 있는 왕만을 주시할 뿐이다. 요란한 음악은 그곳에 있는 모든 사람들의 귀를 먹먹하게 한다.

군주가 아파서 미사를 보러 부속성당에 갈 수 없으면, 신부는 제대를 그의 침대 밑까지 가져와서 4개의 침대 기둥 안에 갇혀 있는 폐하 또는 전하에게 미사를 보게 한다,

사람들은 각자 보이지 않는 무엇인가를 간파하려고 애쓴다. 이를테면 그들은 옥좌에서 분간하기 어려운 땀냄새를 맡으며 두려움 혹은 총애의 포로가 되고 싶은 희망에 따라 거의 대부분 지나친 억측을 한다.

과연 누가 내게 인간의 몸속 어디에 영혼이 깃들어 있는지 말해줄 수 있을까? 나는 그에게 거대한 제국 안에서 정부의 영혼이 위치한 곳을 말해줄 것이다.

파리인들은 군주의 칙령이 마음에 들지 않으면 노래를 부르고 그 순간부터 군주의 칙령을 폐기해버렸다고 외친다.

그러니 베르사유의 검찰을 통해서는 아무것도 주워들을 게 없다. 그러나 철학자가 황소눈창 방[3]에 가서 오가는 사람들의 서로 다른 얼굴 모습들을 주시하는 것은 무척 흥미롭다. 오, 몰리에르여, 몰리에르여! 가련한 인간의 종자가 여기 있도다!

정치 집무실은 이처럼 혼란스럽고 부산스런 한가운데에 자리 잡고 있다. 유연하고 능란한 수단으로 국민을 이끄는 기술이 발휘되는 곳이 바로 거기이다. 궁전을 오가는 사람 누구도 반항하는 법이 없다. 그들은 유순하다. 그들은 말처럼 이리저리 종횡무진하지만, 보이지 않는 고삐에 의해 조종당한다. 그들은 아름답고 그의 행동은 우아하고 품위가 있다. 그들은 채찍을 두려워할 필요가 없고, 마음대로 돌아다니며, 이따금 말 울음소리를 낸다. 그들의 마의는 탁월하고 고삐는 금으로 장식되어 있다. 그들은 주인을 태우고 다니는 것을 늘 자랑스럽게 여긴다.

왕, 왕비, 그리고 방계 왕족들은 오직 최고 신분의 귀족들만 상대한다. 그들은 중요하고도 배타적인 그들만의 사회를 형성하고 있다. 이렇듯 왕족들은 평민과는 한담을 나누지 않은 채 그들의 세계로 들어간다. 그들은 상인이나 제조공, 육체 노동자, 예술가, 파리의 선량한 부르주아와는 한마디도 하지 않거나 드물게 이야기를 나눈다. 겉치레로 가득 찬 언어는 늘 식탁에서의 신뢰감을 떨어뜨리기 때문에 그들은 그럴듯한 표현을 주고받으면서도 모르는 것이 너무나 많다.

3 l'œil-de-bœuf: 왕의 침실 남쪽에 위치한 방으로, 루이 14세 시대에는 대기실로 사용하다가 18세기에 공식 만찬이 열리는 날엔 식당으로 사용하기 위해 화려하게 치장하였다.

훌륭한 감각은 정신과 타고난 재능의 표현법보다 더 가치 있는, 고유의 표현법을 지닌다.

대신들은 군주의 집무실 안까지 들어가서 자리를 잡는다. 반면, 지체 높은 귀족들은 모임방에 남아 있는다. 나로서는 그곳에 들어가 본 적이 없기 때문에 그곳에서 벌어지는 일에 대해 아무런 말을 할 수가 없다. 그러나 그곳에서 사람들이 생각하는 것이란 피상적인 것에 불과하며, 모든 인물들이 단지 장식 융단처럼 여겨지는 것만큼은 확실하다. 중요한 일은 장막 뒤로 숨겨진다. 모든 사람들의 상호 동작들이 에티켓에 따라 정교하게 이루어지지만, 모든 단어와 발걸음, 경의를 표하는 태도들은 동일하지는 않다.

대귀족들은 군주의 정신을 간파하고 그의 성격을 알아차리고 때로는 그의 생각을 짐작할 수 있지만, 거기서 더 나가지는 못한다. 궁정예절에 의하면, 누구건 왕의 문제에 관해 말하는 것이 금지되어 있다. 이러한 원칙은 매우 넓게 적용되기 때문에, 신하가 감히 전체적인 일이나 혹은 세부적인 일에 개입하려면 전하의 의사를 명시적으로 파악해야 할 것이다.

간혹 꾸밈없는 말이 허용되기도 한다. 그가 공적인 목소리를 대변하면 왕이 느닷없이 진실을 드러내기도 한다. 그가 운이 좋으면 그런 말이 반복된다. 그렇다고 해서 항상 그가 원하는 결과를 이루는 것은 아니다. 마침내 대화가 사라진다. 그러나 어느 정도 침묵이 흐르다가 무의미한 말들이 오가면서 비로소 중단된다. 공적인 문제의 성격상 이는 다르게 전개될 수 없음이 분명하다.

왕은 겉으로는 궁정인들을 차별하지 않는다. 비록 왕의 총애가 불평등하더라도 사람들은 그러한 불평등은 조금도 느끼지 못하며, 어떤 대귀족에게도 우선권이 인정되지 않는다. 그런 점들이야말로 군주가 소홀히할 수 없는 예절의 원칙들이다. 그러나 심각한 문제가 생기면 깊은 단절의 순간이 온다.

그럼에도 불구하고 방계 왕족들이 모습을 드러내지 않으면 결국엔 시종들이 알려지지 않은 미세한 그들의 특성을 간파한다. 호기심에 가득 찬 사람들이 늘 알고 싶어 안달하는 것을 보여주기 위해서는 절반은 수에토니우스[4]처럼 군중 속에 섞이거나 눈에 띄지 않는 사람이 되어야 한다.

베르사유에서 총애를 받는 시종들은 관직을 사서 관리가 된다. 그 결과 방계 왕족들의 거처는 사실상 하인들에게 맡겨지고, 그들의 일들은 명시된 상속재산처럼 대대로 이어진다. 그와 더불어 그들의 등급은 점차 올라간다. 이렇게 해서 사적인 비밀들은 시종의 가문의 것이 되고, 그로 인해 그들은 엄청난 신뢰를 얻게 된다. 나무의 초록색과 뒤섞인 채 나무줄기를 덮고 있어 겉으로 드러나지 않는 덩굴광대수염처럼 시종들은 방계 왕족을 거의 옭아매고 있는 것이나 다름없다.

궁정은 사람들이 살아 숨쉬는 것과는 다른 요소이다. 그것은 존재하고 생활하고 생각하는 또 다른 방식이다.

4 Suetonius(69~130): 하드리아누스 황제의 비서를 지내고 훗날 로마제국 초기 12명의 황제의 전기 『12명의 카이사르의 생애』를 집필한 전기 작가.

678 앞 장의 연속

왕과 방계 왕족들의 지배력은 경멸과 무시의 분배에서 온다. 다시 말해, 그 두 요소는 불평등한 방식으로 배합하면서 궁정인들을 혼미 상태에 빠뜨리는 것이다. 어느 누구도 경멸받고 싶어 하지 않고 총애를 잃은 사람으로 통하고 싶어 하지도 않는다. 왕으로부터 한마디도 듣지 못한 사람은 침묵이 자신에게 불리한 것이 아니라고 주장한다. 사람들은 경멸에 대한 공포에 크게 지배받는다. 군주들은 이렇게 허약한 인간의 마음이 어느 정도인지 짐작하는 것 같다. 그러한 경멸을 물리치거나 마음속 깊이 비웃을 수 있는 사람은 오직 철학자뿐이다. 그러나 궁정에는 철학자가 거의 없다.

궁정에서는 어리석은 사람도 재치 있는 사람도 되지 말아야 한다. 그곳에서는 앞날을 예측하지도 추측해서도 안 된다. 행복하고 평범한 사람이 재치를 겸비할 때 비로소 우리는 성공을 기대할 수 있다. 왜냐하면 인간은 자신과 비슷한 사람을 높이 평가하고 싶어 하기 때문이다.

궁정에서 사람들은 어떤 정치적 시도도 하지 않는다. 그러나 다른 사람들의 모든 시도를 이용한다.

궁정에서는 재치 있는 사람보다는 차라리 어리석은 사람에게 신경을 써야 한다. 그런 곳에서 궁지에 몰린 어리석은 사람은 매우 위험하다. 여러분은 그 이유를 짐작할 것이다.

천부적인 재능은 아무에게나 주어지지 않는다. 그러나 어리석은 사람이 되거나 적어도 그런 사람으로 간주되어서는 안 된다.

존경받는 궁정인이자 존경받을 만한 시민이 되는 것, 그것이야말로 훨씬 더 드물고 양립하기 어려운 것이다.

대신이 쉽게 그리고 빠른 시간 내에 내쫓기기 때문에 그러한 경우는 어느 새 그저 그런 일이 되었다. 소심한 적들은 모든 사람들 중에서 가장 위험하다. 궁정에서 자신의 마음을 드러내지 않은 채 다른 사람들의 마음을 간파할 줄 아는 사람은 탁월한 기술을 터득한 것이다. 그런 태도를 유지한다면 그는 반드시 성공할 것이다.

맹트농 부인은 그런 기술을 분명히 터득했을 것이다. 그녀는 궁정을 밧줄과 등잔, 기름, 더럽고 조잡한 초록색 물감만이 늘비한 무대 뒤에 비유했다. 멀리서 보면 궁정에서는 매혹적인 궁전과 풍경, 정원이 보인다. 그러나 가까이 가면 도르래, 톱니바퀴, 기계를 밀고 당기는 무대장치가의 지저분하고 추한 움직임이 드러난다.

자신의 인생에서 아무런 가치를 발견하지 못한 사람은 스스로 가치 있는 인간이 되지 못한다. 이는 궁정의 아첨꾼에 해당될 수 있다.

그곳에서는 창백한 낯빛과 허약한 체질의 사람들이 보인다. 젊은 영주는 때로는 병약한 소녀처럼 섬세하다. 그 모든 얼굴들은 가면을 쓰고 있지만, 종종 그들을 집어삼키는 잔인한 열정을 감추지 못한다.

예외가 아니라면 왕족들의 정신은 이중으로 나태하다. 그들은 주변 사람들의 의견을 받아들이기 때문에 전혀 독자적인 사고를 하지 못한다. 사람들이 그들의 신을 신겨주고, 옷을 입혀주고, 최소한의 수고를 덜어주는 것과 똑같은 이치로, 그들은 완전히 만들어지고 완성된 다른 사람들의 생각을 받아들이는 데 익숙해진다.

생각하려면 심사숙고가 필요하다. 이처럼 여러 모순된 견해들의 충격을 겪으면서 우리는 비로소 진정한 견해를 파악하는 능력을 배운다. 모든 나라의 왕족들은 다른 사람들과 완전히 다르게 사고한다. 왜냐하면 그들은 오직 경험을 통해서만 배울 수 있는 일부 생활방식에 대해 무지하기 때문이다. 때로는 그들도 위대한 생각을 하기도 하지만, 그런 생각들은 실제와 연결되지 않는다. 그들은 위엄을 지니고 있지만 잘 걷지 못한다. 그들은 부자지만 셈하는 법을 모른다. 그들은 말을 잘 하지만, 철자법과 문법을 모른다. 그들은 화가 나면 항상 도를 지나친다.

679 랭스의 성가대원

그는 왕비와 함께 잠을 잘 권리를 갖고 있다. 이는 매우 독실한 프랑스 왕이 푸아티에에 있는 생틸레르 교회의 세습 명예 참사원이자 랭스의 성가대원임을 뜻한다. 이 말은 속담에서 유래한 것인데, 어떤 시골 사람은 이 말을 처음 듣는 순간 당황한다.

680 열린 무덤을 지나듯이

'빨리 가다'는 말을 할 때 사람들은 더 이상 '엎드려 가다(aller ventre à terre)'라는 표현을 쓰지 않는다. 왕과 왕비, 방계 왕족들은 빨리 혹은 아주 빨리 가기를 원할 경우, 마사 시종을 통해 그 말을 마부에게 전달할 때 '열린 무덤을 지나듯 가라(aller à tombeau ouvert)'고 명령한다. 이처럼 독특한 표현은 마차 안에 있는 사람이나 마차를 모는 사람이나 위험하기는 마찬가지임을 의미하려는 듯하다. 여러 말들 중에서 선택된 활기찬 말들은 마부들이 채찍질을 하면 문자 그대로 '열린 무덤을 지나듯이' 전속력으로 달린다. 여기서 우리는 똑같이 서로 경쟁하며 달리는 말들의 속력을 상상할 수 있다. 그것은 멀리서 들으면 천둥소리 같고, 가까이서는 비상하는 매 떼의 끔찍한 소리 같다. 이따금 마차들끼리 부딪치기도 한다. 그것은 대귀족들의 놀이에 다름 아니다. 그들은 이렇듯 시간을 아낀다.

독자 여러분, 여러분은 이 새로운 표현에 대해 무슨 말을 하려는가? 그러한 표현은 궁정에서 인정받고 자주 통용되며 위험하다는 생각을 불러일으키면서도 사회질서를 조금도 가로막지 않고, 그로 인해 나타난 엄청난 경쟁을 약화시키지도 못한다. 나라면 엄청난 위험을 피하려는 목적이 아닌 한 그렇게 달리고 싶지는 않다. 고인이 된 슈아쥘 공작은 그런 식으로 말을 달린 인물로 유명하다. 물론 그처럼 동시에 도처에 가야 할 대신이라면 이해할 만하지만 말이다.

681 용변기

왕이 하제를 먹는 날은 조신들에게 중요한 날이다. 허용된 조신들은 반드시 그곳에 참석한다. 하제가 순조롭게 투입되는 동안 조신들은 의사, 약제사, 그리고 침실 시종들과 함께 혼잡한 방 안에서 얌전히 대기한다.

어느 날 검을 차고 벨벳 옷을 입을 남자가 침실 문에 나타나서 문지기에게 자신은 공무로 왔으며, 들어가서 구석에 서서 하제를 투입할 것이라고 말한다.

알지 못하는 사람을 보고 놀란 왕은 그 남자가 누구인지 묻는다. 사람들은 서로 바라보고 그를 전혀 모른다고 말한다. 왕은 그가 누구인지 알아보라고 사람을 보낸다. 미지의 인물은 절을 하며 자신은 전하의 용변 보는 일을 담당하는 영광을 누렸다고 답변한다. 궁정에서는 전하가 하제를 투입할 때에만 그를 부른다. 그럴 때마다 항상 그에게 전갈을 전하는 사람은 약제사들이다. 왜냐하면 그와 약제사의 역할은 결코 분리될 수 없기 때문이라서 그는 진중하게 약제사의 전갈을 기다린다. 상황을 알고 나서 흡족해진 왕은 그에게 머무르며 일을 계속하라고 말한다.

그는 용변기를 가져와 대기하며 검을 옆에 내려놓는다. 그러고 나서 그는 파리로 돌아가서 계약서에 왕의 관리라는 거창한 직함으로 서명한다. 그의 직책에 부수적으로 특권이 부여되었음은 두말할 나위가 없다.

682 국무참사회

모든 군주는 참사회를 갖는다. 군주는 혼자이기 때문에 참사회 없이 왕국을 이끈다는 것은 불가능한 일이다. 그는 여러 사람들이 지닌 지식들을 가지지도 가질 수도 없다. 훌륭한 정치란 군주가 모든 사람들과 더불어 하나씩 문제를 검토하는 것이다.

프리드리히 대제는 그 유명한 제분업자 아르놀트 사건에서 실수를 했다. 국왕 처벌의 대상이 된 법관들은 단지 합법적이고 정당한 판결을 선고했을 뿐이다.[5]

참사회에서는 정치 사항들이 논의되고 결정된다. 국가의 운명이 바로 거기에 달렸다. '군주에게 지혜를 주시오. 그가 모든 것을 다 알지는 못할 테니 말이오.' 왕에게는 참사회가 필요하다. 왜냐하면 자질구레한 일들이 산더미처럼 쌓여 있는데, 그런 일들 역시 토론이 필요하기 때문이다. 수많은 사소한 견해들은 본래의 생각을 약화시킨다. 견해가 엇갈릴수록 권위의 가혹한 측면이 사라진다. 그러니 논의가 이루어질수록 좋은 견해가 제시될 것이다.

건전한 정치는 참사회에서 추정 상속 왕족들과 방계 왕족들을 몰아내었다. 군주는 자격을 갖춘 사람이면 누구건 참사회에 부른다.

5 프리드리히 대제가 소송 사건에 직접 개입한 특이한 일화를 살펴보자. 제분업자 아르놀트는 부당한 처사로 물레방아를 잃게 된 법원의 판결에 불복하며 왕에게 항소했다. 왕은 참사와 연대장을 보내 조사하도록 했으나, 그들의 의견이 엇갈리고 아르놀트의 소송은 기각되었다. 그러자 왕이 직접 개입해서 대상서가 해임되고 재판장도 자리를 잃었으며, 6명의 재판관들은 감옥에 9개월 동안 갇히는 형벌을 받았다.

그런 사람은 군주의 명을 받으면 참사회에 참석할 수 있다. 그들은 군주 앞에서 각자 견해를 제시할 뿐이며, 오직 왕만이 결정을 하기 때문에 군주는 그들의 자문을 받을 수 있다. 참사회의 구성원은 매번 각자 개인적으로 소집 명령을 받는다. 그로 인해 군주권은 충분히 강하고 완벽하다.

시민에게 부여될 수 있는 가장 영광스런 그런 자리는 그런 엄청난 신뢰에 걸맞은 덕성과 열의, 비밀을 요구한다.

오늘날 우리는 그 불가침의 성역에서 무슨 일이 일어나는지 전혀 모른다. 그러나 시간이 흐르면서 조금씩 장막이 걷힐 것이다. 그 무엇도 우리 후손들의 날카로운 시선을 계속 피하지는 못할 것이다. 그들은 우리를 지배한 사람들의 깊은 속내를 읽어낼 것이다. 참사회의 영광 혹은 치욕은 행정이 어떤 결과를 초래하느냐에 달릴 것이다. 이 핵심 기구는 유럽 끝까지 전파된 거대한 움직임에도 묵묵부답이다. 그러니 궁정에서 모든 일들을 대하는 시각이 도시나 지방에서와 다른 것도 전혀 놀랍지 않다.

육군, 해군의 회계는 6개월마다 이루어진다. 루이 15세는 황소눈창 방에 처박혀 지냈다. 그곳에서 그는 아주 작은 종잇조각마저 조심스럽게 불태워버렸다. 최소한의 글의 흔적마저 없애기 위해 재를 휘저은 다음에야 비로소 그는 자리를 떴다. 오늘날에도 여전히 그러한 서류들은 불태워진다.

정치를 꿈꾸는 사람들은 모두 국무참사회를 위해 일하고 최선이라고 생각되는 견해를 그곳에 전달하고 싶어 한다. 일부 사람들은 선천적으로 지배에 대한 열망을 가지고 있다. 내가 아는 사람들 중 매일 2시간씩 왕의 흉내를 내는 미친 사람들이 20명쯤 된다. 그들은 스스로 국무참사회에 있다고 상상하며 문제를 해결하고 모든 것을 개혁한다. 질서와 치안, 행정, 자선에 관한 생각을 갖고 있는 것은 누구에게나 공통된 현상이다. 그러나 오직 천재만이 피라미드 조직의 정점에 올라선 다음 매사를 고려해서 내려올 줄 안다. 그러한 천재는 아주 드물다. 재기가 있는 사람일수록 신중하지 못한 경우가 많다. 신중함이야말로 최고의 양식(良識)이다.

한 사람이 루부아에게 행정에 관한 45개의 서로 다른 계획안을 전달했는데 아무런 답을 받지 못했다고 불평하는 편지를 보냈다. 그 편지를 열어본 사무관은 그가 무례하다고 생각했다. 모든 사무관들은 자신들이 모시는 대신의 지위에 있는 것처럼 여겼기에, 그는 루부아에게 복수하라고 부추겼다. 루부아는 사무관에게 펜을 잡게 한 뒤 다음과 같이 받아쓰라고 명령했다.

> 당신이 제안한 45개의 계획안 중에서 어느 것도 대신의 눈에 통과된 것이 없습니다. 하지만 계속하십시오. 아마도 당신이 만들 기상천외한 계획안 중에는 마침내 합당해 보이는 것이 있을 것입니다.

사람들이 행정에 도움을 주기 위해 국무참사회의 구성원들에게 보내는 의견서들이 워낙 많기 때문에 그것들은 커다란 방 안에 따로 처박힌다. 그 방의 문 안쪽에는 '정신 나간 사람들의 계획안'이라는 글씨가 쓰여 있다. 선량한 시민들과 유약한 사상가들로 하여금 고집스럽게 그런 일에 몰두하도록 만드는 그들에게 갈채를 보내는 바이다. 나는 평생 동안 생피에르 신부[6]처럼 선량한 도덕성을 지닌 사람

6 abbé de Saint-Pierre(1658~1743): 교육, 타유세, 유럽 언어들의 철자법에 관한 계획안과 도로 보수, 소송 건수 줄이기, 타유세 할당 문제에 관한 의견서를 제출했다. 그를 몽상가 혹은 유토피아주의자로 간주했던 당대인들은 그의 주장이 지나치게 시대를 앞서갔다고 비판했다.

들을 무수히 만났다.

나는 왕국의 재생을 위해 쓰여진 여러 계획안들을 필사본으로 읽었다. 그 원고들은 한결같이 재정문제를 공격했다. 펜을 잡은 모든 현명한 이들이 재정문제를 공격하는 것을 보면, 재정문제가 진정 공익에 파괴적인 것임에 틀림없는 듯하다.

683 왕의 사적 처소들

왕의 사적 처소는 서로 연결된 수많은 방들의 집합체라 할 수 있다. 그러나 그 모든 방들은 전혀 일정하지가 않다. 그 방들은 끊임없이 오르락내리락 하기 위해 새로운 계단을 설치하거나, 수많은 처소들을 계속 연결하기 위해 벽을 뚫고 계단을 막아버리면서 만들어졌다. 그곳은 군주의 일상적인 거주 공간으로, 왕은 바로 그곳에서 책을 읽고 공부한다.

왕은 책들로 가득 찬 방 3개를 지녔다. 그곳은 이른바 '왕의 사적 처소들'이라 불리는 곳의 일부이다. 그 3개의 방에는 모두 12,000~15,000권의 책이 들어갈 수 있다. 그곳에는 영국 시인들의 탁월한 시집들이 많다. 그 서가 안에 부아예의 『영어 사전』이라는 낡은 책 한 권이 있는데, 그 책은 학생들이 사용하는 사전처럼 낡았다. 이는 매일 찾아보았다는 증거이다. 왕이 가장 열심히 참고하는 것은 4절판으로 된 100권짜리 『가제트 드 프랑스』이다. 그것은 유럽에서 유일하게 남아 있는 전집임에 틀림없다.

결혼 및 온갖 종류의 의례를 위한 에티켓이 망라된 기념물이자 겉치레의 증거인 그 신문은 법을 만든다. 그것은 궁정의 법전이다. 이상야릇한 법전이여!

왕은 많은 것을 읽는다. 그는 배우기를 원하고 유식하다.

다른 방들에는 물리학 실험 기구들이 무척 많은 반면, 회화작품들은 거의 없다. 그곳에는 중국 황제가 직접 프랑스 왕에게 보낸 그의 초상화가 있다. 중국 황제는 수사 복장을 하고 있다.

커다란 서랍 안에는 금으로 된 숟가락, 포크, 소금통, 달걀 반숙용 그릇들이 가득 담겨 있는데, 그것들은 사용되는 것들이 아니다. 또한 금 촛대도 있다.

조심스럽게 보관되어 있다가 호기심 많은 사람들에게 보여주는 물건은 바로 루이 14세의 지팡이이다. 그 지팡이는 검소하다. 손잡이가 자기로 만들어졌으니 말이다. 사람들은 그 지팡이를 만지면서 그것을 힘주어 잡았던, 그리고 그들이 산책하는 그 훌륭한 성을 건축한 왕의 손을 회상한다. 그러나 동시에 그 군주 치세의 불행도 떠올린다. 지난날의 영광 때문에 프랑스는 엄청난 피와 눈물을 흘렸다.

시인들은 언젠가 루이 14세의 지팡이 옆에 클로스[7]의 질투의 대상인 볼테르의 지팡이가 놓일 것이라고 말한다. 사람들은 그 두 사람을 맹신하는 집단 착각 증세에 빠져 있다.

왕의 사적 처소에서 나오면서 우리는 왕이 다른 곳에서는 과시적이었다면 그곳에서는 가정적인 삶을 살았으며, 공적이고 엄숙한 삶보다는 평온한 고독과 여가를 즐기는 시간을 가졌을 것이라는 생각을 하게 된다.

모든 직업 중에서 왕이라는 직업이 가장 고통스럽고 어렵다. 우리 모두 신의 섭리에 따라 우리에게 부여된 직업에 만족하는 것일까? 그렇지는 않다. 그러나 우리가 아무런 억압 없이 그리고 성가신 관찰자 없이 마음껏 취향에 몰두하는 동안 우리는 행복감을 느낀다.

책들로 가득 찬 그 3개의 방은 사적 처소에서 관심의 대상이며, 사적 처소가 지닌 물질적 부보다 훨씬 더 많은 즐거움을 제공한다. 그 안에 있는 책들은 군주가 가장 달콤한 즐거움을 누렸음을 말해준

7 Clos: 볼테르와 편지를 주고받던 인물로, 다수의 법률사 논문을 집필했다.

다. 그러한 즐거움은 결코 사라지지 않고 평생 생생하게 살아 있으며, 독서 훈련에 의해 더욱 증폭된다.

평민들은 군주들이 늘 방탕하고 무위도식하며 일생을 보낸다고 생각한다. 그런 평민 자신도 다른 즐거움을 발견하지 못한다. 나는 왕이 매일 공부하는 데 여러 시간을 할애하고 있으며, 왕만큼 유용하게 시간을 사용하는 사람은 거의 없다고 확신한다.

역사책을 읽는 왕은 계몽된 위대한 군주이다. 누군가 내게 확인시켜주었듯이 그가 다음과 같이 공언한 것이 사실이라면 그의 관심사는 분명 자유의 시대일 것이다. "나는 공화주의자들을 사랑한다. 하지만 낡은 군주정에서 태어났기에, 지금 나는 그 군주정의 왕이다."

684 파리 도[8]

파리 도는 가장 대립적인 것들이 모인 구역이다. 그것은 다양하고 흥미로운 자질구레한 일들을 관리한다. 따라서 엄청나게 벌어지는 독특한 사건들을 단번에 파악하려면 유연한 사고와 상상력이 필요하다. 아무것도 놀라운 것은 없으며, 주요직에 있는 사람이라면 놀라지도 않는다. 왜냐하면 인간의 본성은 누구나 마찬가지이며 열정의 산물은 도처에 넘쳐흐르기 때문이다. 격하거나 불온한 열정을 관찰하는 습관은 통찰력을 키워준다. 그것은 일상적인 위기의 결과이다.

이런 파리 도를 책임진 대신[9]은 항상 심사숙고할 시간이 없다. 이따금 미묘한 문제들도 즉석에서 처리되어야 한다. 그런데 어리석음을 저지르는 성급함과 반항심을 키우는 가혹함을 경계해야 한다.

그 대신은 가공할 만한 권력을 손에 쥐었기에 앙심을 품은 사람들은 베일로 가린 채 그를 공격한다. 복수심은 정의의 가면을 쓰려고 애쓰며 확실하게 타격을 가하기 위해 뜸을 들이기 때문에, 사람들이 그를 향해 몰려드는 진짜 이유를 신속하게 간파해야 한다. 왕

8 département: 메르시에가 1789년 혁명 이후 행정구역으로 등장할 도(道)를 이미 사용한 것으로 보아, 이 단어는 당시에 이미 흔하게 쓰였음을 알 수 있다.

9 ministre: 이 단어는 본래 왕으로부터 국무참사회 참석권을 부여받은 사람들을 지칭하는 것이었으나, 루이 15세 시대에는 국무비서와 재무총감 등 정부 고위관리들을 가리키는 의미로 사용되었다. 여기서 파리 도의 대신이란 궁내부 국무비서(secrétaire d'Etat de la Maison du roi)를 가리킨다. 궁내부 국무비서는 궁정문제 외에 성직자 문제, 성직록, 10개의 총괄징세구, 지방 삼부회 지역 그리고 파리를 관할하는 광범위한 권한을 행사했다.

의 권위를 혼란에 빠뜨려 독재로 이어지게 하는 것보다 더 큰 불행이 어디 있겠는가!

그 대신은 봉인장을 발급하고 오페라 극장을 담당한다. 끔찍한 성들과 국가 감옥의 눈길들은 무도극의 발걸음을 바라보듯이 그를 주시한다. 궁내부와 성직자들은 그의 관할하에 있다. 그는 바람둥이 저택 주인과 방종한 사제를 감시한다. 같은 날 그는 오페라 극장의 무희를 소환해서 "당신은 왜 노래를 부르려 하지 않으시오?"라고 다그친다. 성사를 거부하는 신부가 있으면[10] 그에게 "임종하는 사람의 성체배령을 하지 않으려는 이유가 무엇이오?"라고 물을 것이다.

이렇듯 가장 어울리지 않는 인물들이 그의 법정에 등장한다. 성직자들, 가수들, 방탕한 수사들, 무희들, 바스티유의 크고 작은 규정들, 오페라 극장의 번거로운 사건들 등이다. 한 사람이 그처럼 유사한 사람들을 지배할 수 있을까? 물론 가능하다. 그가 큰 틀을 견지하며 정치적 사안들을 판단하는 방법을 배우는 것은 그렇듯 대조적인 측면, 이를테면 상대적인 조화를 통해서이기 때문이다.

파리 도는 일종의 왕국이다. 수도의 행정은 엄청난 영향을 지니며 멀리 확산되기 때문이다.

악습을 철폐하고 어리석은 독재자를 고사시키며 불행한 사람을 위로하고 재앙을 극복하는 데 그보다 더 낳은 대신은 없다. 아! 그야말로 우리의 가장 내밀한 부분에 다가가서 영혼의 즐거움을 만끽하게 하는 승리가 아니겠는가!

10 사제가 신자에게 성사를 기부하는 소용돌이는 1654년부터 시작되었다. 당시 생쉴피스 부제는 리앙쿠르 공작의 사죄(赦罪)를 거부했다. 그 발단이 된 것은 파스칼의 『프로뱅시알』이다. 1746~1753년까지 왕과 파리 고등법원 사이의 갈등이 벌어지고 당시 파리 대주교 크리스토프 드 보몽이 엄격하게 성사 거부를 부추기면서 이 문제는 더욱 심각해졌다.

그 대신이 없다면 치안총감의 자리는 시민들에게 위험스런 것이 될지 모른다. 그는 광범위하고 보편적인 시각에서 상황에 따라 그 행정 기구를 가혹하거나 허약하게 바꾸어버리기 때문이다.

대낮에 날벼락이 치며 엄청난 소요를 일으키다가 침묵 속에 잦아드는 것과 마찬가지로, 봉인장이 때로는 전 유럽을 요란스럽게 만들고 때로는 아무도 모르게 5층에 사는 불쌍한 말썽꾸러기의 책상서랍이나 함을 뒤진다. 이따금 봉인장은 화를 미치기보다는 두려움을 초래하며, 그것을 받은 사람은 더 이상 아무런 흔적도 남기지 않는다.

누가 그것을 믿을 것인가? 봉인장은 어떤 사람에게는 유용하며 행운의 기회가 될 수도 있다. 거부할 수 없는 절차를 통해 구금보다 더 끔찍한 판결을 내릴지도 모를 준엄한 법과 재판소에서 그를 해방시켜주기 때문이다.

따라서 나는 봉인장이 벼락처럼 폭력적이고 비밀스런 속성을 지녔다고 생각한다. 봉인장은 벼락처럼 움직이고 벼락의 속도, 심지어 변덕스러움마저 흉내낸다. 그 벼락은 특히 파리 도의 대신의 손안에 있다.

바스티유에 관해 전해지는 가장 기발한 이야기는 다음과 같다.

> 감옥 안뜰에서 바람을 쐬도록 허가를 받은 2명의 국사범이 개 한 마리를 발견했다. 그 개는 계속 날뛰며 그들 주변을 맴돌았다. 그들 중 한 명이 말하였다. "이 불쌍한 짐승이 왜 여기 있는 거지? 이 성에서 도대체 무엇을 하는 거야? 잘 빠져나가야 할 텐데." 다른 한 명이 말하기를, "그 개는 강제로 붙들려온 게 틀림없어. 그렇다면 무엇 때문일까? 아마 대신의 개, 아니면 그보다 훨씬 더 사나운 부(副)대신의 개를 물었을 거야."

거대한 왕국의 수도는 항상 다른 도시들에 모범을 보인다. 수도는 국가 안의 소국가이며, 공적인 정부의 핵심 원리에 따라 통치된다.

이렇듯 파리 시는 절대적인 방식으로 통치된다. 치안총감은 파리의 공적인 검열관이자 식량의 총책임자 역할을 맡고 있다. 그의 권한은 여러 면에서 군대의 장군이 행사하는 것과 유사하다. 그는 가장 정확하고 엄격한 방식을 활용해서 처벌하고 감옥에 가두고 정보를 얻는다. 그는 이 거대한 도시를 일상적인 훈련체제로 만든다. 일종의 군부대 같은 도시는 그의 의지를 실행하기 위한 명령체계를 갖춘다. 그러나 그의 신중함에도 불구하고 불행하게도 그의 의지가 반드시 그의 것만은 아니다. 다면체 거울에서 어떻게 정확한 진실을 간파할까?

거대한 도시를 지배하는 경찰은 정부의 유형에 따라 다르다. 자유로운 국가의 수도 런던 시장은 인민의 대표자이며 인민 특권의 수호자이다. 그는 모든 시민의 개인적이고 세속적인 불가침권을 보장해 주어야 한다. 암스테르담에서 시장과 시 행정관들의 모든 관심사는 근면한 자를 격려하고 나태한 자를 처벌하는 데 있다. 그들은 부르주아의 신뢰를 남용하지 말아야 한다.

귀족 국가의 핵심인 베네치아에서 경찰의 핵심 사안은 민중운동을 예방하는 데 있다. 10인 위원회는 국가의 안정에 피해를 미칠 것을 우려하여 아무리 가벼운 움직임이라도 온갖 수단을 동원해서 억누른다.

파리의 치안총감은 군사적인 수단을 빈번하게 이용한다. 그러한 수단이 신속한 것만큼이나 늘 최선의 방책이라면 좋으련만!

685 시랑감

궁정에서 시랑감이 무슨 일을 하는지 나는 모른다. 나는 그를 한 번도 본 적이 없지만, 그곳에는 침전 시랑, 침전 시종, 침전 음악대, 초칠하는 사람들이 있다.

궁정 사제, 약제사, 궁정 집사, 책의 저자 등 모두가 뒤죽박죽 뒤섞여 있다.

신들도 그들의 영구적인 권리를 부러워할 정도로 도원수부터 제복을 입은 하인까지 우리 군주의 관리들은 저마다 궁정의 다른 총신들이 부러워하는 특권과 특혜를 지녔다. 국고의 비밀에 연루된 자는 외국인이건 국내인이건 더 이상 경찰의 사냥감이 아니라, 프랑스 재정 우두머리의 먹이이다. 영역을 침범당한 부서의 대신은 자신의 고객과 후견인, 혹은 더 정확하게 표현하자면 그의 하수인의 권리를 주장한다. "오는 정이 있어야 가는 정이 있다." 그것은 번갈아가며 보상과 처벌의 권리를 주고받는 국가의 행정가들에게나 어울리는 표현이다.

686 화금석(火金石)을 원하는 사람들

새로운 연금술의 대가들은 늘 풀기 어려운 난제들을 풀려고 한다. 화학에 무지한 과거에는 그런 사람들이 엄청나게 많았다. 새로운 발명이 이루어지면서 위대한 작품에 대한 갈망이 다시 유행하기 시작했다.

대담하고 배움을 갈구하는 인간들이 수상술, 관상학, 천문학, 연금술 같은 신비술에 빠진 세기에 그러한 현상은 조금도 놀라운 것이 아니다. 금을 숭배하는 인간이 수없이 많으니, 인간의 탐욕을 부추기는 연금술은 언제나 신봉자들을 갖기 마련이다.

그런 사기꾼 혹은 협잡꾼들 중 한때 카푸친회 수사였던 인물이 대표적인 예이다. 그는 루이 13세와 리슐리외 추기경, 그리고 궁정의 여러 사람들 앞에서 묘기를 펼쳐보였다. 이제부터 그 흥미진진한 일화를 이야기해보자.

뒤부아라는 이름의 전 카푸친회 수사의 삶은 기이하기 짝이 없다. 그는 젊은 시절에 근동 지방을 여행했다. 방탕한 생활 끝에 그는 카푸친회 수사가 되었다. 새로운 생활에 싫증이 난 그는 수사의 옷을 벗어던지고 튈르리 궁전의 담 너머로 숨어들었다. 3년 후 불안해진 그는 성 프란체스코회에 들어갔다. 그는 서원을 하고 성직자가 되었다. 10년 후 그는 카푸친회 복장을 벗어던지고 독일로 방랑의 길을 떠났다. 그곳에서 그는 루터교를 받아들였다. 그는 동지를 만나 고전 연구에 입문했다. 속고 속이며 이른바 금을 만드는 비법을 터득한 그는 파리로 돌아왔다. 훌륭한 비법이 그를 오만하게 만든 탓인지 그는 카푸친회 수사들의 시선을 무시했다. 수사이자 신부인 그 남자는 생쉴피스 교회에서 파리 고등법원 부속 감옥의 간수의 딸과 결혼했다.

사기꾼은 모두 수다스럽다. 그는 자신의 관심사에 대해서만 말을 한다. 전 카푸친회 수사인 그는 자신을 신기한 사람으로 여기는 마음 약하고 고지식한 사람들을 유혹했다. 그는 리슐리외 추기경의 오른팔이자 조언자인 조제프 신부에게 서서히 접근했다. 조제프 신부는 프랑스의 부와 영광을 증대시키고 전쟁 비용을 충당하겠다고 큰소리치는 대가의 호언장담에 귀를 기울였다. 필요는 천재에 대한 신뢰를 낳았다. 리슐리외 추기경은 불가능은 없다고 믿었으며, 누구도 감히 자신을 속일 수 있다고 생각하지 않았다. 게다가 그는 조제프 신부를 믿었다. 이렇게 해서 그 금 제조사가 자신을 칭송해마지 않는 왕, 왕비, 추기경, 조제프 신부, 총관 앞에서 작업을 하기로 결정되었다.

바로 그날 뒤부아는 실험을 위해 골회(骨灰) 도가니와 또 다른 도가니를 가지고 루브르에 도착했다. 그는 불을 붙이고 그 위에 용기들을 올려놓았다. 사기로 의심받을 것을 우려한 그는 왕이 친히 선택한 근위대를 실험 보조자로 삼았다.

뒤부아가 목소리를 높이며 말했다. "전하께서 병사들 중 한 사람에게 총알 10~12개를 제게 건네라고 명령하시면 제가 그것들을 금으로 만들겠나이다." 병사가 총알을 주자 뒤부아는 총알을 도가니에 넣고 재로 덮은 다음, 납 위에 자신이 가지고 있던 가루를 극소량 뿌렸다. 그러고는 다시 큰소리로 말했다. "전하께서 직접 풀무로 재를 조금씩 없애시거나, 아니면 전하가 원하시는 자에게 그 명령을 내리시면 좋겠습니다." 그 일을 누구에게도 맡기기를 원하지 않던 루이 13세는 직접 풀무를 집어들었다. 그는 고대하던 귀금속 추출물을 발견하고픈 성급한 마음에 입김을 세게 불었다. 재가 주변 사람들에게 흩날렸다. 왕보다도 더 호기심을 느끼며 관심을 보이던 왕비는 재로 뒤덮인 채 그대로 있었다. 재가 모두 날아간 뒤 금괴가 나타났다. 놀라움과 환희의 외침 소리가 울려퍼졌다. 전하와 추기경 예하는 뒤부아를 끌어안았다. 왕은 감격한 나머지 그에게 귀족과 기사 신분을 부여하고는 중세 원탁의 기사들 방식으로 그를 포옹했다. 그러고는 모든 호의를 표현하며 그로 하여금 기쁨의 절정에 도달하도록 했다.

나는 강인한 정신과 탁월한 능력을 보인 리슐리외 추기경을 늘 존경해왔다. 그는 루이 13세에게 타유, 타용, 보조세와 백성이 부담하는 모든 세금을 폐지해야 한다고 말했다. 그에 의하면 왕은 오직 왕령지에서만 봉건 영주이자 군주권의 표시로서 오직 약간의 정액 소작료와 조세권을 확보할 수 있다. 그는 기쁨으로 눈을 반짝이며 황금시대의 복귀를 선언했다. 이로써 그의 정치력, 다시 말해 유럽 모든 국가들에 대한 프랑스의 지배는 훨씬 더 칭송을 받을 것이다. 그는 조제프 신부를 끌어안고 귓속말로 그에게 추기경의 모자를 씌워주겠다고 약속했다. 근위대는 그 작업을 계속하도록 8,000리브르를 가져왔다. 모든 참석자들은 기쁨에 도취해 전 카푸친 수사에게 존경을 표했다. 그의 말은 별 어려움 없이 믿어졌다. 만약 우화 속에 나오는 황금알을 낳는 암탉이 존재한다면, 그 암탉은 베르사유에서 당당하게 알을 낳을 것이다. 근위대는 그 암탉을 방해하기는커녕, 근위병들을 불러 암탉 주변에 바리케이드를 칠 것이다.

뒤부아는 새로운 경험을 했다. 왕은 집게를 가지고 직접 불에서 도가니를 꺼내었다. 새로운 금괴가 보이자 그의 기쁨은 배가되었다. 식혀진 금괴는 왕의 손에 놓여졌다. 왕은 금은 세공사를 불러오라고 명령했다. 금은 세공사는 두 조각의 금에 대한 성분분석을 한 후, 그 금이 22금이지만 당시 통용되고 있는 화폐의 함유율임을 발견했다.

전 카푸친회 수사는 그처럼 완벽한 보고로 인해 자신이 약간 의심을 받지나 않을까 두려워하며 서둘러 성분검사를 위해 그런 함유율의 금을 만들었지만, 위대한 전환 작업을 통해 순수한 24금을 만들 것이라고 말했다. 그곳에 모여 있던 지체 높은 사람들은 환상에 빠진 나머지 그의 답변을 듣고 만족해했다.

실험이 이루어지고 리슐리외 추기경은 뒤부아를 따로 불러서 왕에게 필요한 것은 매주 80만 프랑이며 정규적으로 제공되어야 한다고 말했다. 그 사기꾼은 모든 것을 약속했다. 다만, 어쩌다 보니 화금석이 아직 '동질화'되지 않았으니 잘 구워질 때까지 10일만 말미를 달라는 조건을 내걸었다. 추기경은 전문용어에 대해서는 전혀 관심을 기울이지 않은 채, 필요하다면 10일 아니라 20일이라도 시간을 주겠다며 허락했다.

전 카푸친회 수사는 가루를 정제하는 작업을 하기는커녕 사냥을 하거나 거처에서 연회를 즐기고, 아는 사람들을 전부 불러모으고, 탁월한 방식으로 그들을 조종하며 자신의 성공과 놀라운 기술에 관한 이야기를 나누었다. 모두들 그를 특별한 사람으로 여겼다.

시간이 흘러도 그는 아무런 준비도 하지 않았다. 추기경은 조제프 신부를 보내 금 제조사의 작업을 독촉했다. 그는 며칠 더 시간을 달라고 청했고 허락을 받았다. 그러나 별다른 효과가 없었다. 50~60만 리브르에 달하는 커다란 금괴를 기대한 왕은 더 안달이 있다. 왜냐하면 금이 없으면 왕은 허약한 존재인 나보다도 더 아무것도 할 수 없기 때문이다. 그러한 가운데 금괴가 보이지 않자 사람들은 의심을 품게 되고 곧 속지 않았나 걱정하기 시작했다.

사기꾼이 도망가지 못하도록 감시하라는 명령이 내려졌다. 실제로 그는 도망가려고 생각했다. 추기경은 사람의 자유를 놓고 뜸을 들이는 법이 없었다. 그는 곧 전 카푸친회 수사를 뱅센 성으로 보냈다. 그는 그곳에서 합법적으로 작업을 했다. 몇 차례의 시도가 아무런 결과를 거두지 못하자 그가 사기꾼이라는 의심이 더 커졌다. 그는 자유롭지 못한 상태에서 작업을 하는 것은 불가능하며, 감금상태로 인해 자신이 가지고 있는 가루의 분사와 증식 속성이 파괴되었다고 말했지만, 아무 소용이 없었다. 그는 바스티유로 이송되어 독방형을 선고받았다.

리슐리외 추기경은 엄숙한 자리에서 자신을 모욕한 그를 용서할 인물이 결코 아니었다. 그러나 노련한 정치가인 그는 자신이 마법에 속은 것처럼 보이고 싶지 않았다. 그렇게 되면 그는 조롱꾼들의 좋은 놀림감이 될 것이었다. 사람들은 카푸친회 수사의 사생활을 뒤지며 그를 고발할 수 있는 것을 샅샅이 찾았다. 리슐리외는 위원회를 구성했다. 그들은 전 카푸친회 수사에게 금화 조각들을 내밀었다. 화폐를 변질시켰거나, 아니면 위조화폐를 만들었다는 혐의로 그를 처벌하기란 쉬운 일이었다. 게다가 유랑생활 동안 그는 여러 가지 비행들을 저질렀다. 위원회의 심판을 받은 그는 교수형을 받았다. 죽음이 임박해오자 그는 자신이 왕과 왕비, 추기경이 사전에 짜놓은 각본에 말려들었다고 주장했다. 자신은 금을 만들 줄 모르고, 단지 거금을 준다는 말을 그대로 믿는 고지식한 사람들을 보고 그 기회를 이용해서 자신의 말에 귀를 기울이는 사람들의 돈으로 살아보려고 했을 뿐이라고 고백했다. 그러고는 자신이 작은 책을 하나 썼는데 그 귀한 책을 팔았다고 덧붙였다. 그 책에는 이른바 금을 만든 비법이 들어 있으며, 그는 그 책에 관심을 보인 고직식한 구매자들을 상대로 책 가격을 올리거나 내렸다. 마지막으로 그는 자신이 사용한 모든 수단은 교묘한 속임수였으며, 도가니를 정돈하는 척하며 아무도 눈치채지 못하도록 납을 꺼내고 금조각을 몰래 집어넣었다고 고백했다. 그 금조각은 금화 짜투리였으며, 이렇게 해서 그는 대담하게도 왕과 왕비, 그리고 추기경을 속이고 싶은 생각이 들었던 것이다.

뒤부아는 1637년 6월 25일 교수형에 처해졌다.

이제 전 카푸친회 수사의 비극적 종말에 대해서는 생략하기로 하자. 독자 여러분은 그것보다 더 재미있고 아리에타와 희극 오페라의 대사에 더 많이 등장하는 주제가 무엇인지 아는가? 붉은색 예하, 회색 예하, 골무 주변에 늘어선 중요한 인물들, 세상에서 으스대는 그런 주요 인물들과, 우리처럼 금을 필요로 하고 금을 좋아하고 한 번도 금을 충분히 가져본 적이 없고 금을 만들어주겠다는 약속을 한 사람을 반기는 사람들을 골탕 먹인 사기꾼 말이다. 아! 연금술의 희극이여! 나는 내 서재에서 단지 그들을 비웃을 뿐이다.

687 세계적인 노아의 홍수 증명하기

고 왕비의 시종 중 한 명인 시강학사[11]는 노아의 홍수를 증명하고 모세의 이론이 부르네와 비스투, 우드, 플뤼슈[12] 등의 추론보다 우월하다는 것을 보여주기 위해, 유리 공 안에 물로 가득 채우고 밸브를 갖춘 채 동일점을 중심으로 고정된 지구의를 만들었다. 우선 그는 지구의를 물로 가득 채우기 시작한 다음, 입구를 막고 내부의 공을 가볍게 회전시켰다.

물은 전혀 울타리 밖으로 넘치지 않습니다. 보세요. 신이 인류에게 분노하신 것이 결코 아닙니다. 하지만 곧 신이 분노하는 순간을 목격하게 될 것입니다.

그러고는 곧 그는 공을 점점 더 빨리 돌렸다. 그러자 엄청난 물의 힘으로 인해 밸브들은 지구의 표면에 붙어 있고 물로 가득 찬 유리 공에서는 물이 조금씩 빠져나갔다. 시강학사가 참석자들에게 말하기를 "이렇게 해서 지구의는 완전히 물로 뒤덮여 버렸습니다. 신이 침묵하십니다. 이제 이 공을 움직이는 행동을 멈추겠습니다. 물은

11 여기서 왕비는 루이 15세의 왕비 마리 레슈친슈카(1703~1768)를 가리킨다. 루이 15세는 158명의 시종을 둔 반면, 왕비의 시종은 8명이었다. 그 안에는 2명의 사부와 1명의 시강학사가 포함되었다.

12 부르네와 비스투는 개신교 목사, 우드는 아일랜드 고고학자이자 정치가, 플뤼슈는 프랑스의 자연사학자로 각자 창세기를 언급한 인물들이다.

다시 물통으로 흘러들어가 지구의 높이까지 균형 상태를 유지할 것입니다." 그는 계속해서 "오늘날 세계적인 노아의 홍수를 부정할 수 있는 사람들은 오직 불경스런 사람들뿐입니다. 왜냐하면 제가 신성한 역사가들의 이야기에 적합한 방식으로 그 사실을 여러분에게 생생하게 보여드렸기 때문입니다."

모든 참석자들은 돌아가면서 세계적인 노아의 홍수의 존재를 수긍했다. 감히 그것을 부정하는 사람들은 비논리적인 사람들이다. 이렇듯 1768년 왕비의 시종들을 상대로 물리학 강의가 이루어졌다.

688 기이한 일들

즉위 첫 해에 루이 16세는 한 의견서에서 공위성직록(空位聖職錄) 취득권(droit de régale)이라는 단어를 발견했다. 왕이 대신에게 물었다. "아무개 대신, 이것이 무슨 뜻이오?" 당황한 대신이 대답하기를 "그것은 전하께서 여행 중 어디서 묵으시건 간에 신하들로부터 훌륭한 음식을 대접받으실 수 있는 권리를 의미합니다"라고 하였다.

왕이 그에게 말하였다.

> 내가 보기에 그대는 무슨 말을 하는지 잘 모르는 것 같구려. 그것은 그런 뜻이 아닌 것 같은데. 짐이 아무개 배우와 법원의 아무개 씨를 상대로 소송을 제기하면 상대방 변호사는 파리의 구경거리, 이른바 '국왕 연예단'을 불러오려고 한다네. 사려 깊기도 하지!

그 말에 아무도 대답하지 않았다.

르미에르라는 이름의 음악가가 20년간 국왕 부속성당에서 봉사한 뒤, 은퇴와 연금 문제를 청하기 위해 생플로랑탱[13]을 찾아갔다. 그가 말하기를, "당신처럼 다른 사람들도 20년 동안 임무를 수행하고나서 무위도식하는 연금생활자가 되려고 하는군요" 하였다.

13 Saint-Florentin: 1761~1774년까지 국무대신을 지낸 루이 필레포 생플로랑탱 백작을 친근하게 표현한 것이다.

프랑수아 1세는 퐁텐블로 궁전의 회랑을 지나다가 부셰[14]라는 이름의 가난한 문인 앞에서 멈추어 서서 말했다. "저기 저 친구, 짐은 그가 마음에 드네. 그의 머릿속에는 별개 다 들어 있지. 그가 뒤프라[15]보다 낫지." 궁정인들은 곧 그를 에워쌌으며, 누군가는 그가 대신이 될 거라고 말하고 다른 사람은 대상서가 될 것이라고 말했다. 왕은 그에게 정원에서 만나자는 약속을 했다. 아시겠는가? 그가 대상서가 되리라는 것은 더 이상 의문의 여지가 없었다. 누군가 그가 지은 시에 찬사를 바쳐야 한다고 말했다. 그가 위대한 시인이라고 말해야 했다. 모든 시인들은 자신들의 시가 훌륭하다고 믿는다.

프랑수아 1세가 조영감독관을 불러 부셰를 가리키며 다음과 같이 말했을 때, 모두가 부셰의 다음 승진을 기대했다.

> 넵튜누스를 만들기 위해 모델이 필요하다면 저 사람에게 물으시오. 대체 무슨 생각으로 내게 짧은 고불고불한 수염에다 걸핏하면 화를 내는 뒤프라를 천거한 것이오? 저 넓은 이마와 주름들, 아무렇게나 넘긴 머리, 길게 늘어진 수염을 보시오. 마지 조각칼로 다듬은 듯하구려! 부셰, 정원에서 6시에 만납시다. 짐은 내 연못에 설치할 넵튜누스의 모델로 그대를 추천하는 바이오.

궁정인들은 속으로 웃었다. 아! 그의 손에 떨어진 것은 바다 신의 키였구나. 이제 연못 한가운데에서 그의 모습이 밤낮으로 보일

14 Bouchet(1476~1557): 루이 12세와 프랑수아 1세의 궁정 시인.

15 Duprat(1463~1535): 왕이 되기 전 프랑수아 1세의 가정교사를 지낸 뒤, 1515년 그가 왕으로 즉위하자 대상서가 되었다. 프랑수아 1세의 포로시절에 실질적인 권력을 행사했으며, 특히 개신교도들을 억압하는 데 능력을 발휘했다. 아내와 사별한 후 성직에 입문해서 상스 대주교가 되었으며, 1527년에는 추기경직을 부여받았다.

것이다. 아! 오해였구나! 그는 결코 대신이 되지는 못하겠구나. 그의 시는 형편없지. 그는 단지 조각상의 모델로 뽑혔을 뿐이었던 것이다.

689 봉납물

생뢰에생질 교회에는 진기한 봉납물 하나가 존재한다. 그것은 성가대석 오른쪽에 있다.[16]

루이 15세가 6세 되던 해에 그의 공포심 치유를 기원하는 미사가 생뢰에생질에서 거행되었다. 그때 봉납물이 바쳐졌다. 그것은 생뢰에생질 교회 앞에서 루이 15세가 무릎을 꿇고 있는 회화작품이다. 그의 가정교사인 방타두르 부인이 그 뒤에 있는데, 그녀 역시 무릎을 꿇고 있다. 궁정의 주요 귀족들도 마찬가지였다. 초상화는 충실히 묘사되었고, 의상도 그에 못지않았다. 사람들은 모든 것을 주시하고 두 손을 모아 루이 15세의 공포심을 낫게 해달라고 성자 뢰와 질에게 기도했다.

그의 병은 낫지 않았다. 왕은 평생 소심했다. 그처럼 겁에 질린 왕은 없었다. 그가 처음으로 목격했던 얼굴이 그에게 불안한 상상을 불러일으켰다. 또한 왕의 신분으로 무수한 사람들을 알아차려야 했던 그는 외모의 특징을 기억해서 사람을 분간했다. 한 번도 본 적이 없는 사람을 소개받을 때, 그의 첫마디는 항상 "아무개를 닮았군요"였다.

준비성이 지나쳐서인지 아니면 배울 욕심에서인지 선천적 질문

16 왕은 즉위 후 관례에 따라 오늘날의 생드니에 위치한 이 교회에 가서 9일 동안 병 치유의 신성성을 간직하게 해달라는 기도를 바친다. 성자 뢰가 병 치유로 유명한 성인이기 때문이다.

꾼인 루이 15세는 시시콜콜한 모든 것, 특히 만나는 사람의 나이를 알고 싶어 했다. 또한 그는 "어떤 병을 앓고 있거나 앓을 것이오, 몸조심하시오"라고 말하며 어느 정도는 의사 행세 하기를 좋아했다. 군주의 권위를 모독하고 늘 무기보다는 법의 보호를 받기를 원하는 고등법원을 졸렬하게 파괴하기 위해 대상서 모푸가 동원한 방법 중 하나는 루이 15세에게 "제가 검은 법복을 입은 법관들을 전하 주변에서 내쫓아 드리지오"라고 말한 것이다. 검은 법복을 입은 그들은 그의 계획을 방해하고 위협했다. 그는 그러한 습관적인 두려움에서 벗어나지 못했다. 그것은 그의 태생적인 단점이었다. 그러한 육체적인 허약함은 정신의 힘으로 극복되지 않으며, 본래의 동기가 설명되지 않으면 결코 납득하지 못하는 그의 성격의 단면을 말해준다.

690 성 목요일

왕은 가난한 사람들 12명의 발을 씻겨준다. 그것은 예부터 전해온 존중할 만한 관행이다. 그런 경우 궁정인들과 대귀족들조차 본래 우리 모두와 동등하다고 생각하지 않을 수 없다. 가난한 사람의 발과 군주의 발은 똑같이 생겼다.

강단에 오른 설교자의 강론은 평소보다 더 생생하게 마음을 찌른다. 그는 군주의 잘못을 고발하고, 그의 열정적인 말투는 경외심과 조화를 이룬다.

궁정의 총책임자는 방계 왕족이다. 그날 궁정의 모든 책임자들을 관리하는 그는 시종들과 구별이 안 된다. 그날 궁정에서 벌어지는 모든 일은 평등했던 아득한 옛날을 연상시킨다. 도덕이 수세기에 걸쳐 형성된 정신이라면, 그날은 도덕을 위한 날이다. 가난한 사람들이 식탁에서 대접을 받고 군주의 궁전 구석구석에 들어가본다.

다음날 제단은 말끔히 치워졌는데, 그럴수록 더 눈길을 끈다.

주교님들, 말해보세요. 신전에서 대체 금이 왜 필요하지요? 생베르나르[17]가 로마 시인 주브날이라는 단어를 반복한다. 종교에서는 의식, 엄숙한 예배, 화려한 도구들이 필요하다. 그러나 제단이 금이나 은으로 가득 찰 필요는 없다. 검은 장막, 꽃, 순백의 아마포, 밝은 색깔의 직물, 촛대, 이러한 도구들만으로도 충분하다. 교회의 사치는

17 Saint-Bernard(1091~1153): 클레르보 수도원장으로, 수많은 수도원 공동체를 설립하고 엄격한 규율을 강요했다.

병원과 불쌍한 사람들을 위해 꼭 필요하다.

우리는 무엇을 할까? 성주간에 한 지체 높은 부인이 다른 부인에게 말했다. “성스러운 일을 해야 합니다.” 그러자 다른 부인이 말하기를 “좋아요. 이 사람들을 단식시킵시다.”

그 말을 정치적인 과오에 뒤이어 적용해 보라. 그러면 사람들이 다른 의미로 말한 것임을 알게 될 것이다. “오늘 육식을 금하는 날이니 사람들을 단식시키시오.”

691 에티켓

모두에게 명령을 하는 대귀족들은 에티켓을 순순히 지킨다. 철학자는 그들의 이상한 노예 근성을 비웃는다. 스스로 공허한 의례의 굴레에 얽매인 대귀족들을 보며 그는 사회적 조건의 동등함을 확인한다. 다른 사람의 자유를 좌지우지하는 이 오만한 인간들이 사실은 더 자유를 누리지 못한다. 아름다운 귀족부인은 모든 여성들이 부러워할 정도로 아름답지만, 그녀는 숨막힐 듯한 고통 속에서 벗어나지 못한다. 경의의 표시는 그녀를 지치게 만들고 오히려 진심을 사라지게 만든다. 정중한 인사는 더 이상 자연스럽지 못하다. 그것은 꾸민 것처럼 부자연스럽고, 나머지 다른 모든 것도 마찬가지이다. 과시를 위해 살아야 한다. 배우가 막 뒤에서도 자연스런 태도를 취하는 것이 허용되지 않는 그런 무대인 것이다.

궁정 에티켓을 묘사하려면 라블레의 날카로운 펜이 필요할 것이다. 그러나 비현실적인 질서를 한 치의 어긋남도 없이 따른다는 사실에 틀림없이 대귀족들도 놀라지 않을까?

대귀족들은 신발을 신겨주는 일을 맡은 하인이 보이지 않으면, 자신들의 신발이 놓여질 때까지 시중을 드는 사람들 사이에서 종종 참을성 있게 기다린다. 이처럼 괴상하고 불편한 상황이 계속되면서 대귀족들은 독특한 관습에 예속된 사람들로 변해간다.

에스파냐에서는 한 충직한 시종이 속옷 차림의 왕비를 불에서 구한 다음 그녀를 팔로 안아 옮겼다는 이유로 사형을 선고받은 적이 있다.

대귀족과 식사하는 것은 에티켓에 어긋나는 일이다. 그가 당신과 대화를 나누는 것은 그에게 유익하고 유쾌한 일일 것이다. 그러나 당신이 그와 같은 식탁에서 식사를 하는 것은 금지된다. 그의 호의는 식탁 주변에 국한된 지점에서 끝난다.

대귀족의 출생 순간 역시 에티켓에 지배된다. 왕실의 모든 고위 관리들은 그곳에 참석한다. 대귀족이 사망한 후 그에게 화려한 제단을 바치는 것도 매순간 대귀족의 건강 상태에 관해 질문을 던지는 것도 에티켓이다.

대귀족들은 국가의 법보다 에티켓의 규칙을 피하는 것이 더 힘들 것이다. 군주는 종종 시종들 각각의 주장을 조정하지 못한 나머지 여행에서 거처에 들어가기가 불가능한 상황에 놓이곤 한다.

우리는 우리와 동떨어진 민족의 관습을 알게 될 때 웃음을 짓는다. 예를 들어, 아프리카 로앙고[18]의 왕은 서로 다른 두 거처에서 식사를 한다. 그는 한곳에서는 마시고 다른 곳에서는 음식을 먹는다. 습관은 우리를 에티켓에 익숙하게 만든다. 에티켓에의 노예화는 대귀족 주변의 사람들보다는 대귀족들에게서 더 심하게 나타난다. 그들은 태어나는 순간부터 그들이 상상하는 대로 매순간 그들의 삶을 조종하는 한 무리의 변화무쌍한 어릿광대들에게 사로잡히나 보다.

가련한 그들은 그렇게 살아간다. 그러나 유감스럽게도 왕의 어릿광대는 궁정에서 추방당했다.[19] 왕실의 모든 관직 중에서 어릿광대가 가장 필요하다. 왕이 어릿광대를 추방하고 슬프게도 그에 비하면

18 Loango: 아프리카 적도 서쪽 연안 지방에 위치한 왕국.

19 1316년 필리프 5세는 총애하던 어릿광대 제오프루아(Geoffroy)를 위해 특별한 관직을 마련했다. 그때부터 궁정의 모든 어릿광대들은 관직을 지녔다. 마지막으로 관직을 지닌 어릿광대는 루이 13세 시대부터 루이 14세 시대의 랑즐리(L'Angely)이다.

형편없는 귀족 어릿광대로 대체해 버린 이래, 왕은 많은 일들에 관해 더 이상 듣지 못하게 되었다. 말할 자유를 지닌 익살꾼은 그런 말을 할 권리를 누릴 것이다.

에티켓 다음은 의전이다. 편지의 본문은 어느 정도나 공백으로 남겨져야 할까? 서명은 퍽 중요한 일이다. 그런 편지는 대신들의 종이에 쓰여졌음에 틀림없다.[20] 고인이 된 콩티 공의 아버지 루이아르망은 이론[21] 캠프에서 섭정에게 잘 몰랐다고 고백하면서, 자신이 의례에 어긋나는 것인지 아닌지 그에 관해 알려달라고 부탁하는 편지를 썼다. 섭정은 의례는 우정에 도움이 되지 않으니 그와 무관하게 자신에게 편지를 써달라는 답장을 보냈다.

무미건조한 의례적 문구는 편지와 통지서를 구분짓는다. 매번 '인사드리며(très humble)', '충실한(très obéissant serviteur)'이라는 표현을 쓰는 것은 어색하다. 왕에게 편지를 쓸 때는 마지막에 '소인(et sujet)'이라는 표현을 덧붙인다. 대귀족은 주소에 '주군이신 왕에게', 그리고 '왕비 마마께'라고 쓴다. 교황에게는 '인사드리며 충실한'이라는 표현이 사용된다. 교황은 양피지에 간략한 답장을 보낸다.

이러한 의전은 거의 변하지 않는다.

비서에게 대신 쓰도록 할 때에도 예의를 갖추는 마지막 문구는 귀족이 직접 쓰는 것이 의전에 맞는 일이다.

프랑스 왕은 2,400만 백성을 다스린다. 그중 의전의 원칙을 지키며 그에게 편지를 쓸 수 있는 사람은 2,000명도 되지 않는다.

사람들은 세자와 말을 할 때는 그를 '님(Monsieur)'이라고 부른

20 대신의 서류는 판형이 크다.
21 4국 동맹 전쟁의 국왕군 사령관 루이아르망은 에스파냐 북부 바스크 지역의 요새 도시였던 이론(Yron)에 주둔하고 있었다.

다. 그러나 그에게 편지를 쓸 때는 '세자 저하(Monseigneur)'라는 칭호를 쓴다.

서명과 편지 겉봉 모두 고유의 형식을 지닌다.

전하께 편지를 쓸 때는 첫 페이지에 4~5줄만 써야 하며, 글 전체를 보내는 사람이 직접 써야 한다. 때로는 마지막 문구가 비서에 의해 쓰여질 수도 있지만, 때로는 그것이 금지되기도 한다.

각하라는 표현을 어디서 사용해야 하는지 아무도 잘 알지 못한다.

의전은 바뀐다. 솔직히 말해 나는 어디서 3~4줄이 공백으로 남고 또 되풀이되는지 잘 알지 못한다.

1733년 7월 뷔시[22]는 콩데 가 사람들이 황제에게 나폴리 문제를 청탁하기 위해[23] 황후 아멜리에게 보낸 편지에서 서명과 마지막 문구가 비서에 의해 쓰여진 것을 그녀가 알고는 불평했다는 소식을 전해왔다.

의전에 의하면 황후가 옳다. 대귀족들은 선제후에게 보내는 편지에서 예의바른 마지막 문구를 써야 하며, 황후에게는 더더욱 그렇다. 황후는 한 번도 그것을 거절한 적이 없다.

오직 왕에게만 사용되는 깊은 경의의 표현은 대주교든 대신이든 누구에게도 사용해서는 안 된다. 그들에게는 '정중히(avec respect)' 혹은 '매우 정중히(avec un grand respect)'라고 하면 된다.

부르주아들은 대부분 편지와 통지서에서 나타나는 차이를 무시한다.[24]

22 Bussy, François de(1699~1780?): 빈 주재 프랑스 대사.

23 1733년 당시 나폴리는 오스트리아 왕실에 속해 있었다.

24 편지와 통지서의 차이가 있다면, 통지서는 결코 므슈나 마담으로 시작하지 않는다는 점이다.

평범한 사람들은 편지를 쓸 줄 모른다. 그들은 이따금 '삼가 올립니다(de votre affectioné à vous servir)'라고 쓴다.

대귀족 앞에서 예의를 갖추고 경의를 표하는 것보다 의전의 원칙에 따라 정확하게 편지를 쓰는 것이 훨씬 더 어렵다.

인사를 하고 서 있는 자세를 유지하고 대귀족에게 말을 하는 법을 모르는 것과 같은 이치로, 부르주아는 대귀족에게 편지 쓰는 법을 모를 것이다.

에티켓은 예속상태의 증거가 아니다. 오만한 영국인들은 왕의 시중을 들면서 무릎을 꿇는다. 에티켓은 인민의 자유를 훼손하지 않는다. 프랑스인들은 시종직을 수행하면서 굴욕감을 느끼지 않는다. 왕 가까이 접근하는 모든 일은 귀족의 특권에 속한다.

에티켓은 자질구레한 일들로 가득 차 있다. 그러나 그러한 일들은 날마다 부과된다. 에티켓을 종교의식처럼 강요할 수 있는 것은 오직 독재정치에서나 가능하다.

시랑감은 방계 왕족이다. 그것은 단순히 에티켓에만 관련된 것이 아니다. 그 직책에 엄청난 수입이 보장된 것은 그 때문이다. 에스파냐 왕이 누구에게나 말을 놓으려는 것은 에티켓 때문이다. 반면 프랑스 왕은 침전 시종에게 존대어를 사용한다.

군주의 의자형 변기는 에티켓에 따라 조신들 사이에 놓인다. 그것은 궁정인들의 친견권에 해당되는 일이다. 누군가 솜을 가져다주는 것도 에티켓이다.

왕의 거처나 대귀족의 거처에서 나올 때는 첫 번째로 통과하는 것이 예의이며 아주 예절바른 행동이다. 왜냐하면 먼저 나옴으로써 당신은 다음에 나올 사람에게 군주의 시선을 좀 더 오랫동안 받을 수 있는 특혜를 베푸는 셈이 되기 때문이다. 게다가 첫 번째로 떠나는 곤란한 상황에서 그를 구원할 것이다.

친견권은 아래로 적용되며 위로는 결코 적용되지 못한다. 무슨 뜻인가 하면, 당신이 왕의 거처에서 친견권을 지녔다면 다른 대귀족들의 거처에서도 친견권을 지닌다. 그러나 대귀족의 거처에서만 친견권을 지녔을 경우에는 그렇지 못하다. 당신에게는 그것이 전부이다.

고인이 된 왕비[25]는 에티켓에 매우 세심한 편이어서 에티켓을 군주권의 핵심적인 부분으로 간주했다. 임종 직전, 병에 걸린 그녀는 거의 실신상태에 빠졌다. 누군가 그녀에게 마실 것을 주었을 때 한 여인이 옆의 사람들에게 "그녀는 마시지 않을 거예요"라고 말했다. 왕비가 제정신을 되찾았을 때 첫마디는 그녀의 무례한 표현을 깨닫게 하는 것이었다. 그녀가 자신을 '마마'라는 표현 대신 '그녀'라는 평범한 단어를 사용했기 때문이다. 왕비는 죽어가면서도 예절에 어긋나는 단순한 표현을 꾸짖었던 것이다.

어떤 군주들은 "신의 그림자, 달의 사촌, 태양의 형제, 별들의 친구"로 불리기를 원한다. 다른 군주들은 식사를 끝내고 나서 "이제 지상의 다른 모든 왕들이 만찬을 즐길 수 있다"고 공표하도록 했다. 다른 군주는 자신이 나타나는 순간부터 사람들이 땅바닥에 엎드리기를 원한다. 복종하는 태도를 보이는 웃음, 시선, 몸짓, 발걸음을 강요당하는 것도 놀라운 일이 아니다.

그런 관행들에는 앉고 서고 마룻바닥을 스쳐가는 기술이 포함되어 있다. 공손한 인사와 절도 마찬가지로 분명하게 차이를 보인다.

세상의 모든 유력자들보다 더 당당한 독일 소제후들의 궁정에서 관습이 엄격해졌다고 해서 놀랄 이유가 없다.

에티켓은 기묘하고 독특하다. 그러나 에티켓은 시중을 드는 사람

25 1725년 루이 15세와 결혼한 마리 레슈친스카를 가리킨다.

들보다 군주들을 더 불편하게 만든다. 왜냐하면 오고가는 사람들은 잠깐 동안만 불편하면 되지만, 군주들은 시중을 받으려면 매순간 에티켓을 지켜야 하기 때문이다.

에티켓은 성가신 요구를 하는 수많은 사람들을 막아주는 울타리 역할을 한다. 무조건 공손하게 에티켓에 굴복하는 태도를 보이는 사람들일수록 더욱 그렇다.

에티켓은 대화를 조용하게 만들고, 군주로 하여금 주변 사람들의 눈과 어깨의 움직임을 주시하게 만든다.

죽은 왕의 만찬 시중을 들게 하던 과거의 에티켓은 지금도 유지되고 있으며, 군주정이 끝날 때까지 유지될 것이다. 자신에게 행운을 가져다주는 중요한 풍습을 왜 폐지하겠는가? 식사 시중을 드는 시종들이 그에게 바라는 바가 있는데 왕의 시체의 만찬 시중을 드는 것을 어떻게 마다하겠는가?

몸가짐과 걸음걸이 모두가 원칙을 따른다. 그러한 원칙들은 변덕스럽기 짝이 없는데도 잘 지켜진다.

어느 희극에서 "자신의 집에 훌륭한 안락의자가 있는데 타부레[26]를 주문하는 이유는 무엇인가?"라는 대사가 나온다. 그 독설을 듣고 함께 있던 모든 사람들과 웃음을 터뜨린 백작부인이 15일 후 왕비의 거처에서 타부레를 요구할 것이다.

과시적이고 의례적인 모든 태도들은 예절과 자연스러움, 상냥함으로 바뀌었다. 그러나 그런 것들은 얼마나 오랜 역사를 지닌 풍속인가? 대귀족에게는 더 어려울지도 모르는 그러한 풍속이 낡은 형식

26 팔걸이와 등받이가 없는 의자를 가리킨다. 왕과 왕비 앞에서 앉을 권리를 갖게 되었음을 의미하는 이 의자는 왕족과 공작부인, 그 밖에 특별한 지위에 있는 귀부인들에게만 주어졌다.

들을 사라지게 만들 것이다.

영광스런 제목이 붙은 편지들의 겉봉투를 잘 쓸 줄 알아야 한다. 오늘날에도 여전히 주소는 논란의 대상이다. 대귀족들이 서로에게 어떻게 편지를 써야 하는지 정확하게 안다는 것은 결코 사소한 문제가 아니다. 의전장, 외교사절 안내관은 그 점을 잘 안다. 그들이 무엇인들 모르겠는가? 명문가 사람들은 매우 우스꽝스런 관행들을 따른다.

장자크 루소는 "인사드리며"라는 문구로 서명하기를 거절한 최초의 인물이다. 그러나 여백이 있는 한 사람들은 그의 의도와는 달리 "예하" 혹은 "각하"라는 표현을 사용했다.

지난 세기에 고위성직자들은 성직자 회의에서 자신들의 호칭을 앞으로 "예하"로 할 것을 결정했다.

과장된 언사는 더 이상 유행이 아니다. "매우 고상한 아주 훌륭한, 매우 탁월한, 매우 화려한, 매우 존경할 만한" 등의 표현은 더 이상 사용되지 않는다. 그러나 부고장(訃告將)에서는 그러한 체면 차리는 표현들이 제자리를 차지하고 있다. 여러분은 부고장의 한구석에서 "매우 고결하고 탁월한 분"이라는 표현을 발견할 것이다.

하인을 부를 때는 개를 부를 때처럼 큰소리로 "어이"라고 하는 것이 에티켓이다.

프랑스인은 그처럼 우스꽝스런 일들을 계속해왔다. 괴상함이 절정에 달했다.

나로서는 대신이나 공작이 절을 할 때 얼마나 몸을 굽히는지, 그리고 손을 내밀어야 하는지 알 수가 없다.

재판장의 아내를 재판장 부인, 원수의 아내를 원수 부인으로 부르는 것이 에티켓이다. 마치 그녀들이 재판을 하고 군대를 지휘하기라도 하는 듯이 말이다.

오만한 사람은 지루한 사람을 이해하고, 지루한 사람은 오만한 사람과 친밀하다. 오만한 사람은 한가한 시간을 채워주고 허영심을 만족시켜 주는 오락거리를 상상한다. 사람들은 세 걸음마다 절을 하고 여섯 걸음에 여섯 번 절을 하는 여자를 보며 즐거워한다. 또한 동상처럼 보이며 입술을 움직이지 않고 말을 하는 남자, 그리고 옷을 입고 벗는 사람들 모두가 구경거리이다. 사람들은 수없이 이리저리 돌아다니고 되돌아오고 다양한 방식으로 다양한 태도를 보이며 인기를 끌려고 하다가, 마침내 억지로라도 오락거리를 만들어낸다.

귀족부인은 일정한 시간이 되면 여자들이 들어와 싫건 좋건 자신의 모자를 벗기고 신발을 벗기는 것을 본다. 거부해도 소용이 없다. 그녀는 얌전히 그녀들이 하는 대로 따라야 한다.

귀부인은 때로는 옷을 벗은 상태에서도 격식을 갖추어야 한다.

가발제조업자와 재단사는 특별한 취향의 머리 모양과 의복을 계속 바꾼다.

머리 모양과 자기소개, 인사, 말하기, 고기 자르기, 식사하는 방식은 대귀족들에 의해, 그리고 대귀족들을 위해 끊임없이 새롭게 바뀐다. 그들은 그러한 새로운 방식을 진지하게 연구하고 또 그것에 몰두한다.

에티켓이 그냥 바뀌는 법은 없다. 사람들의 몸짓과 아부, 고갯짓을 유심히 살펴보라. 그러면 사람들의 생각이 기압계보다 더 변덕스럽다는 것을 간파할 것이다. 에티켓은 결코 많은 대상을 한꺼번에 보여주는 다면체 유리가 아니다.

에스파냐 궁정에서 에티켓은 언제나 전제적이다.

주지하다시피, 가난한 6학년 교사가 포도주를 몹시 좋아하던 왕비에게 매일 몰래 포도주병을 가져다 준 덕분에 추기경이자 전권을 지닌 대신이 되었다.[27] 궁정 에티켓에 의하면, 식사시간 사이에 그녀에게는 단지 물병 하나만이 허용되었기 때문이다.

다른 사람들에게 명령하는 사람이 반대로 가공의 법칙에 순종하는 것을 보고 어떤 독자가 통쾌해하지 않겠는가?

펠리페 5세의 왕비에게 고해신부에 이어 당시에도 여전히 탁월하게 여겨지던 이탈리아인 요리사 대신 프랑스인 요리사를 제공한 것은 엄청난 사건이다. 참사회의 구성원들은 사보이아 요리사와 고해신부를 원했다. 왕의 가발제조업자에 관해서는 또 다른 다른 논쟁이 벌어졌다. 사람들은 파리에서 가발제조업자들을 데려왔다. 왜냐하면 에스파냐 이발사들은 아직 가발을 만들지 못했기 때문이다. 하지만 그와 동시에 사람들은 프랑스 이발사가 무례하게도 전하가 쓸 가발 안에 평민의 머리카락을 집어넣을지도 모른다고 의심하게 되었다. 에스파냐 왕은 반드시 귀족의 머리카락을 얹어야만 했던 것이다.

종교적 에티켓, 이른바 '궁정 에티켓'의 전제주의적 요소가 바뀌기 위해서는 오랫동안 싸우고 조금씩 뜸을 들여야 했다.

쥐르생 공비[28]의 편지에는 이러한 문제에 관한 흥미로운 내용이 쓰여 있다. 그녀는 아드리앵 드 노아뉴의 어머니인 원수 부인에게 보낸 편지에서 "감히 전하건대, 왕비의 실내복을 책임진 사람은 바로 저랍니다"라고 썼다. 재미있는 것은 펠리페 5세의 실내복은 카를로스 2세가 입던 낡고 짧은 망토였으며, 왕의 검은 그가 베개 뒤에 놓아두었던 단검이었다. 등잔은 희미한 초롱 안에 들어 있었다. 슬리퍼는 발목 위에 접히는 부분이 없는 것이었다. 이 모든 것은 전혀 불편한 점이 없다. 그러나 당시 궁정인들이 허풍을 떨며 칭송하던 궁정의 례이면에 감추어진 사실들을 한 번 훑어보는 것은 흥미로운 일이다.

27 펠리페 5세의 왕비의 총신 알베로니(Alberoni, 1664~1752)를 가리킨다.

28 princesse des Ursins(1642~1722): 루이 14세로부터 쥐르생 공비의 칭호를 부여받았으며, 펠리페 5세와 결혼한 사보이아 공주를 돌보기 위해 에스파냐 궁정에 파견되었다.

692 의례

궁정에서 방계 왕족은 냅킨뿐 아니라 내의류를 제공하는 궁정 고위 관리들의 시중 들기를 가로챈다.

왕이 옥좌에서 알현을 베풀 때 방계 왕족들은 서열에 따라 층계참에 선다. 왕이 난간에서 알현을 베풀 때 그들은 난간 안쪽에서 전하 옆에 선다.

그들은 연회에서 왕과 함께 식사하는 영광을 누린다.

왕이 영성체를 할 때 그들이 둘일 경우 그들은 제단보를 잡는다. 만약 한 사람일 경우 그는 혼자 제단보를 잡는다. 어떤 영주도 그와 그런 영광을 공유하지 못한다.

왕이 연주창 환자를 만질 때 그는 왕에게 수건을 건넨다.

왕의 궁정사제는 매년 그들에게 성무일과가 포함된 책을 건네고, 왕비의 궁정사제는 또 다른 책을 건넨다.

방계 왕족의 부인은 왕비의 거처에서 방계 왕족이 하는 것과 똑같은 시중을 든다.

방계 왕족의 부인이 왕비의 시중을 들 때 내의류는 제외된다.

공작들뿐 아니라 다른 귀족들도 방계 왕족에게 편지를 쓸 때, 그리고 말을 할 때 '저하(Altesse Sérénissme)'라는 호칭을 사용한다.

방계 왕족들은 대귀족들과 공작들 앞을 지나가서 그들을 배웅한다.

문서에서 왕이나 세자의 이름이 명기되어 있지 않을 경우 그들에게는 '매우 고결하고 전지전능하고 탁월한'이라는 형용사가 붙는다. 그러나 왕이나 세자의 이름이 명기될 경우 그들에게는 더 이상

'탁월한'이라는 형용사를 사용하지 못한다. 그들에게는 단지 '매우 고결하고 전지전능한 귀족'이라는 형용사만 붙는다.

그들은 대리인을 내세워 왕비나 세자비가 될 외국 공주와 결혼한다.

그들은 15세에 성령기사단의 리본을 부여받는다.

그들의 약혼식은 왕의 집무실에서 거행된다.

그들의 약혼식은 왕비의 거처에서 공표된다.

방계 왕족들에게 부여된 사적인 명예는 다음과 같다.

설교자가 설교시간에 그들을 거론한다. 그들은 발판과 기도대를 가질 수 있으며, 누구도 그들과 함께 그것들을 공유할 수 없다.

그들은 성반과 복음서에 입맞춤을 할 수 있다.

그들은 15세가 되면 고등법원에 입장하고 발언권을 얻는다.

그들은 파리 고등법원의 법관석을 통과할 수 있다.

심의기간 중에 수석 재판장은 그들의 의견을 구하고 그들을 지명하지 않은 채 그들에게 깊이 머리 숙여 절을 하고 모자에 손을 댄다.

궁정에서와 마찬가지로 고등법원에서 방계 왕족들이 다른 중신들보다 상석권을 누리는 것은 혈연적인 권리에서 비롯된 것이다.

의례에서는 그러한 광경을 얼마나 많이 목격할 수 있는지 모른다! 내 의지와는 무관하게 나는 그 엄숙함에 압도되었다. 애호가들만이 구체적인 신기한 것들에 몰두할 뿐, 나로서는 몇몇 단편적인 특징만을 기억할 수 있다.

지체 높은 사람들이 자신의 저택에서 그러한 의전을 모방하는 것이 널리 유행했다. 그러한 의전은 성가신 사람들을 몰아내는 울타리 역할을 했다. 한심한 국무참사 한 사람이 자신의 응접실에서 궁정의례를 똑같이 흉내 내었다.

한 대귀족은 다음과 같이 말했다.

> 에티켓은 유치하기 짝이 없는 것이라서 나는 처음에 그것을 비웃었답니다. 하지만 그것은 나를 다른 사람들과 분리시키는 성벽이 되었습니다. 에티켓을 없애면 나는 평범한 귀족에 지나지 않을 것입니다.

모든 것을 만들어내는 것은 여론이다. 인간은 형식에 지배되고 형식에 몰두한다. 각각의 신분은 제각기 형식을 지닌다. 그러나 여론은 지극히 가벼운 것에 따라 바뀐다. 그러니 사람을 다룰 때에는 외부의 영향을 받는 어린이처럼 다루어야 한다.

사람들이 에티켓을 과장했던 것처럼 원리를 과장하는 것이다. 태양이 뜨고 지는 것을 분명히 확인시켜야 한다. 왕들은 고유의 영역을 지닌다. 그들은 매순간 가시화될 수 없다. 따라서 왕들에게 접근하는 것이 허용되는 영역, 그리고 옥좌 밑에 다가가는 방식을 사람들에게 가르칠 필요가 있다. 그렇다고 해서 단지 한 해의 일정한 날 동안만 그처럼 우스꽝스러운 굴레에 복종할 수 있음에도 불구하고, 1년 내내 에티켓에 묶여 있을 정도로 에티켓을 혹사해야 할까?

아마도 오늘날 시행되는 의례를 만든 장본인은 앙리 3세일 것이다. 그는 자신의 침실과 부속실에 출입하는 사람들을 위한 규칙과 시간을 고정시켰다. 또한 식사 시중을 위한 체제를 규정지었다. 요리사와 조수에 관한 규정은 루이 대왕의 시대에서 비롯되었다.

693 당나귀 타기

궁정의 일부 대귀족 부인들은 당나귀 등에 올라타기를 즐겼다. 고집스럽고 변덕스런 당나귀가 달리다가 자신의 등에 탄 귀한 분을 바닥에 엎어뜨렸다. 시인들은 그 당나귀에게 말할 기회를 주었으며, 당나귀를 준마와 동일시했다. 엉뚱한 상상력은 다시 한 번 그녀들을 추락시켰다.

이러한 돌발적인 변신은 늘 경박한 민족성에서 비롯된다. 프랑스식 긴 웃옷의 뒤를 이어 폴란드식 긴 웃옷이 유행하고, 그 뒤를 영국식 긴 웃옷이 유행하고, 또 그 뒤를 이어 오늘날에는 셔츠가 유행한다.

옛 속담이 그렇듯 모든 것은 노래로 끝난다. 엉뚱한 상상력이나 유행은 노래의 대상이 되기 때문이다. 그런 것은 연기처럼 사라지고 아무런 흔적도 남기지 않는다.

루이 12세 치세에 궁정인들은 모두 새끼 당나귀 고기를 좋아했다. 그것이 더 이상 훌륭한 요리 대접을 받지 않게 된 것은 뒤프라 추기경의 죽음 이후라는 사실을 떠올린다면 이 당나귀 타기는 전혀 놀랍지 않다. 당시 대신이었던 뒤프라 추기경은 궁정에서 모범을 보였고, 그의 괴상한 취향은 사람들에게 받아들여졌다.

앙굴렘 백작을 체포한 사람은 바로 그였다. 사랑에 빠진 젊은 백작은 밤에 루이 12세의 아내와 잠자리를 하러 몰래 들어갔다. 어두운 계단 한구석에서 젊은 백작은 건장한 남자가 자신을 팔로 잡는 느낌을 받았다. 그 남자는 그를 끌고 애초에 그가 가려던 거처에서 먼 곳으로 데려갔다. 사랑에 빠진 백작은 꼼짝 못하게 된 상태에서 격노했다. 그는 그 남자가 뒤프라임을 확인했다. 그는 백작에게 조용히 "당신은 왕위를 물려받지 못할지도 모릅니다"라고 말했다. 프랑수아 1세로 통치하면서 그는 그의 독설을 기억했다. 이러한 기억 때문에 프랑스는 값비싼 대가를 치렀다. 뒤프라는 관직매매를 도입하고 결코 공익을 위해 일하지 않았다. 먹고 마신 덕분에 프랑스 대상서이자 추기경인 그는 어찌나 뚱뚱하고 몸집이 컸던지 그의 배가 들어가도록 식탁을 둥글게 파내어야 했다. 그 새끼 당나귀 고기 탐식자는 교황의 자리를 탐냈다. 그때 프랑수아 1세는 자신이 그에게 퍼부었던 돈의 일부를 되찾을 기회를 잡았다.

아름다운 우리 귀부인들이 비록 당나귀나 새끼 당나귀의 살을 꽉 누르기는 했지만, 절대로 그것을 먹지는 않았을 것이라고 나는 확신한다.

694 특별한 표시를 하지 않는 여성들

여성들은 특별한 표시를 하지 못한다. 왕비조차도 아무런 표시가 없어서 시녀들과 다를 바가 없다. 성직록을 받는 수녀는 푸른 리본을 달지만, 왕비는 겉으로 아무런 차이가 없다.

젊고 예쁜 여성은 누구보다도 사람들의 주목을 받는다. 베네치아에서 어느 고등법원 검사의 아내가 부유한 재정가와 여행온 것을 본 적이 있다. 그녀는 그곳에서 영국인 정부와 함께 무도회를 열었다. 그것은 물론 그녀의 외모가 특출났기 때문이다.

프랑스의 원수이자 종신재판장, 국무대신의 아내는 개인적으로 아무런 표시도 하지 않는다. 그 대신 그녀가 타는 마차에 문장이 붙어 있다. 1세기 전에 사람들은 문장이 부착된 법복을 입었다. 아마도 그것은 다시 유행할 것이며, 나는 그런 유행에 매우 찬성할 것이다. 그런 풍습은 틀림없이 점차 확대될 것이다. 문장을 장식으로 단 사람들은 자신이 누구인지 드러날 것이 두려워 더욱더 체면을 차릴 것이니 말이다. 젊은 영주들이 어쩌다 방탕하게 되면 그들의 제복 하인들은 저택에 제복을 벗어둔다. 제복은 하인의 몸에서 떨어져서는 안 된다. 군인처럼 제복 하인도 한 종류의 복장만 착용해야 한다.

영광의 공동체는 존재하지 않는다. 남편들의 기사난 훈장과 성령기사단 리본을 아내들에게도 주자는 의견이 제시된 적이 있다. 그런 생각은 참으로 우스꽝스럽기 짝이 없다. 모든 보상은 그것을 받을 만한 자격을 지닌 개인에게만 주어져야 한다. 국가적인 인식에서 한 개인의 영광이 다른 사람에 결합되어서는 안 된다. 물론 특별한 역할을 할 여성들을 위해서는 장식이 필요하다. 그러나 그러한 부류의 사람들은 그들이 하는 일의 성격상 예외적인 경우에 속한다. 시녀의 일은 모든 일 중에서 가장 힘들지만, 동시에 가장 만족스럽기도 하다. 그녀들이 누리는 진정한 영광은 바로 특별한 치장 때문이다.

일부 여성들이 특별한 장식을 하는 것은 다른 여성들의 질투심을 유발하고 사회에서 불화를 조성할 것이다. 남성보다는 여성이 자만심을 부추기기 때문에, 그런 경우 여성은 극도로 선천적인 성적 자부심에 빠질 것이다. 위대하고 아름다운 행위를 한 본인이 아니라면 특별한 장식은 비웃음거리가 될 것이다. 전장에서의 승리가 어떻게 여성을 명예롭게 만들 수 있는가? 나는 자신의 아내가 출산할 때 침대에 머물러 있으며 아내가 자신에게 아기를 낳아주면서 느낀 고통을 같이 느끼는 그런 미개인이 좋다.

695 청원심사관들

청원심사관직(maîtres des requêt)은 지사나 담당관이 양성되는 묘판이다. 그들은 추밀참사회나 재무참사회, 혹은 공문서참사회와 같이 궁정에서 심의되는 모든 문제를 보고하는 사람들이다. 프랑수아 1세 치세에 9명에 불과하던 청원심사관은 오늘날 80명에 달한다. 그러나 그들의 수를 줄이는 것은 만만치 않다.

청원심사관들은 지사가 되기를 갈망한다. 지사는 지방의 총독이다. 하지만 때로는 총독보다 낫고 군대의 사령관과 대등하다. 중간은 없다. 그들은 지방에서 위대한 업적을 쌓거나 아니면 폭정을 한다. 즉 지방에 유익하거나 위험하거나 둘 중 하나이다.

그런 지위는 선량한 시민에게 참으로 영광스러울 것이다. 민중의 축복과 아쉬움을 받을 만한 가치를 지닌 것처럼 두드러진 사람들이 여럿 있다. 그러한 찬사를 받는 사람들이 소수에 불과한 이유는 무엇인가?

청원심사관은 지사가 되자마자 일해줄 비서를 구한 다음 안심한다. 반면 그에게 고용된 비서는 엄청난 잡무에 시달릴 것이다. 과다한 업무에 짓눌린 그 비서는 아무 일도 깊이 파악하지 못하고 가볍게 처리해버린다.

지사의 비서와 지사 관할구역의 비서가 있다. 후자는 수석 사무관과 대사의 비서와 마찬가지 역할을 한다.

지사들은 대부분 파리에 거주한다. 그런데 흥미로운 사실은 매사가 그들이 마치 지사 관할구역에 있는 것처럼 돌아간다는 것이다.

어느 지사는 지사에 임명되자마자 자신의 총납세구[29]로 갔다. 왜냐하면 그 지방 사람들 모두로부터 칭찬과 찬사를 받기를 원했기 때문이다. 새 지사는 자신에게 아부하는 지방 귀족을 보며 남몰래 기쁨을 누렸다. 그는 자신의 마음에 들지 않는 사람들과 귀족들의 인두세를 올리며 즐거워했다. 인두세를 마음대로 올리고 내릴 수 있는 특권은 상당한 권력이 아닌가?

지사는 뒤이어 자신의 관할구역을 순시한 다음, 주변 사람들에게 그 일을 아주 중요하고 무척 피곤한 업무인 것처럼 말한다.

그것은 각 납세구과 도시, 읍, 촌락, 가정의 궁핍과 자원을 파악하기 위해서이다. 또한 상업과 산업의 규모와 도로 사정을 파악하기 위해서이다. 그러한 미세한 관찰은 공적인 결핍을 감소키는 효과를 초래할 것이다. 그런데도 그가 파리에 없는 기간이 기껏해야 한 달에 불과하다니!

그렇게 거품이 잔뜩 낀 업무는 쾌락의 일부가 되었다. 비서들은 세심하게도 납세구의 재판관들과 다른 사람들에게 지사가 도착하는 날짜와 시간을 알려준다. 지사의 부관들[30]과 타유세 징수관들은 성대한 만찬을 준비한다. 그들은 맛있는 요리와 포도주를 쌓아놓는다. 그들은 지사들이 밑부분에 단지 서명하기만 하면 되는 서류를 내민다. 납세구의 일은 30분 만에 끝난다.

주지하다시피 부관들은 늘 공무로 무척 바쁘다. 타유세 징수관들은 항상 공정한 사람들인지라 모든 것을 관찰하고 검토하며 엄격하

29 généralité: 재정 관할구역으로 지사의 관할구역과 동의어로 사용되었다. 앙시앵 레짐하에서 총납세구는 가장 중요한 행정구역이었으며, 1789년 당시 34개가 존재했다.

30 지사들은 자신이 신뢰하는 사람들을 부관으로 두었는데, 그들의 수와 관할구역은 매우 다양했다.

고 공평하게 계산한다. 그런 일들은 총납세구 안에 10~12개의 납세구가 있다면 길어야 10~12일 걸리는 일이다. 왜냐하면 나리의 지루함을 덜어주기 위해 한꺼번에 2개의 납세구에 가도록 하기 때문이다. 부관들이 각 납세구의 모든 문제를 처리하기 때문에 그들은 대신이 지사를 신임하는 것처럼 사람들로부터 전폭적으로 지지를 받을 것이 틀림없다.

사리사욕이 없는 부관들에게 찬사를 보내자. 그들은 나리들을 자질구레한 일들에서 해방시켜주는 위대한 일꾼들이다. 사상가임에 틀림없는 그런 자리의 나리들에게 어울리지 않는 그런 일들 말이다. 부관들은 봉급을 한푼도 받지 못한다. 하지만 하늘이 도와주신다. 그들은 거의 대부분 부자가 되고, 봉급을 주지 않고도 일을 시킬 수 있는 비서를 둘 수 있는 수단을 발견한다. 그 비서도 그 일로 그들 못지않게 부자가 된다. 그들의 일과 같은 애국적인 일들은 결코 배은망덕한 마음을 생기게 하지 않는다. 내가 보기에 관할구역을 순시하는 지사들을 수행하는 일보다 흥미로운 일은 없다.

지사 집단의 뿌리는 청원심사관 집단이다. 그렇게 지위가 높고 막강한 집단의 사람들은 두 얼굴을 지닌다. 무시무시한 재정가임에도 불구하고 그들에게서는 법관의 특징이 보인다.

무엇보다도 지사들은 지방의회의 가장 큰 적이다. 그들의 주장에 의하면, 지방 행정은 그 지방 사람들보다 자신들에게 맡기는 것이 낫다는 것이다. 왜냐하면 상황을 정확하게 파악하기 위해서는 거리를 유지할 필요가 있기 때문이다.

여러분들도 알다시피 파리는 지방에 필요한 모든 것을 명확하게 간파하기에 안성맞춤인 유일한 곳이다. 어느 지방을 잘 운영하기 위해서는 그 지방에 완전히 낯선 사람이 필요하다. 핵심은 지사가 자신의 관할구역에 전혀 혹은 거의 머물지 않는다는 사실에 있다. 대신 그는 공적인 문제를 처리하면서 자신의 고유한 일을 처리해줄 비서를 둔다.

그런데 지방의회들은 그러한 행정체계를 개선하고 확실한 지표를 제공하기에 유리한 조건을 지니고 있다.

지사가 관할구역에 자신의 재산과 토지를 소유하고 있다면 그는 촌락의 영주로 행세할 것이다. 그러나 또 다른 문제가 있다. 그 나리가 거주하는 촌락을 도시로 만들기 위해 그의 이웃들은 자금을 빼앗길 것임에 틀림없다. 다리와 제방 건설을 위해 마련된 자금의 상당 부분이 나리의 성 옆에 도로를 만드는 데 사용될 것이기 때문이다. 필요하고 또 유용한 도로 건설은 지연되거나 아예 무산될 것이다.

지사들은 재판관이자 소송 당사자들이다. 어느 개인이 지사에게 괴롭힘을 당하고 소송을 제기하면 그는 반드시 진다. 아! 그는 어떻게 이겼을까? 대신들은 오직 지사들의 보고를 통해 정보를 얻기를 원한다.

법의 여신의 저울은 지사의 손에 있으니 상상해보시라.

그러나 다행스럽게도 체계적인 지방행정 기구들이 있다. 덕분에 시민들과 계몽인들, 그리고 애국자들이 탄생했다. 우리가 공적인 일에 전력을 다할 수 있는 것은 오직 우리의 이해관계에 관해 토론할 때이다. 유익한 계획은 오직 동향인들의 시선을 확실하게 집중시킬 수 있을 때에야 비로소 관심을 받을 것이다.

면(canton)의 악습을 개선하고 면에서 필요한 것을 충족시켜줄 수단을 면 시민들보다 더 잘 알 사람이 누가 있겠는가?

가장 강한 군주는 언제나 자신의 권력을 신하들과 공유하고 오만한 귀족들을 억누르는 대신, 그들을 고무시킨다. 군주가 행정의 미세한 부분들을 신하와 공유하면 그의 권위는 약화되기는커녕, 오히려 배가 될 것이다.

왕국의 이익에 관한 토론을 하다 보면 갑자기 노련한 사람들이 눈에 띄고 모든 시도는 국가의 영광에 초점이 맞추어진다. 스스로의 가치를 인식한 국민은 놀라운 일을 해낸다. 자질구레한 일에 아무런 권한을 지니지 못한 국민은 국가의 핵심기구의 움직임에 점차 무관심해지고 국가의 명성에서 소외된다.

오늘날 지사들은 전국의 의회들과 뒤엉켜 있기 때문에 의회들의 견해와 행보를 따라가지 않을 수 없다. 그들은 더 이상 정치와 입법의 거대한 전망을 저버린 채 권위의 이기주의를 휘두를 수 없다.

아, 내가 깜빡 잊고 1771년 고등법원을 무력화시키기 위해 청원심사관이 선택되었던 일을 언급하지 않았다. 그 끔찍한 전쟁 당시 군주는 자신이 합법적이고 칭송받던 기구를 폐지하고 사사건건 트집을 잡으며 불안감을 조성하는 권력기구로 대체했다는 사실을 깨닫지 못했던 것이다.[31]

31 모푸가 고등법원 법관들을 추방하고 대신 국무참사와 청원심사관으로 구성된 새로운 사법기구를 설립했던 사건을 가리킨다.

696 관료주의

관료주의란 대신들의 사무실에서 그들이 벌이는 수많은 일들을 처리하는 사무관들의 광범위한 권력을 구체적이고 역동적으로 지칭하기 위해 최근 만들어진 단어이다. 대신들은 사무실에 있던 하찮은 사람들 중에서 사무관들을 발견하거나, 그들에 대한 편애나 취향에 따라 그들을 보호하기도 한다.

사무관들은 펜으로 막강한 권력을 행사한다. 하지만 그들은 늘 막 뒤에 존재하기 때문에 자신들의 편견이나 열정에 따라 마음대로 행동하며, 잘해도 빛이 나지 않고 못해도 수치스럽지 않다. 그로 인해 그들은 어쩔 수 없이 편협하고 개인적인 상황에 처하게 된다.

이렇듯 위엄이 결여된 이 협력자들은 정신적으로 높은 수준을 갖추기가 어렵다. 그들의 자존심은 점점 위축되고 내향적으로 바뀌며 그때부터 모욕감을 느낀다. 설사 그들이 어리석더라도 그들의 잘못은 마치 의사들의 실수처럼 깊은 어둠 속으로 사라진다. 그들이 현명하더라도 지나치게 세분화된 행정체계로 인해 그들에게는 단지 자질구레한 일들만이 돌아온다. 왜냐하면 그들은 상황을 개선할 여지가 있는 회의에서 너무 멀리 떨어져 있기 때문이다.

그러나 절대적인 권위의 정수는 반드시 사무소라 불리는 곳에서 싹튼다. 이 사실을 깨닫지 못하는 것은 인간의 마음과 인간의 암묵적인 허약함을 모르며, 사무관들이 사적인 신뢰 증진을 위해 서로 돕는 일종의 유용한 동맹관계를 미처 생각하지 못했기 때문이다.

우리는 행정사무관들을 빈정거릴 의도가 없다. 그들은 단지 자신들의 행위에 대한 보상을 받기 위해 그들 나름의 양식대로 행동할 뿐이다. 그들의 업무는 항상 다른 일의 부수적인 것들이므로 결코 공중에게 알려지지 않기 때문이다. 우리가 생각하기에 그들은 모두 정신적으로 일정한 체계를 지니고 있는 듯하다. 그것은 끊임없이 원칙으로 회귀하려는 경향이 있는 귀중한 자질이며, 동시에 끊임없이 원칙에서 벗어나려는 경향을 보이는 위대함이다. 여기서 우리는 다만 대신들 사무실이 지닌 엄청난 영향력을 지적하려는 것이다. 이미 잘 알려져 있고 또 광범위하게 작용하는 그 영향력을 묘사하기 위해 새로운 명칭이 만들어졌던 것이다.

697 무도회장의 스위스 근위병들[32]

궁정에서 무도회가 개최되었다. 이런 계절에 민중들은 춤을 추기는커녕 손가락에 입김을 불어넣을 뿐이다. 그들은 문으로 몰려들었지만 내쫓겼다. 왜냐하면 무도회에 입장하기 위해서는 가면을 쓰고 도미노 복장[33]을 갖추어야 했기 때문이다. 거울을 통해서이기는 하지만 거대한 실내 거처 안에 음식물로 가득 찬 식탁 여러 개가 있는 것이 보였다.

이러한 광경은 보초실에 위치한 스위스 근위병들의 식욕을 자극했다. 하지만 미늘창을 지닌 채 게다가 도미노도 없이 무슨 수로 그곳에 들어간단 말인가? 식욕보다 더 강한 갈증이 그들에게 성공적인 계책을 떠오르게 했다. 그중 가장 대담한 사람 하나가 노란색 도미노 복장을 하고 방 안에 들어섰다. 그 타프타 천으로 거대한 몸을 가린 채 그는 식탁 앞에서 서더니 식탁을 난장판으로 만들었다. 첫 번째 격투는 격렬하기 짝이 없었다. 그러나 그 용감한 격투기 선수는 자신의 동료를 고려해선지 뒤로 물러나서 자신의 자리로 되돌아왔다. 그러고는 도미노를 벗어 새로운 격투자에게 건넸다. 그는 첫 번째 선수처럼 식탁으로 돌진해서 식탁을 싹 비워버렸다. 그는 다시 뒤로 물러나고 세 번째 선수에게 자리를 물려주었다. 그는 그 노

32 루이 11세가 창설한 100명의 국왕 근위대.

33 보통 타프타 천으로 만들어진 무도회 복장으로, 머리를 덮은 두건이 달려 있고 발뒤꿈치까지 오는 큰 옷.

란색 도미노 복장을 착용하고 두 전임자와 똑같은 행동을 한 뒤, 그 옷을 그들 못지않게 커다란 턱뼈를 지닌 네 번째 후보에게 넘겨주었다. 그들은 차례차례 들어왔고 모두 욕망을 드러내었다. 궁정 분위기는 식욕을 자극한다. 그러나 최고의 대식가들은 스위스 근위병들이 아니다.

어느 관찰자는 같은 도미노 복장을 한 사람이 물리지도 않고 계속 음식을 먹는 것을 보고 동일인이라고 생각했다. 그는 그 자리에 있던 참석자들에게 그러한 폭식 현상에 관해 언급했다. 참석자들도 노란색 도미노를 입은 사람이 잠시 일어났다가는 또다시 나타나 지칠 줄 모르는 식욕을 보이는 것을 보고 그대로 속았다. 그렇게 먹어대는 사람은 과연 주교좌 성당의 참사원일까 아니면 시인일까 하고 사람들은 궁금해했다. 놀라움은 증폭되고 사람들은 노란색 도미노 복장을 한 그 사람이 배가 터질 것이라고 예상했다. 그들 중 한 사람이 그를 뒤쫓아가서 도미노 복장을 바꾸어 입는 것을 본 뒤, 그 비밀을 말해주며 사람들을 안심시켰다.

698 테데움

군주들은 결코 은혜를 모르는 사람들이 아니다. 작은 요새가 함락되자마자 그들은 노트르담 대성당에 팀파니, 플루트, 바이올린, 오보에를 보냈으니 말이다. 종종 양쪽[34]에서 연주되던 옛 찬송가가 바로 그곳에서 연주되었다. 그 개선곡은 민중들에게 더 이상 별다른 의미가 없다. 왜냐하면 그들은 그런 합주가 승리 때만이 아니라 그보다 더 자주 연주되는 것을 알기 때문이다.

개신교 국가들에 꽂힌 국기들은 싫건 좋건 성모 마리아 상에 경의를 표한다. 군기(軍旗)를 든 사람들은 미사를 거부했지만, 군기들은 그 미사에서 자리를 잡고 있다. 야만인들과의 전쟁이라면 신전의 성스런 벽에 그들의 무기와 곤봉들이 내걸릴 것이다.

누구나 한 번 이상 군주가 테데움을 울려퍼지게 하고 승리에 대한 감사를 신에게 돌리는 광경을 목격했다. 신은 결코 그에게 승리를 허락하지 않았는데도 말이다. 그러한 공적인 찬송은 일종의 샤리바리이다. 가족들은 눈물을 흘리는데 민중들은 음악을 들으러 간다. 그들은 고작 장군이 아메리카에서 승리를 거두었다고 말하면서 그 장군의 이름을 되풀이할 뿐이다. 그들은 더 이상 아무것도 모른 채 "아메리카에서"라는 말을 되풀이한다.

군주가 아들을 얻으면 노트르담 대성당에서 감사기도를 드린다.

34 여기서는 승전국과 패전국 모두를 의미한다.

왕비도 마찬가지이다. 그때 사람들은 테데움을 노래한다.

보마르셰가 볼테르의 작품들이 출판된 콜 인쇄소를 방문했을 때, 그 인쇄소의 직공들이 어떻게 그를 맞이했을지 짐작해보라. 허풍쟁이 피가로의 방문을 축하하기 위해 그들은 종을 치며 그를 교회로 인도한 뒤 테데움을 불렀다. 내가 알기로는 그는 상당한 인기를 누렸던 『라퀴셀』의 편집자였기 때문이다.

699 피가로의 결혼

세상을 한 바퀴 둘러보다 보면 파리에서는 「피가로의 결혼」의 게시판을 또다시 볼 수 있을 것이다. 그 희극은 완전히 『질 블라스』와 내용이 똑같다.[35] 「피가로의 결혼」은 우파와 좌파의 특징이 적절하게 배합된 복잡한 내용의 희곡이다. 그 작품은 몰리에르와 피롱을 무시하고 100번 정도 상연되었다. 그것은 유쾌하지 않고 재미도 없다. 특히 국립극장에서 상연되기에 적절한 작품이 아니다. 그 작품에서는 도덕적 부패의 악취가 풍긴다. 그 작품이 성공한 것은 바로 그 때문이다. 그렇게 된 데에는 시인보다 관객들이 더 비난받아 마땅하다. 왜냐하면 그들이 그 작품에 평을 하고 떼지어 그 작품을 보러 갔으니 말이다.

그 이상한 희극에다 오페라 「타라르」[36]까지 합하면 여러분은 두 작품을 쓴 극작가가 어떻게 평판을 얻었는지 짐작할 것이다.[37]

35 『질 블라스』는 1715~1735년 사이에 발표된 르사주의 소설로, 보마르셰의 희곡의 원전은 아니지만 두 작품 모두 프롱드적인 기질을 지녔다.

36 Tarare: 보마르셰의 희곡을 살리에리가 오페라로 완성한 작품으로 1787년 6월 8일 파리에서 초연되었다. 오르무스의 왕 아타르에 대항해서 반란을 일으킨 타라르 장군을 주인공으로 한 이 작품에서 타라르는 출생에 상관없이 모든 인간이 평등한 권리를 지녔음을 주장한다.

37 수년간 검열에 묶인 후 1784년 4월 27일 초연된 「피가로의 결혼」은 앙시앵 레짐 말기에 최고로 성공을 거둔 작품이다. 그러나 당시에는 외설적이고 관능적인 분위기로 인해 악평을 받았다.

700 파렴치한 담론

예술은 인간을 정복했고 왕에게 복종했다.

이 고약한 시구는 잘 알려져 있지 않다. 무시무시한 대포가 발명된 이래 모든 예술은 부자에게 봉사한다. 대포는 그들의 일상적 즐거움을 보장하고 보호해 주며, 심지어 피뢰침은 벼락에서 그들의 저택을 지켜준다. 온 세상이 오직 그들의 쾌락에 헌신한다. 그들은 자연의 산물을 어느 하나 놓치는 법이 없다. 식탁이나 집에서 산 채로 소유할 수 없으면, 그들은 그것을 죽은 것이나 혹은 그림으로 그린 것으로 사물함에 보관한다.

그들이 잠을 잘 때는 네 기둥이 침대칸 안의 침대를 지탱해 준다. 관능적인 예술작품은 다양한 빛깔의 타프타 천을 통해 들어오는 햇빛을 받으며 방 안을 장식해 준다. 잠을 깨면 그들은 근엄한 철학자들의 흉상들을 바라본다. 그 흉상들이 그 자리에 있는 것은 거의 벌거벗은 상태인 비너스와 다이애나의 아름다움을 돋보이게 하기 위해서이다.

뒤이어 하인들이 들어온다. 그들은 주인에게 그날의 오락거리를 알려준다. 매시간 새로운 쾌감을 제공해야 한다. 고대 아시아의 왕들 중 누구도 수에즈나 에바탄에서 오늘날 파리에 사는 우리 나리들만큼 쾌락에 몰두한 적이 없다.

아! 신의 섭리에 대한 불평이 터져나오는 것은 바로 쾌락을 즐길 때이다. 재물을 아낌없이 베푸신 신에게 매일 아침 감사기도를 올리기를 게을리하는 자들은 바로 부자들이다. 하인들 앞에서 카페의 R처럼 신성모독적인 말을 일삼으며 서가에 신성을 공격하고 불쌍한 인간을 위로해주는 희망을 짓밟는 불경스런 저작들을 꽂아놓는 자들도 역시 부자들이다. 그들은 피상적이고 위험한 대화를 나누며 지속적이고 행복한 또 다른 삶을 향한 인류의 보편적 감정을 반박한다. 가난한 사람에 대한 그들의 경멸은 그의 영혼마저 파괴해버린다. 그들은 도덕과 정의의 관념을 총동원해서 내세를 부정하려고 한다.

찬양의 노래들은 마땅히 온갖 편의시설이 갖추어진 저택의 둥근 천장 높은 곳에서 자연의 창조주 아니면 적어도 이 세기의 부자들이 누리는 유쾌한 감각의 창조주를 찬양하기 위해 하늘을 향해 울려 퍼져야 할 것이다. 그런데 정작 그 노래들은 헛간, 다락방, 구빈원 등 빈곤과 궁핍의 공간에서 새어나온다. 인간의 마음을 숭배의 감정에서 멀어지게 하는 쾌감이란 얼마나 위험한 것인가! 무신론자들은 세련된 쾌락 속에 빠져 있으며, 부의 중심에 있고, 사치의 궁전에서 산다. 파리의 설교자들이 아직 사제 특유의 격한 웅변조로 크게 외치지 못한 것도 바로 이 부분이다. 그들은 신음하고 고통받으며 경배하는 계급과, 온갖 쾌락을 탐닉하고 최고 존재에 대한 경배를 거부하는 계급을 구분하지 못한다.

그런 파렴치한 강론을 들을 때 나는 「욥기」의 성스런 구절을 큰 소리로 그러나 침착하게 반복해서 읊는다. "내가 땅의 기초를 다질 때 너는 어디에 있었느냐? 네가 깨달았거든 말할지니라. 네가 바다의 샘에 들어갔느냐, 깊은 물 밑으로 걸어다녀 보았느냐? 어느 것이 광명이 있는 곳으로 가는 길이냐? 어느 것이 흑암이 있는 곳으로 가는 길이냐? 네가 아마도 알리라. 네가 그때에 태어났으리니, 너의 햇수가 많음이니라." 그런 몰상식한 사람들에게 나는 「욥기」를 읽으라고 권한다.[38] 「욥기」야말로 신의 존재를 인정하는 근원적이고 위대한 사상이 담긴 책들 중에서도 가장 오래되고 고귀한 것이다.

38 「욥기」, 38장 4절(땅), 16절(심연), 19절(흑암), 21절(탄생).

701 참사회의 판결문에 관하여

참사회의 판결문은 참으로 신기하다. 그것은 상급법원 판결의 집행자를 형리(刑吏)라 부르는 것을 금한다.[39] 그렇다고 해서 모든 판결문들이 여론보다 중시되지는 않는다. 사형집행인은 항상 가장 비천하다. 그는 아내와 방금 아이를 만든 침대에서 일어나서 손에 피를 묻히러 갔다가 끔찍한 직업으로 벌어들인 봉급을 가지고 그녀 곁으로 돌아오는 사람이기 때문이다.

어느 정도 감수성을 지닌 민중들 사이에서 형리는 늘 혐오의 대상이다. 아마도 그런 자연스런 감정을 억제하거나 약화시키는 것은 위험할 것이다.

법은 왜 다른 사람을 벌하기 위해 한 사람의 품위를 손상시키는 것을 허용한 것일까? 아테네에서는 독이 든 당근을 빻아 유죄 판결을 받은 사람에게 건네주면 그는 그 잔을 입술에 대고 스스로 목숨을 끊었다.

범죄자를 눈 깜짝할 순간에 사라지게 만듦으로써 한 사람이 생명과 힘, 건강이 왕성한 다른 사람을 죽이는 끔찍하고 두려운 광경을 목격하는 고통을 피할 수 있도록 하는 기계의 발명은 불가능한

39 형리의 업무는 천하게 여겨졌다. 따라서 상급법원 판결의 집행자는 형리라는 호칭을 치욕스럽게 여겼고, 17~18세기 사법부는 수차례 그러한 호칭을 금하는 판결을 내렸다. 실제로 1767년 파리 고등법원은 상급법원 판결의 집행자를 형리로 부르는 자에게 벌금형을 내렸다.

것인가?

최근 생마르탱 성문에서 차형(車刑)에 처해진 불행한 죄인을 본 적이 없다. 매듭을 풀어주는 순간, 막대기 밑에서 튀어나온 죄인이 불현듯 부서지지 않은 다리로 서서 격심한 고통에도 불구하고 형리를 움켜쥐고는 물어뜯고 목을 조르려는 광경 말이다. 얼마나 끔찍한 싸움인가! 더구나 그 싸움이 벌어진 것은 모든 민중들, 다시 말해 인간적인 사람들 앞에서였으니 말이다! 아! '사형집행인'은 늘 형리일 것이다. 나는 방금 '동화, 『영계』'를 금지하는 참사회 판결문을 읽었다. 그것은 신문에 게재된 외설적인 내용의 동화이다. 그것을 절반밖에 읽지 않은 민중에게 『영계』를 금지하는 하는 것은 아무 소용이 없는 일이다. 오직 부자들만이 영계를 맛본다.

그렇다면 그것은 예전에 우리에게 선언된 '냄비 안의 닭'[40]인가? 그 닭은 우리에게 주어질 것이다. 그러기 위해 우리가 열심히 일하기 때문이다. 하지만 그 닭은 아직도 달걀 속에 있는 것 같다.

40 "내 백성의 냄비에 닭 한 마리가 담기기를…." 앙리 4세가 프랑스인들의 삶을 걱정하며 한 말로 전해진다.

702 검은색 옷, 흰색 양말

검은색 웃옷과 반바지 복장에 흰색 양말 차림은 사람들의 놀림거리가 되었다. 이런 옷차림은 확실히 궁정에서 불쾌감을 조성했고, 우리는 옷차림을 고치도록 전 세계 사람들에게 이를 알린다. 심지어 이는 '흉칙한 옷차림'이라고 불릴 정도로 비난을 받았다. 곧 누군가 몰리에르의 희극 「서민 귀족」에 등장하는 재단사가 그런 옷차림을 했다고 언급했다. 그 이후 그 옷차림은 금지되었다. 나는 누구에게든 그런 부류의 기이한 옷차림으로 궁정이나 도시 사람들의 시선을 거스르지 말라고 충고한다. 검은색 옷을 입을 때는 머리끝부터 발끝까지 검게 입고 하얀색 양말을 신을 엄두도 내지 말아야 한다. 그런데 이방인들과 지방민들은 참으로 교양이 있다. 그러니 튀지 않도록 조심하도록.

어떤 남자가 검은색 옷을 입었다. 그러나 그는 상중이 아니다. 그것이야말로 우아하게 다른 사람들과 차별화하는 방법 중 하나이며, 사람들은 첫눈에 그것을 알아차린다.

중국에서 상복 색깔은 흰색이다. 터키에서는 푸른색이나 보라색, 이집트에서는 노란색, 에티오피아에서는 회색-흰색, 페루에서는 쥐색이 상복 색깔이다.

모든 색깔 중 노란색이나 황갈색 상복이 가장 특별해 보인다. 왜냐하면 나뭇잎이 떨어지고 풀들이 시들 때 노랗게 변하기 때문이다.

실제로 빛이 없는 상태인 검은색은 생명의 박탈을 의미한다. 그러나 내가 보기에는 노란색이 퇴락하는 사물의 종말을 더 잘 규정짓는 것 같다. 땅의 표면도 늦가을이 되면 노랗게 변해가니 말이다.

제복을 입은 군인들은 가슴에 검은색 상장(喪章)을 달아 상중임을 표시한다. 그러나 제복이 완전히 검은색일 경우에는 검에 황금색 장식줄을 매단다. 군인들은 자신의 신분과 구별되는 표시를 착용할 수 없기 때문이다.

대상서는 왕국에서 상복을 입지 않는 유일한 사람이다. 어떤 인물이건 그는 사법부의 수장으로 사법부를 대표하며, 사법부는 얼굴 표정도 색깔도 바뀌지 않고 냉정함을 유지해야 하기 때문이다.

왕이 상복으로 오직 보라색 옷을 입는다고 생각하는 것은 착각이다. 왕은 처음 3개월 동안 보라색 상복을 입고, 3개월이 지나면 다른 신하들과 똑같은 상복을 입는다. 그러니 우리는 아주 잘못 알았던 것이다. 우리가 틀릴 때마다 서둘러 잘못된 것을 고치면 된다.

왕이 왜 보라색 상복을 입는지 물으면, 우리는 푸른색과 붉은색이 혼합된 보라색은 이번 생애, 심지어 왕위의 고통과 죽은 사람에게 바라는 것을 이중적으로 상징하기 때문이라고 답변할 것이다. 푸른색은 죽은 사람이 누리기를 바라는 지복의 표시이다. 그러나 마지막에 군주는 그에게 닥친 슬픔을 표현하기 위해 검은색 상복을 입는다.

군주는 신민들의 자애로운 아버지임이 분명하기 때문에, 모든 신민들은 아버지와 어머니를 위해 상복을 입는 것처럼 같은 기간 동안 죽은 왕의 상복을 입는다.

다른 나라 왕의 상복을 거리낌없이 입는 것을 불평하는 사람들이 있다. 그러나 파리인들은 일반적으로 유럽에는 오직 왕이 하나뿐이라고 믿는 경향이 있다.

703 대리석

왕이 죽으면 그의 조각상 주변에는 대리석 혹은 청동으로 만들어진 역품천사(力品天使)들이 늘어선다. 리슐리외는 소르본에서 종교의 품 안에서 죽었다. 자신이 세운 콜레주에서 죽은 마자랭은 자비의 품 안에서, 생루이뒤루브르 교회에서 죽은 플뢰리 추기경은 신앙의 품 안에서, 생토노레 부속석당에서 죽은 뒤부아 추기경 역시 역품천사들이 그를 에워싸고 있다. 죽은 뒤 그는 두 손을 모으고 신에게 경건하게 기도한다.

여러분이 그 조각상들을 있는 그대로 받아들인다면, 죽은 사람들은 경건하고 종교심이 깊으며 제단 밑에서 끊임없이 머리를 조아리며 경의를 표했던 인물들이다. 그런 거짓말을 후세에 영원히 전하고, 양심의 가책을 느끼는 사람의 무덤을 그런 거짓말로 짓눌러 버리는 것이 바로 조각가들의 작품이다! 그들은 영구불변한 대리석 위에 거짓을 표현한다. 그 대리석은 강렬한 표현으로 역사를 증언하지 못한 채 후손을 속이고, 그들의 시대와 동지의 비열한 적들을 선량한 인간으로 가공할 것이다. 이제 다음의 탁월한 시구를 다시 읊어보자.

> 오! 대리석들이여, 내 눈앞에서 산산조각으로 부서져라, 사기꾼들이여.
> 아! 유골이 가루가 되었어도 아첨꾼들은 존재하도다!

이따금 예기치 않게 가까이 위치하게 된 철학자가 미소를 짓는다. 예를 들어, 르네 데카르트와 클로비스의 조각상은 생트주느비에

브에서 몇 걸음 떨어진 곳에 있다.

오! 조각가들의 생각은 얼마나 빈약한가! 그들은 신화의 범주에서 벗어날 줄 모른다. 그들은 항상 똑같은 비유를 베끼고 또 베낀다.

나는 왕세자와 왕세자비의 무덤을 본 적이 있다. 루이 15세의 하나뿐인 아들은 정체불명의 쇠약증에 걸려 사망했다. 이 비극은 틀림없이 인간사의 허무함에 관한 성찰의 기회를 제공했을 것이다. 그러나 그 기념물은 보는 이에게 도덕적이고 심지어 감동적인 느낌을 주지 않았다. 조각가는 자신의 작품을 완성하기 전에 사망했다. 마치 왕세자가 옥좌에 오르기 전에 무덤 속으로 들어갔듯이 말이다. 그 작품에서는 이교적인 상징들, 신화적인 형상들이 등장하지만, 무덤 속에 있는 두 배우자의 애처로운 재결합은 전혀 표현되어 있지 않다. 너무 이른 죽음으로 희생된 미래의 두 통치자들에 관해서도 아무런 표현이 없다. 프랑스 민중들은 이 대리석상을 보고 그들이 잃어버린 것이 무엇인지를 간파할 수 없고, 그 엄숙한 부부의 애정이 얼마나 깊었는지도 짐작하기 어렵다.

누군가 대리석상을 높이 평가하면 우리는 으레 데 포스트 길의 조각가 겸 대리석공 쿠아냐르가 만든 묘석과 비문이라고 짐작한다. 대리석 묘석과 비문은 각자 취향에 따라 사전에 준비한 공식적인 표지를 통해 그를 결코 잊지 않고 있음을 알리기 위한 것이다.

704 국왕 사업 관련자들

사람들은 종종 이 직책이 외국에서는 어떻게 표현되는지 내게 묻는다. 방책 사무관, 그보다 더 순박한 사무관, 수납관, 하급 검사관, 사적인 주식 투기업자 등이 그런 엄청난 직책을 지닌다. 그 직책은 그들의 결혼계약서와 장례문서에 기입된다. 무지한 사람들의 귀에는 다른 직책과 마찬가지로 단지 아무런 의미 없는 음절로 들릴 뿐이다.

국왕의 연금수령자라고 하면 무언가 좀 더 확실해 보인다. 그러나 그것은 이따금 400리브르의 연금에 관련된 문제이다. 은퇴해서 지방으로 간 연금수령자는 능숙하고 알쏭달쏭한 표정으로 이웃들에게 자신이 국왕과 국가에 중요한 봉사를 했으며, 위험한 상황에서 옥좌를 강건히 지켜주었다고 말한다. 그러면 어리석은 이웃들은 감탄해 마지 않는다. 그들은 국왕의 연금수령자 아무개 씨 앞으로 파리의 중앙우체국 우표를 붙인 편지 주소를 보고 찬사를 아끼지 않는다. 연금수령자는 그들의 눈에 전하의 소중한 자식들처럼 보인다. 모든 것이 겉치레인 세상이기 때문에 그런 음절들은 그에게 존경과 명예를 부여한다. 한 희극배우가 사망하면 그는 국왕의 연금수령자로 자처한다. 이렇듯 사람들은 공적인 문서로 자신의 신분을 감춘다. 교회에서 대부나 증인 문제로 희극배우의 이름이 잘못 불리면, 그는 주임사제나 부제에게 국왕의 연금수령자라고 말하며 교묘히 피하거나 궁지에서 빠져나간다.

705 파리의 광장

지금부터 앞으로도 한동안 유럽에서는 눈에 띌 만한 혁명[41]이 일어나지 않을 것 같다. 교역 중심지로서의 프랑스의 영광을 박탈할지 모르는 유일한 원인은 터키 분할과 러시아의 흑해 진출이다. 그러니 파리의 광장은 자연조건과 여러 가지 정황상 특혜를 부여받은 것 외에도, 앞으로도 계속해서 세계의 교역 중심지로 남을 것이다. 사람들은 유럽의 어느 도시에서도 편리하게 이동할 수 없다. 주지하다시피, 유럽의 모든 도시들은 프랑스의 수도에 일직선으로 연결되어 있기 때문이다. 지구의를 아무리 살펴보아도 내 눈에는 콘스탄티노플이나 파리만큼 각국의 교역사에서 으뜸가는 역할을 하기에 적절한 이점을 모두 갖춘 도시들이 없어 보인다.

교역의 기질이 투기 기질로 대체되는 것이 바람직하다. 왜냐하면 교역의 기질은 모든 것을 대량으로 거래하기 때문이다. 번창하는 교역은 생계수단을 무한히 증가시킨다. 생계수단이 늘어나면 여유와 좋은 음식물은 건강한 인간을 태어나게 하고 강건하게 만든다. 그 결과 모든 국민은 번영의 첫 번째 근원에 참여하게 된다.

41 혁명이라는 단어는 유럽 강대국들 간의 국제관계의 전복이라는 의미로 사용되었다. 이 단어가 정치적·사회적 의미로 사용된 것은 1789년 이후이다.

706 앙리 4세 광장

급격한 경사와 광장 쪽으로 나 있는 출구들, 그리고 어느 쪽이건 마차들이 튀어나올지 모르기 때문에 이 광장은 위험하다. 이곳은 다수의 보병들로 가득 차 있다. 이 광장을 가로질러 갈 때 동상으로 통해 있는 인도를 직접 따라가지 않을 경우에는 한눈을 팔지 않도록 조심해야 한다. 그곳에서 빈번하게 사고가 일어나기 때문이다. 따라서 자기 주변을 주시하지 않은 채 이 광장을 건너서는 안 된다.

앙리 4세 광장을 에워싸고 있는 좁은 공간은 위치상 매우 중요하다. 그러나 이 공간은 막혀 있기 때문에 나는 한 번도 경의를 표하는 마음으로 조심스럽게 동상의 받침대를 손으로 만져본 적이 없다.

그 기념물 주변을 도는 민중들의 기쁨을 방해하는 이유는 무엇인가? 그 훌륭한 유적은 보는 것만큼이나 느끼는 것도 즐거움을 줄 것이다. 퐁뇌프를 건너면서 독특한 광경을 주시하기 위해, 그리고 수많은 중요한 사건들을 연상시키는 기념물을 마음껏 구경하기 위해 멈추어 서는 것은 조금도 이상한 일이 아니다.

그 동상 맞은편에 오렌지 상인들의 줄이 늘어져 있다. 보기에도 좋고 몸에도 좋은 이 과일이 포르투갈에서는 피라미드처럼 높이 쌓여 있다. 볼테르는 그것을 보고 몹시 놀랐다. 그는 엄청난 양의 오렌지를 보고 감탄해 마지 않았다. 왜냐하면 40년 전에는 그 아름다운 황금 사과가 프랑스에서 매우 드물어서 1개당 20수에 팔렸기 때문이다. 오늘날에는 수백만 개의 오렌지가 우리나라에 들어오고, 겨울에도 상큼하고 놀랄 만큼 건강에 좋은 그 과일을 먹을 수 있다. 약산

성의 이 음식은 수도의 주민들의 염증을 가라앉히는 데 좋다.

그 줄 앞을 지나가는 사람은 누구나 헤스페리데스[42] 정원의 아름다운 사과에 손을 내민다. 그 과일들은 마치 선량한 앙리의 정원에 있는 과일처럼 보인다. 사람들은 그 과일을 싼 값에 산다. 그들은 그 과일이 우리 기후와 맞지 않는 것이라는 생각이 들자 그 풍성함에 감탄하며 더욱 더 그 맛을 즐긴다.

이따금 오렌지를 팔고 있는 상점 지붕이 눈으로 덮이는데, 그 대조적인 색상 때문에 오렌지들이 더욱 아름답게 보인다. 나는 한 달 내내 오렌지를 먹은 덕분에 일종의 폐결핵을 고친 적이 있다. 그 과일은 맛도 냄새도 질리는 법이 없는 약인 셈이다.

오렌지는 교역을 통해 우리에게 전달된다. 그것들은 5월 말까지 맛과 모양이 유지된다. 그 이후에 오렌지를 먹으려면 원산지로 가야 한다.

42 그리스 신화에 나오는 신성한 정원을 돌보는 요정들.

707 뱅센의 망루

나는 국가의 감옥으로 결국은 파괴된 그 끔찍한 망루의 도개교(跳開橋)를 자유롭게 걸어본 적이 있다. 보초소는 비어 있었다. 내 뒤로 그 도개교는 올려지지 않았다. 본래의 출구를 더 넓게 만든 잔해물들을 보고 나는 웃음을 지었다. 그러고는 이중 철문 3개로 막힌 감옥 속으로 들어갔다. 그 빗장과 열쇠 그리고 여전히 쇠사슬이 매달려 있는 쇠침대를 보니 수많은 생각들이 떠올랐다. 보이지 않는 신이 서둘러 가증스런 문지기들을 방금 쫓아보낸 것처럼 나는 이곳저곳을 살펴보았다.

나는 그 망루에 올라갔다. 나는 죄수가 아니었다. 나는 어느 아름다운 여인에게 팔을 내밀었다. 그곳에서 나는 폭군 흉내를 냈다. 그녀의 불평에도 나는 그녀를 3개의 문 안에 가두고는 즐거워했다. 그 문들의 빗장은 그녀의 예쁜 팔보다 더 컸다. 그녀는 거대한 열쇠구멍 사이로 내게 몇 분만 자비를 베풀어달라고 간절한 목소리로 애원했다. 내가 '봉인장'을 높이 쳐들자, 그녀는 나의 아량에 보답하기 위해 내게 진심 어린 입맞춤을 했다. 그러나 곧 그 기쁨은 더욱 커졌다. 왜냐하면 우리는 점차 공포심에 사로잡혔기 때문이다. 나는 지하독방을 거닐며 나도 모르게 외쳤다.

> 대답하라, 성벽이여. 내 귀에 그대들이 들은 신음소리를 들려다오. 얼마나 고통스러운가! 이 공간에는 권태와 절망이 깃들어 있도다. 그런데 이 문들이 철로 뒤덮인 이유는 도대체 무엇인가? 그대는 그 문들을

부수어버릴 수 있는 거인들을 가두고 있는가? 만약 부주의한 간수가 문 열기를 잊어버렸다면 불행한 포로들이여! 이 지하독방은 그대들을 위해 위골랭[43]의 꽉 막힌 지하독방이 될 것이다.

그처럼 사악한 생각들이 미의 제국을 파괴했다. 고통스런 인상은 내가 끌고간 그녀의 입에서 형언할 수 없을 만큼 매력적인 미소를 사라지게 했다. 그녀는 마치 "아, 당신이 이곳에 있었더라면!"이라고 말하고 싶어 하는 것처럼 떨면서 내 손을 잡았다. 우리는 더욱 더 침울한 생각에 잠겼다. 처음에 우리는 즐거움을 느꼈지만, 점차 고통과 슬픔이 밀려왔다. 아니, 고귀한 글 때문에 혹은 남자다운 용맹 때문에 감옥에 갇힌 사람을 나는 본 적이 없다. 나는 결코 그녀의 쇠사슬과 불행을 공유한 게 아니다! 저녁에 어둠을 밝혀주는 램프의 희미한 빛을 받으며 혼자 있을 때 나는 그녀와 함께 있다. 나는 그녀의 영혼을 강인하게 단련시키고 감사와 영광의 시간을 위해 몇 년간 참고 견디는 법을 깨우치도록 한다. 나는 그녀처럼 생각하며 그녀와 똑같이 철로 에워싸이지 않은 내 자신을 자책한다. 레 추기경[44]과 대콩대[45]가 바로 이곳에 갇혔던 죄수들이다. 이곳에서 간수와 심문관, 형리들은 위대한 인물들과 위대한 혁명의 우두머리들을 괴롭혔다.

43 Ugolin(?~1288): 교황당과 황제당의 싸움이 벌어졌을 때 피사에서 추방당했으나, 피렌체인들의 도움으로 권력을 장악하고 공포정치를 행했다. 대주교 루치오는 음모를 꾸며 그를 제거한 뒤 지하독방에 가두고 그 열쇠를 던져 없애버렸다. 그는 그곳에서 함께 갇힌 아들을 잡아먹으려 시도했으나, 결국은 굶어죽었다.

44 cardinal de Retz(1613~1679): 프롱드 난이 진압된 뒤 1652년 12월 뱅센 성의 망루에 갇혔다가 낭트로 옮겨졌다. 그곳에서 탈옥한 그는 에스파냐, 로마, 브뤼셀로 망명했다.

45 le Grand Condé(1621~1686)는 루이 14세의 친족으로 로크루아 전투를 승리로 이끌었으나, 프롱드 난 동안 뱅센 성에 갇혔다.

그러나 몽테스키외가 썼듯이 이 빗장들은 견고한 문 뒤에 살아 있는 사람들을 가두어 놓고 있다. 사람을 감금하는 것보다 더 잔인한 법이 있을까! "투옥시키라"는 말이 떨어지면 지하독방 문이 열리고 우리를 삼켜버린다!

이곳에서 우리 시대보다 덜 행복한 시절에 오만, 복수, 이기심, 고집, 실수, 어리석음이 노래와 시, 감상문을 처벌했는지 나는 여전히 궁금하다. 그런 용감한 작품을 비방문이라 부를 정도의 중상모략이 시도될지 아닐지 누가 알겠는가!

나는 반쯤 부서지고 낡아빠진 계단을 통해 탑 꼭대기로 올라갔다. 돔은 포탄을 피할 수 있는 피난처였다. 그곳에 감금되었던 죄수들이 우레 같은 포격 속에서도 가루가 되어 죽지 않았으니 말이다.

각각의 지하독방에서는 무위의 서글픈 게임이 벌어졌다. 한 번도 그림을 그려본 적이 없는 사람들이 벽 위에 멋대로 그림을 그리고 또 그렸다. 그런 그림들 중 하나를 보고 나는 충격을 받았다. 그 그림은 매우 탁월했다. 그것은 죄수가 감옥의 여러 탑들을 그린 것이다. 그는 각각의 탑 꼭대기에 사람의 머리를 그려 넣었다. 그 위쪽의 지붕을 볼 수도, 보이지도 않았던 그 불행한 사람은 자신이 머물던 탑 위를 상상으로 묘사했다. 그는 그런 머리들을 탑들의 꼭대기에 500~600번 서로 다른 모양으로 반복해서 그려 넣었다. 내가 아는 바로는 감금상태의 고통이 그보다 더 단순하고 감동적으로 표현된 것은 없다.

다른 사람들은 종교적 감정에 북받쳐 혹은 고통받는 사람의 생각을 통해 스스로 인내심을 고취시키기 위해 예수 수난상을 그렸다.

나는 낮은 목소리로 되풀이해서 물었다. 영국 정부의 토대인 대헌장은 어디에 있는가? 영국인들이 그토록 자랑스럽고 당당하게 여기는 인신보호법이라 불리는 법률 문서는 어디에 있는가?

한구석에서 리슐리외의 유령이 내 눈앞에 나타났다. 그 옆에 조제프 신부가 보이는 것 같았다. 전 카푸친회 수사인 그는 이를테면 비밀정보원과 봉인장 제도를 만든 장본인이며, 리슐리외는 그런 제도들을 확대시켰다. 두 사람 모두 내 주변을 맴돌며 "국가이성"이라는 끔찍하고 무시무시한 단어를 반복했다.

그때 내가 더욱 낮은 소리로 말했다. 그럼에도 불구하고 영국과 프랑스에서는 정치와 범죄에 관한 법에 관한 움직임이 같은 방향으로 진행되었다고 말이다. 왜냐하면 프랑스 왕 장이 그 유명한 1355년의 삼부회에서 오늘날 영국의 토대와 영광, 번영에 기여한 것과 똑같은 헌장[46]에 서명했기 때문이다. 이렇듯 같은 길을 택한 두 인민은 점차 멀어졌다. 그러나 내가 지나치게 심각해진 것을 눈치챈 그 아름다운 여인이 내 팔을 잡으며 "갑시다"라고 말했다.

빛이 들어오도록 구멍이 난 그 망루에서 멀리 바스티유가 보인다. 인류에게 헌신하고 오랫동안 잊혀졌던 법들을 옹호하는 데 평생을 바친 보기 드문 인물인 존 하워드는 전제주의에 순종한 모든 감옥들을 순방했다. 접근 불가능한 지하독방을 방문한 그는 15년 동안 말 없는 무시무시한 간수들 외에는 아무도 보지 못한 불행한 사람들을 보고 놀랐으며 충격을 받았다. 하지만 불쌍한 죄수들의 친구인 용감한 그의 열띤 호소와 박애주의적인 열정에도 불구하고 그는 바스티유에는 들어가지 못했다. 보초가 입구와 출구를 모두 감시하며 막았기 때문이다.

그러니 도저히 믿을 수 없는 라튀드의 탈옥사건은 거의 기적이

46 메르시에는 1215년 영국인들의 자유를 보장한 대헌장을 1355년과 1356년 삼부회에서 장 1세가 에티엔 마르셀에게 세금과 보조세, 그리고 국왕 대참시회 구성에 관해 보장한 것과 비슷하게 간주했다.

나 다름없다. 그것은 매우 특이한 예이다. 형벌, 노역, 고통, 공포 등 죄수에게 가해진 것을 생각해보면 죽는 것이 그 위험천만한 요새에서 탈출하는 것보다 편해 보인다.

자유를 사랑하는 것이 아무리 고통스럽고 길고 불확실한 방법을 요구할지라도 우리에게 불가능한 것을 요구하는 그러한 사랑의 상실보다 더 참혹한 형벌이 어디 있겠는가! 그 놀라운 죄수가 해낸 성공은 인간 능력의 무한한 가능성을 보여주는, 참으로 예외적인 사건이다.

나는 그 아름다운 여인에게 거의 기적에 가까운 탈옥사건의 이야기를 읽도록 했다. 그때부터 그녀는 나와 함께 공개되어 있는 허물어진 바스티유 내부에서 산책하기를 간절히 원했다. 우리가 거의 반쯤 무너지고 죄수들도 없이 텅 빈 망루 안을 산책했듯이 말이다. 나는 그렇게 하도록 최선을 다하겠다고 약속했다.

1562년 병기고의 탑들에 벼락이 쳐서 약 2만 개의 포탄이 폭발했다. 샤를 5세가 세운 요새는 간신히 폭발은 면했다. 그 요새는 비록 우리의 글 속에서 폄하되었을지라도 여전히 건재하다. 하지만 언젠가 무너질 것이다.

708 푸케

푸케는 실제로 죄를 지었다고 한다. 그는 벨일을 팔기 위해 영국과 거래를 했다.[47] 젊은 시절부터 루이 14세와 돈독한 관계를 유지해 왔으며, 그와 비슷한 또래인 찰스 2세는 영국 왕으로 즉위하자 그 원본을 루이 14세에게 주었다. 다만, 그 문제로 푸케를 소환하지는 않을 것이라는 약조를 단단히 받았다.

그러나 푸케를 공금횡령죄로 기소한다는 결정이 내려졌다.

푸케 당시에는 2명의 재무총관이 존재했다.[48] 한 사람은 지출을 담당했고, 다른 한 사람은 수입과 세금 징수를 맡았다. 푸케는 바로 그런 지위에 있었고, 체포 당시 그는 충분히 자신을 방어할 만한 배경을 지니고 있었다. 그러나 그는 징세청부 사무소를 운영하고 있었는데, 그곳에서 그는 뇌물을 받고 계약서의 본래 총액을 줄여주었다.

푸케가 피네롤의 망루에 호송되자 100명으로 구성된 비정규 보초부대가 만들어졌으며, 망루에 별도의 군사령부가 설치되고 생마르스[49]가 책임자로 임명되었다.

망루에 벼락이 치자 군부대가 해체되고 망루는 허물어졌다. 사람들은 푸케가 죽었을 것이라고 생각했다. 그러나 벼락이 친 순간 그

47 벨일 요새를 영국에 양도하려 한 혐의는 푸케의 소송 당시 여러 기소 사유들 중의 하나였다.

48 세르비앵(Servien)과 푸케 두 사람이었다가 푸케가 단독으로 재무총관직을 맡았다.

49 Saint-Mars(1626~1708): 바스티유 총독.

는 벼락을 두려워하는 검은머리방울새를 쓰다듬으려 했는데, 요행히도 그 새장이 두꺼운 성벽 위의 창문에 놓여 있었던 덕분에 그는 살아남았다.

푸케는 비질 탑(la tour de Vigil)으로 옮겨졌다. 그 이후 그는 자주 석방되었다. 그가 떠난 후 보초부대는 50명으로 줄었다.

그와 동시에 망루에는 '철가면의 사나이' 혹은 생마르스가 '철가면'이라 부르던 남자가 있었다. 생트마르그리트 섬의 총독에 임명되었을 당시 생마르스는 그와 함께 이동하라는 명령을 받았다. 생마르스는 그와 함께 가마 속에 몸을 숨긴 채 우회도로를 통해 이동함으로써 그 사실을 완벽하게 비밀에 부쳤다.

섬에 도착하자 생마르스는 요새 내부에 격리된 국가사범의 감옥을 만들라는 명령을 받았다. 그는 비밀리에 커다란 돌로 바다 쪽만 보이는 독방감옥들을 만들었다. 철가면이 있는 감옥의 열쇠를 가진 사람은 오직 그 하나였다. 24시간에 한 번씩 식사를 줄 때에만 문이 열렸다. 식사로는 보통 삶거나 구운 닭이 부르고뉴산 포도주와 함께 제공되었다. 감옥의 열쇠보관자가 문 근처까지 식사를 가져다주면 책임간수가 감방 안으로 그것을 집어넣었다. 생마르스는 항상 그곳에 서서 지켜보았다.

철가면이 창문을 통해 무언가를 집어던지자 어부가 주워서 총독에게 가져다준 적이 있다. 총독은 그 어부가 글을 읽지도 쓰지도 못한다고 확신하며 그를 1년 내내 지하독방에 가두어놓았다. 철가면이 던진 것은 문장 장식이 새겨진 컵받침이었다. 그 이후 창문 밑에 보초가 세워지고 누구건 접근을 금지시키라는 명령이 내려졌다.

소므리[50]가 새로 바스티유 총독에 임명되었다. 그 자리는 거주를 요하는 자리였기에 그에게 왕자들의 부(副)사부직이 제공되었다. 생마르스가 그에게 15,000에퀴를 제공하며 자신의 자리를 교대해 주기를 요청했던 것이다. 문제는 철가면을 함께 데려가는 일이었다.

가는 도중 사람들에게 알려진 유일한 일은 밤중에 여인숙에서 두 사람이 같은 침실에서 잠을 자는 동안 철가면이 자신의 자명종을 울리게 하면서 생마르스에게 "생마르스, 자네 시계로는 몇 시인가?" 라고 물었을 때였다. 그러자 생마르스가 '매우 정중하게' 답하며 자신의 시계를 울리게 했다는 것이다.

철가면이 존재했음은 확실하다. 그러나 생트마르그리트 섬에서는 그 이야기 외에 다른 어떤 이야기도 퍼지지 않았다. 매년 철가면의 내의류가 새로 구비되었는데, 모두 최고급 제품이었다. 프랑스와 스위스, 독일의 어느 도시에서도 내게 철가면의 존재를 묻는 사람이 없었다.

50 marquis de Saumery(?~1730): 1690년 왕자들의 부(副)사부에 임명되고, 1698년 생마르스 대신 생트마르그리트 섬의 총독이 되었다. 1715년 루이 15세가 즉위하면서 국왕의 부(副)사부가 되었다.

709 가로등

가로등들이 잘못 설치되었다. 밀턴의 표현처럼 수많은 불빛이 희미한 어둠을 이루고 있다. 성벽에도 가로등이 설치되었다. 멀리서 보면 불그스레한 빛이 비추지만, 가까이서는 거의 아무런 빛도 없고 바로 밑은 캄캄하다. 일부 경찰의 경우 공익 혹은 공공질서에서 필요로 하는 완벽함이 약간 결여되어 있다. 더구나 가로등의 불을 밝히는 일을 하는 사람들의 행위를 좀 더 철저하게 감시할 필요가 있을 것이다. 그들은 가능한 한 기름을 적게 넣는다. 또한 밤 9~10시 사이에 종종 가로등의 절반이 꺼져 있다. 무언가 정체를 파악할 수 있는 거리는 일부에 지나지 않는다. 멀리서 당신에게 점화부의 사기행각을 경고하는 사람이 눈에 띈다.

몇 해 전 건물에 번호를 매기는 작업이 시도된 적이 있다. 그러나 다른 수많은 경우들처럼 그 작업도 절반 정도만 이루어졌다. 그럼에도 불구하고 번호 매기기는, 특히 일부 긴 거리의 경우 유용했다. 그 번호들은 불확실한 발걸음을 안내해 주고 길을 잃은 불행한 보행자들을 도와준다. 일반적으로 이 번호들은 제대로 매겨지지 않고 잘 보이지 않으며, 우리를 특히 밤에 깜짝 놀라게 할 것이다. 대부분의 부르주아들은 자기 집의 번호를 모른다. 혹시 번호가 붙어 있더라도 거의 눈에 띄지 않는다.

710 버섯

플리니우스[51]는 "의심스런 재료로 만든 요리가 무슨 큰 즐거움을 주겠는가?"라고 물었다.

도처에서 그러한 위험을 경고해도 아무 소용이 없다. 사람들은 본능적 쾌감에 지배된다. 수많은 사고가 났음에도 불구하고 인간의 식도락은 고쳐지지 않는다. 불로뉴 숲과 뫼동의 생제르맹 숲, 쉬른의 뱅센 숲에서 버섯을 따던 가족들은 종종 독에 중독된다. 아무개는 독버섯에 대해 잘 안다고 주장하다가 그것을 먹고 죽었다. 또한 아무개는 식탁에서 아내와 아들, 정부를 죽였다. 버섯은 음식이기는커녕 우리 핏속에 치명적인 독을 전달한다.

불로뉴 숲의 모든 문에는 버섯 채취를 금하는 경찰의 명령문이 게시되었다. 그러나 식도락이 승리하고 스스로 벌을 받는다.

고인이 된 콩티 공은 자신의 음악가들 중 한 사람의 가족 모두가 사망하자 대신 바스크인 한 사람을 고용했다. 그가 맡은 유일한 임무는 그에게 버섯을 찾아다 주는 것이었다. 프랑스에서는 그와 똑같은 영주들이 많다. 왜냐하면 그렇게 해서 몸에 이로운 것과 독이 있는 것을 식별하는 법을 배울 수 있기 때문이다.

1782년 중앙시장에서 느타리버섯의 일종으로 보이는 버섯들이 팔렸다. 버섯에 관한 박학한 개설서를 출간한 바 있는 폴레가 즉석

51 1세기의 로마 문인이자 박물학자.

에서 재판관에게 의견을 제시하자 잘못이 시정되었다. 경찰이 세심하게 주의를 기울인 덕분이다.

일부 버섯들의 향과 맛은 그 무엇에도 견줄 수 없다. 사람들은 버섯을 맛있게 먹지만, 때로는 후회하는 경우도 있다. 그러므로 식용 버섯을 식별하는 법을 배우는 것이 중요하다. 그런 기술을 배우지 못한 나머지 맹목적으로 두려워하거나 안심하는 한심한 사람들이 얼마나 많은가! 사람들은 식탁에 올려도 전혀 위험하지 않은 수많은 종류의 버섯들을 날마다 발로 밟아 없애는 반면, 몸에 해로운 버섯을 먹는다. 아예 버섯을 먹지 않는 편이 낫다고 말하는 사람들도 있다. 그러나 무조건적으로 절제를 강요하는 도덕에는 귀를 기울일 필요가 없다. 맛이 있고 게다가 조심만 하면 안전한 음식을 왜 마다해야 하는가?

버섯은 저명한 인물들에게 불길한 운명을 자초한다. 클로드 황제, 교황 클레멘티누스 7세, 샤를 6세, 차르 알렉시스의 미망인, 유리피데스의 아내와 자식들 모두가 버섯을 먹고 죽었다. 식초는 버섯의 독성을 변화시키고 없애주는 확실한 치료제이다. 독성을 유발하는 것은 버섯의 낭 안에 자리 잡은 수많은 미세한 곤충들인데, 식초가 바로 그러한 곤충들을 죽여버리기 때문이다.

파리 인근에는 1,600여 종의 식물과 6,000여 종의 작은 날벌레들이 서식하고 있다. 여기서 104종의 버섯이 있는 것으로 추산된다. 비가 많이 와도 버섯은 젖지 않는다. 버섯은 우산 덕분에 비를 한 방울도 맞지 않기 때문이다.

711 봄

마치 봄이 존재하는 것처럼, 파리와 그 주변의 봄을 노래한 모든 프랑스 시인들은 조롱을 받을 만하다. 자신들의 시만큼이나 그들이 차갑게 얼어붙어 있으니 말이다. 파리의 봄은 기나긴 겨울의 연장에 불과할 뿐이다. 꽃이 필 무렵이 되면 과일들은 거의 매번 매서운 바람에 놀라 떨어진다. 5월 초에도 나이팅게일의 노랫소리가 들리지 않는다. 우리들의 몸은 풀렸는데 대기는 여전히 차갑고 축축해서 우리는 시골로 가지 못하고 마지못해 오페라로 간다. 그곳에서 상연되는 「알생도르」는 이상하게도 나를 지루하게 만든다.

알프스에 사는 어느 목동은 겨울에 하나, 봄과 가을에 하나, 여름에 하나 모두 3개의 거처를 가지고 있다. 그는 계절에 따라 가족과 가구, 그리고 양떼를 이끌고 옮겨다닌다. 그는 자신만의 마를리, 콩피에뉴, 퐁텐블로를 가진 셈이다. 그는 첫 번째와 두 번째 산의 구릉을 둘러본다. 가축들은 매시기 옮기는 날짜를 잘 알아서 틀리지 않고 올라가고 내려온다.

파리에 사는 부유층은 그런 기쁨을 모른다. 재정가 아무개는 비록 금은 가졌지만 높은 곳에서 숨쉴 때 느끼는 행복을 경험한 적이 없다. 그는 멋진 경치에 대해서도 아는 바가 없다. 높은 곳에서 경험할 수 있는 감정과 생각이 그에게 무슨 의미가 있을까? 그는 여행 대신 파시에 머물며 순진하게도 그곳이 시골이라고 믿는다.

712 풍자가요 작가

감정이 격해질 때는 이따금 풍자가요 작가가 중요한 역할을 한다. 풍자가요 한 구절이 매사를 자연스런 상태로 되돌린다. 소송 당사자들 사이에서 적대감이 생길 때, 풍자가요 한 구절을 노래하면 파리인들은 모든 것을 농으로 여기는 본래의 성격으로 되돌아간다.

연극과 노래는 격분한 금욕주의자들의 완고한 교훈을 물리쳐버릴 것이다. 희극 오페라가 무대에 올려지는 한 내전을 걱정할 필요가 없다.

프랑스인만큼 유쾌한 가요를 만드는 국민은 없다. 몽테스키외도 직접 가요 모음집을 낸 적이 있다. 그는 각 권의 뒷면에 '프랑스 정신'이라고 적었다.

마자랭은 "이 형편없는 가요가 어떻다는 말이오?"[52]라고 물었다. 누군가 이 질문에 대해 "그런 가요가 빨리 번질 수 있어요"라고 대답했다. 그러자 마자랭이 "그런 경우 모든 게 잘 될거요"라고 말했다.

이른바 로(Law) 체제 시절 풍자가요 작가 부대가 쌓은 미덕은 잘 알려져 있다.

칼을 가는 잔인하고 슬픈 마음을 다른 사람들에게 넘겨버린 채 노래하며 사는 행복한 국민들이여!

52 이 일화는 마자랭이 자신에게 적대적인 수많은 가요들에 별다른 반응을 보이지 않았음을 암시한다.

713 1757년 1월 5일

군주의 사망은 세기적인 사건이다. 왕을 해치는 것은 국민을 암살하는 것이나 마찬가지이다. 왕을 무너뜨리는 것은 정부에 혁명을 초래하기 때문이다. 왕의 암살은 무수한 사람들을 무덤 속으로 빠뜨린다. 옥좌에 앉은 사람들의 목숨을 해치면 반드시 그들이 다스리는 왕국을 동요시키기 마련이다. 왕의 신성한 몸에 손을 대는 것이야말로 가장 큰 범죄이다. 왕과 국가는 깊이 연결되어 있다. 군주의 돌연사가 초래한 공백을 어떻게 메울 것인가? 그런 엄청난 살인에 뒤이어 닥칠 수많은 재앙들을 어떻게 피할 것인가? 국민의 절반은 자신이 왕의 관 속에 묻힌 것처럼 생각할지도 모른다. 앙리 4세의 가슴을 찌른 칼이 초래한 재앙들을 오늘날 누가 짐작할 수 있단 말인가? 쉴리가 프랑스의 위대한 업적을 완수했는데, 라바야크가 프랑스의 천복을 망친 셈이다. 흉악한 범죄자의 손이 우리 왕국의 체제를 바꾸어 버리고 유럽의 체제를 전복시켰다.

루이 15세가 칼에 찔렸을 때 범행의 동기에 관한 철저한 조사가 이루어졌다. 의심이 굳어지고 소문에 무게가 실렸다. 매사가 심각해졌다. 어린이들과 미치광이, 몽상가들 사이에서 도는 모든 말들의 출처가 추적되고 검토되었다. 대역죄는 모든 시민들을 범죄자로 만들어버린 것 같았다. 수많은 사람들이 체포되고 사소한 단어도 그냥 넘어가지 않았다.

조사가 세밀하고 엄격해보였지만, 사람들은 그런 범죄가 초래할 모든 결과들을 미처 파악하지는 못했다. 가혹한 심문이 이루어지고 가택수색도 끊이지 않았다.

체형과 죽음을 피할 수 없는 그런 종류의 암살이 어떻게 벌어진 것인지 사람들은 상상조차 못했다. 그는 대체 무엇을 바란 것일까? 그는 무엇을 기대하고 희망했을까? 왕의 죽음이 최하층민인 그에게 어떤 영향을 미쳤을까?

시역죄인은 반드시 재판과 고문을 거쳐야 하는 만큼 극도로 조심스럽게 다루어졌다. 자해를 막기 위해 기발하게 고안된 침대가 마련되었다. 의사가 그의 생명을 책임졌다. 그는 주요 인물이 되고 그의 머리와 눈의 움직임들은 세심하게 관찰되었다. 일어나고 잠자고 앉는 자세 모두가 중요한 문제였다. 그 시역죄인은 수많은 사람들에게 관심의 대상이 된다는 사실은 즐겼다. 그는 침대 둘레에서 자신을 용의주도하게 대하는 고위층 인사들을 바라보았다. 감히 군주의 몸을 해치려고 시도함으로써 그는 쇠사슬에 묶인 군주 대접을 받았다. 그들은 침대에 누워 있는 국왕 살해범의 얼굴을 보고 싶어 했다. 젊은 외과의사가 몰래 끼어들어 궁금한 눈초리로 국왕 살해범을 흘낏 쳐다보자 다미앵은 단번에 알아차리고 "체포하시오"라고 말했다. 젊은 외과의사가 체포되자 다미앵은 자신은 단지 그를 겁주고 그의 호기심을 벌주려 했을 뿐이라고 말했다. 그러나 그 젊은이는 공포에 질려 죽을 만큼 겁을 먹었다.

범죄자에게 가해지는 체형의 종류는 이미 결정되었다. 재판관들은 라바야크에게 내려졌던 결정을 되풀이하는 데 그쳤다. 비록 군주가 죽지 않았을지라도 그가 큰 범죄를 저질렀기 때문에 체형은 조금도 감해지지 않았다.

호기심 많은 사람들은 보기 드문 고문 광경을 보고 싶어 했다. 여성들도 여성으로서의 체면을 잊었다. 그녀들은 손에 지상망원경을 들고 형리들과 체형의 고통을 직접 관찰했다. 희한한 고문이 수없이 가해져도 그녀들은 조금도 눈을 돌리지 않았다. 길고 잔혹한 체형 끝에 죄인이 자신의 죄를 회개했지만, 그 자리에서 연민과 동정심은 자취를 감추었다. 후손들은 이 글을 읽으며 전율을 느낄 것이다.

언젠가 그 이야기를 우리의 풍습, 우리의 철학과 조화시키기 어려운 날이 올 것이다. 과거의 법에 의하면, 동일한 고문이 되풀이되어야 하며, 고등법원은 1610년의 결정을 전혀 바꾸지 않았다.

라바야크 재판의 예심이 시작되자 발바니라는 이름의 유능한 이탈리아인 고문기술자가 검찰차장에게 말했다. 그는 죄인의 사지를 조금도 다치지 않게 하는 대신, 고통의 단계를 높임으로써 공범자들을 자백하도록 심문하는 책임을 맡았다는 것이다. 검찰차장이 고등법원에 보고하자 고등법원은 이를 승인하려고 했다. 그러나 루브르 궁정에서 반대했다. 새로운 고문자들과 수완 좋은 형리들이 다미앵을 심문하러 왔다는 것이다.

뒤클로는 프랑스 사료 편찬관의 자격으로 다미앵의 심문 참석을 요청했다. 몇 차례 교섭한 끝에 그는 허락을 얻었다. 그러나 그의 복장이 재판관들의 법복과 달랐기 때문에 아카데미 회원인 뒤클로는 검은 법복을 걸치고 긴 가발을 썼다. 이런 방식으로 그는 국왕 살해범을 만나고 그의 이야기를 들었다. 지금까지의 이야기는 그가 내게 확인해준 내용이다.

714 작은 상자

오랫동안 회자되어온 유명한 작은 상자 하나가 있다. 그 안에는 교훈적이고 중요한 서류들이 들어 있다고 한다. 그 상자의 관리인이 선정되고 계속적인 경과가 추적되었다. 그랬더니 진실의 가닥에 수천 가지 우스꽝스런 일화들이 얽혀 있었다.

고인이 된 왕세자비는 상스에서 왕세자의 추도사를 엘리제 신부에게 부탁했다. 그런 일은 고위성직자의 몫이라며 하찮은 수사가 감히 세자의 추도사를 맡았다고 주교들이 용서하지 않을 것이라고 그가 아무리 주장해도 소용이 없었다. 그는 복종해야만 했다. 그의 일을 돕기 위해 왕세자비는 베르뎅 주교를 통해 자료들을 전달해 주겠다고 약속했다. 그 자료들이 그에게 전달되었다. 잠시 후 샤티옹으로 점심을 먹으러 갔다가 돌아온 그는 깜짝 놀랐다. 문이 부서지고 경찰의 철저한 수색이 이루어졌으며, 그의 서류 가방의 자물쇠도 부서져 있었다. 누군가 찾는 것을 발견하지 못했고, 그의 물건은 하나도 없어지지 않았다. 그러나 그 일 이후 그는 몇 년간 편지를 쓰지 않고 새로운 강론도 하지 않았다.

호기심 많고 관찰력이 뛰어난 사람들 사이에는 직접적인 목격자들이 쓴 '비밀 회고록'이 있기 마련이다. 시간이 흐르면서 모든 사실이 알려졌다. 왜냐하면 인간이 지닌 영원한 열정인 호기심이 실력자들과 중요한 사건에 영향을 미치는 사람들의 속내를 꿰뚫어보기 때문이다. 그러나 오늘날 우리가 사는 시대의 역사는 오직 후세에게만 전달될 것이다. 우리에게는 겉장식만 보일 뿐 기계장치를 움직이는 사람과 도르래는 보이지 않는다. 우리는 우리를 바라보지 못한다. 겉모습이 우리를 압도한다. 우리의 뒤를 이은 세대들은 우리 시대에 명료하게 드러났던 사건들에 대해 우리가 완전히 침묵한 것에 경악할 것이다.

루이 14세의 세기에 관해 생시몽 공작이 쓴 필사 회고록이 존재한다.[53] 덕분에 우리는 새로운 통찰력을 얻게 되었다. 그의 시각은 볼테르의 것과는 아주 달랐다. 선천적으로 관찰력과 호기심을 지닌 사람들이 있다. 그들은 그 현장에 있었으며 명확한 사실을 토대로 내면을 파악하기에 충분한 식견을 갖추고 있어서 아무도 그들의 말을 의심하지 않는다. 허물어진 건조물의 잔해를 보며 평범한 사람들은 폐허를 생각할 뿐이지만, 건축가는 신전을 재건축한다. 전체적인 위엄을 갖추기 위해서는 원기둥의 비율을 유지해야 한다.

기다릴 줄 알자. 한구석에 파묻혀 있던 어떤 작은 상자의 존재가 드러나면 보잘것없고 딱딱한 방추처럼 생긴 그 상자는 공중으로 날아올라 눈부신 섬광처럼 주위를 환하게 비출 것이다.

53 메르시에는 슈아죌의 명령에 따라 외무부 고문서실에 보관 중이던 173권의 필사본의 존재를 알고 있었다. 생시몽(1675~1755)의 『회고록』은 1789년 이전에 일부 발췌본만이 출판되었을 뿐이다. 1830년 처음으로 완간된 이후 그의 『회고록』은 큰 인기를 누리며 수차례 재간행되었다.

715 사혈

예전에는 사혈(瀉血)이 병 치료에 중요한 역할을 했다. 조금만 몸이 불편해도 외과의사들은 무시무시한 종두칼을 꺼냈다. 모든 질병이 우리의 체액과 체액의 일부인 피 때문이라는 사실이 당시에는 알려지지 않았다.

외과의사 중에 사혈을 남용하지 않는 의사가 없었다. 그들은 무슨 병이건 사혈을 전제조건으로 여겼다.

오늘날에는 사혈이 훨씬 줄어들었다. 늙은 외과의사들 외에는 더 이상 하층민들에게 그처럼 위험한 피뽑기를 강요하지 않는다.

근대적인 의사들은 피를 아끼는 반면, 그들의 선배들은 잔인할 정도로 피를 마구 쏟아내었다.

그러나 사혈자는 유능한 사람과 평범한 사람으로 구분된다. 정맥을 여는 것밖에는 아무것도 모르던 어떤 남자는 경쾌하고 세련되고 신속한 사혈 덕분에 명성을 얻었다. 사혈이 유행하던 당시에 공작부인은 순순히 절개에 응했다. 실제로 소의 사혈과 청어의 사혈, 후작부인의 사혈은 서로 다르다. 소와 청어의 사혈의 종류는 서로 비슷하다. 그러나 여성의 통통한 가슴의 경우 경쾌하게 정맥을 찾아야 한다.

루이 14세는 늙어가면서 매달 사혈하는 습관을 들였다. 놀라운 사혈 솜씨로 파리에서 큰돈을 번 어느 젊은 외과의사는 자신이 왕을 사혈해 줄 수 있는 기회를 한 번 얻게 된다면 출세할 수 있으리라고 상상했다. 당시 수석시의인 다캥 주변에서 아는 사람들을 발견한 그는 다캥에게 자신의 상황을 이야기하며 자신이 원하는 기회를 제공해주면 공증인에게 보관 중인 1만 에퀴를 주겠다고 말했다.

다캥은 그 돈을 몹시 탐냈다. 그러나 수석 외과시의인 마레샬이 좀처럼 왕의 곁을 떠나지 않았기 때문에 그를 데려가는 일이 쉽지 않았다. 다캥은 그에게 희망의 여지를 주지 않으면서, 다만 가능한 한 베르사유에 살면서 언제건 기회를 잡을 수 있도록 가까운 거리에 대기하라고 충고했다.

어느 날 마레샬이 비에브르의 작은 시골 마을에 가기 위해 왕에게 2~3일간의 휴가를 청하자, 다캥은 절호의 기회가 왔다고 생각했다. 평상시처럼 아침에 왕의 맥을 짚던 그는 깜짝 놀라는 체하며 왕에게 맥박이 불안정하니 반드시 사혈이 필요하다고 말했다. 지체할 시간이 없었다.

마레샬이 당분간 주변에 없기 때문에 왕은 처음에 약간 꺼리는 태도를 보였다. 결국 두려워진 왕은 결심을 했고, 다캥은 전국에서 가장 유능한 사혈자 중 하나라며 그 젊은 외과의사를 소개했다. 그를 데리러 사람이 파견되고 사혈이 이루어졌다. 다캥은 곧 공증인이 보관 중인 1만 에퀴를 찾으러 사람을 보냈다.

그러는 동안 마레샬이 우편배달부를 통해 소식을 듣고 곧바로 돌아왔다. 그는 자신이 떠나자마자 왕의 사혈이 이루어졌으며, 왕의 몸에서 병세가 전혀 나타나지 않은 것을 발견하고는 놀라지 않을 수 없었다. 그 이유를 찾느라 그는 골똘히 생각에 잠겼다.

사혈의 대가로 고작 루이 금화 몇 푼을 얻은 젊은 외과의사는 자신의 기대가 착각이었음을 깨닫기 시작했다. 마레샬은 그를 잘 회유해서 숨겨진 사실을 알아내는 데 성공했다. 왕도 오래지 않아 그 사실을 알게 되었다. 다캥의 적인 마레샬이 곧바로 왕에게 보고했기 때문이다.

왕은 무섭게 화를 내었다. 다캥은 체포되고 그의 일은 국무참사회에 회부되었다. 왕의 피를 놓고 거래한 다캥에 대해 모두가 사형을 주장했다. 분노가 어느 정도 진정되자 왕은 수석시의 자리를 박탈하고 캥페코랑탱으로 돌아가 칩거하는 조건으로 그의 목숨을 살려주었다.

젊은 외과의사도 돈을 벌지 못했다. 오히려 그는 한 번 루이 14세의 피를 뽑는 영광을 누리느라 28,000리브르를 지불한 셈이다.

716 공주의 별관

그 이름이 붙여진 것은 1722년 루이 15세와 결혼하기 위해 마드리드를 떠난 에스파냐의 공주[54]가 부모에게 돌아가기 전까지 그곳에 살았기 때문이다. 그 후 루이 15세는 두 번 폐위된 왕의 딸과 결혼했는데,[55] 아버지가 단치히로 도망가자 어린 시절을 여인숙의 여물통 속에서 보낸 그녀는 당시 평범한 대령과의 혼담이 오가고 있었다.

그 별관은 우리 시대의 가장 특이한 사건 중 하나와 관련이 있다. 즉 폴란드 왕은 뤼네빌에 있었고, 그의 딸은 루이 15세의 아내의 자격으로 옥좌에 올랐던 것이다. 그 모든 사건들은 최근의 일이지만, 그보다 훨씬 특별한 사건들에 가려져 단지 역사적 사실을 궁금해하는 사람들만이 관심을 기울일 뿐이다.

별관의 정원은 자그마하지만 2개의 다리와 둑이 놓여 있는 연못 주변은 아름다운 초목들로 둘러싸여 있다. 여름에 그곳은 어린아이들로 가득 찬다. 그 수가 어찌나 많고 아무렇게나 내버려두는지 많은 어머니들이 아이들을 하인들 손에 맡긴 채 방치해 놓고 있음을 알 수 있다. 그곳에 모인 모든 하녀들은 서로 증거를 대며 자신들의 주인과 여주인을 견주었다. 그렇듯 주인에 대한 비행과 재산에 관한

54 프랑스와 에스파냐의 정략결혼 정책으로 파리에 온 그녀는 처음에는 루브르에 살다가 베르사유로 거처를 옮겼다.

55 마리 레슈친스카(Marie Leszczynska, 1703~1768): 1704~1709년에 이어 1733~1738년 두 차례 폴란드 왕을 지낸 스타니슬라스의 딸로 1725년 루이 15세와 결혼했다.

수다가 끝없이 이어졌다. 그 좁은 공간은 지칠 줄 모르는 온갖 험담으로 가득 채워지고, 불쌍한 아이들은 그들의 부모들을 중상모략하거나 아니면 적어도 감추어진 악행을 폭로하는 그녀들 눈앞에서 놀고 있다.

그곳에서 산책하며 조심스럽게 귀를 기울이던 사람들은 파리의 하녀들이 이집 저집 어디에도 관심이 없으며, 아무런 애착도 후회도 없이 옮겨다닌다는 사실을 알게 될 것이다.

그녀들의 입에서는 주인들의 인색함이 낱낱이 거론되었다. 그중에서도 가장 뻔뻔하고 간사한 여인은 다른 사람들에게 장광설을 늘어놓으며 반항하는 온갖 방식과 부엌의 사소한 속임수와 술수를 가르친다.

부르주아들이 좋은 하인을 얻고 그를 오래 두고 싶다면 아무쪼록 그를 바깥의 대화 공간에서 멀리 떨어져 있도록 해야 할 것이다. 그곳에서는 주인을 난처하게 만들고 장바구니 비용을 조금씩 부풀리는 일상적인 관행들이 논의되기 때문이다.

애송이 제복 하인들은 그곳으로 하녀들을 찾아온다. 그녀들은 숫기 없는 그들을 대담하게 만들고 서둘러 가르친다. 사랑과 외출의 은밀한 공모가 이루어지는 것도 바로 그 산책로에서이다. 그 결과 다음날에는 부르주아의 부엌에서 30여 개의 돌발적인 변화가 일어난다. 구역 전체에 그 소문이 퍼지고, 골목 식료품 가게에서는 그러한 변화의 반응이 확인된다. 교활한 하녀는 그녀가 점찍은 제복 하인과 함께 일자리를 구한다. 이전에 한 번도 본 적이 없는 새 주인들을 믿게 만들 만한 거짓말은 얼마든지 준비되어 있어서 그럴듯하게 넘어간다.

파리에서 주인과 하인의 관계는 오직 그들 나름의 의지에 달려 있기 때문에 하인의 교체는 빈번하고 신속하게 이루어진다. 어느 여주인은 한 달에 하녀 10명을 들이기도 한다. 짐을 싸는 데 익숙한 하녀들은 이집 저집으로 옮겨다니며 부엌이 형편없거나 지나치게 감시당하는 집들을 바라크[56]라고 불렀다. 좋은 주인은 1리브르가 16온스인 식료품 가격을 의심하지 않고 하녀가 솜씨를 발휘하도록 하는 사람이다. 최고의 주인은 아마도 아침과 저녁 망각의 강물을 흠뻑 마시는 사람일 것이다.

늙은 총각의 집에 들어온 아직 젊은 행운의 하녀! 그녀는 운명의 기회를 멋지게 이용한다. 때로는 그녀가 그런 기회를 만들기도 한다. 그녀는 독신남의 정부가 되고 마침내 그와 결혼하는 데 성공한다. 심심치 않게 벌어지는 그런 엄청난 행운은 영원한 화젯거리이자 하녀들의 야망의 대상이다. 그러나 일반적으로는 주인들과 하인들은 거의 친근하지도 우호적이지도 않기 때문에, 하녀는 어느 한곳에 정착하지 않은 채 80집을 돌아다닌다. 그중에는 아주 운이 좋은 집들도 있고 매우 고약한 집들도 있다. 그것은 복권이나 다름없어서 인정 많은 주인을 만나는 것은 영원히 불확실한 일이다.

프티 부르주아 어린이들의 방탕은 통상적으로 하녀들에 의해 시작된다. 부모가 충분히, 그리고 철저하게 주의를 기울이지 않는 한 어린이들의 무질서는 불가피하다. 건전한 풍속은 빈곤과 조화를 이루기 어렵다. 빈곤은 악을 유도한다. 주인 때문에 타락하게 된 하녀들이 이번에는 그 집의 아들을 타락시킨다. 그녀들은 장인이나 상점 주인 아들의 동정은 당연히 자신들의 것이라고 여긴다. 명문가 아들의 동정은 침실 하녀의 것이다. 다른 부류의 하녀인 그녀들은 결코 간사하고 교활한 요리사에게 그들을 양보하지 않는다. 그녀들 모두

56 baraque: 에스파냐 어에서 유래한 단어로 '군인이나 어부들이 사는 형편없는 집'을 의미한다.

지체 높은 여인들이 사교계에서 하는 행동을 할 뿐이다. 그녀들은 신선하고 건강하고 경험이 없는 젊은이들에게 처음으로 애정관계에 관한 강의를 한 셈이다. 공주의 정원에는 베르니에르[57]의 화경(火鏡)이 있다. 돋보기 초점에 3리브르짜리 에퀴 금화 한 개를 녹이는 데 아무리 햇빛이 약한 때에 1분이 걸리지 않는다. 태양의 열기가 최고조에 달하면 숟가락도 녹인다. 우리의 데카르트는 로마의 장군 마르켈루스가 시라쿠사를 3년 동안 봉쇄하다가 공격했을 때 아르키메데스가 그의 함대를 불태워버렸다는 사실을 부정했다. 그러나 데카르트가 틀렸다. 뷔퐁이 아마도 시라쿠사의 수학자의 화경보다 우수한 새로운 화경을 발명함으로써 그러한 가능성을 증명해냈기 때문이다. 우리는 여전히 거울 및 물리학자와 논쟁을 벌이던 시대에 살고 있구나!

57 M. Bernière: 4명의 프랑스 토목총감 중 하나이자 공장 소유주로 프루베르 길(rue des Prouvaires)에 위치한 그의 공장은 오목거울, 돋보기 등을 생산했다. 태양빛을 집중시키는 화경은 지표 굴절에 관한 기술적 탐구와 자기 굽기에 필요한 고온을 만드는 데 사용된다. 루브르에 위치한 공주의 정원에는 베르니에르의 공장에서 만든 에틸알코올에 담긴 커다란 렌즈가 설치되어 당시 사람들의 감탄을 자아냈다.

717 유아세례용 흰 천

가난한 사람도 부자처럼 세례를 받아야 한다. 그도 교회에 가야 한다. 그러나 가난한 어린이는 아예 벌거벗은 것보다 더 보잘것없는 남루한 배내옷을 걸칠 뿐이다. 그것은 벌레들이 거의 다 갉아먹은 낡은 담요의 짜투리로 만든 것이다. 그럴 때 산파는 어떻게 할까? 그녀는 아기의 몸을 커다란 유아세례용 흰색 모슬린 천으로 감쌀 것이다. 이전에 우리는 '평범한 관'에 관해 언급하면서 유아세례 때마다 등장하는 유아세례용 흰 천을 영적인 프록코트라고 말한 적이 있다. 산파는 유아세례용 흰 천을 내어주고 천에 감싸여 세례반(洗禮盤)으로 가는 아기들은 모두 거의 똑같아 보인다. 그러니 유아세례용 흰 천은 산파에게 중요한 최고의 도구임에 틀림없다. 그 천 중에 축성받지 않은 것은 없다. 왜냐하면 매일 심지어 4차례까지 축성식이 거행되기 때문이다.

주지하다시피 유아세례에는 사탕과 과자가 곁들여진다. 산파는 잊지 않고 유아세례용 흰 천 속에 2~3리브르의 사탕과 과자를 가져온다. 산파의 옷장은 롱바르 길에 있는 과자가게와 경쟁을 벌인다.

왕세자의 배내옷을 위해 1783년 1월 7일 베르사유에서 교황청 특사가 주도하는 대규모 의례가 베풀어졌다. 그것은 최상의 수행장비로 운반되었다. 그 의례를 위해 빌린 제1 마차의 비용이 1만 리브르라고 한다. 그 배내옷은 약 150만 리브르에 달했다. 유아세례용 흰 천은 교황의 축성을 받았고 이후 아무도 사용하지 않을 것이다.

그러나 여기서 되풀이해서 언급하고 싶을 만큼 감동적인 것은,

소교구 세례자 명부에서 전날 태어난 가난한 아기 바로 다음에 기재된 왕세자의 이름을 보는 것이다. 흔히 무덤이 평등의 띠라고 불리지만, 모든 아기들이 같은 줄에 출생 순으로 나란히 기재되어 있는 세례명부야말로 종교의 시선으로 그들을 평등하게 바라보는 것이다. 고귀하고 철학적 측면을 지닌 그런 명부는 똑같은 명부가 인생의 출발점에 모든 인간을 기다리고 있기에 더욱더 우리가 살아 있는 한 결코 기억 속에서 지워지지 않을 것이다.

출생 시 루이 14세의 몸무게는 48마르[58]였다. 안도트리슈는 루이 14세의 형상을 거의 같은 무게의 금으로 만들어 로레트 수녀원에 보냈다. 태어날 때 이가 2개 난 상태였기 때문에 금으로 된 그 아기의 입은 2개의 이가 보이도록 만들어졌다. 안도트리슈는 오랫동안 계속된 불임을 종식시켜 준 동정녀에게 이렇게 감사를 표했다.

지체 높은 여인들과 호사를 누리는 다른 여러 귀부인들은 얼마 전부터 고귀하고 감동적인 자선행위를 위해 사람들을 고용했다. 그녀들은 출산하는 가난한 여인들에게 배내옷과 여성용 조끼와 수놓은 긴 양말 등을 보냈다. 종종 그런 경건한 물건들을 만들기도 했다. 아! 얼마나 아름다운 마음인지 나는 그녀들의 손에 입을 맞추고 싶다! 소중한 자선행위여! 지체 높은 여인들의 연민은 부르주아들의 것보다 더 소박하고 진심어리며 감동적이다. 그럴 때 그녀들은 조금도 가식적이지 않다. 그녀들은 위로하는 방법을 잘 안다. 그녀들의 자선은 전적으로 고결하며 창의적이다. 오늘날 지체 높은 여인들 중 많은 수가 사치나 과시를 위해서가 아니라, 오직 자유롭고 교양 있는 자선행위를 위해서만 마차를 탄다는 사실을 전하고 싶다. 그녀들의 존재는

58 marc: 무게의 단위로 244.5g이다. 이 단위에 의하면 출생 시 루이 14세의 몸무게는 11.736kg이다.

불쌍한 사람들에게 제2의 신의 섭리라고 말할 수 있을 것이다.

자선이라는 단어에는 숭고하고 심오한 의미가 담겨 있다. 자선은 선행보다 높은 수준이다. 이웃을 형제처럼 돌보는 것은 신의 눈앞에서이다. 신은 그 안에 찬사와 경외심, 애정을 불러일으킨다. 그것은 창조주의 작품인 피조물이 베푸는 사랑이다. 자선이라는 단어는 인간의 모든 언어에서 성스런 신의 이름 다음 맨 첫 번째 자리를 차지할 만하다.

718 개인들의 뒤섞임

파리는 수많은 지방민들과 외국인들로 이루어져 있다. 옛 파리인들은 선량하고 고지식하고 어리석지 않았는데, 그런 진짜 파리인들은 사라졌다. 파리에서 태어나는 것은 두 번 프랑스인이 되는 것이다. 왜냐하면 파리에서 태어나면 다른 곳에서는 결코 찾아볼 수 없는 도시의 정수를 누리기 때문이다.

촌락이나 소도시에서 몰려든 지방민 무리는 파리인들보다 훨씬 호기심이 강하고 도처에 몰려다닌다. 강가를 거니는 사람이나 두더지처럼 땅속을 파는 또 다른 사람 이야기를 하며 파리인들을 유혹하려 해도, 낚이는 사람은 오직 길고 지루한 일에서 잠시 벗어나기 위해 안간힘을 쓰는 상점의 소년이나 점원들뿐이다. 작은 핑곗거리로도 그들의 피곤한 일을 멈추게 할 수 있다. 한가한 사람들이 무리를 짓기 시작하면 호기심이 생긴 사람들로 그 집단은 더욱 커진다. 하지만 사고가 나거나 누군가 다치거나 살기 어린 싸움판이 벌어졌는데도 무관심한 사람이 더 문제 아닌가?

파리의 주민은 주변에서 생긴 일에 결코 무관심하지 않다. 아무리 사소한 것이라도 새로운 대상이 있으면 가던 길을 멈춘다. 누군가 허공을 주시하며 무엇인가 찬찬히 바라보면, 곧 여러 사람들이 멈추어 서서 그와 똑같은 대상을 보기 위해 같은 방향을 주시하는 광경을 목격할 것이다. 사람들의 무리가 조금씩 늘어날 것이며 모두 서로에게 무엇을 보는지 물을 것이다. 검은머리방울새가 도망쳐 나와 창가에 앉으면 모든 길은 군중으로 꽉 막혀버릴 것이다. 그 새가 이 초롱에서 저 초롱으로 날아가면 도처에서 탄성과 외침이 울려퍼진다. 모든 창문이 열리고 사람들로 가득 찬다. 작은 새가 누리는 순간적인 자유가 모두의 관심을 끄는 구경거리가 된다.

누군가 개를 물에 빠뜨리면 둑과 다리는 순식간에 사람들로 가득 찬다. 어떤 사람은 개의 운명에 관심을 기울이고, 다른 사람은 그 개를 구해야 한다고 말한다. 사람들의 시선은 개가 물살에 쓸려가는 곳을 쫓아간다. 호기심은 일종의 감수성이다. 사람들은 종종 싸우는 두 사람 편으로 나뉜다. 여자들은 그들에게 평화와 화합의 중요성에 관해 장광설을 늘어놓음으로써 싸움판에서 그들을 화해시킨다.

어릿광대와 익살꾼들은 몇 가지 재주를 부리며 관심을 끌려고 서두른다. 그러나 관객은 곧 흩어져 버린다. 대부분의 행인들은 잠시 관심을 보이다가 어깨를 으쓱하고는 지나간다. 내 생각에 파리의 군중을 끌어모으는 것보다 더 쉬운 일은 없을 것이다. 그러나 사소한 일만 생겨도 군중은 흩어진다. 거리를 떠도는 사람들은 사실상 파리의 프티 부르주아가 아니다. 소도시나 주변의 읍에서 올라온 그들은 주변 풍경에 익숙하지 않아 가던 길을 멈추어 서서 주인과 고용주에게 속한 시간을 낭비한다. 움직이지 않고 서 있는 집단을 잘 관찰해보면, 100명 중 40명은 하인들이고 30명은 견습공일 것이다.

이른바 막노동꾼은 거의 대부분 외지인들이다. 사보이아 사람들은 구두닦는 사람, 마루 초 칠하는 사람, 제재공들이다. 오베르뉴 사람들은 물 운반인이고, 리무쟁 사람들은 벽돌공이며, 리옹 사람들은 대개 짐꾼이다. 노르망디 사람들은 석공, 포장공, 보부상, 도자기수선공, 토끼가죽 상인들이다. 가스코뉴 사람들은 가발제조업자나 의과대학생들이다. 로렌 사람들은 '뜨내기 구두수선공'이라고 불리던 행상 헌신장수들이다.

사보이아 사람들은 포부르에 산다. 그들은 공동침실별로 나뉘어

살며, 자식들이 스스로 알아서 살아갈 나이가 될 때까지 돌보고 가르치는 우두머리 혹은 나이 먹은 사람의 지시에 따른다.

이러한 사보이아 젊은이들과, 공적인 일을 하며 과거에 종교와는 완전히 거리가 먼 교육을 받았던 다른 어린이들을 위해 절도 있는 규율이 마련되었다. 교리문답 교실과 자선학교, 그리고 은신처도 만들어졌다. 물질적인 보조도 이루어졌다. 일부 가혹하고 편협한 사람들이 어떻게 말하건 인간에게 베풀 수 있는 가장 큰 선물은 종교적 믿음이다. 왜냐하면 믿음이야말로 그들을 위로해주고, 매일매일의 노동과 피할 수 없이 절박한 명령에 하루 종일 시달리는 그들에게서 다른 모든 것들을 메워주기 때문이다.

사보이아 사람들, 막노동꾼들, 물 운반인들, 칼 가는 사람들, 짐꾼들, 구두닦이들은 사거리에 떼를 지어 있다. 그곳에서 누군가 자신들을 고용하기를 기다리며 서로 밀고 장난을 친다. 군주가 전쟁을 하게 되면 그 영향이 평화로운 초가집까지 미친다. 짐꾼들이 싸움을 하면 그렇게 거친 놀이에 익숙하지 않고 치고받는 장난을 혐오하는 점잖은 행인과 충돌하게 된다. 이렇듯 조용하거나 방심한 사람은 때로 이런 변변치 못한 사람들 때문에 상처를 입는다. 그들은 징을 박은 구두를 신어 발이 거대하고 침착하지 못해서 탑이 흔들리듯 비틀거린다.

지팡이를 가지고 다니다 휘두르며 언제건 눈을 찌를 자세를 취하고 있는 위험하고 경솔한 사람들도 이 부류에 넣을 수 있을 것이다. 볼에 찰과상을 입지 않는다면 그나마 다행이다. 또 다른 사람들은 철 막대기를 가지고 다니다 우연히 마주치는 사람들의 발 위에 올려놓는다. 오늘날 사람들이 검 대신 손에 들고 다니는 지팡이로 반격하는 상황에 직면하지 않으려면 천사 같은 인내심을 지녀야 할 것이다. 이제는 쓸모없는 도구가 되어버린 검은 군대와 비열한 재무대리인들, 그리고 스위스인과 동일시되던 문지기들에게 넘겨졌다. 사람들은 싸움에 동원되던 장검 대신 막대기를 가지고 다닌다. 상식적으로 이웃에게 피해가 가지 않도록 그런 막대기들을 통제하지 않는 이유는 무엇일까?

그다음에 가발제조공들이 보인다. 그들은 머리에서 발까지 하얀 밀가루 칠을 하고 다니기 때문에 흔히 '흰대구'로 불린다. 그들과 마주치지 않도록 피해야 한다. 여러분이 검은 옷을 입고 있다면 그들은 당신을 하얗게 만들고 기름을 묻힐 것이다. 아! 검은 옷밖에 없는 사람에게는 얼마나 끔찍한 일인가! 이 흰대구들은 오전에는 이발사이자 미용사이고, 오후에는 외과의사가 된다.[59] 왕립 계단강의실이 가발제조업자들의 상점처럼 더렵혀지지 않도록 그들이 부르주아 복장을 하지 않으면 외과의사 학교에 출입하지 못하도록 금지해야 한다. 그들은 생콤 학교[60]에 예전에 입던 복장 그대로 입고 다닌다. 흰대구들은 나타나면서부터 코르들리에 길을 완전히 점령해 버리고는, 말끔하게 차려입은 사람이면 누구건 그 거리와 심지어 인근 지역을 통과하지 못하게 막는다.

외과의사 견습공들인 흰대구들이 계단강의실에 들어오면 그들은 경쟁 어린 시선의 대상이 된다. 왜냐하면 그들이 눈을 치켜뜨고 가발제조공 혹은 이발사 보조에서 국왕 수석 외과시의로 신분상승

59 중세에 이발사는 매우 중요한 직업이었다. 면도칼을 다루는 정교한 솜씨를 지닌 그들은 외과용 메스와 끝이 뾰족한 종두칼을 다룰 권리를 획득하는 데 성공했으며, 점차 수술을 담당하는 의사 역할을 맡게 되었다. Chirurgien은 그리스어로 '손으로 수술을 하는 사람'을 의미한다.

60 Saint Côme: 3세기 말 4세기 초 디오클레티아누스 치세에 순교한 아랍 의사로 외과의사의 수호 성자이다. 파리에는 그의 이름에서 유래한 교회와 외과의사 학교가 세워졌다. 코르들리에 길에 위치한 이 학교는 오랫동안 파리 대학과 공동으로 외과의 수련과정을 가르쳤다.

한 라마르티니에르[61]의 흉상을 흘낏 쳐다보기 때문이다. 흰대구들은 높이 출세한 뒤에도 그들을 잊지 않은 그 선구자 덕분에 우쭐댄다.

방앗간 주인과 빵집 주인들, 밀가루 부대를 운반하는 중앙시장의 힘센 짐꾼들 역시 약간 흰 가루를 뿌리고 다닌다. 그러나 그들은 흰대구들처럼 경솔하지 않다. 석탄장수들은 그들과 대조적이다. 그들은 여러분을 더럽힐까 봐 짐이 무거워도 약간 돌아간다. 나는 석탄장수들을 좋아한다. 그들의 눈은 강렬하고 생기에 넘친다. 그들은 소위 "석탄장수는 자기 집에서는 왕이다"라는 속담을 만든 장본인들이다. 어느 날 나는 루소와 함께 강둑을 걸었다. 그는 석탄 자루를 진 검둥이를 발견하고 웃으며 내게 말했다. "저 사람은 직업을 잘 골랐군. 그는 몸을 씻을 필요가 없을 거야. 그에게 딱 맞는 일이지. 아! 다른 사람들도 그처럼 자신들에게 맞는 일을 한다면!" 그는 계속해서 웃었고 그의 시선은 검은 석탄장수를 뒤쫓았다.

석탄 자루를 옮기는 짐꾼들은 자신의 손과 얼굴보다 더 깨끗하지 않은 구리 메달을 운반한다.

이렇듯 개인들이 뒤섞인 가운데 도시는 계속해서 산업과 긴밀한 관계를 유지하고, 활기가 지속되며, 부유층을 끌어들이고, 사치산업과 사치의 결과인 어느 정도의 악의 요소(첫 번째 원칙이 인간이 산다는 것이기 때문이다)를 필요로 한다. 식료품과 생필품의 가격은 계속 오르는데 봉급은 그만큼 오르지 않는다. 금과 은의 풍부함은 부자들의 이기주의를 강화시킬 뿐이다. 그들은 더 싼 가격에 많은 쾌락을 즐

61 La Martinière(1696~1783): 군 외과의사에서 루이 15세의 수석시의가 된 인물로, 1743년 루이 15세로부터 대학 박사와 학장에 준하는 특권을 누리는 국왕 특허장을 수여받았다. 그는 그때까지 보조의사로 여겨지던 외과의사의 지위를 향상시키기 위해 노력했다.

길 수 있기 때문이다.

작은 게시판에는 온갖 부류의 사람들이 등장한다. 공부를 하고 대소인과 공증인의 사무실에서 일한 경험이 있음에도 불구하고 일자리가 없는 사람들의 무리, 그리고 라틴어와 프랑스어, 독일어, 영어, 역사, 지리를 공부했지만 먹을 빵이 하나도 없는 사람들. 그러나 식탁 시중을 들고 마루에 초칠을 하고 말에게 먹이를 주고 마차를 몰고 여행을 할 줄 아는 사람은 자신에게 적절한 자리를 발견할 것이다.

719 장인과 소상인의 아내들

그녀들은 남편과 함께 일하며 잘 지낸다. 왜냐하면 그녀들은 푼돈을 만지기 때문이다. 그녀들의 역할은 완전히 평등하며, 집안일도 더 잘 돌아간다. 여성은 상점의 중추이다. 무기상점에서 검과 총, 갑옷을 보여주고 판매하는 사람 역시 여성이다. 시계상점과 금은 세공사의 점포들도 여성들이 차지하고 있다. 마카롱 과자부터 대포용 화약의 무게를 다는 사람도 여성이다.

여성들은 귀금속상, 서적상, 철물상이 관련된 교역에도 일부 참여한다. 그녀들은 물건을 사고 운반하고 교환하고 팔고 되판다. 모든 식료품들은 그녀들의 손을 거친다. 가금류, 생선 버터, 치즈를 팔고, 신속하고 능숙하게 굴을 까는 것도 여성들이다. 여성들은 소금, 담배, 증서, 우표, 복권을 파는 작은 사무실도 운영한다.

이처럼 바깥에서 활약하는 여성들은 집안일에 더욱 적극적이며, 돈을 벌지 않고 그래서 자신들의 상상력을 만족시키기 위해 별도의 돈을 마련할 수 없는 집행관, 대소인, 서기, 사무원의 아내들보다 더 행복하다. 포목상, 소매 식료품상, 잡화상의 아내는 고작 12수만 지닌 공증인의 아내보다 자신의 사소한 즐거움을 위해 더 많은 금화를 사용할 수 있다. 문인의 아내들은 아무것도 하지 못하고, 따라서 그녀들의 주머니는 텅 비어 있다. 그녀들이 누리는 장점이 있다면 그것은 남편들이 자유롭다는 점뿐이다. 모든 문인들은 계산에 밝다. 늘 새로운 물건을 거래하는 소매상인은 모든 푼돈에 덜 계산적이다. 푼돈은 계산대의 열쇠를 쥔 여성의 주머니 속으로 들어간다.

문인의 아내보다 더 슬픈 사람은 없다. 그녀들은 계산대를 장악하고 아무에게나 말을 걸며 아침부터 저녁까지 동전을 만지작거리는 쾌활하고 뚱뚱한 여성들과 자신을 비교하며 뾰로통한 표정을 짓는다. 반면 계산대를 장악한 여인들은 솔직담백하고 유쾌하며 일요일에 남편에게 허락을 받지 않고도 기분전환을 하며 즐긴다. 그녀들은 중류층 여인 행세를 하고 싶어 하며 실제로 쫓아갈 수 없는 상류층과 흥겹게 즐기는 하층민 사이에서 지겨워 죽으려고 하는 대소인들의 아내들, 심지어 공증인의 아내들을 경멸한다.

전혀 할 일이 없다는 것은 누구에게나 고문이다. 그러나 여성에게 그것은 죄악이다. 여성은 불행하지 않기 위해 집안일 혹은 거래를 하거나 장보기가 지겨워질 정도로 복잡한 세상사에 분주히 끼어들어야 한다. 나는 권태로워하는 여성을 보면, "그녀의 남편이 문인이로군" 하고 말한다.

파리의 상점들에는 유쾌하고 건강하고 상대적으로 얌전빼지 않는 여인들이 있다.

그런 여성들은 분별력이 있어서 대부분 아들을 육군이나 해군사무국, 혹은 조수, 가죽과 전분 가게로 보내려 하지 않는다. 또한 그녀들은 아들들을 콜레주나 미술학교로 보내는 것이 잘못된 생각임을 알고 있다. 그녀들은 아들들을 키워서 소매업에 종사케 한다. 소매업은 보람이 있기 때문이다. 반면 모든 직업은 불확실하며 개혁이 필요해 보인다.

나는 이런 상점 여성들이 매일매일 하는 일을 높이 평가한다. 그렇다고 그녀들이 집안일을 덜 하려고 하는 것은 아니다. 그녀들은 부지런하고 서두르지 않는다. 그녀들은 부랑자들이 떼를 지어 지나가는 것을 바라본다. 늘 집 밖에 머무는 그녀들은 자신들과는 거리가 먼 쾌락을 좇아 온갖 장소들을 헤맨다.

행복을 추구하는 이 고단한 여성들의 관심은 오로지 자신에게만 쏠려 있기 때문에 나는 그녀들의 직업을 그녀들에게 돌려주어야 한다고 생각한다. 생계유지가 불가능함에도 불구하고 자신이 할 수 있는 기술을 사용할 기회를 박탈당한 여성들은 고통스런 일에 종사하거나 아니면 매춘부로 전락하지 않을 수 없는 처지에 놓인다. 반면 남성 미용사, 바늘을 쥔 채 베틀의 북을 다루고 내의류와 여성복을 파는 남성, 여성처럼 집에 틀어박혀 사는 남성들의 존재는 얼마나 우스꽝스러운가?

수많은 남성들이 상황에 따라 여성이 되는 반면, 수많은 여성들은 남성이 되지 못하는 상황을 그대로 용납하는 것은 모든 나라에서 도저히 용서할 수 없는 죄악이다. 여러분은 부를 갈망하고 모든 것을 변화시키는 데 몰두하고 수백만의 사람들이 억센 팔로 무가치한 모든 것을 무너뜨리기를 바란다.

그렇다, 바로 그 점이 인간으로서 나를 부끄럽게 만든다. 힘세고 건장한 존재들이 남자라는 이름에도 개의치 않고 자연이 특정한 성에 예정해 놓은 영역을 침범하는 광경이 도처에서 목격되니 말이다. 행정을 담당한 모든 사람들은 일치단결하여 우리에게 익숙한 이 수치스런 악습을 철폐하고 자연이 여성에게 할당한 영역을 더욱 신중하게 지켜주어야 한다.

몇 년 전 포르투갈이 다른 나라들의 모범을 보였다. 그 나라는 인류의 절반을 차지하며 자연으로부터 오직 연약함과 매력을 부여받은 여성들에게 특별히 부여된 여러 직업에 남성들이 종사하는 것을 금지했다. 이를테면 남성 미용사, 여성복 장수, 양장점 주인, 방적공, 크림과자 장수 등 실례를 무릅쓰고 여성 복장을 한 모든 남성들은 처벌을 피할 수 없게 되었다.

720 질책당한 삯마차 마부

"제롬, 가까이 오게."

(긴 작업복 차림에 물받이의 빗물로 부풀어진 모자를 쓴 제롬이 채찍을 대법정 문 앞에 둔 채 다가온다. 그가 고등법원 나리들을 보는 것은 난생 처음이다. 그는 재판장의 법모(法帽)도 긴 띠도 참사-사무관들의 주름 장식도 구분하지 못한다. 그는 검은색 법복을 입은 사람들과 그 옆에 붉은색 법복을 입은 사람들을 구분하지 못한다.)

"제롬, 가까이 오게."

그는 다가간다. 법정이 그를 질책한다.

삯마차 마부가 집행관에게 말한다. "무슨 말이오? 내가 삯마차 모는 것을 금지한다는 말이오?" "이보게, 그건 아니오." 삯마차 마부가 말한다. "이 경우는 … 내가 …."

(삯마차 마부의 사투리는 전혀 드러나지 않는다.)

이 화법은 잘 알려져 있다. 그런 질책은 삯마차 마부에게는 아무것도 아니다. 그래도 할 수 없다. 알다시피 법은 이미 힘을 잃었다. 사납고 술 취한 삯마차 마부에게는 다른 법이 필요하다.

사람들이 삯마차 마부처럼 따지고, 명예라는 단어가 퇴색하고, 유명한 사람이 삯마차 마부처럼 말하고 발음할까 봐 나는 몹시 두렵다. '내 눈이 의심스러울 정도이다.'

"법정이 그대를 질책한다"라는 말은 우리의 법체제에서 끔찍한 말임에 틀림없다. 아니면 아무것도 아니다. 우리는 그 질책에 익숙해질 것이며, 우리 조상을 지배해온 원칙에 더 이상 아무런 영향을 받지 않을 것이다. 명예로운 사람(그렇다고 교활한 사람은 아니다)을 지저분하거나 정신적으로 타락한 사람과 구분짓는 미묘하고 섬세한 차이는 더 이상 존재하지 않을 것이다. 법과 법관들은 육체적 처벌에 의존해야 할 것이다. 엄청난 변화여! 도덕적 질책과 육체적 고통은 얼마나 대조적인가! 사람들은 이제 형리를 통해 처벌하고 돈으로 보상하는 방법 외에는 더 이상 알지 못할 것이다.

질책당한 삯마차 마부의 이야기를 너무 가볍게 웃어넘기는 사람들은 내 눈에는 "내가 지불한 4만 리브르의 임대료를 나더러 즐기지 말라는 말이오?"라고 말하는 것처럼 보인다.

오! 사람들이 여론을 존중하는 방법을 배워놓고 어떻게 동시에 삯마차 마부를 질책하기를 원했을까? 범법행위와 형벌의 일정한 비율은 무엇일까? 삯마차 마부 이야기는 심오한 몽테스키외가 '군주정의 영역'이라고 잘 정의해놓은 '명예'라는 단어를 크게 손상시켰다.[62]

언뜻 보기에 이 일화가 퍼진 이후 우리 생각에 변화가 생긴 것 같다. 이 일화가 중요한 의미를 지녀서라기보다는 사람들에게 퍼지고 전해지고 반복되었기 때문이다. 삯마차 마부의 대답이 사람들을 크게 웃게 만들었으니 그 이야기가 삯마차를 타는 사람들에게 영향이 미치지나 않을까 걱정된다. 그런데 나로서는 "법정이 그대를 질책한다"라는 단어에 제롬이 예민한 반응을 보이지 않은 것이 유감이다.

또한 시도 때도 없이 차형당한 사람이라는 용어가 들리는 것도

62 실제로 몽테스키외는 『법의 정신』에서 명예를 군주정의 영역으로 간주했다. 명예에 대한 그의 정의는 메르시에의 것과 다르다. 몽테스키외에 의하면, 명예는 "개인의 인격과 사회적 지위에 대한 선입관이다."(『법의 정신』, 3권, 6장)

유감이다.[63] 선량한 부류의 사람들이 어떻게 범죄, 흉악범, 체형을 연상시키는 단어를 입에 올릴 수 있단 말인가? 미덕도 세심함도 없지만 유쾌한 악습을 지닌 상류층 사람을 가리킬 때 차형을 당한 사랑스런 사람이라는 표현이 사용된다. 그것은 매우 복잡한 생각이다.

도덕이 결여된 사람들의 대화보다 더 해로운 것은 없다. 그들은 즐겁고 유쾌하며, 사람들은 그들을 좋아한다. 그러나 사람들이 방탕한 사람을 좋아하는 순간부터 악을 선호하게 된다. 우리는 함께 즐기는 순간부터 서로 비슷해지기 때문이다. 정신이 망가지면 모든 것이 타락한다. 이른바 선량한 단어와 재치는 모든 것을 용서하고 잊게 만든다. 명예는 이제 하나의 단어에 불과하다. 방탕의 의무와 영광을 지닌 사람에게 명예란 심지어 수치스런 단어에 불과할 것이다. 방탕은 우리 시대의 영웅주의가 되어버렸다.

63 당시에는 차형에 대한 비난이 들끓었다.

721 백만장자 혹은 활기찬 방탕아

이 격언은 여러 인물들에게 해당된다. 왜냐하면 그런 사람들이 계속해서 활약하기 때문이다. 아! 만약 모사꾼들(이런 명칭은 너무나 잘 알려져 있다)이 고백을 하고 진실을 밝히려 한다면! 오, 얼마나 훌륭한 이론인가! 하나의 범죄를 보고 모든 것을 알라. 어떤 사람은 그의 파산에 대해 험담을 한다. 그 후 어느 날 검은색 복권[64]으로 가득 찬 모로코 가죽 지갑 4개를 가슴에 품은 채 그는 영국으로 떠난다.

재정가들의 근대적인 투자와 투기를 위한 적극적인 술책들이 사회의 행복과 순수함을 희생시킨 것이 아닐까? 시간과 수단을 별로 들이지 않고도 상당한 이익이 보장된다. 그러니 사람들은 늘 황금에 대한 갈증에 사로잡히고 목마르게 된다. 모사꾼의 경우 습관적으로 표리부동하게 행동한다. 그러나 실수를 한 사람은 믿을 수 없는 성공을 유지하기 위해 항상 정신적으로 긴장하는 고통스런 삶을 살아야 한다.

64 billet noir: 18세기 말에 널리 사용된 이 단어는 아마도 좋은 복권에 해당된다. 반면 billet blanc은 추첨에서 떨어진 복권을 의미한다.

722 거절증서

이집트인들은 아버지 시체를 담보로 건다. 그들은 채권자들에게 아버지 시체를 저당잡힌다. 주어진 시간까지 그것을 되찾지 못하면 그들은 파렴치한이 된다. 언제부턴가 사람들은 콧수염을 담보로 걸었다. 콧수염은 금을 지불하지 못한 불명예의 상징이다. 이러한 종교적 담보물에 비하면 우리가 사용하는 서명은 얼마나 허약한가!

거절증서[65]가 도처에 넘쳐난다. 집행관들은 영장과 소환장으로 먹고 산다. 그것으로 어떻게 돈을 받을까? 프랑수아 1세 시대에 엄격한 형식이 만들어졌다. 귀족 서약! 이 문예부흥자 이후 귀족 서약은 어떻게 바뀌었을까?

65 protêt: 거래 결과에 지불을 거절하는 문서로, 집행관이나 공증인이 작성한 이 문서를 지참하면 적절한 법적 형식에 따라 지불인의 거절 혹은 무능력을 인정받을 수 있다.

723 외과 아카데미의 의견서들

이것은 외과학에 관련된 문제들을 다룬 두툼한 4절판 논문집 5권이다. 이 논문집은 40년이라는 시간 동안 여러 명의 외과의사들이 매주 목요일 2시간씩 전문 분야의 문제에 관해 갑론을박하며 작성한 것이다.

현재까지 출판된 5권 분량의 의견서들은 매우 훌륭한 것으로 평가되며, 여러 나라 언어로 번역되었다. 나는 여러 나라 외과의사들이 그 책의 정확성을 높이 평가하는 말을 들었다. 그러나 내과의사들도 그 책에 호의적인지 나로서는 궁금하다. 생리학은 40년 전에 오직 라틴어로 선을 보였을 뿐이다. 당시 외과의사들은 라틴어 주기도문도 이해하지 못했다.

외과 아카데미 자체는 훌륭하고 특별할지라도 내부에 명예회원이 없다.[66] 그 구성원들은 자유롭고 평등하며, 매주 한 번씩 만나 외과학에 관한 논의와 한담을 나눈다. 그 정도의 기술에 도달하지 못한 회원들도 그 회합에 참석해서 그들이 돌보는 환자의 일상적 치료에 관해 배우고 다른 회원들의 경험을 활용한다.

이들은 매주 목요일 외과 질환에 관해 이론적으로 토론하는 한편, 그 밖에도 같은 건물 안에 22개의 침상을 지닌 병원을 운영하며

66 이 문제는 재능을 중시하는 문인들과 단지 귀족이라는 이유로 아카데미의 참석권을 요구하는 귀족 사이에서 벌어진 논쟁의 핵심적인 사안이다. 귀족의 요구는 리슐리외의 노골적인 참석권 요구를 거절한 아카데미의 평등주의 정신에 위배되는 것이다.

희귀한 외과 질환을 무료로 치료한다. 이렇듯 이론과 실제가 동시에 이루어진다. 왜냐하면 모든 실용학문에서처럼 외과학에는 학문과 직업이 병존하기 때문이다. 완벽하기 위해서는 그 둘을 다 알아야 한다.

아카데미는 또한 위대한 일상적인 교육의 공간이기도 하다. 왜냐하면 매사가 교수들이 먼저 자신들의 의견을 제시한 뒤, 해야 하는 것 혹은 하지 말아야 하는 것을 검토하는 방식으로 이루어지기 때문이다. 또한 그곳에서는 매우 소중한 관찰이 이루어질 수 있다. 실제로 심각한 병에 걸린 최하층민들이 금을 지닌 백만장자도 불가능한 치료술의 도움을 받는 광경을 나는 여러 차례 목격한 바 있다. 100년 전에 어렵다고 여겨졌던 수술들이 이제는 완벽에 가까울 정도가 되었다.

또한 학교에는 유익한 도움을 주는 약 1만 권의 장서가 있다. 게다가 이 분야의 의술은 상당한 진보를 이룩했다. 집단정신은 전혀 없다. 외과 아카데미는 터키가 교황과 아무런 관계를 맺고 있지 않듯이 의학부와 직접적이건 간접적이건 아무런 관련이 없다. 사회에 불리하게도 그 둘은 전혀 다른 두 집단으로 각각 별도의 영역을 갖고 있다. 해부학과 관련하여 지난 2,000년간 꾸준히 축적되어 온 자연계 지식의 목록을 살펴볼 수 있는 곳도 바로 이 아카데미 안에서이다. 모든 것을 실습에 의존하는 이 학교에서는 현학적인 태도가 어울리지 않는다. 그러나 일반적으로 현학적인 태도는 콜레주 외에는 존재하지 않는다. 사회에서도 책에서도 아카데미에서도 현학적인 태도를 찾아볼 수 없다.

프랑수아 1세를 필두로 모든 왕들은 외과학을 특별히 보호했다. 때로는 군주들이 그렇듯이 많은 수의 군인을 거느린 왕들은 군대를 유지하는 데 관심이 많았기 때문이고, 때로는 다양하고 손쉬운 온갖 쾌락거리에 둘러싸인 그들로서는 타협 불가능한 육체적 쾌락의 후유증을 두려워했기 때문이다.

샤를 9세는 생바르텔르미 대학살에서 자신의 외과시의 앙브루아즈 파레(Ambroise Paré)를 구했다. 그때 다음과 같이 이기주의가 강하게 배어 있는 말을 하면서 말이다. "우리 목숨을 지켜줄 수 있는 자는 살려두자."

그와는 대조적으로 앙리 4세는 자신의 외과시의에게 감사의 표시를 했다. 산과 루이즈 부르주아의 저작에 대한 철저한 연구가 이루어졌는데, 그 안에는 앙리 4세의 출생의 역사가 담겨 있다. 이처럼 똑같은 왕에 관한 주제라도 문인들에게 알려지지 않은 특성을 공부하는 것이 훨씬 더 흥미로울 것이다. 국왕 담당 내과시의이자 외과시의인 루아조(M. G. Loyseau)가 1617년 국왕의 출판 허가를 받아 보르도의 질베르 베르누아의 인쇄소에서 출판해서 루이 13세에게 헌정한 책에도 그런 내용이 있다. 그 책의 제목은 『내과학적·외과학적 관찰: 역사, 이름, 지역, 계절, 증언 수록』이다. 나는 여기서 그 헌정사를 베껴 쓰고자 한다. 그의 자연스런 표현은 그가 이미 심각해진 왕의 병을 수치스럽게 여기지 않았음을 증명해 준다. 루아조는 루이 13세에게 그 시대의 문체와 풍습의 특징인 순박하고 간결한 어조로 말한다.

전하께

즐거운 기억으로 남아 있는 당신의 아버지 고 앙리 대왕이 오직 나바르의 왕이자 기엔의 총독으로 방계 왕족 중 서열 1위였을 당시 여러 궁정 나리들 중에서 소인과 다른 시의들이 성공적으로 병을 고쳐 드린 지 벌써 30년이 흘렀습니다. 소인은 항상 내과와 더불어 직업으로 택한 외과 기술을 통해 봉사하기를 간절히 바라던 차에 저를 부르시자 수많은 담당 외과시의의 신분으로 복종했나이다. 이전의 다른 경우에도 그랬듯이 전하께서 제게 보여주신 각별한 애정과, 소인이 마땅히 바쳐야 할 복종심에 따라 소인은 기엔과 다른 곳에서 누릴 수 있었던 모든 수입과 편의에 대한 배려를 기꺼이 거절하고자 하나이다. 제가 직무를 수행하는 기간 동안 프랑슈콩테 지방을 여행하시던 전하께서 소변 불편으로 몸이 편찮으시자 영광스럽게도 오직 저만을 부르시어 병을 진단하도록 하셨나이다. 검사 결과 소인은 전립선 근처의 비뇨기관에 혹이 생겼음을 확인했습니다. 1598년 7월 몽소에서 소인은 전하의 명령에 따라 혹을 제거한 적이 있습니다. 신의 은총과 도움 덕분에 전하는 완쾌하셨나이다. 그것은 수술을 받은 인물이 이른바 세상 최고의 군주였을 뿐 아니라, 수술의 까다로움으로 인해 소인이 언급하고 기억할 만한 외과수술 중 가장 중요하고 탁월한 치료 중 하나였나이다. …

이렇듯 낯선 헌정사는 루이 13세의 아버지로 아직 젊은 나이에 사망한 왕 앙리 4세에게 헌신했던 외과시의 겸 내과시의였던 저자의 노력을 상기시킨다. 그는 이 관찰기록을 왕에게 헌정한 뒤 다음과 같이 끝을 맺었다.

당신께 신의 은총이 가득 넘치게 하시고, 옥좌를 반석 위에 올려놓으시고 당신이 오랫동안 무사히 통치하시도록 신에게 간절히 기도하며

충실한 신하 G. 루아조 삼가 아뢰옵니다.

헌정된 책의 앞부분에서 우리는 앙리 4세의 병에 대한 외과학적 묘사를 발견할 수 있다.

그것은 심각하고 우려할 만한 증상이었다. 뒤이어 왕의 편지와 병이 위중한 만큼 서둘러 도착한 내과시의인 라리비에르의 편지가

언급된다. 외과시의는 치료 도중 "왕이 화를 내셨으며 쾌유가 늦어지자 놀라셨다"고 언급한다. 조급해하는 왕에게 외과시의는 "신에게 순종하시면 9월경 쾌차하시도록 신이 도우실 것입니다"라고 대답한다. 그러나 "전하의 무절제했던 생활 탓에" 혹은 난치성이었다. 마침내 루아조가 덧붙인 바에 의하면 왕은 5주 후 "신의 은총으로" 급격히 쾌유되었다.

그는 후손들이 깨우치지 못할 것을 우려한 나머지 같은 내용을 라틴어로 옮겼다. 그는 자신이 중요한 치료를 위해 발명한 '세척용 투관'과 '주입관'을 상세히 묘사했다. 그런 다음 그는 구체적인 과정을 설명했는데, 이는 절제, 신중함, 경의의 개념이 세대마다 변화하는 모습을 보여준다.

이 모두가 루이 13세에게 헌정되었다. 내과시의 부바르(Bouvard)가 한 해에만 215회 약을 먹이고, 212회 관장을 하고, 47회 사혈을 한 바로 그 루이 13세 말이다. 출판은 1616년 11월 21일 파리에서 대상서의 봉인과 참사회에서 왕이 서명한 국왕특허장으로 승인을 받아 이루어졌다. 이는 일부 책들의 경우 되풀이되는 과정이다.

724 젊은 외과의사들

젊은 외과의사들은 수술을 시작한 첫해에는 정이 많고 관대하다. 그들은 자신들의 끔찍한, 그러나 필요한 임무를 수행하며 위로의 말을 건넨다. 두 번째 해에도 그는 여전히 동정심을 보인다. 세 번째 해에 그는 수술하며 침묵을 지킨다. 그러나 네 번째 해에 그는 종종 큰 소리를 내는 사람을 꾸짖으며 자신이 보여주었던 동정심을 더 이상 기억하지 못한다. 그는 동정심을 동급생의 불행을 바라는 초등학생의 것이라고 비난한다. 이처럼 인간의 마음은 습관에 따라 무감각해진다.

여기서 젊은 외과의사에 대해 언급하는 내용은 틀림없이 젊은 법관들과 동료들의 운명을 책임진 사람들 대부분에게도 적용될 것이다. 습관은 자연과 우리들 안에 있는 성스러운 것을 없애버린다. 예를 들어, 촌락의 행렬은 우리 도시의 행렬과 얼마나 다른가! 흔치 않게 장례 절차를 주관하러 온 사제는 거대한 우리 소교구의 매장자들이 거의 상상하지 못할 정도로 차분하고 다정하게 자신의 의무를 수행한다.

젊은 외과의사들에게는 시체가 필요하다. 그러나 시체가 금화 1루이나 되기 때문에 그들은 시체를 훔친다. 그들은 4명이 조를 짜서 삯마차 한 대를 빌리고 묘지에 기어 올라갈 것이다. 한 사람은 죽은 자들을 지키던 개와 싸운다. 다른 한 사람은 사다리를 타고 구덩이로 내려간다. 세 번째 사람은 담 위에 걸터앉아 시체를 던진다. 네 번째 사람을 그 시체를 주워 삯마차 안에 집어넣는다.

관 속에서 평화롭게 쉬려고 생각했던 시체가 무덤에서 끄집어내진 것이다. 그 시체를 헛간으로 운반하게 한 것은 해부학에 대한 열정이다. 그곳에서 시체는 초보자의 손에 의해 해부된다. 이웃의 눈을 피해 그 전리품 찌꺼기를 감추기 위해 젊은 해부학도들은 해골을 불태워버린다. 겨울에 그들은 죽은 자들의 지방으로 몸을 데운다. 때때로 좁은 공간에서 7~8명이 모여 흉측한 방식으로 미숙한 해부용 칼을 움직인다. 시체에서는 지독한 악취가 난다. 감히 죽음을 무릅쓴 이 무모한 자들은 언젠가 목숨을 잃을지도 모른다.

어떤 점잖은 신사가 우연히 이러한 집 계단에 들어서게 된다면 얼마나 놀라고 공포심에 사로잡힐지 상상해보라. 반쯤 열린 문으로 그 끔찍한 광경이 그의 눈에 들어온다. 그는 두려움에 질려 뒤로 물러나 도망치고 넘어진다. 젊은 외과의사들의 떠들썩한 웃음소리에 그의 공포심과 분노는 더욱 커진다. 초보적인 단계에서 끔찍한 측면을 보여준 이 기술을 그는 저주하게 된다.

도대체 이 학생들에게 시체를 제공하고, 별도의 공간을 할당해 주며, 민법에 저촉될 이중 위험에서 그들을 보호해 주고, 요행히 취득한 시체에서 나는 악취를 피하게 해줄 방법을 고려하지 않은 이유는 무엇인가?

해부학은 열정이다. 젊은 외과의사들은 그들이 파헤친 시체들 옆에서 먹고 마시고 잠잔다. 그 시체들이 천국의 불로 생명을 얻은 존재였다는 사실을 간과한 채 말이다.

옛 철학자들은 인간을 어린이라고 불렀다. 그러한 호칭은 인간을 창조한 위대한 지배자의 특성을 지닌 놀라운 기계를 검토한 뒤에나 가능한 일이었다. 비록 인간의 놀라운 지적 능력은 경탄의 대상에서 제외되었을지라도, 인간은 경이로운 복합물이기 때문에 수많은 동기와 다양한 수단들을 보며 우리는 인간을 창조물 전체와 비교해볼 수 있다.

젊은 외과의사들이 저녁에 일을 마치고 돌아가는 도중에 멀리서 싸우는 소리를 들었다. 그들은 칼 부딪치는 소리가 나는 곳으로 다가갔다. 싸움을 벌이고 있는 사람들은 건장한 정예병들이다. 그들 중 하나가 검으로 일격을 당하고 쓰러졌다. 다른 한 사람은 도망갔다. 외과의사들은 달려가 죽어가는 정예병을 만지고 맥박을 짚고 "이 보시게, 불쌍한 사람!"이라고 말하며 그를 어깨 위에 짊어졌다. 다친 사람이 정신을 차리고 "어! 이 자식들이 나를 데려가 해부하려는군. 두고 봐! 너희들을 고발할 테니. 난 아직 죽지 않았어."

그 말을 듣고 외과의사들은 그를 말뚝 위에 걸쳐놓았다. "용서하세요. 군인 아저씨, 우리는 당신이 죽은 줄 알았어요. 고발하지 마세요. 우리는 바로 갑니다!" 그러자 정예병도 "나도 함께 데려가다오" 라고 대꾸했다. 외과의사들은 그를 다시 어깨에 짊어지고 가서 치료해주었다. 그 불쌍한 사람은 해부당하지 않았다.

725 물통들

센 강 기슭의 강둑에는 일정한 장소마다 말과 소들을 위한 물통들이 놓여 있다.[67] 그러나 이따금 특히 수량이 풍부한 곳에서 사고가 난다. 여러 말들과 함께 묶여 있던 말들 중 하나가 너무 앞으로 나가면 물살이 덮친다. 잘못 묶인 말들은 발버둥치다가 여러 마리가 죽는다.

도크나 난간 앞을 가로막고 있는 배는 그런 위험을 예방할 수 있다. 계속 그런 작은 비용을 들여야 한다. 시 당국이 그런 오류를 바로잡으려는 생각을 하기 전에 여러 필의 말들이 익사할 것이다. 그런데 최소한 비용이 드는 것조차 전혀 하지 않는다.

강 위에 놓인 건널목에서도 분수가 얼었을 때 물 운반인이 양동이를 채우러 올 때도 종종 그런 불행이 닥친다. 그로 인해 매년 여러 명이 죽는다. 대가를 치르고도 사람들은 비정하게 불쌍한 생명을 안전하게 지킬 건널목이나 보호책을 설치하지 않는다.

물 운반인들은 분수나 강기슭으로 물을 푸러 갈 때 자신들의 순번을 정확하게 지킨다. 그들은 자기 차례보다 먼저 희곡작품을 돌림으로써 동료들에게 피해를 주는 일부 저자들보다 훨씬 더 예의 바르고 분별력을 지녔다.

공공예절을 위해 누구건 강기슭에서 목욕을 하고 수영해서 강을 건너는 것이 금지된다. 만약 그러다 발각되면 즉시 성문의 보초가

67 센 강의 양쪽과 두 섬의 기슭에는 물을 퍼갈 수 있도록 21개의 물통들과 국자들이 놓여 있다.

달려가 옷을 압수한다. 종종 추격을 당한 어린 소년들이 강가로 돌아오지 않고 반대편으로 건너려다 죽기도 한다. 모두가 보호책과 난간을 피하려다 생긴 일이다.

빈민층과 민중층이 목욕하고 헤엄칠 만한 안전한 장소를 마련하는 것은 그다지 유익한 일이 아니다. 센 강가에서 목욕하는 것을 금지당한 그들은 도시 밖 인적 없는 강가로 간다. 그곳에서는 위험한 경우 도와줄 사람이 더 없어 도시 한복판에서보다 익사하기가 더 쉽다. 충분히 넓은데다 물이 흐르는 장소가 모두 같은 천막 아래서 벌거벗고 있는 좁은 장소보다 물놀이 장소로 훨씬 나을 것이다. 파리의 하층민들은 세상의 다른 곳의 사람들보다 더 때를 벗길 필요가 있다. "황금빛 센 강이 내 몸을 적시다." 파리에 관한 이 문구는 단순히 인명피해를 의미하는 것일까? 노란색 강물은 둥근 모양의 도시를 둘로 가르며 케케묵은 파리의 때를 씻어주려는 것처럼 보인다.

최근에 수영학교가 설립되었다. 그것은 교육의 핵심적인 부분이다. 수영하는 법을 몰라서 죽은 사람이 얼마나 될까? 애국적인 이 기관이 생긴 것은 코마르탱 덕분이다. 나는 민중층의 목욕탕을 방문한 적이 있다. 그곳은 불편하고 심지어 위험했다. 강 밑바닥은 청소되지 않았을 뿐 아니라, 자갈과 홍합, 식물, 사람들의 발에 상처를 나게 하는 깨진 유리조각들로 가득하다. 사다리는 사람들이 교수대에 올라가는 것만큼이나 단호함을 지녀야 내려갈 수 있을 정도로 불안하다. 그러니 그 공중목욕탕을 로마의 목욕탕과 비교하는 것은 불가능하다.

시장들이 저마다 민중적이고 유익한 새로운 기관을 설립하면 스스로 자랑스러울 것이며 할 일도 그만큼 줄어들 것이다. 그것은 라미쇼디에르 덕분이다.[68] 그는 외호를 갖춘 생탕투안 성문의 신작로를 설계했는데, 그 외호에는 연중 8개월 동안 물이 채워져 있다. 그

물은 구역에 해로운 것이었다. 너무 좁아서 도시를 수치스럽고 혼란스럽게 만들던 그레브 광장이 확대된 것도 그의 공적이다. 익사자들을 위한 아름다운 건물이 만들어진 것도 그 덕분이다. 훈증막은 수많은 사람들의 생명을 구했다. 파리 경비대는 그 훈증막을 매우 능숙하고 성공적으로 활용한다. 반면 탕 가장자리에 있는 건장한 스위스 근위병들은 그렇게 수월한 사용법을 흉내 내지도 못한다. 그들은 자신들의 미숙함을 수질 탓으로 돌린다.

센 강에서의 배 운항에 관해서는 파리 시의 경찰이 모든 것을 관할한다. 선창에서 벌어지는 싸움판도 그들의 몫이다. 그곳에는 강가에서 범죄를 저지르는 사람들을 가두는 감옥도 있다.

68 1772~1778년에 파리 시장을 지낸 M. de La Michaudière은 1778년 4월 30일 생탕투안을 허무는 도시 계획을 시행하기 시작했다. 그 외에 외호를 채우고 성벽을 정렬하고 생탕투안 포부르에서 카페들 뒤의 탕플 길 입구까지 새 길을 내는 작업도 시도하였다.

726 발견자

발견자는 파리에서 일종의 직업이다. 그는 월요일 아침 일찍 일어난다. 일요일에 수많은 사람들이 거리를 어슬렁거렸기 때문이다. 그는 골목길과 신작로, 사람들의 왕래가 빈번한 도시간 도로들을 샅샅이 누빈다. 그는 특히 사람들이 떨어뜨린 것을 먼 곳에서도 한눈에 알아본다. 그의 시선은 끊임없이 땅바닥을 훑는다. 당신이 그 옆을 지나가면 그는 당신을 보지 않는다. 그 대신 그는 반쯤 먼지로 뒤덮인 회중시계의 열쇠를 발견한다. 그는 거의 양쪽과 자신의 머리 뒤까지 본다. 인간의 눈에는 8개의 근육이 있다. 그 근육들은 놀라울 만큼 자유자재로 긴 도로들을 따라 움직인다. 마치 그는 자신이 찾는 물건을 마중나가듯이 서둘러 걷는다. 그는 발견한 것을 얼른 주으며 마치 자신의 물건을 신속하고 안전하게 집는 척한다.

이른 아침의 햇살이 비추면 그의 조심스런 수색 작업의 결과가 드러난다. 태양이 떠오를 때쯤 이미 그의 흔적을 발견할 만한 것은 전혀 없다.

엄청나게 많은 사람들이 항상 무언가를 떨어뜨린다. 발견자는 경험을 통해 그것을 안다. 열병식, 공식 축제 다음날 당신은 거리에서 그를 만날 것이다. 파리 속담 중에 "우리는 사라진 자질구레한 물건들로 부자가 될 것이다"라는 말이 있다.

그러나 파리 경비대는 무언가 발견하면 충실하게 보고한다. 그들은 발견자처럼 그것을 가로채지 않는다. 우리가 인간에 대해 모르는 게 무엇일까? 경비대 소속 군인은 어둠 속에서 회중시계를 발견하면 마치 한낮에 주운 것처럼 그것을 보관소에 보관한다. 삯마차 마부는 마차 속에서 부주의와 산만함으로 인해 잃어버린 그 물건을 되돌려준다. 휴게실의 여성 노동자들도 자신들이 발견한 물건들을 되돌려준다. 그것은 일반적으로 국민보다는 최하층민들에게 확산된 명예의 관점 때문이다.

그러나 발견자는 그러한 신중함을 개의치 않는다. 그는 사기꾼도 무뢰한도 아니다. 그럼에도 불구하고 그는 그들을 따라한다. 자신이 발견한 것을 갖는 것은 신의 섭리라고 그는 말한다. 마침내 그는 그것을 하나의 직업이라고 상상한다. 왜냐하면 그는 동이 트기 전에 행동하고, 감히 가로챌 수 없는 고가의 보석들은 신중하게 돌려주기 때문이다. 다른 사람들처럼 그의 경우에도 미덕은 그가 자제력을 잃고 저지른 다른 범죄들을 은폐하는 데 도움을 준다.

하지만 이제 발견자의 노련한 눈으로 돌아가보자. 모든 직업에서 노련한 시선은 사기를 꿰뚫어본다. 예를 들어, 노련한 시선은 부자연스럽게 몸치장을 한 장인과 우아하고 편안한 삶을 즐기는 사람들을 구분한다. 계속해서 근육을 긴장시키는 거친 노동은 그에게서 아름다움을 앗아가고 30년에 걸쳐 그의 몸을 변형시켰다. 어려서의 몸짓들은 결코 사라지지 않는다. 글을 쓰는 사람의 어깨는 오른쪽이 왼쪽보다 약간 높다. 화가의 손을 보라. 그의 왼쪽 엄지손가락은 뒤로 젖혀져 있다. 부유한 상인은 마치 오리나무를 잡고 있는 것 같은 모습이다.

카페 안에 들어서면서 노련한 눈은 등을 구부리고 있는 사람들을 보고, 그들이 그곳을 지겨워하고 있음을 알아차린다. 그들의 얼굴에는 하고 있는 놀이를 따분해하는 표정이 역력하다. 고민하며 도미노 게임을 하고 있는 인간보다 들판에서 뛰어다니는 개와 목장에서 자유롭게 질주하는 말이 훨씬 아름다워 보인다.

결국 체포담당 경관은 예리한 눈으로 사기꾼을 잡는다. 경찰은 거짓말하는 사람을 식별해낸다. 수사관은 소매치기의 냄새를 맡는다. 이렇듯 각각의 분야는 날카롭고 특별한 관찰력에 의존한다.

다른 사람들과의 빈번한 접촉의 결과와 그로 인해 배우는 것을 어떻게 계산할 수 있는가? 실제로 사람은 아무것도 예측하지 못한다. 정확하게 판단하기 위해서는 보아야 한다. 사실들이여! 바로 그것에서 출발해야 한다. 예기치 못한 의외의 사상은 추측이 아니라 사실에서 탄생한다. 화학적 혼합물이 발효를 통해 새로운 물질을 만들어내듯이 말이다.

727 봉인

파리에서 부르주아가 죽을 병에 걸리자 사람들은 즉시 내과의사와 외과의사, 약사, 공증인을 불렀다. 그들은 유언장 작성을 위해 부른 공증인을 바라보며 저마다 환자의 신뢰를 얻으려고 애썼다.

빈사상태의 환자는 힘없는 목소리로 유언을 받아쓰게 했다. 그러나 그는 공증인 한 사람 혹은 공증인들에게 둘러싸여 있기 때문에 공증인과 편을 먹은 사람들이 유리하다. 유언자에게 관습법에 따라 허용되지 않는다고 말하면 그만이기 때문이다. 관습법은 부르주아의 사고를 완전히 뒤집어놓는다.

죽어가는 사람은 토론하기를 원하지 않기 때문에 그는 그 사법 관리의 조상에게 쉽게 양보했다. 공증인은 자신의 편견과 변덕에 따라 과제를 처리하고 누구에게도 아무런 말을 하지 않은 채 떠났다. 이렇듯 최후의 순간에 한 번도 본 적이 없는 사람이 여러분의 생각을 좌지우지한다.

환자는 죽어갔다. 그럴 때 우리가 생각하는 첫 번째 절차는 봉인이다. 누가 상속인일까? 누가 유증 수혜자일까? 정신이 온통 이 문제에 사로잡힌 나머지, 죽은 자에게 수의를 입히는 것도 매장을 부탁하는 것도 미처 생각하지 못한다.

시체는 아직도 따뜻한데, 사전에 사망 소식을 들은 구역 경찰관은 제복을 갖추어 입고 이웃집에서 초조하게 도착 시간을 기다렸다. 탐욕스런 상속인들 무리를 지나가면서 그는 최대한 예의를 표했다. 서기의 도움을 받아 봉인을 제출한 그는 낡은 상념을 떠올리며 자신의 일을 대충 처리한 뒤 문지기를 세워놓고는 떠났다.

봉인은 붉은 인장이 찍힌 서류다발이다. 그렇게 허술한 문서들이지만 봉인은 존중받는다.

그렇지만 죽은 자의 예쁜 조카딸은 이해관계에 눈이 팔려 잠시 자신의 개를 미처 신경쓰지 못했다. 갑자기 그녀가 찢어지는 듯한 목소리로 외쳤다. 그 비열한 경찰관이 봉인을 그 작은 카미지르 위에 올려놓았던 것이다. 실제로 그 개가 울부짖고 큰소리로 짖어대자 개 주인은 절망했다. 누군가 경찰관에게 달려가고, 그는 와서 관습법을 언급하며 특별 판사의 명령문 없이는 더 이상 봉인에 손을 댈 수 없다고 말했다. 개 주인은 성급히 마차로 달려갔다. 말들은 그녀의 성급한 마음처럼 빨리 달리지 않았다. 그녀는 판사에게 도착하고, 그 판사는 관계자에게 봉인을 개봉하기 위한 명령서를 발부해주었다. 그 작은 개의 여주인이 울부짖었기 때문이다. 아! 그녀의 간청을 누가 뿌리치겠는가?

그녀는 화살처럼 돌아왔다. 그러나 그때 경찰관은 극장에 갔다. 그는 저녁 9시나 되어서야 돌아올 것이다. 젊은 여자에게는 얼마나 고통스런 시간인가! 그녀는 사랑하는 개를 쓰다듬지 못하게 가로막고 있는 비운의 문 가장 가까이 있는 긴 의자 위에 누워 있었다. 문지기는 그녀의 마음을 달래려고 애썼다. 그러나 그녀에게는 아무런 위안이 되지 못했다. 그녀는 불쌍한 것이라며 울먹였다. 파이도 못 먹고 물 한 방울도 못 마시고 … 흉악한 인간! 어떻게 그놈의 숨통을 조이지?

그녀는 고통스러워하며 큰소리로 외쳤다. 그녀는 사탕을 건네줄 수 있을 정도의 틈새를 찾았다. 사탕은 속수무책인 그녀의 사랑의 증거이다. 그 작은 개의 울부짖음은 그녀의 마음을 찢어놓았고 그녀는 슬픈 신음소리로 대답했다. 늙은 하녀와 위선적인 사제에게 팽개

쳐진 죽은 사람을 위해 그녀는 그런 울음소리를 한 번도 낸 적이 없다. 이미 술 한 병을 차지한 사제는 죽은 자의 커튼 뒤에서 그것을 비워버렸다.

자! 가자! 사람들은 그를 찾아 도처를 헤맸다. 오페라 극장과 2개의 코메디 극장, 그리고 혼합극 극장으로 가보자. 그는 어디에 있을까? 경찰관은 분명 극장에 간 것일까? 마침내 경찰관이 도착했다. 완전히 정신을 잃고 있던 그녀는 쏜살같이 그에게 달려갔다. 판사의 명령서를 내밀고 봉인을 개봉하라고 재촉했다. 넌 곧 나올 거야, 불쌍한 내 사랑! 그녀는 기쁨과 초조함으로 중간중간 끊기는 목소리로 사랑하는 개에게 말했다.

경찰관은 서류를 집고는 용서를 구하며 안경을 썼다. 그러나 관계자 앞에서 명령서를 들여다보더니 심각하게, 그리고 침착하게 자신은 오직 국왕 검사 앞이 아니면 일을 처리할 수 없다고 말했다.

아름다운 여인은 긴 의자 위에 다시 쓰러져 완전히 정신을 잃었다. 하지만 사랑스런 개에게 닥친 위험이 그녀를 기절상태에서 깨어나게 했다. 그녀는 마차를 타고 국왕 검사에게 달려갔다. 그 검사는 그녀가 눈물을 흘리는 것을 보고 그녀의 간청을 들으며 공감을 했다. 그러나 그가 직접 그곳에 가는 것은 불가능한 일이었다. 신이여, 웬 청천병력 같은 말인가! 그는 검사 대리를 보낼 것을 제안했다. 하지만 그는 어디에 있지? 그를 찾아 3개 구역을 쫓아다녔다. 드디어 그를 발견하고 사람들은 그를 포옹했다. 그가 도착했다. 얼마나 감격스런 장면인가! 지치고 기진맥진해서 숨을 헐떡거리던 그 작은 개는 죽음과 싸우고 있었다. 더 이상 시간이 없었다. 그는 슬픈 눈으로 주인을 바라보았다. 그는 목 위에 누운 채 혀를 내밀고 마지막 숨을 쉬었다. 전혀 가식이 섞이지 않은 개의 고통스런 울음을 듣고 검사 대리는 감동했다. 거리를 지나던 사람들은 카미지르에 대한 아쉬움을 죽은 자에 대한 것으로 오해했다. 그녀는 의식을 잃은 친구의 시체를 옮기며 눈에 손수건을 댄 채 그 공포의 현장을 빠져나갔다.

그런데 다음날 상속인들이 모였다. 그들은 큰소리로 유언장 개봉을 요청했다. 오! 자신의 속내를 감추지 못하는 그들의 얼굴을 어떻게 묘사할까? 요청자들은 손에 법학자 드니자르의 책을 1권씩 든 채 눈과 귀를 집중시키고 있다. 이미 상속인들은 특별 유증분으로 인해 바짝 긴장했다. 그들은 낮은 소리로 투덜거리며 저마다 자신의 대소인에게 자문을 구하러 갔다. 그들은 옆방에 숨어서 방금 들은 것을 무효화시킬 구실을 찾았다. 그들은 논쟁을 벌이고 말싸움을 했다. 상속인들은 "예", 유증 수혜자들은 "아니오" 하고 말했다. 죽은 자가 다시 깨어날 만했다. 그러나 곧 거리에서 「애도가」가 들렸다. 그 찬송가는 매장한다는 신호이다. 유증 수혜자들과 상속인들은 장의관(葬儀官)인들이 시키는 대로 검고 긴 외투와 하얀 넥타이의 괴상망측한 옷차림을 했다. 그들은 각자 마음속 깊이 경쟁자들을 상대로 소송을 계획하며 시체 뒤를 따랐다.

유언장! 부패되어가는 시점에 놓인 인간이 어떻게 죽은 뒤 법으로 자신의 존재를 연장시킬 수 있다고 믿을 수 있을까? 더 이상 인간이 아닌 순간에도 의지는 있는 것일까?

죽음의 순간 모든 감정은 소멸되지 않는가? 아무것도 가져가지 못한 인간보다 감정은 오래 살아남을 것이다. 그래서 살아 생전에 그를 뒤흔들던 변덕에 따라 유산이 분배된다! 인간은 사실상 자신이 지녔던 재산의 용익권자에 불과하다. 법은 모든 것을 소중한 평등 상태로 되돌려야 하는 만큼, 불공정함을 위해 인간이 이용하는 수단을 제거해야 할 것이다.

왕의 유언장이 거의 대부분 파기되는 것과 같은 이치에 따라, 마지막 자만심 혹은 마지막 분노의 외침을 자필로 남긴 개인의 유언장도 무효화되어야 할 것이다.

아! 인간의 의지가 존중받는 경우는 그러한 의지를 도덕적으로 바꿀 수 있을 때이다. 그러나 죽은 다음 그는 더 이상 회개할 수 없다. 그러니 이성적인 존재로서의 특권을 이용할 수 없을 것이다.

오늘날 여러 경찰관들은 교양을 갖추었으며 선배들이 일상적으로 행했던 것에 대해 심사숙고한다. 그들은 애국적인 사고를 지녔다. 그처럼 까다로운 자리의 선택은 개인으로서는 매우 중요한 문제일 것이다. 탐욕스럽거나 편협한 경찰관은 눈에 띄지 않은 수많은 사소한 오류들을 유발할 것이다. 수석 재판관들과 수석 변호인들의 성격에 따라 수많은 문제들이 진정되거나 더 증폭되는 만큼, 그들은 그러한 문제들에 즉각적이고 직접적인 영향을 미친다. 공익은 항상 그들의 손안에 있다.

모든 신분의 사람들이 저마다 약점과 금전욕을 지니고 '부당이득'이라 불리는 것을 취하기 때문에, 경찰관도 경찰의 명령을 위반한 뒤 가혹한 처벌을 피하려는 사람들로부터 뇌물을 받는 것 같다. 그래서 그들의 손을 고기와 생선, 포도주, 기름, 매춘부의 돈을 동시에 받는 유능한 손으로 간주하는 농담이 널리 퍼져 있다. 경찰이 돈을 내지도 않고 이웃에게서 온갖 물건을 받는다는 것을 의미하는 뚱뚱하고 마른 '경찰관의 살'이라는 속담이 있다. 어느 공직이건 짓궂은 농담이 빠지는 법이 없다.

그들은 유난히 봉인을 좋아한다. 왜냐하면 그들은 봉인 후 유산 목록을 작성하는 작업을 하게 되는데, 그것은 돈벌이가 잘 되는 일이기 때문이다. 그런데 사망한 자의 사촌이라면 누구든지 자신의 동료에게 그 일을 포기시킨다. 그것은 죽어가는 사람을 위협하는 일이기 때문이다. 시체에서 영혼이 빠져나가자마자 경찰관은 손에 인장과 밀납을 들고 그 집으로 들어간다.

그들 중 하나는 한 달 전부터 빈사상태에 있는 사람의 풍성한 유산목록 작성에 눈독을 들여왔다. 자신의 일을 좀 더 확실히 하기 위해 그는 하인을 두고 지하창고에 숨어 있다가 무슨 소리가 나기만 하면 튀어나왔다. 하지만 그만큼이나 그 일을 좋아하며 그보다 더 적극적인 동료가 있다. 그는 의사에게서 정보를 듣고 그 집에 나타나 곳간에 숨었다. 그는 정확한 순간에 자리를 떠나 지하창고의 자물쇠에 봉인을 붙이러 갔다. 그러니 하급 경찰관은 상관에게 용서를 구하고 빈손으로 떠나지 않을 수 없었다.

728 화재

도시의 어느 구역에서 불이 났다. 절망한 여인 하나가 외쳤다. "얘들아! 얘들아!" 그러자 한 남자가 대답했다. "그 아이들이 어디에 있나요? 어디에요?" 반대쪽 문에 불이 붙었다. 그 남자가 불을 뚫고 들어가서 문이 닫힌 것을 보고는 문을 부수고 거의 질식 상태인 아이들 둘을 발견했다. 그는 아이들을 팔 안에 안고 다시 불구덩이를 지나 어머니에게 두 아이를 돌려주었다.

이처럼 아름다운 행동을 한 사람은 과연 누구일까? '가발제조업자'였다! 자존심 있는 사람은 그런 행동으로 칭찬받고 싶어하지 않을 것이다!

화재 시 구조대는 신속하고 일사분란하게 움직인다. 그러나 반드시 없어져야 할 악습이 있다. 화재가 나면 야간순찰대는 지나가던 모든 사람들을 갑자기 정지시킬 권리를 지녔다고 믿는다. 그리고는 그는 영국식으로 동원을 한다.[69] 그런 일이 그에게는 즐거움을 줄지도 모른다. 총을 든 사람들이 거리를 누비며 문을 두드린다. 그들에게는 겉모습과 나이로 보아 점잖은 일에 종사하는 것처럼 보이는 자유로운 사람들에 대한 존경심이 없어 보인다.

69 영국에서 선원을 모집할 때의 관행을 가리킨다. 당시 선원생활은 무척 고되고 목숨을 잃는 경우가 많았기 때문에, 이러한 동원은 두려움의 대상이었다. 파리에서 화재가 났을 때 영국식으로 동원한다는 것은, 누구건 상관없이 불러서 물 양동이를 나르거나 다른 일을 시키도록 하는 행위를 의미한다.

누구나 대형 건축물을 화재에서 보전하는 일에 동참해야 한다. 그렇다고 해서 구급조치를 취하는 것이 그들의 난폭함으로 인한 혼란을 의미하는 것은 아니다. 거의 범죄에 가까운 행위조차 용납된다고 믿는 무례한 군인이 저지르는 돌발적인 폭력은 금지되어야 마땅하다. 왜냐하면 그러한 행위는 방약무인하고 개인의 안전을 침해하는 성향을 갖고 있기 때문이다.

병에 걸렸다가 회복 중인 사람, 사업가, 노인 등이야말로 이 야간순찰대의 손안에 놓이기 쉬운 것인가? 공적 안전을 지키기 위해 조직된 순간 그런 점잖은 사람들을 모욕하는 데 익숙하니 말이다. 그들은 재난을 익살극으로 변질시킨다. 그보다 더 저질스런 일은 없다. 공중에게 피해를 주는 것보다 더 큰 범죄는 없기 때문이다. 그런 일들이 효율적이려면 자발적으로 이루어져야 한다. 그러나 아무리 노력해도 건강과 직업이 허용되지 않는 사람들을 강제로 끌고 가고 조롱하는 것은 질서와 예의에 어긋나는 태만이다. 무지하고 야만적인 하급 책임자가 내리는 이러한 부분별하고 난폭한 명령은 항상 내게 화를 치밀게 한다. 감히 말하건대, 그로 인해 내가 느꼈던 분노 덕분에 나는 앞으로 남은 내 삶에 강한 영향을 미칠 행동에 좀 더 가까이 다다가게 되었다.

나는 22세였다. 당시 나는 검은 옷에 긴 머리를 하고 있었다. 누군가 나를 강제로 커다란 함지와 늪 가까이 데려다 놓았다. 내 머리에 흐르는 양동이 물과 그들이 내뱉는 알아들을 수 없는 장광설에 내가 분통을 터뜨리자, 야간순찰대의 군인들은 그런 나를 조롱했다. 나는 화가 나서 하사의 목을 움켜쥐고 그와 뒹굴며 싸웠다. 그가 내 밑에서 넘어지자 나는 기분이 좋아졌다. 나는 일어서면서 총검을 가로챈 뒤 그 비겁한 친구를 협박했다. 내 앞에 늘어선 군대열 사이를 통과해서 나는 도망쳤다. 당시 나는 총을 지닌 그 형편없는 친구들

중 하나를 쏠 수도 있었을 것이다. 그 불행한 사건은 평생 나를 짓눌렀다. 내가 쓰러뜨린 그 하사는 상처를 입었다. 나로 말할 것 같으면, 그때 넘어진 사고로 인해 2년 이상 고통을 받았다.

대형 건축물에 불이 나면 다소 관심이 있는 민중층은 그쪽으로 향한다. 그렇다고 해서 많은 수의 사람들이 그런 것은 아니라는 점은 확실하지만, 그들은 능숙한 구조 솜씨로 위험을 중단시킨다. 소방관이 충분하다면 왜 도시 전체가 혼란에 빠지겠는가?

오페라 극장의 화재 당시 한밤중에 커다란 불길이 베르길리우스의 표현처럼 하늘로 치솟았다. 도시의 탑과 종루들을 비추는 온갖 색깔의 불티들과 진홍색 반사광들은 몇 리외나 떨어진 먼 곳에서도 보였다. 시골의 민중들은 두려움에 떨며 바라보았다. 그러나 다음날 불탄 곳이 공연장이었다는 소식을 듣고는 그다지 상심하지 않았고, 심지어 웃을 정도였다. 왜냐하면 경작자들은 오페라에 등장하는 영웅들과 연인들에 관해서는 아무런 지식도 없기 때문이다. 민중층 남자는 자신에게 관심이 있는 것을 관찰하고 느끼는 방법을 안다. 그것은 완전히 다른 시각이다.

❦ 1788년 8월 29일 퐁뇌프 근위대 초소의 화재(펜과 담채화), 아브라함 지라르데

729 만남

나는 잘 모르는 사람과 여행을 했다. 나는 공공마차 안에서 그와 함께 2시간을 지냈다. 나는 그의 '정체'를 짐작하고 싶었다. 내가 보기에 그는 민중층이었다. 하지만 그의 직업은 무엇이지? 내가 알고 싶은 것은 바로 그것이었다. 그에게 무슨 일을 하는지 갑작스럽게 묻는 것은 내 방식이 아니었다.

30분이 지난 뒤 내가 몇 가지 단순한 생각을 알려주었더니 그가 직접 내게 말했다. 그는 소목장이와 정육업 두 직업을 놓고 오랫동안 망설였으며, 마침내 정육업이 더 수입이 좋아서 그 직업을 선택했다는 것이다.

나는 그에게 성실하게 처신한다면 사회에서 법으로 허용되는 모든 직업이 전부 올바르다고 말했다. 하지만 "당신은 동물의 대량학살에 곧 익숙해졌습니까?" 하고 내가 물었다. 그가 "네"라고 대답하며, "내 눈에는 가축의 피가 흐르는 것이 분수의 물이 흐르는 것과 마찬가지입니다"라고 말했다. 그가 태연하게 큰소리로 그 말을 하자 나는 그에 대한 혐오감을 숨긴 채 마차에서 내렸다. 나머지 길을 나는 걸어갔다. 나는 여인숙에서 그를 다시 만났다. 그는 내가 마차에서 내린 이유를 전혀 눈치채지 못한 듯했다. 몇 마디 찬사를 주고받은 뒤 우리는 헤어졌다.

나로서는 얼굴 표정이 환한 그 남자의 감수성을 비난하려는 생각이 전혀 없다. 하지만 직업이란 무엇인가? 그로 하여금 "내 눈에는 가축의 피가 흐르는 것이 분수의 물이 흐르는 것과 마찬가지이다"라고 아무렇지도 않게 말하게 한 것은 바로 그의 직업이다.

크건 작건 온갖 종류의 감옥을 지키는 간수들, 자의적인 권력이나 벌의 집행자들, 이들도 일종의 직업을 수행하는 사람들이다. 당신의 감정을 앗아가는 것이 바로 직업이다. 여행 중에 만난 친구는 내가 보기에 의심의 여지 없이 여러 '직업인들'의 상징일 뿐이다.

730 헌병대

나는 헌병대 기병을 만날 때마다 잊지 않고 인사한다. 그는 나의 개인적 안전을 지키기 위해 무장한 군인인 셈이다. 내가 프랑스의 풍경을 묘사하기 위해 이 도시 저 도시로 뛰어다니며 최선을 다할 때, 강도를 위협하고 흉악범과 싸우고 대로에서 내 생명을 지켜주는 그런 사람 말이다.

군대는 왕실, 그리고 이를테면 국가의 영광을 유지하기 위해 존재한다. 그러나 정복과 침략의 시대는 지나갔다. 영국인들이 내 목을 자르러 보르도의 거리로 오는 일은 없을 것이다. 용병 노릇을 했던 독일 기병이나 보병들도 나를 암살하러 플랑드르의 거리로 오지는 않을 것이다. 평온한 시민들, 여행객들, 철학자들, 상인들, 배우자들, 미래를 약속하며 거니는 연인들, 그리고 무장해제된 모든 사람들은 군인들로부터 보호받을 필요가 있다. 그들은 끊임없이 행진하며 밤이건 낮이건 눈을 부릅뜨고 늘 용맹함을 과시하며 단검과 권총으로 나를 구해준다.

도원수직에서 파생된 탁월한 군 하급 기관이 있다. 그 부서의 능력은 충분히 인정받을 만하다. 관대하고 용감한 그 군대가 대로를 누비는 도둑들의 침입과 함정, 그리고 비밀스런 은신처까지 추적하는 덕분에, 나는 밤이건 낮이건 언제나 거의 완벽할 정도로 안전하게 지낸다.

헌병대를 통해 법은 영향력을 발휘한다. 판결과 선고도 헌병대가 집행하지 않으면 아무 소용이 없고 악당이 법관들에게 맞설 것이기 때문이다.

헌병대의 기병은 말 없는 법전보다 그 존재로 인해 더욱 능력을 발휘하며 범죄를 예방한다. 헌병대 기병을 목격한 강도는 공포를 느끼는데, 그것이 그에게는 이로운 일이다. 흉악범들의 추적, 색출, 체포를 동시에 포괄하는 헌병대의 역할 없이 법원은 질서를 유지하지 못할 것이다.

시민사회의 기초이자 가장 커다란 혜택인 안전을 책임진 이러한 시민군이자 시민의 보호자가 없다면 우리는 어떻게 국민과 더불어 내부의 전쟁을 진정시킬 수 있겠는가?

그러나 이 군대가 무장을 하고 공격할 태세를 갖추고 있는 만큼, 끔찍한 살상무기를 항상 지니고 있는 만큼, 그들의 가공할 임무는 신중함과 용의주도함에 지배되어야 한다. 그들은 개인에게 함부로 손을 대어서도, 자신들의 임무의 한계를 넘어서도 안 된다. 군주가 약자를 보호하는 임무를 부여한 그들에게 경작자가 괴롭힘을 당하지 않도록 말이다. 그렇지 않으면 그들의 손안에 든 검은 위험해질 것이며, 질서를 무너뜨릴지도 모르고, 유익한 임무가 위험스런 일이 될지도 모른다. 시민들은 학대에 시달리고 도처에서 혼란이 빚어질 것이다.

사람들은 헌병대에 맞선 반란, 그리고 민중의 불평을 바라는 경향이 있다. 헌병 반장들은 누군가를 치거나 군도를 뽑을 때 조심하지 않을 수 없다. 이따금 그런 행동 자체만으로도 그들은 민중의 소문을 자극하기에 충분하기 때문이다.

종종 헌병대 기병들이 부르주아를 경멸하고 스스로 주요 인사로 자처할 정도로 무례를 범하는 일이 벌어지기도 한다. 그들이 소지한 무기가 그들을 오만방자하게 만든다. 그들은 법원이 그들에게 엄청난 자제심을 요구한다는 사실을 잊지 말아야 한다. 법원은 현명하게도 헌병대 기병들에게 난투극이나 무질서를 직접 목격하지 않는 한 조용하고 침착하게 행동하라는 명령을 내린다.

악행은 선행과 병존한다. 그 기병들은 자주 민중의 순수한 여흥에 끼어들어 그들을 방해한다. 그들은 자신들의 임무를 과대평가한 나머지 법관들 면전에서 경찰을 통제하려고 하기도 한다. 때로는 비난받아 마땅할 정도로 무례함을 범하여 축제를 위해 모인 민중들을 폭력 상태로 내몰기기도 한다.

이렇듯 헌병대 기병들은 혼란의 진정한 그리고 유일한 장본인일지 모른다.

프랑스 헌병대 재판소는 헌병대에 맞선 모든 반항을 처벌한다. 보통 징벌은 불가피하지만 그와 동시에 감형된다. 민중들에게 현병대 기병들을 존중하는 마음을 갖도록 하는 편이 쉬울 것이다. 이미 그런 상태가 만들어져 있다. 모두가 막연하게나마 그들이 평온함과 질서를 유지시켜 준다고 느끼고 있으니 말이다.

민중들의 회합, 장터, 공식 축제 도중 때때로 온화해 보이는 기병들이 사소한 싸움에 개입해서 사태를 진정시키고, 폭도들에게 명령을 하고, 사소한 폭력을 예방하고, 약자들을 보호하는 광경을 목격하는 것보다 감동적인 장면은 없다. 그들이 탈선을 방지하고 민중들의 말싸움을 농담으로 끝내게 만드는 것을 보면 나는 무척 기쁘다. 국민의 기질에 잘 어울리는 농담은 상황을 유쾌하게 만든다.

계몽된 민중들이 '난투극'이라 불리는 과도하고 백해무익한 분노를 자제할 때, 그리고 뼈와 살과 피, 섬세한 감정으로 이루어진 인간들을 대포의 포탄 앞에 내세우게 하는 기막힌 상황을 제대로 분간할 때, 비로소 그들은 인간적인 얼굴 뒤에 사나운 동물들의 잔인한 식욕을 감추고 있는 사회의 괴물들을 추적하는 위험천만한 직무를 수행하는 헌병대를 우리 행운의 보호자, 우리 목숨의 파수꾼으로 인정할 것이다.

그럼에도 불구하고 농민들과 포도 재배업자들을 벌금, 때로는 갤리선을 젓는 형벌에 처하게 하는 헌병대 재판소장의 선고문을 읽을 때마다 나는 헌병대 기병들이 월권을 일삼고 자신들에게 부여된 경찰권을 남용했다는 사실을 믿게 되고, 또 그래서 가슴이 아프다. 그런 사태의 장본인들인 헌병대 기병들이 시장이나 장터에서 재판관으로 자처하는 상황은 금지되어야 할 것이다. 재무 검사는 인접 지역의 대표 4명의 보좌를 받아 자신이 포기해야 할 문제인지 아닌지를 명확히 해야 할 것이다.

나는 다리가 아픈 74세의 남자를 만난 적이 있다. 그는 다리를 쓰지 못해 8일 전부터 침대에 처박혀 화를 내고 손찌검을 일삼다가 헌병대에 의해 반란죄로 감옥에 갇혔다. 헌병대가 의심스런 자를 찾기 위해 자신의 침실에 들어가는 것을 본 그 불쌍한 남자는 머리가 멍해져 총을 요구했던 것이다. 다리가 없는 남자는 병자인데 반역죄로 감옥에 수감되었다.

그러나 때로는 권력남용이 헌병대 재판소를 존중받을 만하고 공적 안전에 유익한 존재로 만들기도 한다. 영국인들은 대로에서 괴롭힘을 당하며 우리가 누리는 안전을 절대 누리지 못한다.

731 깃털 세공

이 기술은 거의 무대장식에 독점되었다. 깃털 세공품은 무대 위의 인물들을 대표하는 왕과 대귀족, 외교사절, 배우들의 주요 장식품이었다. 민중들은 공적 행렬의 닫집을 장식한 깃털들이 가볍게 나부끼는 것을 존경 어린 눈으로 바라보았다. 갑자기 여자들이 왕권과 신성성을 장식하는 세공품들을 모두 가로챘다. 그녀들은 민중들이 그 앞에서 무릎을 꿇고 있던 닫집의 깃털들을 자신들의 머리에 꽂았다. 깃털 세공 상인들은 돈을 벌었다. 남편들은 새로운 사치품에 돈을 지불해야 했다. 이처럼 값비싼 욕망을 대신할 것이 없었던 만큼 아내들은 더욱더 사치품에 집착했다.

산책길에서 그녀들은 무리를 지어 6마리의 준마가 끄는 커다란 지붕 없는 마차를 타고 다닌다. 깃털 장식을 단 그녀들의 머리는 멀리서 보면 화려하게 일렁거리는 물결 같다. 그러나 갑자기 비가 내리면, 산들거리던 색색의 깃털들이 떨어지고 축 처져서 모든 여성들의 모습은 '비에 젖은 암탉'의 슬픈 이미지로 전락한다. 거리의 사람들은 그녀들에게 박수를 보내고 뒤에서는 큰소리로 야유한다. 그녀들은 화려했던 머리를 숨기고 마치 머리를 깎인 것처럼 치욕스러워하는 모습이다. 이 산책길에 들어간 한들거리는 깃털 비용 2만 에퀴가 사라진다. 자! 지불하시오, 남편들이여, 돈을 내시오! 당신들의 운은 구름이 얼마나 낮아지는가에 달렸소. 햇빛에게 명령하시오, 아니면 당신의 지갑을 열되 계속해서 좋은 표정을 지으시오! 깃털 하나가 금화 5루이에 불과한데 무얼 그러시오!

시인들은 잊지 않고 그런 유행에 찬사를 보낸다. 일부 시인들은 조롱을 하고, 또 다른 시인들은 짓궂은 비유를 한다. 그러나 여성들은 모든 독설에 무감각해졌다. 시인들이 뭐라고 하건 그녀들은 만족해한다.

732 문지기

궁전 문을 지키는 마르도셰(Mardochée)의 성실함으로 미루어볼 때, 그는 국왕 문지기 중 하나였던 것 같다(『영어에서 번역된 세계사』, 1권 16쪽). 문지기들이 궁전을 지키던 그 왕은 세속사에 의하면 아르타세르세(Artaxerxès)이며, 성사에 의하면 아쉬에뤼스(Assuérus)이다. 우리가 방금 인용한 책에는 문지기를 두었던 페르시아의 다른 왕도 언급되어 있다. 그런데 사제들이 왕의 머리에서 철학자 조로아스터의 존재를 지워버리기 위해 그 충실한 문지기를 타락시켰다. 예루살렘의 신전에도 수많은 문지기들이 있었다.

수도 파리의 관행에 어두운 문인은 B 대주교의 저택에 가서 문지기에게 말을 걸고 싶어 했다. 그의 말을 들은 스위스 문지기는 수위실 문으로 머리를 내밀고 다음과 같이 외쳤다. "알아두시오. 나리, 부르주아의 집에나 문지기가 있다오. 지체 높은 분들은 스위스인을 문지기로 둔답니다."

지체 높은 분 혹은 적어도 스위스인은 평민임에 틀림없는 문지기보다 고귀한 단어를 찾아야 할 것이다. 그들의 집에 문이 있는 한 그 문을 지키는 책임을 맡은 사람은 결국 문지기에 불과할 것이다. 더구나 자신들을 먹여 살리는 나라에서 사는 외국인들이 그 나라 사람들에 동화되는 것을 수치스러워한다는 사실은 흔치 않은 일이다.

하여튼 스위스인들은 파리에서 문지기나 은행가로 일한다. 그들에게는 그 두 직업이 어울린다. 문지기의 경우 그들은 얼굴이 몹시 붉고, 아침부터 저녁까지 지칠 줄 모르고 먹어대는 그 나라 사람들의 턱뼈를 과시한다. 은행가의 경우 그들은 얼굴은 창백하고 모든 사람들에게 예의바르다. 돈을 버는 일에 종사하기 시작하자마자 스위스인은 언제나 극도로 상냥해진다.

부르주아 가정의 문지기는 다리가 휜 애꾸에 곱사등이 헌신장수이다. 저녁시간에 거리로 나서려고 할 때 당신은 그에게 공손하게 말해야 한다. "문을 여시오"라고 말하는 것으로는 충분하지 않으며 "부탁합니다"라는 표현을 덧붙여야 한다. 재미있는 사실은 사람들이 그 단어를 가장 강한 명령조로 말한다는 것이다. 그러나 끝에 그 말을 꼭 덧붙인다. 그 말보다 더 파리의 예법에 맞는 에티켓을 증명해주는 것은 없을 것이다.

문지기가 하는 일은, 누군가 당신을 방문했을 때 당신이 사는 거처의 층에 휘파람으로 알려주는 것이다. 그렇게 해서 친구들을 맞이할 때 보이고 싶지 않은 것을 얼른 감추고, 정반대로 보이고 싶은 것을 정돈할 시간을 준다. 항상 숨겨야 할 사소한 수천 가지 비밀을 지니고 사는 나라에서 그보다 더 편리한 것은 없다.

휘파람의 예절을 자제하기를 원하던 집주인은 그의 집에 살던 오페라 극장의 여배우 라게르에게 극장에서 휘파람 소리를 충분히 들었을 것이라며 그것을 허용하지 않았다. 그녀는 집주인을 상대로 소송을 제기했고, 집주인이 졌다. 라게르는 자기 집에 들어가면서 다시 휘파람 소리를 들었다. 그녀는 자신의 일에서도 악착같고 강도 같은 기질을 드러낸 탐욕스런 화류계 여인이었다. 그녀의 이름은 그녀에게 잘 어울렸다.[70] 궁정인이 오페라 극장의 무희인 아무개의 집에 들어섰다. 그는 문지기의 무례함을 불평하며 그녀에게 말했다.

70 그녀의 이름 Laguerre는 '싸움, 전쟁'을 의미한다.

"아무렴, 내가 생각해 보았는데, 그 건달 같은 친구를 내쫓아버려야 할 거야!" 그러자 무희가 "하지만 당신이 원하는 게 무엇인가요? 그 분은 제 아버지랍니다"라고 대답했다.

부자들이 변비에 걸리면 그들은 도로를 오물로 덮게 한다. 다음 날 오물이 완전히 썩어 길은 진흙탕 구덩이가 되어 통행이 불가능해진다. 이는 행복한 자의 건강이 나빠졌다고 모두에게 알리는 것이다. 문의 망치가 솜에 감싸이고 문지기의 휘파람 소리는 감기에 걸리고 오가는 사람들의 소리도 끊긴다. 사람들은 몸짓으로만 대화를 나눈다. 스위스 문지기는 애도의 뜻을 전하는 방문객들을 조용히 안내한다. 그는 의사 앞에서 가면서 비누칠한 문을 반쯤 열고 주인에게 말한다. "그분이 오셨습니다."

집으로 돌아온 스위스 문지기는 자신이 호의를 가지고 모시던 주인에 대해 마치 자신과 동등한 사람에 대해 말하는 것처럼 말한다. 그들은 공작도 대공도 알아보지 못할 것이다. 그는 난로 앞에서 불손하게 "시중을 받던 사람의 시중을 들지 마라"는 옛 속담을 되새긴다.

스위스 문지기의 딸은 출세한다. 그녀들은 플루토스 신전 문에 선 채 결코 광장을 떠나지 않는다. 고위성직자가 그녀에게 추파를 던지고 화창한 날 그녀를 성소에 들여보내 준다. 게다가 그녀는 그 안에 받아들여졌던 것처럼 이미 그 안의 작은 통로들을 훤히 알고 있다.

어깨에 탄띠를 메고 있는 그 문지기들에게는 스위스 어딘가에 '국무참사, 연대장, 재판관, 대상서'라 불리는 형제들, 아저씨들, 사촌들이 있다. 일요일에 200명의 남자들을 왔다갔다하게 하면 그는 대령이고, 청중에게 잉크병을 전해주면 그는 대상서이다.

733 가구상

그들은 당신이 원하는 모든 가구를 제공해 줄 것이다. 그들은 단지 60%만 이득을 취할 것이다. 거처 안에서 지내기를 좋아하는 모든 여자들의 가구를 꾸며주는 관행을 이용해서 그들은 그녀들에게 가구를 실제 가격보다 2배 혹은 3배에 판다. 그러나 그들은 부양자의 보증을 조건으로 그녀들에게 1년 동안 외상을 준다. 아니면 그들은 부양자 및 여자와 이중 거래를 한다. 한쪽이 모자라면 그들은 다른 쪽에 전가한다. 자신들의 탐욕스러움을 변명하기 위해 그들은 자신들이 왕을 위해 '노동력'을 제공한다고 말한다.

화류계 여인들은 왕처럼 항상 1년 반 혹은 2년 먼저 소비한다. 그녀들은 그 시간이 다 지나고 나서야 간신히 돈을 지불한다.

가구에 영향력을 행사하는 만큼 가구상들은 거의 신뢰를 잃지 않는다. 그들이 요구하는 제3의 현금은 완벽한 가치를 발휘한다. 그들의 재산목록을 보라. 그들은 모든 것을 싼 가격에 사들인다. 다른 구매자들이 배제된 비밀 결사체를 형성한다. 그들은 다음날 아주 비싼 가격에 되판다. 모든 고리대금업자 중에서도 그것은 가장 가혹하고 몰상식한 짓이다.

최고의 간이침대도 그들의 손에 들어가면 엉망이 된다. 그들은 매트를 마구 잘라내어 6개로 9개를 만들 것이다. 또한 안락의자의 속을 채운 말총을 제거하고 그 대신 짐승 털뭉치를 채워넣는다. 솜털 이불과 고급 모직물을 빼내기 위해 쉽게 못을 제거하지 않았을까? 겉감은 똑같은 것이지만 포근하고 넉넉하고 안락한 가구는 보잘것없고 딱딱한 것으로 바뀐다. 그들이 망치로 두드릴 때마다 그들을 믿는 구매자의 지갑을 터는 교활한 도둑질이 자행된다.

그들이 제공하는 가구들은 대부분 숨결처럼 가벼울 뿐이며, 풀로 부분들을 결합시킨 것들이다. 식탁은 불에 가까이 가는 순간 부서지고 조각조각 분해된다.

채무자는 무자비한 채권자가 자신의 가구와 침대를 압류하기를 원하지 않는다. 그럴 때 그는 가구상과 합의하에 가구들을 임대한다. 공증인 앞에서 법적 행위가 이루어지고 있을 때, 가구상이 그 서류를 가지고 등장한다. 이미 길게 늘어서 있던 집행관들은 갈고리 같은 손을 뒤로 웅크린다.

돈이 생겨도 신속하게 가질 물건은 없다. 주인의 침대 6개를 설치하는 데 적어도 3시간이 걸린다. 거울은 그 다음날 놓여진다. 실내 장식은 3일 후에나 완성된다. 그러나 새 가구들은 눈속임이다. 차라리 대부분 훨씬 더 견고한 옛 가구들에 관심을 기울이는 편이 낫다.

가구상의 직공들은 아침부터 밤까지 못질을 한다. 그러나 그들의 손에서는 못이 보이지 않는다. 그들이 못을 손가락 사이나 입속에 감추기 때문이다. 모든 대갈못은 일직선으로 박혀 있다. 어느 것도 그 선을 넘지 않는다.

가구 딸린 침실에 사는 데 지친 시인은 가구를 사는 데 필요한 돈이 없어 가구상의 딸과 결혼하기를 간절히 바란다. 다음날 그는 가구들을 들여놓는다. 그것이야말로 확실한 방법이다. 그때부터 그는 용모 단정하고 잠자리가 불편한 동료들에게 그 방법을 가르쳐준다.

가구상은 가구를 사들이자마자 그 안을 파헤쳐서 모직물을 떼어낸다. 그런 방법으로 그는 2개의 불완전한 가구들의 상태를 개선한다. 그는 자신의 제품을 자랑하면서 절반 정도 거짓말을 한다. 그러니 그는 여러분을 절반만 속인 셈이다. 정직한 집단이여!

가구의 임대료는 25%에 불과하다. 사람들이 불평할 수 있을까?

재무총감이 평온한 상태에서는 짐작도 하지 못했던 사고로 숨막혀 죽을 뻔했던 사건 이후, 천장에 늘어뜨려진 침대 닫집의 유행은 이제 완전히 사라질 것이다.

이른바 궁정인 중 한 명이 대담하게도 자신의 안락의자에 다이아몬드로 못을 박은 것을 본 적이 있다.

그러나 거처를 전부 자신의 취향대로 장식하기란 어려운 일이다. 정신과 마찬가지로 눈도 획일성의 적이다. 부르주아들은 자신의 거처를 음침하게 꾸민다. 벽지에서도 똑같은 그림이 반복된다. 잠자는 침실에는 침대칸과 커튼들이 있다. 그러나 대공비들과 공작부인들, 그리고 그녀들을 모방한 귀부인들의 침대는 우중충한 벽으로 연결되어 있지 않다. 그곳은 미녀가 쉬는 제단 주변을 둘러보는 것 같고, 거울은 자극적인 효과를 유감없이 발휘한다.

일상생활의 편의용품을 만드는 모든 목공세공은 가구상들의 손을 거친다. 당신은 생탕투안 포부르에 거주하는 그들을 경멸한다. 아무개가 당신에게 책상을 팔았는데 그 책상이 3주 만에 부서졌다. 장롱을 산 뒤 한 달만 지나면 널빤지가 떨어져나갈 것이다. 가구점에서 온 가구들은 마치 유령처럼 20일 만에 흔들거리고 낡아빠지고 헐거워진다.

가구상에게 속지 않는 것은 결코 쉬운 일이 아니다. 가장 확실한 방법은 재고목록을 보고 하나씩 사는 것이다. 그러나 사람들은 조화와 일치를 좋아하고 바로 다음날 그런 상태를 누리고 싶어 한다. 그렇게 서두르지만 않는다면 적어도 실내장식의 비용을 절반으로 줄일 수 있을 것이다.

확신컨대 파리의 가구점에는 4만 개의 남자 어른 침대가 있으며, 그것들은 3주 만에 만들어지고 설치될 것이다. 새 침대가 어떻게 만들어지는지 도시 사람들은 잘 모른다. 침대가 완성되려면 6개 장소에서 그것을 가져다가 여기저기 흩어져 있는 노동자들에게 침대의 도형 설계도를 보내야 한다.

간이침대는 간소화된 침대이다. 밤에 납덩어리가 든 침대 닫집을 내렸다가 그 밑에서 잠자는 사람이 숨막혀 하면 그것을 들어올린다는 독일 여인숙 주인의 이야기를 들은 다음부터, 나는 침대 닫집 아래서 편안히 쉰다는 것을 상상도 못하게 되었다. 나로서는 부담스런 침대 닫집이 더 이상 보이지 않기를 바랄 뿐이다. 여기서 우리는 '침대 닫집의 추락' 이야기를 할 수 있을 것이다. 그러나 적어도 근대의 가구상들은 약간 도벽이 있기는 하지만 안목이 있으며, 우리의 머리를 재앙에서 안전하게 지켜준다.

734 부군, 남편

내가 보기에 파리에서는 '부군(époux)'이라는 단어를 너무 자주 사용하는 것 같다. 베르사유 궁과 뤼네빌 궁[71]을 자주 드나든 사람들은 그곳에서 늘 '부군' 대신에 '남편(maris)'이라고 말하는 것을 들어왔다. 부르주아의 집에서는 정반대이다. 사람들은 댁의 '부군(Monsieur votre *époux*)', 댁의 '부인(Madame votre *épouse*)'이라고 말한다. 내가 상인이나 사무원의 아내에게 "남편의 건강은 어떠세요?"라고 물으면, 그녀는 내가 무례하게 말한다고 생각한다. 곧 그들에게 3인칭으로 말해야 할 때가 올 것이다.

프티 부르주아의 아내는 나의 '남편'이라고 하는 대신, 나의 '부군'이라고 말하면서 자신과 결혼한 사람의 품격을 높여주고 있다고 믿는다. 남편 측에서는 감히 더 이상 나의 '아내'라고 말하지 못한다. 그는 하녀를 '마드무아젤'이라고 부르고 물 배달하는 여자를 '마담'이라고 부른다. 그는 할 수 있는 한 집에서 허세를 부린다. 그가 '남편'이라는 말 대신 '부군'이라는 말을 쓰는 것은 비극적인 일들에 대해 들었기 때문이다. 그러나 남편들은 예전에는 아직 사랑받았던 반면, 부군들은 더 이상 사랑받지 못 한다.

불카누스와 비너스의 대화가 생각난다. 아내에게 결코 불평할 수 없었던 이 불행한 남편은 그가 절름발이에 검게 그을리고 아내가 아

71 루이 15세의 사위인 스타니슬라스의 궁을 말한다.

름다운 그만큼 자신은 못생긴 데 대해 아내에게 용서를 구한다. 아내가 그보다 마르스, 아도니스, 그리고 그 패거리를 더 좋아하는 것은 당연하다고 그는 고백한다. 만일 그에게 그들이 지닌 매력과 재능이 있었다면 아내는 그들보다 그를 더 좋아했을 것이라고 그는 선선히 인정한다.

불카누스는 처의 부정에 관대한 남편의 기질을 가지고 있었다. 그런 남편들은 거의 똑같은 이야기를 한다. 그러나 아마도 그들에게는 몇 가지 장점이 있을 것인데, 어떤 이는 그 점을 다음과 같이 아주 잘 이야기했다. "예쁜 아내를 둔 남편은 거의 다 바보이다. 그러나 그들은 모두 유력인사이다."

다정한 사람이 되시오, 재능을 갖추시오, 모든 이에게 좋은 평판을 얻으시오, 이 모든 것은 당신이 남편이 될 그 여인에게는 아무 소용도, 또는 거의 아무 소용도 없을 것이다.

안타고라스는 일자리 하나를 마음대로 할 수 있는 주인이다. 그는 그가 알고 싶어 하지 않는 덕성, 시기하고 미워하는 재능, 혐오하는 빈곤 중 누구에게 그 자리를 줄 것인가? 아니다. 그 자리는 여인들의 추천을 받은 최고입찰자에게 팔릴 텐데, 이 여인들은 낮은 요구하는 데 보내고, 밤은 허락하는 데 보낸다.

코메디 프랑세즈의 천장 둘레에서는 황도 12궁을 볼 수 있다. 화가가 왜 그런 생각을 했는지는 알 수 없다. 5층의 작은 좌석에는 한 가엾은 남편이 정확히 마갈궁(염소자리) 아래 앉게 되었는데, 그것은 수직으로 그의 머리를 지나고 있었다. 사람들의 시선이 그를 향하고 비난이 오고갔다. 사람들은 사흘간 그에 대해 이야기했다. 그 이후 5층에 올라가는 남편은 누구나 자신이 우연히 앉게 된 것이 어느 자리 아래인지 살펴보게 되었다.

735 과부들의 산책로

예전에는 남편을 잃은 여인들은 정식 상복을 입더라도 감히 공공 산책로에 나올 수 없었다. 샹젤리제에는 '과부의 산책로'라는 어둡고 한적한 길이 있어서 그런 여인들은 저녁식사 후에나 산책을 나와 바람을 쐬고 집으로 돌아갈 수 있었다. 그러나 오늘날에는 미망인의 베일을 쓰고 나온 여인들이 우리의 이목을 끈다. 다른 여인들은 상복을 치장거리로 삼는다. 그 여인들은 남편을 위한 상복을 궁정의 상복(거짓 상복이라는 의미)으로 보이게 한다. 그렇게 한다고 해서 고인이 더 이익을 얻는 것은 아니다. 이 여인들은 다른 예의도 차리지 않는다. 이 여인들은 정숙하다고 알려져 존경받기보다는 매력을 더 갈망하므로 결혼생활 동안 존중한 적 없는 법들을 배우자가 사망한 후에도 무시한다. 여인들의 이러한 행동은 그들이 누렸던 존경을 결국 잃게 만든다. 하나의 규범이었던 결혼은 거의 예외적인 것이 되었다.

사람들은 상복을 모독했다. 이 애도의 상징은 이제 유행이나 호사에 불과하고, 연극을 상연할 때 그러는 것처럼 옷을 바꿔 입는 것에 불과하다. 오! 고인을 추모하여 이 경건한 마음을 보존하도록 하기 위해서는 공공 검열관이 필요할 것이다. 이 경건한 마음을 망각하는 것은 가장 큰 풍속의 타락이다. 구르당[72]이 거느린 매춘부들은

72 Gourdan: 이른바 '사랑스러운 백작부인(la Petite Comtesse).' 1760~1776년 동안 방탕한 파리의 가장 유명한 여자 포주로, 바쇼몽은 그녀를 '궁정과 파리의 쾌락 총감'이라

정기적으로 '궁정의 상복'을 입었는데, 그들은 거저 얻은 옷, 그들의 매력을 드러내주는 옷을 만족스러워했다.

어떤 후작부인은 오늘 아침 하녀에게 이렇게 말했다. "2주나 입어 지긋지긋해진 상복이야! 그런데 로제트, 도대체 누구 상중인 거지?" 지구상의 다른 모든 나라에서 준수되는 이 애도의 표시에는 기묘한 것들이 섞여 있다. 어머니를 여읜 부뤼누아는 잉크를 여러 통 가져오게 해서는 그의 정원 분수를 어두운 색으로 물들여 어머니를 애도하게 했다.

고 불렀다. 그녀의 세련된 고급 업소에는 프랑스와 다른 나라의 귀족이 드나들었다.

736 조폐청사

이것은 앞 시대에 건축된 대형 기념물로서,[73] 수도에서 가장 아름다운 구역을 장식할 뿐 아니라 위치상 공공의 편의에도 부합한다.

이 웅장한 건축물은 금화, 은화, 동화를 주조하기 위한 곳이자, 직무를 수행하도록 임명된 관리들의 숙소로 마련된 곳이었다.

회랑 입구로 들어가면 오른쪽으로 화려한 양식으로 장식된 멋진 층계가 있는데, 이 층계는 광물학 학교로 쓰이는 방으로 이어진다. 나의 옛 학우인 과학 아카데미의 사주가 그 학교의 교수로 임명되었다.

건축가인 앙투안이 이 방의 장식에서 보여주는 세련된 취향과 고상함에 비견할 만한 것은 아무것도 없을 것이다. 이 방은 화학실험을 위한 실험실이자 온갖 종류의 광물조각의 소중한 보관소로 이용되는데, 이 광물 조각들은 누구나 볼 수 있도록 진열되어 있을 뿐 아니라 놀랄 만큼 정연하게 분류되어 있다.

이 건축물의 목적은 일주일에 3회 공개강좌를 여는 것 외에, 품행이 바른 12명의 젊은이를 교육하는 것이다. 이 젊은이들은 광산개발 기술, 광물학과 지하의 구조에 대한 지식을 배운다.

건물의 튼튼한 중심부를 이루는 회랑을 통과하면 화폐 주조에

73 조폐청사는 처음에 루이 15세 광장에 건축하도록 계획되었다. 그러나 1767년 라베르디는 파리 시가 새 시청을 세우기 위해 1749년에 사들인 콩티 강둑길의 콩티 저택 자리에 조폐청사를 건축하도록 명령했다.

사용되는 여러 작업실로 이어지는 넓은 안마당으로 들어서게 된다.

그곳에서 남루한 옷과 구멍 난 셔츠를 입고 굶어서 파리해진 아이들 같은 모습을 한 남자들이 다량의 은을 녹이고 있다. 사람들은 화산에 의해 녹아내리는 포토시 광산을 보고 있다고 믿을 것이다.

사람을 홀리는, 이 금속이 열리는 가지들 한가운데서 이 불행한 노동자들은 가장 강한 유혹에 저항해야 한다. 그들은 끊임없이 금을 다루면서도 극소량이라도 그들의 손안에 남아 있게 해서는 안 된다. 왜냐하면 교수대가 그곳에 준비되어 있기 때문이다. 이 금속 가지들이 사방에서 진짜 금괴와 은괴 열매를 맺는 것은 수전노에게 얼마나 멋진 볼거리이겠는가! 주괴는 막 도가니에서 나와 여전히 몹시 뜨겁다. 이 주괴는 군주에서 구두수선공에 이르기까지 가지려고 다투는 화폐가 될 것이다.

전체 작업의 마지막 단계인 화폐 주조는 주요 작업실 중 하나에서 이루어지는데, 거기에는 9대의 주조기가 설치되어 있다. 그 주조기는 끊임없이 움직여 놀랄 만한 속도로 화폐를 주조한다. 폭이 넓고 화려한 '루이 금화(double louis)'를 만드는 것은 반쯤 벌거벗고 창백한 모습에 얼굴이 야윈 가엾은 노동자들이다. 그들은 수천의 루이 금화를 만들지만, 그들의 주머니에는 단 하나도 가지고 있지 않다.

사람들이 현명한 판화가인 뇌샤텔의 드로즈의 발명품을 이용하지 않는 것은 유감이다. 그는 주조기를 단 한 번 사용하여 주화와 주화 테두리에 동시에 표시를 하는 기계를 완성했다. 이 기계는 완벽하게 아름다운 주화를 만들고, 화폐 위조자가 화폐를 모방할 수 없게 하는 이중의 유용성을 가지고 있었다. 이 두 번째 장점이 첫 번째보다 훨씬 우월하다. 왜냐하면 범죄를 예방하여 가난한 사람들이 그로 인한 피해를 입지 않도록 하는 것보다 더 드물고 다행스러운 정책은 없기 때문이다.

칼론 내각하에서 행정부는 옛 루이 금화를 재주조하도록 명령했다.[74] 거래에서 몇 년 전부터 금값이 올랐기 때문이었다. 마르크 은화에 대한 마르크 금화의 비율은 프랑스에서 동일했고, 다른 나라들과는 더 이상 관련이 없었으므로 그러한 명령은 금의 부족 사태를 불러왔다. 그러자 금은 세공인들은 명령을 무시하고 감히 루이 금화를 용해했다. 뇌샤텔 산악지방에서는 내가 보는 앞에서 루이 금화를 무더기로 녹여 시계 상자를 만들었다.

재주조 명령이 내려지자 옛 루이 금화의 가치는 32분의 1 상승했다. 곧 금고에 보관되어 50년간 빛을 보지 못하고 잠들어 있던 금화가 모두 다시 햇빛을 보게 되었다. 사람들은 이익을 얻으려는 유혹에 끌려 루이 금화를 대량 들고 나왔다. 일부는 탐욕스러운 손에 의해 깊숙이 밀봉되어 뒤늦게 천천히 밖으로 나왔지만, 결국 다른 금화들의 뒤를 따랐고 거의 모두 모습을 드러냈다. 그리고 현금화한 금화는 관리들이 계산했던 것을 크게 뛰어넘었다.

이처럼 사람들은 금화를 쌓아놓고, 그것을 유통시키기보다는 보관하는 것을 더 좋아하며, 모든 투기를 거부하는 선견지명 있는 사람들은 그것을 염려한다. 엄청나게 많은 금화가 주조된 지 60년이 되었는데도 여전히 새 돈이고 만든 지 얼마 안 된 것처럼 반짝거린다. 농민은 루이 금화를 얻으면 한구석에 묻어둔다. 그는 결코 금화를 쓰지 않는다. 그는 타유세와 나라에 내는 세금을 은화로 납부한다. 농민은 결코 당신에게 1루이 금화를 주고 4에퀴 6리브르를 받지

74 1785년 10월 30일 칼론이 금과 은의 비율을 14.5에서 15.5로, 즉 두 귀금속의 법적 비율을 거래 비율에 더 가깝도록 회복하려는 목적에서 명령한 화폐 재주조를 말한다. 사실 칼론은 이 '조정'을 넘어 적자 일부를 메우기 위해 왕국 재무부가 3,500만 리브르의 이익을 얻기를 기대했다.

않을 것이다. 나이든 아주머니, 투덜거리는 아저씨, 늙은 여인은 그렇게 한다. 70대 노인은 누구나 금화를 모은다. 왜냐하면 그것은 감춰지고 운반되기 때문이다. 결국 사방이 소란스러웠지만 아직 모든 루이 금화가 어두운 은신처에서 벗어난 것 같지는 않다.

이 소란의 와중에 투기가 뒤로 물러나 수수방관하고 있다고는 생각할 수 없다. 중개인은 돈자루를 쨍그랑거리며 돌아다니면서 퐁뇌프 아래서, 그리고 강둑을 따라가면서 당신에게 말했다. "가지고 있는 루이 금화를 우리에게 파시오."

그러나 패배 없는 찬란한 승리란 없다. 곧 외국인들이 겨우 22리브르 10수에 우리의 루이 금화를 얻으려 했다. 그리고 그들은 교활하게도 그것을 스트라스부르로 가져가 그곳에서 4에퀴 6리브르와 교환했다.

몇 달 동안 상인들을 놀라게 하고 상업에 해를 끼친 이런 거래 대신, 간단히 말하자면 루이 금화를 25리브르로 쳐주는 것이 낫지 않을까? 이런 조정은 모든 사람을 만족시켰을 것이다.

737 생탕투안 포부르

생탕투안 포부르를 산책하노라면 파리가 두 고등법원 판사를 위해 봉기했던 프롱드[75] 전쟁이 떠오른다. 이 포부르는 전쟁터의 양상을 보였는데, 그것은 콩데 공이 이곳에서 왕의 군대와 싸웠기 때문이다.

프롱드 전쟁을 생각하면 레 추기경[76]의 『회고록』이 다시 떠오른다. 그것은 활력 넘치는 책으로, 그 책을 읽고 나는 다른 책들도 모두 읽게 되었다. 나는 내전을 일으킨 그 보좌주교를 떠올려본다. 그리고 만일 이 사건들의 날짜를 역사에서 발견하지 못했더라면, 나는 그 사건들이 훨씬 더 오래전 일인 줄 알았을 것이다.

왕은 영국 왕이 자신의 신하들에게 폐위되어 런던에서 참수되었

75 메르시에가 프롱드 '전쟁'이라고 말하는 것은 잘못이 아니다. 프롱드라는 가벼운 이름은 그것의 위중함을 가리기 때문이다. 여기서 메르시에는 시간적으로 거리가 있는 두 사건을 병치한다. 블랑메닐과 브루셀의 체포는 바리케이드의 날(1648년 8월 27일), 즉 콩데가 국왕 군대를 지휘한 1차 또는 구 프롱드의 기원이었다. 반면 생탕투안 포부르를 유린한 전투는 1651년 2차 프롱드 동안 일어났다. 그때 콩데는 프롱드파가 되어 국왕 군대와 싸웠다. 대(大) 콩데라 불리는 Louis II de Bourbon, prince de Condé(1621~1686)는 로크루아(Rocroi, 1643)와 랑스(Lens, 1648)에서 에스파냐인들을 물리친 정복자이자 1차 프롱드로 파리에서 쫓겨난 왕실의 수호자였지만, 오만함으로 인해 모후인 오스트리아의 안과 마자랭에 의해 1650년 뱅센에 수감되었다. 1651년 석방된 그는 새로운 프롱드의 선봉에 서서 프랑스 여러 지역에서 봉기했다.

76 cardinal de Retz(1613~1679): 18세 때 『피에스크 백작의 음모(*Conjuration du comte de Fiesque*)』를 써 리슐리외 추기경에게 '위험한 인물'로 지목되었다. 특히 '구 프롱드'의 주역 중 한 사람으로, 그리고 1717년 출간된 유명한 『회고록(*Mémoires*)』으로 알려져 있다.

던 것과[77] 거의 같은 해에 수도로부터 달아나야 했다.

프랑스 전역에서 수석대신 마자랭 추기경의 목에 현상금을 걸었으므로 마자랭은 도처에 소환되어 자신의 영전에 분향하는 것을 보는 셈이었다.

이 마자랭은 3,000만 리브르를 지니고 부자로 죽었지만, 살아 생전에 4,800만 리브르를 지출했다.

결국 궁정에 대항하여 반란을 일으킨 이 보포르 공작,[78] 중앙시장의 왕은 왕국의 정치적 관심을 변화시킨 것으로 보였다. 왜냐하면 오늘날 조롱당하는 이 내전은 운명, 아니 차라리 지도자들의 성격이 그것에 부여한 것과는 다른 결과를 가질 수도 있었을 것이기 때문이다. 프롱드는 어떤 목표를 지향했는데, 그것은 국민의 광기 때문에 느닷없이 뒤틀려버렸다.

나는 이 포부르가 어떻게 살아가는지 모르겠다. 이 포부르에서는 한쪽 끝에서 다른 쪽 끝까지 가구를 판다. 그리고 거기 거주하는 가난한 사람들은 가구라고는 가지고 있지 않다. 가구를 사는 사람들의 4분의 3은 시골 사람들이다. 그리고 일반적으로 사람들은 이 상품의 찌꺼기, 즉 이런 종류의 거래에서 가장 조잡한 것만을 그들에게 넘겨준다.

---

77 스튜어트 가의 찰스 1세는 1649년 1월 30일 참수되었다.

78 앙리 4세와 가브리엘 데스트레의 손자인 보포르 공작은 처음에는 궁정의 총애를 받았다. 그러나 마자랭과 여러 귀족들과 다투고 음모를 꾸며 체포되었다. 1643년 뱅센에 수감되었다가 1649년 탈출한 그는 곧 프롱드에 참여했다. 그는 민중적인 거동과 화술 때문에 특히 중앙시장의 상인들로부터 존경을 받았다.

738 르프레생제르베

르프레생제르베[79]는 눈을 즐겁게 하는 작은 농지들로 나뉘어 있다. 이 작은 경작지들은 극히 다양하고 수많은 매력을 지니고 있다. 과일, 뿌리, 채소, 풀, 1년 내내, 사시사철 수확하는 온갖 종류의 곡물, 패랭이꽃, 완두콩, 이 모든 것이 매력적인 광경을 이룬다. 그처럼 대지의 결실을 얻기 위해서는 자유로운 가족들이 끈기 있게 지방에 정착해야 한다. 대영지는 그것에 적절하지 않다. 이곳에서는 포도 수확인의 바구니, 정원 가꾸는 여인의 바구니를 볼 수 있다. 이곳에는 그토록 심술궂고 어리석게 금지되었지만 영양가 있는 열매를 풍성히 제공해 주는 이 아름다운 나무, 밤나무가 보존되어 있다. 나는 이 나무를 다시 보고 한눈에 알아본다. 더 이상 대로상에서 이 나무를 볼 수 없다는 것은 애석한 일이다. 이방인들이여! 르프레생제르베를 산책해보라. 작은 농지들이 여전히 매우 번성하고 있는 것을 보게 될 것이다.

1,800년 전 라틴어 시인들의 왕은 "대토지를 찬양하라, 그러나 작은 경작지를 선택하라[80]"라고 말했다. 두려워하지 말고 플로라와 포모나[81]의 이 소중한 장소를 산책해보라. 다른 곳에서는 두려움의

79 Le pré Saint-Gervais: 프랑스 센생드니(Seine-Saint-Denis) 도, 보비니(Bobigny) 군에 있는 코뮌.

80 베르길리우스, 『농경시』, 2편, 412절.

81 로마의 만신전에서 플로라는 꽃의 여신이고, 포모나는 과실의 여신이다.

대상인 형사재판소의 이 끔찍한 교수대를 파리 인근에서는 볼 수 없다. 몽포콩의 교수대[82]는 철거되었다. 그리고 이 언덕의 이름은 그것을 마땅히 불멸의 존재로 만들어준 몇몇 저명한 재정가들의 이름이 없었더라면 오늘날 거의 알려져 있지 않을 것이다.

그것은 몽포콩의 교수대에서 처형되어야 마땅한 수많은 인물을 아직 발견할 수 없어서가 아니라, 프랑스의 풍속이 훨씬 더 관대해져서 금전을 사용해 야만적인 풍속을 순화할 기술을 찾아냈기 때문이다. 게다가 사람들은 기껏해야 보는 이를 슬프게 할 뿐인 이 끔찍한 광경이 사람들이 치유하고자 하는 악에 대해 아무런 힘도 없다는 데 주목했다. 나는 심지어 바람이 공기 중에 퍼뜨린 이 시체들의 입자가 이 롬바르디아와 유대의 독보리를 멀리서도 싹트게 하고 이 아름다운 왕국을 부패시키는 것에 기여했을 뿐이라고 믿고 싶어진다.

82 몽포콩(Montfaucon)의 교수대는 필리프 미남왕 때 죄인을 처형한 후 시신을 공시하기 위해 세워졌다.

739 매우 높고 강대하신 영주

이 단어들은 참으로 요란하다! 그러나 이 단어들이 부고장(訃告狀)에 등장하고 『주르날 드 파리』의 사망 기사에서 되풀이될 때 사람들은 그것을 너그러이 봐준다. 그것은 오만의 마지막 분출이자 허영의 마지막 날숨이다.

때때로 공국, 공작령, 백작령, 귀족의 땅 등은 신문에서 전부 합쳐 7~8행을 차지한다. 그러나 이 모든 것은 "여기 잠들다"로 끝난다. 그것은 인류의 4분의 3 이상에게 가장 위안이 되는 위대한 철학적 단어이다. 이 피할 수 없는 목록 위에 차례로 등장할 매우 높고 강대하신 영주들은 그들의 공국은 잊혀지고 오직 그들의 덕성만 기억되리라는 것을 상기해야 한다.

청첩장에도 사람들은 '매우 높고 강대하신 영주'라고 쓴다. 그것은 그 배우자의 눈에는 흔히 거짓이 된다(영주는 어린아이이거나 모든 것에 흥미를 잃은 사람이다). '높고' 더 '강하신' 부인은 수도원 밖으로 나온다. 그녀는 '매우 강대하신 영주'와 몇 년간 불모의 삶을 산다. 그리고 그녀는 결심을 하고 고결한 혈통이 끊어지지 않도록 하기 위해 준비한다.

재계와의 결혼은 늘 존재한다. 지체 높은 여인은 재정가와 결혼함으로써 그에게 은총을 베푸는 것으로 보인다. 그리고 그 재정가는 귀족에게 익숙한 관용어에 얼이 빠져 어리석게도 자신이 아내보다 낮은 사람이라고 여긴다.

이 지체 높은 여인이 아이를 가진 경우, 아이가 아들이면 그녀는 탄식한다. 딸이면 더 좋을 것이다. 왜일까? 왜냐하면 딸을 공작과 결혼시키고 그를 "나의 사위"라고 부를 수 있기 때문이다.

대영주란 무엇인가? 대영주는 성이 있고 채무가 있으며, 모든 사람을 자신 아래 있는 것으로 여기고, 자신에게 봉사하기 위해 짐을 나르는 가축이나 자신을 즐겁게 하기 위한 원숭이로 여기는 체하는 사람이다.

젊은 프랑스 영주의 허영과 비교할 만한 도취도 없다. 그는 그의 성질과 괴상한 언동을 억제할 친구를 가질 만큼 충분히 운이 좋지 않다면, 모든 사람이 그의 아래에 있고 그를 찬미하거나 그에게 경의를 표하기 위해 태어났다고 쉽사리 믿어버린다. 그는 매우 기이한 생각을 갖고 있어서 우리는 우리가 듣는 것을 믿을 수가 없다. 젊은 프랑스 영주는 특히 자신의 뜻을 따르는 마구(馬具) 상인을 거느리고 있고, 그가 제작한 것의 정확한 이름을 알고 있다는 것을 과시한다.

대영주들은 자신의 범용함과 무능함을 다른 사람들보다 훨씬 더 잘 숨긴다. 바로 그것이 그들의 장점이다. 그러나 매우 높고 매우 강대한 영주, 그리고 그 이상을 자처하는 그런 이는 (모든 것에 대해 말하지만) 볼테르의 『오를레앙의 처녀』 외에 어떤 문학작품도 가지고 있지 않으며, 곤들메기의 도덕[83]외에는 어떤 도덕도 가지고 있지 않다.

외설적인 책을 좋아했던 한 젊은 영주는 어떤 카탈로그에서 『반(反)루크레티우스』를 발견하고는 그것이 고대 로마에서 단도로 자살한 그 정숙한 아내와는 상반되는 어떤 인물일 것이라고 생각했다. 그 책을 구입한 그는 자신이 기대했던 것을 발견하지 못하자 매우 놀랐다.

83 곤들메기의 도덕, 즉 가장 강한 자의 논거는 메르시에의 중요한 주제이다.

죽음은 매우 높고 매우 강대한 영주와 셈을 치르고, 그가 입을 채운 먼지 외에는 아무것도 가진 것 없는 벌거벗은 거지라는 것을 보여준다고 고든[84]은 말한다. 오, 의미심장한 죽음이여! 네가 그에게 말할 때까지 그것을 믿는 이가 누구인가?

매우 높고 매우 강대한 영주들은 『주르날 드 파리』에서 뷔퐁의 병에 관한 『보고』를 읽고 분개했다. 왜냐하면 그들에 따르면 『공보』는 오직 그들의 방광에 대해 말해야지, 유럽 문단의 관심을 끄는 작가의 방광에 대해 말해서는 안 되기 때문이다.

84 1750년에 사망한 영국의 언론인이자 왕정과 교회를 격하게 비난한 팸플릿 저자 토머스 고든(Thomas Gordon)을 말한다.

740 경(經)이륜마차

영국의 것을 모방한 고급 마차. 이 마차는 파리의 도로에서는 그것을 모는 사람에게도 불편하고 위협적이고 위험하다. 왜냐하면 그것은 형태와 높이로 인해 자주 마부를 토해내기 때문이다.

술에 취해 저지른 범죄에 대해 관용을 촉구해서는 안 된다. 법은 피타코스[85]의 명령을 척도로 삼을 수 있을 것이다. 피타코스는 술 취한 범인의 두 범죄, 즉 술에 취한 범죄와 술에 취하여 저지른 범죄를 처벌했다.

그렇다면 깊이 생각하여 거드름 피우며 저지른 이 범죄에 대해서는, 즉 방탕함을 위해 쓰이는 잠시의 시간을 아끼기 위해 기꺼이 다른 사람을 다치게 하고 짓밟아버리는 이 야만적이고 비인간적인 행위에 대해서는 무엇이라 말할 것인가? 가장 쉽게 공표할 수 있는 법, 반드시 공표되어야 하는 법이 우리의 경찰에게서 아직 나오지 않았다면 우리는 법에 대해 어떻게 말할 것인가? 경이륜마차(wiskis), 1두이륜마차(cabriolets), 마차는 거의 200명의 목숨을 앗아간다. 과세의 문제에 대해서는 그토록 방대한 법률이 몇몇 부자들의 이 야만적 행위에 대해서는 잠잠할 것인가? 개인의 안전은 아직 정치적 자유만큼 소중하지 않은가? 그리고 화려한 도시의 도로가 매일 시민들의 피로 붉게 물든다면 방대하고 위엄 있는 법률(말자자면 외형적 장식

85 Pittacos(B.C. 650~570경): 그리스 레스보스 섬의 주요 도시인 미틸레네의 참주.

물에 불과한)이 무슨 소용이란 말인가? 그렇다면 이 멋진 도시의 명예는 이 잔인하고 부주의한 행위에 의해 손상되지 않겠는가?

결국 공공의 감시가 불가결한 법이 아닌가? 그리고 단도를 숨기고 지옥을 기다리는 살인자들보다 경이륜마차를 타고 무력한 경찰 앞에서 대명천지에 살인과 대범한 행동을 일삼는 이 방종한 자들이 더 큰 죄악을 저지르는 것이다.

우리의 성벽은 별로 중요하지 않은, 그리고 인구가 많으면 거의 피할 수 없는 잘못들에 대한 수많은 판결을 제공한다. 그런데 이제 사람들은 파렴치한 인간들이 쾌락의 성소에 더 빨리 도착하기 위해 의기양양하게 속도를 내 길을 통과할 때, 그 길을 여자, 아이, 노인이 방해하기만 하면, 이 야만적인 미치광이들이 그들을 치고 달려갈 수 있도록 허락해준다. 그렇다면 이 치욕스럽고 뻔뻔스러운 행위를 중단시킬 법을 얻기가 그토록 어려운가? 그러나 법규, 명령, 칙령이 나오지 않는 주는 한 주도 없다! 그토록 많은 일을 하는 권력이 어떻게 인류의 수많은 탄식 속에서 되풀이되는 이 살인을 막아주지 않는단 말인가?

보병이 이 돌아다니는 살인자를 찌를 권리가 있다고는 말하지 않겠다. 모든 보복은 불법이다. 그리고 피는 결코 피를 되사지 못한다. 그러나 이 얼빠진 불행한 인간들 중 하나가 통행이 많은 길에서 야만적인 속도로 말을 몬다면, 사람들이 그를 떨어뜨리고 그의 1두이륜마차나 경이륜마차를 부숴버리는 것이 옳을 것이다.

1788년 부활절 날, 경이륜마차가 눈 깜짝할 사이에 여자 한 명과 성직자 한 명을 치었다. 나는 그 끔찍한 사건의 목격자였다. 다시 말하건대, 수도는 시민의 생명을 이토록 소홀히 함으로써 명예를 잃었다. 살인자들은 도시에서 쫓겨났다. 그러나 높은 1두이륜마차를 탄 사람이 저지르는 살인은 단도로 찌르는 것과 다른 것인가? 단도는 수레의 톱니바퀴보다는 부드럽다. 수레의 톱니바퀴는 어쩌면 당신의 여생을 끝없는 고통 속에 빠뜨릴지 모른다. 우리는 살인강도를 경계함으로써 살인강도를 피할 수 있다. 그러나 당신이 일에 전념하기 위해 길을 가는 동안 당신을 치어버리는 이 비인간적인 부자들을 피할 수는 없을 것이다.

우리가 이 책의 앞 권에서 말한[86] 끔찍한 보도 다음날 그 보병은 시체들을 발견하고 눈과 몸짓으로 마부들을 위협했다. 마차들이 그 재난의 대부분을 유발했기 때문이었다. 마차를 탄 일행은 자신의 마차 안에서 눈을 내리깔았다. 그리고 한 달간 말들의 속도가 늦춰졌다.

86 '끔찍한 보도'란 1770년 5월 30일의 재난을 말한다.

741 사교계의 철자법

상류층 부인들과 대영주들은 파리의 광고판에서 철자법을 배운다. 납골당의 대서인은 철자법을 좀 더 잘 안다. 이 필기대의 기사들은 하녀들의 절친한 벗이다. 하녀들은 고해실보다 이 서기의 상점에서 더 진실을 말한다.

문체에는 언제나 4수, 6수, 12수, 그리고 24수짜리가 있다. 4수와 6수짜리 문체는 여자 요리사의 편지에 쓰이는 반면, 24수짜리는 활주하여 왕좌에까지 비상한다. 12수짜리 문체는 프티 부르주아와 시골 귀족을 위한 것이다. 그러나 사람들이 정치문제에 대해 토론하기 시작하면 수많은 필경사가 국가 재건 프로젝트의 수탁자가 된다. 생드니 길의 한 상점에서 그러는 것처럼 바로 그런 상황이 '이중' 장부(registre *à partie double*) 속에서 프랑스를 지배하려 한다. 거기서는 철자법보다 산술이 더 빛난다. 그러나 미래의 재무총감(누구나 재무총감이 되기를 열망한다)은 언어를 알 필요가 있을까? 글을 쓰기를 원하면 그에게는 비서, 서기, 그리고 표현력 좋은 작가가 있지 않을까? 이 서기들은 왕국 관리들의 철자법 오류를 바로잡아 준다. 그러나 이 서기들의 가르침(doctrine)은 거기까지이다. 우리의 예쁜 여인들은 철자법으로 갖지 못하는 것을 재치와 민첩함으로 되찾는다. 이 여인들은 철자법 없이도 지낼 수 있고, 그것 없이도 극히 우아하게 언어를 구사한다. 반면 아둔한 문법학자는 편지에 답장을 쓸 줄 모른다. 프랑스의 군 원수는 철자법을 몰라 전투에 지는 것인가? 시를 쓰고 아카데미 회원이 되는 데 철자법은 전혀 필요하지 않다. 결론적으로 철자법은 활기찬 사상이나 매력적인 화술에 있어 세상에서 가장 쓸모없는 것이다. 그와 마찬가지로 유명한 뒤프레는 춤을 출 줄 알았지만 걸을 줄은 몰랐다. 마찬가지로 어떤 작가는 글을 쓸 줄 알지만 말은 하지 못한다. 그럼에도 불구하고 어떤 상점은 잘못된 철자법을 제공하는 일로 번창한다. 또 어떤 여인은 "당신을 사랑합니다(je vous aime)"라는 문장 끝에 s를 붙여도 여전히 사랑스럽다.

742 1천 투아즈 표석

몇 년 전부터 대성당 앞 노트르담 광장에서 시작하여 1천(1,000mille) 투아즈마다 표석이 세워졌다. 열 번째 1천 투아즈 표석은 베르사유 입구, 광장 근처에 보인다.

따라서 노트르담 광장은 왕국 모든 길의 중심점이다. 이 1천 투아즈 표석들은 오늘날 거의 모든 큰길로 확산되었고, 지방 구석구석까지 세워질 것이다. 따라서 더 이상 혼란스럽지 않다. 너무 제멋대로였던 리외라는 명칭은 오해의 여지없는 1천 투아즈로 대체되었다. 그것은 유용하고 편리한 장식이다. 보병은 행군한 거리를 측정할 수 있고, 능력의 한계를 넘어서지 않을 수 있다.

그러나 역참과 운송업체들은 이 1천 투아즈를 이용하여 리외를 늘리고 그만큼 여행객들에게 더 지급하게 한다. 부르고뉴에서 리외는 3천 투아즈, 랑그독에서는 4천 투아즈인 반면, 역참 리외(lieue de poste)는 2천 투아즈에 불과하다. 역마차로는 눈 깜짝할 사이에 1리외를 간다. 따라서 사람들은 말이 피곤해지자마자 말을 바꾼다. 30분마다 새로운 역참 주인과 새로운 역마차 마부가 나타난다. 그것은 달리는 것이 아니라 산책하는 것이다. 그러나 그들은 당신의 돈을 받으면서도 당신에게 친절을 베푸는 것처럼 보인다. 운송비가 오르는데도, 그리고 마부의 급료가 4배가 되었는데도 그들은 끊임없이 불평한다.

743 햄 시장

햄 시장은 성 주간(부활절 전의 한 주간) 화요일에 열린다. 아침 일찍부터 파리 인근의 수많은 농민들이 막대한 양의 햄, 소시지, 순대를 들고 노트르담 대성당의 광장과 새 길로 모여든다. 그들은 그것들을 월계수 잎으로 장식하고 월계수관을 씌웠다. 카이사르와 볼테르의 관에 대한 모독이 아닌가!

사순절 기간에 철저하게 단식하여 기진맥진한 파리의 충실한 신자들은 장식한 이 고기들을 눈으로 먹어치운다. 그들은 그것들을 손에 들고 이리저리 돌려보고 냄새를 맡기 위해 그 위에 코를 갖다낸다. 경솔하게도 혀를 대지 않도록 조심하라! 교회는 네게 그것을 금한다. 그러니 너의 갈망을 억제하라. 그러나 다음 일요일에는 모든 것이 네게 허용될 것이다. 너는 초석가루를 뿌린 햄을 먹을 것이다. 너는 이 소화시키기 어려운 음식으로 마치 대포처럼 배를 불림으로써 '신성한 부활절'을 성일로 지킬 것이다. 그러고는 넘쳐흐르는 불순한 포도주로 소화를 촉진할 것이다. 그리고 바로 이것이 교서가 명령한 단식의 효과이다.

법을 어기려는 유혹은 1년 중 그 어느 때보다 성 주간 동안 훨씬 더 강하다. 돼지고기 푸줏간은 빛이 난다. 1천 가지 형태로 준비된 돼지고기 요리가 가톨릭 신자의 위를 유혹한다. 돼지고기 요리는 그것을 먹는 것이 금지된 이 성스러운 날들에 더 입맛을 돋운다. 그것은 그것을 거부해야 하는 신자들의 눈 아래, 손이 미치는 곳에 있다. 몇몇 불행한 사람들은 공공연한 유혹에 굴복한다. 부활절 일요일을 기다리지 못해 바로 성 금요일에 슬그머니 소시지를 먹어치우는 사람들이 있다. 그러나 약한 사람들을 넘어뜨리는 이 먹음직한 고기를 덮어 가리는 것이 사려 깊은 일이 아닐까? "모든 것을 묵인하는 대담함으로 인류는 신성모독의 금지된 길로 돌진한다. 대담한 이아페토스의 아들(프로메테우스)은 불운을 초래하는 술책에 의해 민족들에게 불을 가져다주었다"라는 계명을 어기도록 만드는 것은 바로 이 음식들의 존재이다.

오, 참으로 기묘한 시대이다! 이스라엘인들의 유월절과 파리인들의 그것은 얼마나 대비되는가! 히브리인들은 양고기를 먹었고, 프랑스인들은 유대인이 혐오하는 더러운 짐승을 먹는다.

경찰은 이 시장의 거래를 감시한다. 수많은 사기꾼들이 거기에 끼어들고, 체포 경관들은 인상착의를 보며 얼굴을 가려내러 온다. 반면 신도들은 지옥에 관한 우울한 미사에 참례하기 위해 이 돼지고기 햄 무리를 가로질러 간다.

다음으로는 파리 인근 난로에서 말린 이 고기들에 대한 검사가 있다. 그러나 이 현명하고 유익한 검사를 누구에게 맡겼는가? 범죄자를 찾는 데 관심 있는 사람들, 마을의 촌뜨기들이 돈 주고 산 특권을 이용하는 것을 보고 싶어 하고 오직 돼지고기만 팔고 싶어 하는 돼지고기 상인들에게 맡겼다. 따라서 그들은 조금이라도 부패한 기미가 보이면 햄, 소시지, 큰 소시지를 압류한다. 그리고 빼앗긴 고기를 먹을 수 있다면 너무도 행복하겠다고 소리 지르는 농민들의 아우성에도 불구하고, 압류한 것들을 모두 프티 샤틀레가 있는 다리 위에서 센 강으로 던진다. 그러나 인근의 꾀바른 사공들은 다리 아치 밑에 매복하다가 던져진 햄 일부를 다시 건져낸다. 그들의 공정한 미각은 그것들이 맛있다고 느끼고, 그들은 부활절 축제 기간에 그것들을 맛있게 먹는다. 반면 센 강의 조용한 물결에 내맡겨진 가엾은 월계수관들은 우리 왕들의 웅장한 궁전 벽으로 흘러가 공손히 부딪히고, 우리는 몇 개월 후 궁전에서 그것들이 아카데미 회원의 이마 위에서 영광스럽게 빛나는 것을 보게 된다.

이처럼 직업상의 시샘이 푸줏간 조합을 자극하고 너무도 신속하게 압류가 이루어진다. 이런 잘못을 엄밀하게 감시하도록 하지 못하는 이유 중 하나는 아마도 이 농촌 푸줏간 여러 곳이 거짓 가죽을 이용하여 감히 소시지, 순대, 구운 소시지로 위장한 건초를 팔기까지 하기 때문일 것이다.

친애하는 독자여, 당신에게 예쁜 여자 가정교사가 있다면, 오랜 단식으로 지친 그녀를 위로하기 위해 맛있는 순대를 사러 장으로 달려갔다면, 그리고 5시간을 힘들게 구운 끝에 그것을 맛있게 먹으려 했으나 당신의 칼이 발견한 것이 건초에 불과하다면, 당신은 그에 대해 어떻게 생각하겠는가?

744 극장의 떠들썩한 소리

극장의 떠들썩한 소리에는 몇 종류가 있다. 그것은 때로는 만족한 사람들의 열렬한 환호이고, 때로는 분노한 사람들의 시끄러운 웅성거림이다. 그러나 이 두 경우 사람들은 극장 입구에서 그들의 기쁨과 불만을 표시할 권리를 샀는데도 그것을 결코 자유롭게 누리지 못하고 있음을 보라. 1층 입석에서 일어나는 물결을 향해 군인들은 말한다. "이르기를, 네가 여기까지 오고 넘어가지 못하리니, 네 교만한 물결이 여기 그칠지니라 하였노라."[87]

로마인에게는 세 가지 종류의 환호, 또는 박수갈채가 있었다. 첫 번째는 꿀벌의 윙윙거리는 소리를 흉내 낸 것이어서 '봉비(bombi)'라고 불렸다. 두 번째는 기와에 떨어지는 빗소리와 유사한 소리를 냈으므로 '앵브리스(imbrices)'라고 불렸다. 세 번째 것은 조개껍데기와 캐스터네츠 소리를 흉내 낸 것이어서 '테스타에(testae)'라고 불렸다. 이 모든 갈채는 환호와 마찬가지로 박자에 맞춰 이뤄졌다.

고대인들이 공연에서 작가나 배우가 주는 기쁨을 그토록 열정적으로 드러냈다면, 그들은 또한 작가나 배우가 주는 불만도 이에 못지않게 열렬한 방식으로 표현했다. 특히 모든 민족을 능가하는 세련된 취향을 지녔던 아테네인들은 바로 그런 이유에서 만족시키기 가장 어려운 사람들이었다. 그들은 입으로 휘파람 부는 것으로는 만족

87 「욥기」, 38장 11절.

하지 않았다. 자신들의 소리를 더 잘 들리도록 하기 위해 대부분의 사람들이 그에 적합한 도구를 들고 갔다. 예를 들어, 일곱 가지 다양한 소리를 내는 일곱 음관으로 이루어진 호루라기로 사람들은 다소 세거나 약한 다양한 소리로써 비판의 성격을 표현했다. 이는 오늘날 정말 필요한 것인데도 여전히 그 음은 상상할 수 없는 세련된 기술이다.

나는 1층 입석의 방종을 유감스럽게 생각하는 사람 중 하나이다. 그로 인해 몇 가지 불미스러운 일들이 일어났기 때문이다. 그러나 동시에 그것은 배우의 기술 완성과 시인의 명성에 가장 큰 이점을 가져오기도 한다. 심미안과 특히 예절을 침해하는 수많은 작품들은 40년 전이라면 이 나라의 무대에 오르지 못했을 것이다.

런던에서는 관객이 공연에서 치안을 담당하고, 치안은 잘 유지된다. 파리에서는 소총이 자유를 제약하지만, 그래도 소란스러운 연극을 늘 막지는 못한다. 관객은 무기의 사용에 격분한다. 그리고 억제되었던 소란은 때로 보초병들의 분별없는 행동에 의해 격화되는데, 이 보초병들은 전장에 나서도록 훈련받은 뒤 평화로운 뮤즈의 신전에 배치된 이들이다. 극장은 엄중히 감시당하는 감옥처럼 보인다. 그러나 1층 입석이 서서히 들끓으면 그 폭발을 막기 어렵다. 나는 관객들이 자신들의 독립성을 표현하고 싶은 욕구를 느끼고, 구속에 진력났다는 듯 반발하여 도를 넘어서도록 아우성치는 것을 몇 번 보았다.

공연에 대한 치안이 제공하는 위협적인 이미지가 관객의 기분을 더욱 상하게 할 뿐이라고 믿는 데에는 근거가 있다. 그런데 오히려 관객의 즐거움은 자극되는데, 왜냐하면 관객은 푸른 옷에 도전하는 데서 가장 큰 즐거움을 발견하기 때문이다. 불복종은 온갖 지위의 이 수많은 젊은이들에게는 매력적인 것이어서 그들의 들끓는 흥분을 억제하기가 어렵다. 자의적인 법규들이 있지만 이 흥분은 곧 확산된다. 왜냐하면 이 법규들은 사람들이 적어도 오락을 위한 시간과 장소에서는 누려야 할 이 자유를 침해하기 때문이다. 연극이나 배우가 마음에 들지 않으면, 관객은 돈을 돌려받으려는 것처럼 소란스러운 방종에 빠져든다. 그리고 관객에게 눈물을 흘리도록 만들어야 하는 장렬한 비극은 모두의 웃음을 불러일으키는 우스꽝스러운 희극으로 변질된다.

그러나 이 모든 소요는 9시면 가라앉을 것이다. 기다리기만 하면 된다. 보초병들이 끼어들지만 않으면 모두 진정되고, 가장 흥분했던 이들은 조용히 집으로 돌아가 저녁을 먹으면서 그날 저녁 1층 입석에서 일어난 작은 내전에 관한 익살스러운 이야기로 친구들을 즐겁게 해줄 것이다.

정말 불쾌한 것은 군대가 때때로 1층 입석의 선량한 사람들을 가혹하게 대하는 것이다. 군대가 최소한의 절차도 지키지 않고 시민들을 투옥하고, 모든 시민의 개인적 자유에 대해 유일하게 판결을 내릴 수 있는 경범재판소가 존재하는데도 군대가 이런 식으로 행동하면서 아무런 벌도 받지 않는다는 것이 알려졌을 때, 사람들은 분노했다.

이런 추악한 권력남용은 당연히 그러한 권위를 병사나 장교에게 남겨두었을 때 매우 위험한 상황이 벌어질 수 있음을 인식할 수 있는 모든 사람에게 경각심을 불러일으킨다.

누군가 공연을 방해하면 그에게 내릴 만한 유일한 징벌은 문 밖으로 내보내 그날은 공연장 안으로 다시 들어오지 못하도록 하는 것이다.

때때로 관객은 특정 여배우의 편을 든다. 그러면 도시는 옛날에 로마가 두 무언극 배우 바틸 루스와 필라데스를 두고 그랬던 것처럼 두 파로 나뉜다. 그러나 내각은 누구도 보호해서는 안 된다. 필라데스가 그의 적에게 보인 증오에 대해 아우구스투스가 그를 꾸짖자 필라데스는 아우구스투스에게 이렇게 말하며 정치적 교훈을 주었다. "주군이여, 당신은 은혜를 모르는구려! 우리의 다툼을 민중이 처리하도록 맡겨두십시오." 사람들은 고래에게 빈 통을 던져주어 고래를 즐겁게 해주다가, 고래의 관심을 돌려 심지어 배를 공격하게 한다.

1층 입석을 탄압하는 것은 무례한 동시에 불공정하다. 국가의 빚을 갚는 것은 바로 그곳의 관객이다. 그들은 이름난 제후들, 승리의 관을 쓴 영웅들을 맞이한다. 그들은 스웨덴의 왕을 위해 오페라를 다시 시작하게 한다. 그들은 결백한 자의 승리를 기리기 위해 팡파르를 주문한다. 그들은 승리한 장군과 몽테스키외의 아들에게 박수를 친다. 이 사람들은 공덕을 예감하고 판별하고 강렬한 충격에 의해 동요한다. 안목 있는 사람이 쓴 『파르테리아나(*Parterriana*, 1층 입석 일화집)』는 흥미진진한 책일 것이다. 이 법정은 흔히 의심할 수 없이 매우 올바르고 명석한 판결을 내린다. 그들은 특히 일종의 본능에 의해 누가 공익의 친구인지, 적인지 알아챈다. 그들은 환심을 사려 하지만, 필요하다면 잘잘못을 가린다.

게다가 그들은 입구에서 자신의 견해를 말할 권리를 사지 않는가? 그들은 단지 즐거움을 얻기 위해 극장에 온다. 그러니 만일 배우가 그의 기대를 충족시키지 못하면, 그의 시간과 돈을 손해 보게 한 무지하고 게으른 배우에게 불평하는 것이 타당하지 않은가? 그리고 이 배우는 총검의 보호를 받음으로써 비난을 피할 것인가? 그렇다면 그는 또한 그를 부양하고 찬양하기 위해 총검을 요청해야 한다. 배우들은 무대에 설 때 아우구스탈레스(augustales)[88]라 불리는 병사 5천

88 Auguste에서 온 형용사. 따라서 황제의 근위대를 가리킨다.

명의 호위를 받았던 네로 황제를 닮고자 하는가? 이 병사들이 황제에 대한 찬양을 선창하면 나머지 관객들은 그것을 되풀이해야 했고, 그렇지 않으면 죽음을 당했다.

오늘날 우리 1층 입석의 관객들은 더 이상 코르네유와 라신 시대 작품들의 운명을 지배할 만한 자격을 갖춘 이들로 이루어져 있지 않다는 것을 인정해야 한다.

745 어디든 갈 준비가 된

여성들이 모든 일에 끼어들고 대신(大臣)에서 징세청부 사무소 직원, 심지어 성수 뿌리는 사람까지 되기를 원하면서 새로 퍼진 표현. 이 여성들은 끊임없이 자신들의 피보호자의 '다음' 진급에 대해 이야기한다. 그녀들은 그들의 재능을 찬양한다. 그녀들은 궁정과 친분이 있는 것 같다. 이 남자 같은 여자들은 어디든 가고, 오고, 존재한다.

그녀들의 말을 듣다 보면 사람들을 너무나 부주의하게 요직에 뽑는다고 믿게 될 것이다. 그녀들은 사람 뽑는 일을 책임지고 있는 것처럼 보인다. 그러나 이 모든 것에도 불구하고 그녀들은 무엇을 알고 있을까? 알아 맞춰보라.

그녀들은 수도원에서 세상을 위해 양육된다. 그녀들은 남편이 누구인지도 모르고 결혼한다. 그녀들은 자기 자녀가 누구인지도 모르는 어머니이다. 그녀들은 화장대와 식탁 앞에서, 놀이와 공연으로, 문 앞에서 자신에게 글을 쓰게 하는 것으로 인생을 보낸다.

상류사회에는 어리석은 남자보다 어리석은 여자가 더 많다. 부르주아의 경우에는 정반대이다.

작은 집들은 오래되지 않았다. 그러나 오래전부터 작은 집들에는 더 이상 신비한 분위기가 없다. 야식은 그저 자기 집에서 이루어진다.

746 사회의 오류

"사회가 사회를 죽인다." 이 공리보다 더 참인 것도 없다. 남성과 여성은 오래 결합해 있던 나머지 서로에게 주어야 하는 인상을 다 소멸시켜 버렸다. 사람들은 더 이상 "사랑에 빠지지 않는다." 단지 '환상'을 품을 뿐이다. 진정한 열정보다 더 희귀한 것도 없다. 그런데 프랑스에서 연인이 그의 정부를 때리고 가장이 아내와 딸, 하녀를 때리던 때에는 여전히 사랑이 지배하고 있었다. 왜냐하면 사랑하는 이를 때림으로써 그는 어느 정도 고통을 당하기 때문이다. 바로 여기에 열렬히 사랑에 빠진 마음의 비밀, 위대한 사랑의 증거가 있다. 사람들은 정열적인 눈물과 넘쳐흐르는 다정함으로 이 작은 상처를 이자를 더해 회복시킨다. 질투하지 않고 화내지 않는 자는 연인이라는 칭호를 얻을 자격이 없다. 이 일시적인 분노 없는 사랑이란 없으며, 이 분노는 생생한 기쁨과 새로운 쾌락으로 변모한다.

오늘날 여성들은 독립적이다. 그녀들은 야단맞는 것조차 원치 않으며, 맞는 것은 더 말할 나위도 없다. 불행한 여인들이여! 그녀들은 사랑의 분노가 가하는 따귀의 값어치, 찢어진 옷의 헤아릴 수 없는 이점을 알지 못한다. 그녀들은 상상할 수 없는 사랑의 입맞춤을 잃어버린다. 그녀들은 진정 자기 자신의 적이다! 가장 사소한 질책에도 그녀들은 '이별'을 외친다. 그리고 맞아본 적 없는 그녀들은 결코 열렬한 정열의 표현을 대신할 수 없는 이 냉정한 친절로 인한 무력감에 빠진다. 그렇다, 그녀들의 매력을 위해서는 그녀들에게 친절하게 말을 거는 것보다는 머리카락을 뽑는 편이 나을 것이다. 그러면 그녀들은 더 경이롭고 존경받는 존재가 될 것이다.

우리 파리 여인들은 『힌두인의 법전』을 읽어야 한다. 그럼 그녀들은 "자기 행동의 주인인 여성이 자신의 행복을 위해서는 언제나 잘못 행동하고 있다는 것," 남성은 밤낮으로 자신의 아내를 강력하게 억눌러야 하고, 그녀는 자신의 의지대로는 아무것도 할 수 없다는 것을 알게 될 것이다. 아내가 몇 대 맞고(다소 폭력적일지라도 결코 위험하지는 않다) 순종하는 대신, 충격이나 사랑의 상처를 이유로 법원에 '고소'하는 한 남편은 아내에게 냉정한 감정을 가질 것이다. 아내는 환심을 사려 해도 소용없을 것이다. 이 세상에 맞고 사랑받는 행복한 운명에 비할 것은 아무것도 없다. 우리와 우열을 가릴 수 없는 그리스인, 로마인들은 그들의 아내와 정부를 때렸다. 왜냐하면 사랑의 가장 큰 악덕은 침울함과 소심함이기 때문이다. 흔치 않은 관능의 쾌락은 격노와 격동 한가운데서 얻을 수 있다. 그리고 이것을 원치 않는 여인은 「플로리안에게 바치는 마드리갈(사랑을 노래한 짧은 서정시)」을 들을 자격조차 없다. 그녀는 모든 남성과 가까이 지낼지라도 사랑을 경험하지 못한 채 생을 마감할 것이다.

따라서 영악함은 오직 여성들에 의해 프랑스에 도입되었다. 이 사랑스러운 영악한 인간들을 만들어낸 것은 바로 여성들이다. 이 영악한 인간들은 그 대가로 여성들의 가치를 높이 평가한다. 예전에 사람들은 여성들을 칭송하거나 과도하게 보살피고 친절을 베풀었다. 기사는 결코 귀부인 곁을 떠나지 않았다. 친절은 불멸의 종교였다. 오늘날 사람들은 심지어 무도회에서도 재빨리 여성의 곁을 떠나 여성을 홀로 남겨둔다. 그리고 젊은이들은 무리를 지어 남성의 자유를 충분히 누리도록 버려진 여성들에 대해 이야기한다. 가장 젊은 남성은 여성 때문에 불편한 생활을 하지는 않을 것이라고 선언한다. 그는 대화를 중단하거나 귀부인 곁을 떠나 당구를 치러 가거나 구석에서 글을 읽는다.

궁정은 예절과 정중함의 중심이며 여성들에게 영원한 경의를 표하는 곳이다. 이 궁정에서 사람들은 말하자면 인사도 하지 않고 여성들 앞을 지나친다. 반어법은 젊은이들이 좋아하는 수사이다. 풍속의 이러한 변화는 최근의 일이다.

747 루브르 광장

외국인이라면 누구나 경탄하는 이 웅장한 주랑 앞에서 수많은 헌 옷가지를 볼 수 있다. 이것들은 가는 끈에 매달려 바람에 이리저리 날리면서 보기 흉한 진열대를 이루고 있다. 이 헌 옷 가게들은 모두 더럽고 저속한 모습이다. 그곳에서는 온갖 좀도둑, 석공, 짐꾼이 고용되어 분명히 누군가 입었던 헌 바지를 입고 일을 한다. 그곳의 신제품들은 밀거래된 것들이다. 거기에는 온갖 형태, 온갖 색깔의 완전히 낡은 것들이 태양과 예쁜 여자들의 순결한 시선에 드러나 있다. 영국인이든, 이탈리아인이든, 에스파냐인이든 이 예쁜 여자들은 루브르의 열주에 경탄하면서, 동시에 이토록 우스꽝스럽게 장식해 놓은 노점들을 볼 수밖에 없다.

어느 날 어떤 칼리프(지금은 무어라 부르는지 모르겠다)가 궁전의 창문을 통해 누군가 햇볕에 말리려고 옥상 위에 널어놓은 제대로 세탁되지 않은 낡은 옷가지들을 보았다. 그는 그 주인에게 새로운 옷을 주기 위해 수백 개의 황금 탄환을 주조하게 하여 쇠뇌를 들고 이 초라한 옷가지에 구멍을 내는 놀이를 했다. 이런 행위는 언제나 마음에 든다.

바로 이곳(루브르 광장)에서, 동정심 많았던 한 감자장수 아낙이 이미 먹여 살릴 아이가 아홉이나 되었는데도 불쌍한 아이 둘을 입양했다. 그녀는 그 아이들이 필요로 하는 것을 모두 마련해주고 자기 아이들과 함께 키웠다. 그녀가 생각지도 못하고 있을 때 이 영웅적인 선행은 사람들의 눈에 띄었다. 그리고 그녀는 공개적으로 찬사와 지원을 받게 되었는데, 사람들이 비천하다고들 하는 신분에서 찾아보기 어려운 관대함은 이 찬사와 지원을 받을 자격이 있었다.

높이는 10피에나 되지만 조잡하게 만들어진, 밀랍 입힌 천으로 된 중국식 파라솔은 이 수많은 헌 옷 장수들에게 피난처 역할을 해서 그들은 그 아래 차라리 누더기라 할 헌 옷들을 늘어놓는다. 밤에 이 파라솔들을 접어놓으면 그것들은 어둠 속에서 두 줄로 늘어선 부동의 거인들 같은 형상이어서 마치 루브르를 지키고 있는 것처럼 보인다. 그것이 무엇인지 모르는 사람들은 어둠 속에서 그것을 처음 보고는 뒷걸음질 친다. 그리고 이 유령들이 파라솔이라고는 짐작도 하지 못할 것이다.

여러 질병을 옮기는 장독(瘴毒)이 특히 모직물에 의해 전파된다는 것은 잘 알려져 있다. 사람들은 폐결핵, 폐렴, 오랜 중병으로 사망한 사람들의 옷가지를 태우지 않고 판다. 헌 옷 장수들은 그것을 사서 다시 판다. 그리고 오염된 옷은 가난한 노동자의 건강한 신체 위로 옮겨가, 몸에 관한 지식이 전혀 없는 이 노동자는 직물을 접함으로써 자신과는 무관했던 질병에 걸린다. 이 경솔한 옷 교환으로 인해 기원을 알 수 없는 수많은 감춰진 해악이 사람들 사이에 남게 된다.

이 모든 헌 옷들을 불이나 물, 또는 향신료를 통과시켜 일종의 소독 효과를 보게 하려는 자비로운 치안총감령(令)이 때마침 내려졌다. 그러나 가난한 사람들은 다른 빈민의 것인 이 옷조각들을 두고 서로 싸운다. 그리고 이 하찮은 의복 거래는 낮은 가격 때문에 더 큰 경쟁을 일으킨다. 그 점은 그런 꼭 필요한 의복을 여러 사람이 사려 하는 것을 보면 분명히 알 수 있다. 그리고 보기에 가장 혐오스러운 것이 여전히 포기되지 않는다.

자신이 숨겨진 독을 사는 줄도 모르는 이 군중 한가운데서 어떤 이들은 야외에서 커피를 판다. 카페 주인은 자신의 아이스크림 가게에서 당신에게 커피 한 잔을 5수에 파는 반면, 노점상들은 중국식 파라솔 아래서 수도꼭지가 달린 양철 물통을 들고 하층민들에게 커피를 따라준다. 그것은 언제나 우유를 탄 커피이다. 짐꾼, 인부, 중앙시장의 여자 상인들은 앉을 시간이 없어 서서 커피를 마신다. 특권으로 무장한 카페 주인들은 오페라 극장이 가수들을 쫓아내는 것처럼 이 유용한 노점상들을 쫓아버린다. 그러나 결국 유력자들 사이에서 철학이 우세하게 되어, 사람들은 짐을 진 채 식사를 하고 그 자리에서 2수에 커피를 마실 수 있게 되었다. 그것은 배타적 특권에 대한 아름답고 드문 승리이다. 그리고 나는 시민적 자유의 연대기 속에 그 점을 적어 넣게 되어 흡족하다.

우리에게는 광장이 있지만 사람들은 결코 그곳을 산책하지 않는다. 앵발리드 앞, 루브르 궁전 앞, 루브르 궁전 가운데에는 잔디밭이 있다. 그러나 그곳에서 앉거나 쉬는 것은 금지되어 있다. 이 푸른 잔디밭이 거기 있는 이유는 오직 총독의 눈을 즐겁게 하기 위해서이다. 튼튼한 울타리와 보초병들이 이 잔디밭을 지키고 있다. 공공정신은 프랑스에 알려져 있지 않다.

사람들은 앙리 4세 상(像)에 가까이 가지 않는다. 그 상은 공격적인 철책으로 둘러싸여 있기 때문이다. 쥐베날은 로마에 있는 청동상에 대해 말하는데, 사람들이 하도 그것에 입을 맞춘 나머지 청동상의 손이 닳아 떨어져 나갔다는 것이다. 반면 이곳에서 사람들은 (철책이 없었더라면) 존경을 담아 받침대에 입을 맞추었을 그 군주의 상 앞을 지나며 단지 바라볼 수 있을 뿐이다.

748 인쇄소의 뒤섞인 활자

책에 들어가는 낱말들을 만들어내는 가동 활자는 철과 납이 반반으로 되어 있다. 여백 또는 공간이 각 단어 사이의 간격을 만든다. 그러나 때때로 페이지 안에 배열된 이 활자들이 분리되는 일이 있다. 그것은 그 활자들을 고정시키는 나무가 마르거나 뒤틀려 활자를 떨어뜨리기 때문이다. 그러면 활자들은 뒤죽박죽되어 '파테(paté, 뒤섞인 활자)'라고 불리는 것이 된다. 모든 것이 흐트러진다. 그러면 견습공들은 단어들을 나누는 공간을 없애고 무차별적으로 활자를 배열한다. 그렇게 재구성된 이 '파테'는 진짜 혼란을 보여주는 활자들의 집합을 이룬다.

축젯날, 인쇄소에 혼자 남은 한 견습공이 재미삼아 '파테'로 한 부를 인쇄하기로 했다. 그리고 해독할 수 없는 그 인쇄물을 바라보다가 그는 그것을 거리 모퉁이에 내다 붙여야겠다는 생각이 떠올랐다.

언젠가 벽보가 경찰 전체를 혼란에 빠뜨린 적이 있다. 사람들이 멈춰 서서 벽보를 읽으려 했지만, 아무것도 이해할 수 없었으므로 무리를 이루어 그것이 무엇인지 알아내고자 했다. 동네의 글깨나 읽는 인물이 불려왔지만, 무슨 말인지 알아내지 못했다. 경관이 도착했고, 그도 아무것도 이해할 수 없었으므로 그것이 통렬한 조롱이라고 생각했다. 그는 불미스러운 것으로 생각된 벽보를 옷자락으로 공손히 덮었다. 사람들은 치안총감에게 가져가기 위해 그것을 최대한 조심스럽게 떼어냈다. 수사관과 경관들은 성벽을 만들어 사람들의 시선이 그 인쇄물에 닿지 않도록 했다. 그들은 검은 글자의 악랄함을 덮어버리려는 듯 인쇄물을 흰 쪽으로 돌렸다. 이 벽보는 무엇을 말하는가? 전혀 알 수 없다. 결과적으로 그것은 가장 흉악한 것을 의미한다. 그것이 경관들과 수사관들의 논리이다.

그들은 공포에 떨며 판사 앞에 도착하여 인쇄물을 내려놓았다. 모든 암호 해독자, 대수학자들이 소환되었다. 그들은 그 조합들을 철저히 파헤쳤다. 오! 이것은 악마의 언어이다. 그러나 이 언어는 많은 것을 말한다. 모두가 나름의 추측을 내놓았다. 이 단어들 아래에는 악마와 같은 사악함이 있다. 왜냐하면 결국 그것은 프랑스어 문자들이기 때문이다. 상상력은 곧 그것이 성직자를 중상하는 비방문이라는 데까지, 그리고 더한 것에까지 이르렀다. 사람들은 힘을 다해 수색한 끝에 어린 견습공을 찾아냈다. 그는 체포되었다. 그는 치안총감에게 끌려와 심문을 받았다. … "아! 나으리, 그것은 인쇄소의 뒤섞인 활자인뎁쇼." 그가 웃으며 대답했다.

749 도살

도살을 도시 밖에서 하게 되기까지는 여전히 더 많은 시간이 흘러야 하겠지만, 시 정부가 특권을 보존한 스트라스부르와 왕국의 다른 여러 도시들에서는 그렇게 한다.

소를 도살하는 방법은 돌발사고로 이어질 수 있다. 화가 난 소는 도망치다가 지나는 길에 있는 것을 다 쓰러뜨린다. 한번은 소가 거울 제조업자의 가게로 들어간 적이 있다. 거기서 소는 자신이 소떼 속에 있다고 생각하고 모든 거울을 뚫고 지나가려 했다. 그것은 우려할 만한 것이면서도 우스꽝스러운 광경이었다. 그 끔찍한 짐승을 비추었던 거울은 산산조각이 났고, 수천 개로 반사된 소의 무서운 뿔은 군중을 두려움에 빠뜨렸다. 어느 정도 떨어져 있던 그들은 소 30마리가 한꺼번에 그 가엾은 거울 제조업자의 가게로 들어간 줄 알았다.

또 다른 소는 예배 중이던 생퇴스타슈 교회로 들어가 만도 소리에 따라 울부짖으며 의자를 뒤엎고 신도들을 들이받았다. 그 소가 신성모독을 저지르고 피투성이로 만들어놓은 신전에서, 소를 내쫓기 위해 사람들은 도살업자를 불러와야 했다. 도살업자는 그 위험한 짐승이 이 신성한 피신처를 떠나도록 유도하기 위해 다른 소들을 데려왔다. 내진(內陣)으로 피신한 사제들은, 제단 아래서 부상을 입고 공포에 질려 소를 신의 분노의 사자로 여기고 있는 신자들을 축복할 수밖에 없었다.

도살업자들이 가장 안전하고 동시에 가장 신속한 방법으로 짐승을 도살하도록 규정한 것은 현명한 정책일 것이다. 양을 어린아이가 보는 앞에서 죽이거나 거리에 짐승의 피를 흘리는 것은 바람직한 것도 현명한 것도 아니다. 붉게 물든 개울은 사람의 영혼과 몸에 영향을 미친다. 즉 그것은 이중의 부패를 뿜어내는 것이다. 이 거리를 통과하며 신바닥을 피로 붉게 물들이고 집으로 돌아온 그 사람이 살인자가 되지 않았는지 누가 알겠는가? 그는 도살당하는 짐승들의 신음소리를 들어왔다. 그리고 아마도 그 결과 자신이 공격한 사람의 억눌린 비명에 무감각해졌을 것이다.

나는 스위스인들이 자신들의 집 앞에서 돼지를 잡고, 모여든 아이들 앞에서 그 짐승의 목을 칼로 찌르고, 흐르는 피를 받고, 도시 내 집집마다 그 광경을 되풀이하고, 그것을 일종의 축제로 여기는 것을 계속 나무랄 것이다. 스위스인들은 두 걸음만 가면 농촌인데, 그토록 작은 도시에서 어떻게 때때로 사람의 목소리를 닮은 이 날카로운 짐승의 우는 소리가 이웃에 가득하도록 만드는 데 동의한단 말인가? 어떻게 사람들은 자신이 받아낸, 여전히 김이 나는 동물의 피와 지독하게 양념한 질 나쁜 순대를 서로 교환하면서 몇 개월 동안 아침부터 저녁까지 이 끔찍한 음악만 듣는단 말인가?

이 잔인함과 고통은 대도시보다 작은 도시에서 더 강한 인상을 준다. 스위스의 뇌샤텔에서는 어떤 이유에서인지 도살이 증가해서 모든 주민이 매일 돼지고기를 먹는 것 같다. 반면, 스트라스부르에서는 짐승의 신음소리를 결코 들을 수 없다. 흐르는 핏물도 볼 수 없다. 도살업자의 옷은 얼룩 한 점 없고, 당신은 불쾌한 냄새를 맡지 않고 푸줏간을 지나갈 수 있다.

나는 여행 중에 시(市) 기구가 권위를 많이 잃지 않은 곳에서는 경찰이 유용한 세부적인 것들을 포괄하고 있는 것을 발견했다. 그리고 정치체제가 다르면 정반대인 것을 보았다.

92,000마리의 황소, 24,000마리의 암소, 50만 마리의 양이 매년 수도에서 소비된다. 100년 후에는 그 수가 얼마나 될지 계산해보라. 거기에 공동묘지에 묻히는 22,000구의 유해를 더해보라. 그리고 이 땅이 기름지게 될지, 아니면 언젠가는, 오호라! 인간의 뼈와 동물의 뼈가 뒤섞여 그 산물로 석회질 땅이 될지를 보라.

오디세우스의 불행한 동료들에게만 도끼와 칼을 사용하는 2급 도살업자인 돼지고기 상인 역시 옛날에는 문 앞에서 희생물을 도살하고 불태우는 그 칭송할 만한 습관을 가지고 있었다. 피는 순대를 만들기 위해 보관되므로 도랑을 넘쳐흐르지는 않았지만, 그 대신 도살업자는 소각용 짚으로 이웃 전체를 연기로 채울 수 있었다. 결국 불평하는 여러 사람들을 고려하여, 그리고 그것이 이롭다고 생각한 다른 사람들의 사주에 따라 돼지는 공개적으로 도살되거나 소각되지 않게 되었다. 여기서 이런 변화의 역사, 더 정확히 말해 가축을 죽이는 것이 금지되거나 허용되어 차례로 포고된 다양한 장소를 열거하는 것이 우리의 주제는 아니며, 더욱이 그 원인이 된 빈곤에 대해 말하려는 것도 아니다. 그러나 사람들이 더 이상 대책 없이 연기에 시달리지 않게 되었다는 것은 사실이다. 공개적으로 짐승을 도살하거나 자신의 집 주위로 유혈이 낭자한 광경을 노출하는 도축업자나 고기구이 장수에게 꼭 벌금을 부과해야 할 것이다. 이 세금은 자연 스스로 명령하는 것으로서, 자연은 피를 혐오하고 설사 불행히도 잔인해야만 하는 경우에도 적어도 그 자신에게 그것을 감출 수 있도록 모든 노력을 다한다.

750 신고

경찰이 몇몇 상황에서 실수한다면(그리고 경찰이 때때로 자기 구역에서는 치안총감이나 마찬가지인 감독관의 소소한 탐욕에 의해 실수를 저지른다면), 그리고 경찰이 오류를 저지르고 예측을 잘못 한다면, 경찰이 거의 군대식 체제를 가지고 있음을 고려해야 한다. 그러나 선이 악에서 태어나듯, 경찰은 모든 나라, 모든 지방에서 온 이 사납고 흉포한 자들을 확실히 검거한다. 이 질서 교란자들은 이 거대 수도에서 수배를 피할 수 있다고 생각한다. 경찰은 그들을 추적하지만, 때때로 그들의 생활방식을 관찰하기 위해 그들을 방치한다. 그리고 심부름꾼을 알아내기 위해 그들이 완전히 자유롭게 움직이도록 내버려둔다.

어떤 사람이 '신고'되면 그는 한 발짝 움직일 때마다 추적당한다. 그에게는 끄나풀이 붙어 걸음을 늦추거나 빨리해봐야 소용이 없다. 확실하고 지칠 줄 모르는 시선이 그를 포위하고 포기하지 않는다. 그는 매일 저녁 감시 속에 집에 들어간다. 그는 때때로 몸을 숨기기 위해 어느 현관문으로 들어간다. 그리고 그는 나올 때 누군가 다시 들어가는 것을 본다. 그는 끄나풀을 떼버렸다고 믿는다. 그러나 끄나풀은 하나가 아니고 여섯이다. 만일 그가 길모퉁이를 지나 갑자기 멈춰서 모퉁이에 붙으면, 사람들은 그를 보지도 않고 열 걸음 지나쳐간다. 그러나 만일 그가 조급하거나 화가 나 이 끄나풀 중 하나의 목을 조르면, 이 끄나풀은 그냥 맞기만 하면서 행인에게 눈길을 던지고는 달아나는 척한다. 이 행인은 결코 그 길을 떠나지 않는다. 그것이 아르고스의 속박이다. 경주하듯 빨리 달려도, 사려 깊게 지체

해도 추적당하는 사람은 아르고스에게서 벗어날 수 없다. 그에게는 기게스의 반지가 필요할 것이다.[89] 그러면 그 끄나풀은 "그가 거기서 사라졌다"고 말할 것이다.

한 낯선 사람이 끄나풀들이 연이어 그의 앞을 지나며 그에게 신호로 알리는 것을 보고 주머니에서 그의 주소를 꺼내 그들에게 준다. "잘 했소! 하지만 당신은 모레 자리를 옮길 것이오." 그것은 사실이었다.

사람들은 오직 다른 사람의 행동을 뒤쫓는 일에만 전념하는 이런 사람들의 명부를 부풀렸다. 그것은 경찰에게 유익한 착각이다. 왜냐하면 사람들이 어디나 첩자로 가득하다고 상상하게 되면, 경찰은 첩자를 덜 고용해도 되고 조심성 없는 수다쟁이들의 말은 더 신중해지기 때문이다.

이러한 수사는 폐해가 있을 수도 있지만 공공의 안녕을 가져온다. 그리고 이 커다란 이점, 헤아릴 수 없는 이점으로 인해 우리는 런던보다 월등한 치안을 확립했고, 이 이점은 밀정들 없이는 유지될 수 없을 것이다.

경찰은 어떤 사람들에게서 신속히 범죄로 이끌리는 위험한 성향을 발견한다. 그런 성격은 이미 범죄로 기울어진다. 그런 인물을 사회에서 격리할 때이다. 그리고 그런 판단을 내리는 것은 매우 까다로운 일이지만, 징벌을 일반 재판소에서 정한 형식에 맡겨둘 수는 없다.

내가 보기에 치안에 부족한 것은 재판소이다. 범죄를 예방하기 위해 금고형을 정할 때에는 여러 판사가 판결을 내려야 할 것이다.

89 그리스인 기게스는 지하 공간에서 금반지를 발견했는데, 그는 그것을 손안에 넣고 보석을 자기 쪽으로 돌리면 자신을 보이지 않게 만드는 능력이 있음을 알게 되었다. 그는 반지의 힘을 악용하여 왕궁으로 가 왕을 살해하고 왕좌를 빼앗았다.

감독관, 경관, 서기가 판사를 대신한다. 그리고 판사직의 본질인 이 정교한 규정과 사법적 원칙이 없기 때문에 그들 자신의 열정이 그들을 혼란에 빠뜨리고 경찰 수뇌가 속임수에 걸려드는 것이다.

어느 가엾은 젊은이의 주머니에 손수건을 집어넣고는 이어 그를 사기꾼으로 체포하는 감독관을 본 적이 없는가? 추잡한 책을 주문하고, 범죄의 주범이면서도 곧 선량한 일꾼, 경계를 게을리하지 않는 재판관인 체하는 또 다른 경관을 본 적이 없는가?

작은 권력을 수중에 쥐는 것보다 더 사람의 마음을 변화시키는 것은 없다. 그는 그 권력을 늘려 자신의 이익과 탐욕에 이용한다. 그는 이웃 앞에서, 잘 모르는 사람과 순진한 사람 앞에서 이 작은 권력을 뽐낸다. 그의 말을 들으면 그가 1심 판결권을 갖는다고 생각할 것이다. 그것은 직무를 맡은 자들의 망상이자 우스꽝스러운 모습이다. 때때로 자기 구역의 판사처럼 굴지 않는 감독관이 없고, 대령 행세하지 않는 경관이 없다. 결국 경찰은 언제나 다소 거만해 보인다.

아! 보조세 법원, 회계 법원, 화폐 법원은 있는데, 왜 행정부의 그토록 중요한 부분에 특별 법원이 없을까? 왜 보통 광범위한 연관을 갖는 수많은 활동을 담당하는 단 한 사람에게 그토록 많은 권한을 부여하는가? 한 사람이 그 많은 권한을 지닌다 해도 역시 일의 진행은 신속하고 단호할 것이다. 그러나 상관없고 잡다한 수많은 정념의 영향을 멈출 규율과 절차가 있어야 할 것이다.

사망자와 부상자의 수를 정확히 알게 되는 것은 전투 다음날이다. 치안총감의 알려지지 않은 범죄가 고발자들의 비난으로 드러나는 것은 그가 은퇴했을 때이다. 따라서 그가 그의 자리를 떠날 때가 그를 심판할 때이다. 틀림없이 그렇게 된다. 그는 자신의 체포 소식을 듣게 될 것이다. 파리에서 치안총감보다 더 확고한 정직성과 더 양심적인 공정성을 요구하는 자리는 없다. 왜냐하면 그는 (그의 권력과 신용이 지속되는 한) 수많은 잘못과 비리를 어둠으로 은폐할 수 있기 때문이다. 결국 서로 충돌하는 것으로 보이는 다양한 요소들, 즉 정의, 연민, 대담함, 용의주도함, 단호함, 관용, 활력, 인내로 이루어진 영혼을 갖는 것이 이보다 더 필요한 자리는 없을 것이다.

751 왕립 거울 매뉴팩처

매춘부가 자신의 매력을 증대시키기 위해 거울이 있는 방 소파 위에 틀어박혀 있을 때, 멋진 스타일의 남자가 반바지가 피부에 딱 붙어 있는지 보기 위해, 그리고 좁고 꽉 끼는 자기 옷을 가장 단정치 못한 유행에 맞추기 위해 4개의 거울 사이에 있을 때(요즘 젊은이들은 아름다운 허벅지를 가꾸므로), 방탕함에 빠져 나약하고 게으르게 사는 이 사람들은 그들이 자신의 세속적인 모습을 들여다보는 이 윤나는 거울에 뿌려진 피땀을 생각하지 않는다. 사치는 사람의 마음을 무감각하게 만들고, 그에게서 그의 동포들에게로 다시 돌아가게 할 감동적이고 교훈적인 생각을 빼앗는다.

우리가 어디나 두는, 그리고 우리들이 사는 집의 가장 큰 사치품인 이 거울로 인해 수많은 노동자가 겪어야 하는 고통의 탄식을 누가 계산할 수 있을까? 어떤 독재자라도 선고할 수 없는 노동에 시달리고 있는 작업장으로 나와 함께 들어가보자! 당신은 작업장의 크기, 수많은 바퀴와 석재에 놀랄 것이다. 400명이 넘는 노동자들이 나란히 열을 지어 그 바퀴와 석재를 유리 위로 밀어올려 돌리면서 유리를 간다. 이어 당신은 이 대규모 작업장의 질서와 조화에 경탄한다. 그러나 곧 움직이는 바퀴의 소음, 그리고 유리가 된 모래 덩어리가 광택이 나고 투명해지도록 하기 위해 숨을 헐떡이고 땀을 흘리고 기진맥진하는 노동자들의 격한 수고와 놀랄 만한 근육의 수축은 아무리 냉혹한 사람이라도 가슴 깊이 동정과 연민을 느끼게 만든다. 이 지옥과도 같은 노동을 보며, 그리고 숙명적인 빈곤에 의해 결코 깨뜨릴 수 없는 못으로 이 노동에 결박된 것처럼 보이는 불행한 사람들을 보며, 수많은 방문자들의 눈에 눈물이 고인다.

거울을 만드는 곳은 피카르디 지방의 생고뱅(Saint-Gobain)이다. 거울은 배로 우아즈 강을 통해 파리에 도착한다. 그때 거울은 가공하지 않아 윤기도 없고 울퉁불퉁하다.

거울을 가는 데 필요한 시간은 거울의 크기로 결정된다. 그리고 가장 작은 거울이라 해도 꼬박 사흘의 작업을 필요로 한다. 그 거울 매뉴팩처는 알려진 것 중 가장 큰 거울을 생산한다. 그 거울은 크기가 120푸스에 달한다. 거울이 그토록 눈을 즐겁게 하는 이 광채, 선명함, 아름다운 물[水]색을 얻기까지 얼마나 큰 고통과 힘든 노고가 있었겠는가?

'거울과 유리'를 사용하지 않아 그것을 표현할 단어가 없는 무어인들은 행복하도다! 그들은 그들의 모습이 반사된다는 것을 믿을 수 없으므로 우리나라에서 수많은 남자와 심지어 나이를 불문한 여자를 지치게 하는 이 힘들고 유해한 활동을 하지 않는다. 흑인들은 그들의 몸에서 그토록 고통스러운 땀을 흘리지 않는다.

작업장에서는 환기를 할 수 없다. 공기가 분말 연마제를 날카롭게 만들어 거울에 지우기 어려운 줄무늬를 남기기 때문이다.

여기서 노동자들이 주석과 수은을 합금하면서 겪는 위험에 대해 말해야 할 것이다. 작업을 할 때마다 노동자들은 숨을 참아야 한다. 왜냐하면 감지할 수 없을 정도로 증발하는 수은이 신체의 모든 통로를 통해 많은 양 침투하기 때문이다. 노동자들은 부분적으로 그 효과를 막기 위해 매번 깨끗한 물로 손, 눈, 입을 닦고 콧구멍을 세척해야 한다. 이렇게 주의를 해도 모든 노동자들은 끊임없는 두려움 속에 산다. 주석과 수은 합금 작업장의 타일은 수은에 의해 부식되어 표면이 벗겨졌다. 그것이 신체에 미치는 영향을 판단해보라!

유약한 남성이여, 지금 당신을 비춰보고 당신의 모습에 미소 지으라! 당신의 우아한 모습을 비추는 반들반들한 표면은 고되게 노동하고 비참하게 신음하는 팔 아래서 만들어진 것이다. 이 거울에서 당신의 얼굴이 아니라, 이 불행한 노동자들의 창백하고 보기 흉하고 굶주리고 야윈 안색을 보라. 아! 당신들은 야위고 헐벗은 팔, 핏빛 땀에 젖은 수척한 얼굴을 보지 못하는가! 바로 이것이 인류를 소진시키는, 당신들의 사치의 산물이다.

그러니 비열한 탕아들이여, 이 순수한 거울 앞에서 다시 방탕한 광경을 되풀이하라. 거울은 당신의 파렴치함, 당신의 타락을 드러내기 위해, 그리고 당신의 치욕을 영원한 것으로 만들기 위해, 적어도 이 수치스러운 상을 기적에 의해 보존할 것이다. 아! 거울이 한 번 당신의 추잡함의 흔적을 남기면, 당신은 더는 스스로 감히 시선을 그리로 옮기지 못할 것이다. 이 거울에 윤을 낸 불행한 사람들을 생각하라. 그러면 당신은 자비, 예의, 덕성의 상을 거기에 담게 될 것이다.

여름의 더위 속에서 작업장을 방문한 호기심 많은 사람들은 15분 이상 그곳에 머무를 수 없다. 미지근하고 악취를 풍기고 짓누르는 듯한 짙은 수증기가 그들을 질식시킨다. 그들은 코를 감싸 쥐고 공기가 너무 희박하여 마치 배기 펌프 입구에 있는 것처럼 느껴지는 이 불결한 시궁창에서 빠져나온다. 매우 건장한 사람이라면 그 매뉴팩처에 들어가 하루에 3리브르를 벌 수 있다. 그러나 또한 이 사람은 6개월도 못 되어 힘의 절반을 잃어버리고, 비위생적인 공기에 의해서뿐 아니라 그를 소진시키고 죽이는 노동의 피로에 의해 차츰 건강을 잃어버린다. 어떤 노동자가 불행히도 거울을 깨뜨리면 사람들은 그 조각들을 다듬고 그 (거울과 조각들의) 가치의 차액만큼을 그의 급료에서 공제한다. 아, 얼마나 냉혹한 계산인가? 아니! 누가 그렇게 계산하는가? 이 과도한 노동으로 막대한 재산을 모으는 사람들이다.

한 주 또는 한 달 동안, 누군가 거울을 든 채 넘어지거나 그것을 닦다가 다쳤다는 소식을 듣지 않는 때는 없다. 얼마나 큰 재앙인가! 이 재앙은 외과의사를 두렵게 한다. 사람들은 거울을 다듬는 데 다이아몬드를 사용하고, 이 작업은 능란한 솜씨를 필요로 한다.

생고뱅 외에도 이 탐욕스러운 매뉴팩처는 두 곳에 작업장이 있는데, 하나는 셰르부르에, 다른 하나는 투를르빌에 있다. 이 작업장들은 모두 인근 숲의 나무를 고갈시킨다.

거울의 비스듬한 절단면에 대해서는 말하지 않겠다. 왜냐하면 이 노동을 보기 위해 오랫동안 머물렀다가는 거울의 가장자리를 고르게 하기 위해 고운 모래와 석류석 가루를 펼쳐놓은 철제 받침 원판 위에 노동자가 올려놓은 이 거울들이 내는 시끄러운 소리에 귀가 찢어질 것이기 때문이다.

거울을 평가하는 것은 최고 책임자이다. 이어 상인이 그것을 구입한다. 실내장식업자나 거울 상인이 아니라면 특정 개인이 매뉴팩처에서 거울을 구입할 수는 없다. 가격표가 있다고 해서 거울의 가치에 대해 늘 속지 않는 것은 아니다. 거울의 크기에 대해서는 속을 수 없지만, '기포', '가는 줄', '물결무늬'[90]는 흔히 경험 없는 구매자의 눈에 띄지 않는다. 그리고 영악하게 일하는 거울 상인은 거울을 팔 수 있도록 하기 위해 상점에서 거울을 햇빛을 마주보고 비스듬히 세워놓아, 얼핏 보아서는 여러 결함들을 발견할 수 없도록 유의한다.

이 작업장은 독점적 특권을 누린다. 그에 따라 이 작업장은 수백만 리브르를 빨아들인다. 왜냐하면 오늘날 어떤 성을 장식하는 데 5만 에퀴의 거울이 필요하다고들 수군거리고 있으니 말이다. 곧 여자 나

90 거울 제조상의 여러 결함을 지칭하는 기술적 용어.

사상인의 규방은 온통 거울로 장식될 것이다. 그럼 거울을 두지 않는 곳은 어디일까? 내실, 계단 통로, 변소 등등.

선량한 이들이여! 분수의 깨끗한 물에 자신을 비춰보라. 이 장(章)은 읽지 마라, 그리고 내 책은 영원히 무시하라.

752 비비앤 길

도시의 나머지 지역 전체보다 이 길 하나에 더 많은 돈이 있다. 이곳은 수도의 돈 주머니이다. 대형 금융기관, 특히 할인금고가 여기 있다. 은행가, 환전상, 중개인, 결국 은화를 거래하는 모든 사람이 이곳을 바삐 돌아다닌다. 그들의 수완이란 모두 어떤 이로부터 싼값에 사서 다른 이에게 비싸게 파는 것이므로 모든 것이 그들의 물욕을 돕는 것이다. 끝없이 다양한 욕구가 수도의 주민들을 늘 부추기므로 끊임없이 이 자금 집행인들에게 의지해야 한다. 이들은 알아들을 수 없는 전문용어를 사용하고 그것을 단순화하지 않으려고 주의한다. 왜냐하면 사람들이 이 투기 언어를 이해하면 스스로 사업을 하려 할 것이기 때문이다.

모든 사업은 금융사업이다. 그러나 사람들은 끊임없이 계산 잘하는 사람에게 속는다. 그것은 일종의 현재적 재앙이다. 재정가가 법을 지배하면 나라는 불행히도 불안해진다. 그때 모든 재산은 다소간 커다란 혼란을 겪는다.

투기로 돈을 모으고 건전한 농업을 혐오하는 이 모든 부류가 플루토스의 재단에 더 가까워지기 위해 이 길[91] 인근에 산다. 그곳의

91 비비앤 길에는 증권거래소, 1776년에 세워진 할인금고, 튀르고가 처음 폐지한 후 1785년에 재설립된 인도 회사가 있었다. 그곳에는 또한 수많은 환전상, 은행가, 중개업자들의 사무소가 있었고, 그들과 함께 주식 투기업자와 상인들도 쉽게 돈을 벌 수 있다는 희망을 갖고 파리 재계 거물들의 중심지인 이곳으로 유입되었다.

매춘부들은 다른 구역의 매춘부들보다 자금에 더 관심이 많고, 주식 거래소 직원을 식별해 그들의 의도를 착각하지 않으려 한다. 그곳에서 돈을 다루는 이 모든 사람들은 생각할 줄 아는 능력을 완전히 잃지 않기 위해 다른 이들보다 더 많이 읽을 필요가 있을 것이다. 그러나 그들은 전혀 읽지 않는다. 그들은 글 쓰는 사람들을 먹여 살리지만, 글 쓰는 직업을 어떻게 수행하는지 잘 이해하지 못한다. 금융업자에게 가장 소중한 책은 '백과전서'이다. 무엇보다 이 책은 '비싸고,' 다음으로는 이 방대한 책이 '돈'을 가져다준다고 들었기 때문이다. 이 길의 모든 주민은 동료 시민에 해를 끼치는 일을 하면서도 아무런 가책도 느끼지 못하는 사람들과 관련을 맺고 있다. 그들은 이 사람들이 30년간 조국에 커다란 해악을 끼쳐왔음에도 어떤 점에서 이들이 진정한 시민이 보기에 범죄자인지 스스로는 짐작도 하지 못한다.

자본가들은 되도록이면 이 호사스러운 구역에 거주한다. 빈곤은 결코 이곳에 접근하지 못하며 다른 곳으로 피신한다. 자본가란 누구인지 내게 말해줄 사람이 있을까? 그는 선량한 사람, 분별 있는 사람, 재능 있는 사람인가? 아니다. 그는 500~600만 리브르의 호위를 받으며, 이 강력한 몽둥이를 가지고 사업에 투신하는 자이다. 바로 이것이 자본가이다!

753 폐쇄된 묘지

인구가 가장 많은 구역에 위치한 이노상 묘지에 매년 3,000구의 시신이 묻힌다는 것은 이미 말한 바 있다. 필리프 미남왕 때부터 이곳에 시신을 매장해왔다. 적어도 1천만 구의 시신이 좁은 공간에서 분해되었다. 얼마나 엄청난 도가니인가!

이 인류의 잔해 위에 목초와 채소를 파는 시장이 세워졌다. 나는 그곳을 지날 때마다 사색에 빠진다. 오! 시체가 말을 할 수 있다면, 이 구역으로부터 얼마나 엄청난 역사가 흘러나올 것인가! 암흑 속에 잊혀진 이 모든 사실들과 지워진 이 다양한 인물들과 비교하여 우리의 역사는 무엇을 말하는가? 우리는 우리의 조상들에 대해 아는 것이 없다.

이 좁은 구역에서 감염이 주민들의 생명과 건강을 공격했다. 공기의 성질에 대해 새로 알게 된 지식은 여러 집에 확산된, 그리고 나날이 더 강력해질 수 있었던 이 공기 오염의 위험을 분명히 밝혀주었다.

공공의 요구, 파리 고등법원의 판결, 판사들의 견해에도 불구하고, 묘지들을 폐쇄할 수 없었다. 이 악습은 종교의식과 긴밀히 결부되어 법률로도 근절할 수 없을 정도로 뿌리 박혀 있었기 때문이다.

그러나 이노상 묘지는 여러 의사들이 인정하는 오염된 공기를 내뿜었으므로 당연히 정부의 경계 대상이 되었다. 그리고 다양한 이해관계를 조정하려는 여러 노력 끝에 묘지는 결국 폐쇄되었지만, 어려움이 없지 않았다. 왜냐하면 어떤 종류의 선이든 실천하기는 참으로 어렵기 때문이다!

위험은 절박했다. 묘지와 가까운 집들에서는 수프와 우유가 몇 시간 만에 상했다. 포도주는 얼마 남지 않게 되면 맛이 시어졌다. 시체의 악취는 대기를 오염시킬 징조를 보였다.

이 시체의 소굴이 내뿜는 유독한 증기를 막기 위해 방책을 세워야 했다. 왜냐하면 시체의 가스는 동물의 몸에 영향을 미치고 그것이 닿는 모든 생명체를 부패시키는 강력한 독이기 때문이다. 그것이 유기체에 가하는 작용은 끔찍하다. 이 시체의 습기는 손이 닿기만 해도 독초의 수액을 능가한다. 왜냐하면 그것은 단순한 접촉으로도 치명적인 영향을 미치기 때문이다. 그렇다. 이 습기에 젖은 벽에 경솔하게 손을 대는 것은, 단지 그것이 살갗에 닿았을 뿐이라 해도 독성의 작용에 스스로를 노출시키는 것이었다.

준비한 지 얼마 되지 않은 음식이 곧장 부패하는 구역에서 대기의 부패를 막기 위해서는 우선 1,600구의 시신이 묻힌 구덩이의 유독가스를 제거해야 했다.

묘지 한가운데서 이루어지는 노동이 만들어내는 그림보다 더 음울한 것은 별로 없다. 두꺼운 석회층을 만들고 그것으로 깊은 구덩이를 채워야 했다. 그리고 공기 오염이 농축되어 밖으로 배출되는 것을 막고 모든 확산을 차단해야 했다.

타오르는 횃불, 처음으로 열린 이 거대한 구덩이, 갑자기 옮겨진 여러 층의 시체들, 유골의 잔해, 관의 널빤지들을 연료로 한 어수선한 불길, 장례용 십자가들의 불안정한 그림자, 밤의 침묵 속에 갑작스레 밝혀진 이 두려운 장소를 상상해보라! 이 구역 주민들은 잠에서 깨어 침대 밖으로 나온다. 어떤 이들은 반쯤 벗은 채 창가에 서 있다. 다른 이들은 내려온다. 이웃사람들이 달려온다. 아름다운 여자들, 젊은이들이 놀라움과 호기심이 뒤섞인 모습으로 나타난다. 이 묘지들,

이 음산한 불길, 시체의 이 잔해들과 얼마나 대조되는가! 소녀들이 반쯤 열린 무덤가로 뛰어온다. 가장 음산한 것들 옆에 젊음의 장미들이 눈에 띈다. 이 죽음의 악취를 풍기는 소굴 안에 잠의 품에서 벗어나 반쯤 벗은 발로 유해를 밟고 있는 아름다운 여자들이 있다.

754 2대의 역마차

나는 성문 밖에서 방향은 반대이지만 나란히 서서 대화하고 있는 듯한 역마차 2대를 보았다. 하나는 출발하고 있었고, 다른 하나는 도착하고 있었다. 출발하던 마차는 민첩하고 반들반들하고 화려했고, 새로운 장식에 금고를 갖추었으며, 더 의기양양하게 성안으로 들어가기 위해 멈춰 섰다. 도착하던 마차는 메마르고 더럽고 긁혀 있었고, 구석에는 얼굴을 반쯤 숨긴 비쩍 마른 젊은이가 있었는데, 달아나는 듯한 모습이었다. 내 생각으로는 도착하던 마차는 동시에 출발하던 마차를 비웃고 있었다. 그러나 나는 이 두 마차가 대화를 나눴다고 상상했고, 출발하던 마차가 도착하던 마차로부터 이렇게 말하는 것을 들었다고 생각했다.

> 너는 네가 아주 새것이고, 금도금을 했고, 볼이 통통하고 호기심 많은 젊은이를 태웠다고 나를 비웃고 싶어 하는 것 같군. 그래, 그래, 내가 빠져나온 구렁텅이로 들어가. 네 주인을 그곳으로 데려가! 네 가죽은 메마르고 네 주인의 통통하고 빛나는 얼굴도 그렇게 될 거야. 금고는 텅텅 비고 장식은 산산조각이 날 거야. 자, 자, 정말이야! 15개월 뒤에 보자, 나만큼이나 망가진 너를 보게 될 테니.

도착하던 역마차는 6명의 마부가 울리는 채찍소리 요란하게 성문으로 들어갔다. 다른 역마차는 반쯤 문이 열린 채 줄에 끌려 힘없이 지방으로 향했다. 그러나 그 마차는 동료에게 말하는 듯했다.

너는 같은 길을 돌아가게 될 거야. 그리고 아마 너의 젊고 빛나는 주인을 다시 데려가지 못할지도 몰라. 그는 지독히 방탕한 생활 끝에 산화한 뼈를 멋진 도시에 묻게 될 거야.

755 목걸이

친애하는 독자들이여, 여러분에게 목걸이, 다이아몬드 목걸이에 대해 이야기하려 한다! 부디 순서대로 이야기하자. 프랑스에서 언제 처음 다이아몬드를 사용했는지 이야기해보자. 샤를 7세 전에는 어떤 여인도 다이아몬드를 지니지 않았다. 샤를 7세의 정부 아녜스 소렐(Agnès Sorel)이 처음 다이아몬드 목걸이를 지닌 여인이었다.

따라서 내가 여러분에게 이야기하려 하는 것은 이 목걸이에 대해서이다. 이 목걸이의 보석들은 가공되지 않았고 조잡하게 조립되었다. 그런데 이 목걸이는 이 아름다운 여인의 목에 매우 불편한 느낌을 주었고, 따라서 그녀는 그것을 '굴레'라고 부르고 이 장식물을 형벌처럼 느꼈다. 그러나 왕이 그녀가 목걸이로 장식한 것을 보고 즐거워했으므로, 그녀는 사랑하는 이를 기쁘게 하기 위해서는 고통을 감수할 줄도 알아야 한다고 말하면서 불편한 보석을 계속 걸고 있었다. 곧 샤를 7세 궁정의 여인들이 총희를 모방했다. 그리고 새로운 것에 대한 사랑이 다이아몬드 목걸이의 인기를 높여주었다.

이때 이래 취향은 여러 차례 바뀌었다. 진주가 카트린 드 메디치(Catherine de Mécicis)와 유명한 디안 드 푸아티에(Diane de Poitiers)가 찾는 장신구였다. 스코틀랜드의 여왕이자 프랑스의 왕이 될 왕세자 프랑수아 2세의 아내였던 메리 스튜어트는 화려한 다이아몬드를 가져왔다. 그녀의 궁정의 귀부인들 역시 다이아몬드를 애용했다. 이 젊은 왕비가 프랑스를 떠나자 진주가 다시 유행했다. 앙리 4세의 부인인 마리 드 메디치의 대관식에서 궁녀들의 의복은 진주로 장식되었고, 어깨 위에서 구불거리며 찰랑이는 머리칼에는 여러 줄로 된 진주 핀을 꽂았다. 리슐리외 추기경 지배하에서 유행은 군주, 귀족, 나머지 모두와 마찬가지로 억압되었다. 그러나 루이 14세 치세에 다이아몬드는 다시 애용되었는데, 그것을 다시 불러낸 것은 공연이었다. 국왕이 베푸는 화려한 축연은 거기서 공연하는 여배우들의 허영을 자극하여 이 여배우들은 무대에서 더 나은 효과를 내는 모조 보석들로 옷을 장식했다. 가장 높은 지위의 귀부인들은 이 장신구를 다른 사람들과 구분해주는 것으로 선택했다. 이 귀부인들은 귀고리, 목걸이, 깃털 장식, 팔찌를 했을 뿐 아니라, 다이아몬드 장식품을 드레스 앞면에 달았다. 왕비는 그에 더해 허리띠, 드레스의 어깨끈, 외투의 고리에도 그것을 달았다. 다이아몬드 장식품은 점차 증가했다. 그리고 이제 사람들은 다이아몬드로 된 꽃다발, 남성복 장식, 모자의 단추, 장식 핀, 회중시계, 코담뱃갑, 칼의 매듭을 만든다.

이 돈 많이 드는 취향을 추방하고 그것을 더 소박하고 더 값싼 장신구로 대체할 혁명은 진정으로 철학적인 혁명일 것이다. 왜냐하면 하늘 아래 다이아몬드보다 더 잘못되고 더 잔인한 사치는 없을 것이기 때문이다. 남자가 지닌 다이아몬드를 보면 그것은 나의 눈과 영혼에 상처를 준다. 다이아몬드로 장식한 남자는 내게 가장 강한 반감을 불러일으킨다.

756 인쇄기

인쇄기보다 더 파괴적인 것은 없다. 그것은 집의 기초를 흔들어놓는다. 인쇄기의 반복적인 충격과 무게는 아무리 튼튼한 바닥이라 해도 손상을 입힌다. 그래서 특히 파리에서는 많은 사람들이 인쇄업자에게 집을 세놓으려하지 않는다. 왜냐하면 새로운 집에 인쇄기를 들이면 10년 만에 그 집을 30년 된 집의 수준으로 만들어놓는다는 것이 입증되었기 때문이다.

그것은 바로 인쇄기의 도덕적 힘을 형상화하는 것이 아닌가? 인쇄기는 편견을 뒤흔든다. 그것은 낡은 오류의 신전을 허문다. 그것은 지은 지 오래된 낡은 집, 그것의 낡고 부적절한 법들을 쓰러뜨린다.

아마도 사람들은 이 유용한 기술을 악용할 것이다. 그러나 사람들이 악용하지 않는 것은 무엇인가? 사람들을 접근시키고 서로 결속시키는 데 이용되었어야 하는 나침반은 사람들의 분노를 퍼뜨리는 데 이용되었다. 화약은 어리석고 악랄한 자들과 전쟁하는 대신, 도시를 파괴하고 사람들을 몰살하는 데 이용되었다. 적어도 시간은 우리를 위해 바보 같은 책에 대해 앙갚음해 준다. 그리고 이성이 권리를 되찾으면 그 책은 서고에서 잡화점으로 보내진다.

왕들은 저자, 그것도 방대한 글의 저자가 되었다. 루이 14세와 루이 15세의 칙령, 명령, 성명서 등은 2절판으로 40권 이상이 된다. 단 한 장만 인쇄해도 군주에게 수백만 리브르를 가져다주지만, 군주는 인쇄하는 데 더 이상 돈을 지불하지 않는다. 그의 인쇄소 책임자는 여전히 국왕의 금고에 매년 15,000리브르를 돌려준다.

국왕의 문서를 인쇄할 때 인쇄기는 엄중히 감시된다. 누구도 왕의 문서를 훔쳐 위조할 수 없다. 어떤 것도 빠져나갈 수 없고, 어떤 것도 새나갈 수 없다. 보통 노동자들은 밖으로 나가지 않는다. 그러나 인쇄는 참으로 잘 드러나는 경향이 있어서, 때때로 사람들이 국왕 문서의 성격을 알게 되고 이중의 보초와 침투할 수 없는 방책에도 불구하고 문서는 밖으로 빠져나간다. 그리고 일단 벗어나면 우주를 채우기에 충분하다. 인쇄는 단지 잠깐 동안만 억제할 수 있고 끊임없이 공간으로 퍼져나가는 전깃불과 같다.

글자와 글쓰기를 발명한 이에게 축복 있기를! 특히 위대한 사상과 아름다운 상(像)을 전파하는 인쇄기를 발명한 이에게 축복 있기를! 인쇄기가 나오기 전에는 책은 보석보다 더 희귀했고 더 값비쌌다. 우리 조상들은 글을 읽지 못했다. 그들은 또한 흉폭하고 미개했다. 사람들은 프랑수아 1세 때부터 비로소 읽기 시작했다. 오늘날 여러분은 하녀가 중이층(中二層)에서, 그리고 하인이 대기실에서 책자를 읽고 있는 것을 본다. 거의 모든 계층의 사람들이 글을 읽으니, 참으로 잘된 일이다! 더욱더 많이 읽어야 한다. 글을 읽는 국민은 가슴에 행복하고 특별한 힘을 지니고 있다. 그 힘은 전제정에 도전하고 그것을 괴롭힐 수 있다. 왜냐하면 현명하고 양식 있는 이성보다 더 전제정을 거스르고 그것에 대립되는 것은 없기 때문이다. 아! 자신의 위대함과 권리에 대해 배운 사람이라면 결코 비천한 노예가 되겠다고 결심할 수 없다!

옛날 홀란드인들, 오늘날 스위스인들은 유럽 전역의 신학적·정치적·문학적 논쟁을 팔고 인쇄한다. 그리고 그들은 어떤 생각이 지배해야 하는지 별로 신경 쓰지 않는다.

757 생클루

생클루 전경만큼 아름다운 것은 별로 없다. 바로 그곳에서 앙리 3세는 수도를 바라보며 약자를 늘 따라다니는 독선적인 잔혹함으로 이렇게 외쳤다. "오, 왕국의 너무도 큰 주인이여, 너는 곧 사라질 것이다. 그리고 행인들은 네가 어디 있었는지 물을 것이다!" 그는 정말로 수도의 파괴를 계획하고 있었다.[92]

생클루 성은 현재 이 지역 영지들과 마찬가지로 왕비의 소유이다. 그 영지들은 예전에는 파리 대주교의 소유였다. 아름다운 하천, 폭포, 토지의 고르지 않은 표면과 경사는 내게 스위스의 매력적인 언덕들을 상기시킨다.

왕비는 그곳을 유난히 좋아했다. 왕비는 좋은 위치에 자리 잡은 정자에 '기쁨'이라는 이름을 붙였다. 이 성의 새로운 거처들을 보면 온갖 기술이 사용되었다고 말할 수 있다. 이 세련된 화려함을 더하게 하는 것은 거의 불가능할 것이다. 사라졌다가 제멋대로 다시 나타나는 거울들은 우리 조상들은 결코 알지 못했던 사치스러운 즐거움이다. 거울 유희는 이국적인 것이든 토착의 것이든 나무와 소관목의 수와 다양성으로 볼 때 트리아농의 에덴 동산에서 훨씬 더 자극

92 앙리 3세는 병사 4만의 군대를 이끌고 반란의 중심지인 수도를 파괴하려 했다. 그러나 그 자신이 반란의 주범이었다. 그는 진치고 있던 생클루 언덕에서 파리를 바라보며 이렇게 소리쳤다고 한다. "며칠만 더 있으면 너의 집, 너의 성벽은 사라지고, 오직 네가 있었던 자리만 남을 것이다."

적이고 완벽에 가깝다.

'난간'이라고 불리는 전망대 위에서는 놀랄 만큼 넓은 파리가 보이고, 다른 한편으로는 센 강의 물길이 가로지르는 풍경이 보인다. 상퇴이(Jean-Baptiste Santeuil)에 따르면, 센 강은 마치 수도에서 벗어나는 것을 슬퍼하는 것처럼 수없이 굽이친다. 센 강은 가던 길을 돌아와 그것을 이끄는 법에 복종하며 신음하는 듯하다.

만일 오를레앙의 왕 클로도미르의 아들 중 하나이자 클로비스와 성녀 클로틸드의 손자 중 하나인 클로도알드가 우리 시대로 돌아온다면, 그는 자신의 은신처를 알아보지 못할 것이다.[93] 그의 시대의 영화와 쾌락은 우리 시대의 시동과 마부의 그것에 필적하지 못한다. 앙리 3세의 심장은 생클루에 있다.

두 세기라는 시간은 지상에 참으로 믿을 수 없는 변화를 가져오지 않는가? 수도에서 치욕스럽게 쫓겨나 수도를 몰살시키러 돌아올 계획을 세우고 있던 앙리 3세는 생클루에서 수사 자크 클레망에게 암살되었다. 자크 클레망은 기즈 가 형제들의 누이 몽팡시에 공작부인의 신임을 받던 자였다. 역사상 그와 같은 사건은 결코 없었다. 살해된 왕은 피 묻은 손으로 상처 밖으로 나온 창자를 움켜쥐고 있었다. 암살자 수사는 칼에 찔리고 옷을 벗겨 창문 밖으로 내던져졌다. 앙리 4세는 시체를 재판하여 말 4마리로 능지처참했다. 파리는 이 도미니크회 수사를 순교자로 기렸다. 소르본 대학은 그의 시성식을 요구할 것인지에 대해 논의했다. 교황은 그를 유디트와 엘르아살

93 생클루라는 지명의 기원인 클로도알드(Clodoalde)는 클로비스의 손자들 중 유일한 생존자로 그의 형제들은 쉴드베르 1세(파리의 왕)에게 살해되었다. 그는 비밀리에 키워져 551년 사제 서품을 받았고, 생클루에서 노비켄툼 땅으로 은퇴하여 그곳에서 생마르탱 드 투르에게 헌정하는 교회 건축을 시작했다.

에 비교했다. 몽팡시에 공작부인은 기쁨에 취해 파리의 거리에서 소리쳤다. "친구들이여, 독재자가 죽었다!" 마지막으로 시인들은 암살자의 용기를 칭송하는 데 재능을 바쳤다. 도시 전체를 사로잡은 과도함으로 볼 때, 앙리 드 발루아보다 더 미움 받은 군주는 없는 듯하다. 왕은 국민들의 증오에서 벗어나기 어렵다. 따라서 왕은 그 증오의 첫 징후들이 나타났을 때, 여론의 맹렬한 바람에 따라 그의 정책을 바꾸는 치료책을 써야 한다. 그 바람은 곧 모든 것을 굴복시킬 것이기 때문이다.

역사를 읽은 사람이라면 누구나 생클루를 산책하면서 이런 슬픈 생각에 사로잡힌다. 역사를 읽는 것은 참으로 불행한 일이다.

센 강은 생클루의 성벽을 에워싸고 있으므로 파리인들은 그곳에 가기 위해 무리를 지어 소형 갤리선에 오른다. 배는 때때로 완전히 만선이어서 역청을 바른 큰 배의 색은 밀집한 사람들 때문에 보이지 않게 된다. 오직 사람들의 머리만 보인다. 다른 사람들은 작은 배로 뛰어들고, 배는 과적이 되어 승객 수가 16명을 넘을 때 보초병이 그들을 내리게 하지 않으면 항구에서 가라앉을 지경이 된다. 파리인들은 위험을 무시하므로 마치 그들은 센 강을 사랑하여 거기 빠져 죽으려 하는 것 같다. 사람들은 저마다 제일 먼저 배에 타려 한다. 그것은 거의 감시인과 구경 다니기 좋아하는 사람들 사이의 전투와 같다. 감시인은 사람들이 물에 빠지는 것을 막기 위해 그들을 떼밀고, 사람들은 이미 가라앉고 있는 꽉 찬 배에서 내리려 하지 않는다. 경찰과 보초병은 정말로 애국적인 분노로 사람들에게 소리 지른다. 사람들은 듣지 않고 고집을 부린다. 그들은 생클루에 가고 싶기 때문이다.

승선은 매우 소란스럽고 혼란스러워서 언제나 누군가는 물에 빠진다. 사람들은 그를 건져낸다. 그러나 뒤따르는 사람들의 열성은 누그러지지 않는다. 가장 신중한 사람들은 짐마차에 타는데, 거기서는 그 주 내내 실어 나른 배추와 두엄 냄새가 난다. 나들이옷을 입은 아가씨들이 먼저 다리를 들어올리고 채광창이 있는 짐마차에 오른다. 거기서 아가씨들이 내다팔 물건처럼 빽빽이 줄지어 앉아 있다는 것은 신만이 아신다! 짐마차꾼이 처음 채찍을 휘두르면 여자들의 머리는 모두 요동친다. 헝겊 모자는 흐트러지고 부인용 숄도 마찬가지다. 그것은 작은 방종의 순간이다. 짐마차꾼의 상스러운 말들은 그 날이 어떠할지를 보여주는 전조 같다.

그렇게 사람을 가득 실은 짐마차가 어떤 행렬을 만나 충돌하기라도 하면 모든 아가씨들은 사방으로 요동한다. 늙은 여자들은 얼굴을 찌푸리는 반면, 아가씨들은 두려움에 빠져 소리 지른다. 차축이 부러지면 일행은 모두 고정되어 있지 않은 의자에 앉아 있으므로 이 의자는 부르주아 여자의 작은 치마를 들어올려 혼란을 가중시킨다. 거기에는 낙하 사고를 가릴 널빤지가 전혀 없다. 구경꾼들의 요란한 웃음소리 사이로 날카로운 고함소리가 들린다. 서투른 사촌이 사촌 누이나 아주머니를 내려주어야 할지 망설이는 동안, 짐마차꾼은 넘어진 자기 말만 걱정한다. 더 거친 200번의 충격과 그만큼의 반동을 거쳐 낡은 마차는 마침내 고생한 프티 부르주아들을 생클루에 내려놓는다. 이들은 이 마차가 가장 경제적이기 때문에 도로의 모든 사고를 무릅쓴다.

아가씨가 이런 종류의 산책을 두세 번 하면 짐마차꾼의 말과 방탕한 익살꾼의 말에 능통하게 된다. 그녀는 아무것도 듣지 않는 것 같다. 그러나 그녀는 이 정력적인 말들 중 어느 하나도 놓치지 않는다. 그 말들은 사실 예의 바르고 상냥한 그녀의 연인의 목소리를 두드러지게 드러내 주기도 하지만, 동시에 그가 아직 해보지 못한 몇몇 상스러운 농담을 하게 만들기도 한다.

마차에서 내린 프티 부르주아들은 점심을 먹기 위해 선술집으로 달려가지만, 거기서는 그들에게 포도주 대신 휘저어 거품이 나는 식초와 제대로 굽지 않은 질 나쁜 고기를 터무니없는 값에 내놓는다. 그러나 어쩌랴! 오늘은 축제일이다. 포도주는 끔찍하지만 커다란 분수는 작동할 것이다. 모든 술집 주인은 폭포를 보는 데 값을 치르게 하는 것으로 보이고, 사람들에게 과도한 값을 내게 한다. 그들은 특권적 사기꾼들이다. 왜냐하면 왕실이 때로 행차하여 이곳을 빛낸다는 이유로 그들은 굶주린 식사 손님을 자기 뜻대로 다루기 때문이다. 그러나 나들이옷을 입은 아가씨들은 작은 숲, 분수, 불꽃놀이를 보고 매우 즐거워져 굶주리는 데 동의한다. 그녀들은 그날의 단식에 불평하지 않는다. 그녀들은 점심을 못 먹었고 저녁도 먹지 못할 것이다. 그러나 그녀들은 산책을 했다. 그리고 저녁에 돌아가는 짐마차의 덜컹거림은 여전히 즐거웠고 즐겁고 늘 즐거울 것이다.

758 개 도살자들

추위가 맹위를 떨칠 때, 그리고 더위가 기승을 부릴 때, 끝이 뭉툭한 몽둥이로 무장한 사람들이 거리를 돌아다닌다. 그리고 머리를 숙이고 꼬리를 질질 끌고 정신 나간 모습을 한 수상쩍은 개들을 만나면, 그들은 갑자기 이 개들을 때려눕힌다.

이 도살자들이 자신들의 직무를 남용하고 때로는 재미삼아 닥치는 대로 죽이는 것은 사실이다. 그러나 어떤 종류든 몽둥이를 들고 있는 사람은 누구나 마찬가지로 행동한다. 경찰은 부단히 개와 전쟁을 치러야 한다. 이 해로운 종은 그 이름만으로도 우리를 떨게 만드는 가장 끔찍한 질병의 싹을 숨기고 있다. 그리고 경찰은 1년 중 가장 더운 달에 개의 수를 줄이려 노력해야 한다.

너무 늘어난 이 동물들은 사치와 변덕의 대상이 된다. 부자들은 한 떼의 동물을 데리고 있다. 그 결과 위험이 나타난다. 가난한 사람들의 개는 야위고 기운이 없어서 주인의 빈곤을 반영한다. 그리고 이 야위고 기운 없는 개는 사람들이 보기 전에는 그 주인이 개를 부주의하고 부적절하게 다루리라는 것을 말해준다.

얼마나 많은 사람들이 빈민에게는 빵을 주지 않으면서 개에게 그 빵을 주고 콩소메 수프를 주는가! 사람들은 개에게 설탕을 먹여 키운다. 개는 소파, 침대, 화장대의 장난감이다. 개는 부자들의 수중에서 성격이 이상해지고 특히 버릇없어진다.

목동의 개는 개 중의 영웅이다. 그것은 유용하다. 집 지키는 개는 주인을 따르고 지킨다. 그것 역시 좋은 개이다. 나는 그 개를 구분하고 그것에 관대하다. 그러나 나는 여자들 주위의 모든 강아지들, 그리고 여자들 옆에서 타락의 표시가 된 이 모든 강아지들이 죽었으면 좋겠다. 화 잘 내고 사악한 이 작은 동물의 혀가 끊임없이 핥아대는 그 입에 어떻게 입을 맞춘단 말인가? 스패니얼 개가 자기 집으로 삼고 있는 예쁜 여자의 침대에서 빠져나오는 것을 보면, 나는 더 이상 거기 들어가고 싶은 마음이 없어진다. 수많은 개와 접촉하는 여자들은 어떻게 감히 자기 동포들의 예민함에 이렇게까지 상처를 준단 말인가? 내게는 2마리의 암소 사이에 있는 농촌의 여인이 개를 즐겁게 하고, 개를 돌보고, 개를 쓰다듬고, 개를 실어 나르고, 개에게 하녀 노릇, 종국에는 하인 노릇을 하는 것이 주요 일과인 이런 미녀들 중 하나보다 더 아름답고 더 감동적으로 보인다.

여러 큰 개들은 어떤 사람들과 마찬가지로 절대적인 빈곤에 떨어진다. 왜냐하면 개들 역시 나름의 운명이 있기 때문이다. 그 개들은 주인을 잃고 더는 규칙적으로 먹지 못한다. 그러면 그 개들은 부엌의 세척장을 연구하고 요리사들(그들이 애처롭게 바라보는)이 세척한 물을 내다 버리는 시간을 머리에 새기기 시작한다. 그 개들이 그런 배수구를 차지하면, 그들은 다른 개들을 쫓아내고 사람들이 던진 모든 것을 차지하고, 특히 골이 든 뼈를 노린다. 불운한 작가는 식객에 불과하다. 커다란 개는 하녀에게 아부한다. 시인이 재정가에게 아부하듯이. 큰 개에게는 모든 것이 이익이 된다. 왜냐하면 그 개는 아무것에도 싫증을 내지 않기 때문이다. 그 개는 모든 것으로 배를 채운다. 소화불량을 무릅쓰는 시인은 한 달에 한두 번 소화불량에서 벗어난다. 그러나 큰 개의 전략을 채택한 시인은 자신의 식탁에서 동료들을 쫓아내려 애쓴다.

759 비극 작가들

즉 비극을 지어내는 작가들을 말한다. 그들은 상식, 자연, 역사적 진실을 포기한다. 그들은 우선 폭군 없는 작품은 쓰지 않는다. 그것은 참으로 기괴한 체계의 근본 토대이다. 그들은 사실, 인물, 풍속을 왜곡한다. 볼테르의 비극 「마호메트」는 용서할 수가 없다. 그것은 잔혹하고 우스꽝스럽고 저속한 중상모략이다. 그의 「세미라미스」는 모든 개연성을 거부한다. 그것은 끝없이 계속되는 망상이다.

아니, 사람들은 계몽된 시대의 사람들이 프랑스 비극을 보고 박수를 보냈다는 것을 언젠가는 믿으려 하지 않을 것이다. 그것은 참으로 가장 터무니없는 것들의 복합물이고, 진정한 정념의 언어로 쓰인 가장 기이한 모욕이다. 사람들은 결코 이토록 낯선 유령을 이보다 더 열정적으로 이보다 더 기상천외하게 좋아한 적이 없다. 프랑스인들은 이토록 우스꽝스러운 우화에 관심을 기울이면서 궁색을 떤다. 그것은 참으로 극예술에 정반대되는 것이다.

그러나 시인, 배우, 관객, 그 누구도 그것을 짐작하지 못한다. 예견하건대, 우리 자손들은 지당하게도 우리에게 조롱을 퍼부을 것이다. 그들은 비극이라는 이름을 빼앗은 이 진지한 익살극을 결국 추방할 것이다. 그리고 우리의 음악과 마찬가지로 프랑스의 멜포메네(그리스 신화에 나오는 비극의 뮤즈)도 마찬가지일 것이다. 다른 나라들은 그것을 즐길 수 없었고 오직 우리들만이 그것을 찬양하게 되었다. 우리는 오늘날 우리에게 새로운 즐거움과 더 깊은 감동을 가져다준 이들을 심각하게 모욕한 후, 그 프랑스식 비극을 포기한다.

외국인들이 우리의 '비극'을 어떻게 생각하는지, 무어라 말하는지, 극예술을 어떤 식으로 생각하는지 듣는 것이 좋을 것이다. 영국인, 이탈리아인, 독일인, 스페인인은 우리와는 반대이다. 그리고 프랑스에서조차 수많은 양식 있는 사람들은 우리 작가들이 완전히 거짓되고 인위적이고 문자 그대로 철학자들의 조소를 받아 마땅한 것으로 만든 장르를 용서하지 못한다.

이제는 콜레주를 나오지 않은 사람의 흥미를 끌 수 있는 프랑스 비극의 한 계통만이 남아 있다. 바로 그 비극에서 1층 입석 관객들은 순식간에 열광하고 공적인 상황과 관련한 암시를 만들어낸다. 그들은 확고하고 강렬한 악의를 거기에 투사한다. 무엇도 거기서 벗어날 수 없다. 모든 것이 해석의 대상이 된다. 그렇게 해서 관객들은 몇몇 기회에 보복을 한다. 그들은 의미를 왜곡하여 자신들의 저주에 적용할 수 있도록 이용하기 위해서만 시에 귀를 기울인다. 검열관과 배우들은 잘못을 저질렀다. 그들은 그런 추이가 어떤 결과를 가져올지 예견하지 못했고, 예견할 수도 없었다. 관객은 목소리를 내기 위해 안달이 나 있고, 140년간 무고한 얼굴을 하고 있던 코르네유의 시구에서 목소리를 드러낸다. 그토록 형편없는 작품이 논평이 붙은 4편의 시로 15분간 박수갈채를 받는다. 그때 시인은 스스로 위대한 인물이라고 생각한다. 그러나 사람들은 시인에 대해 생각하지 않는다. 사람들은 그의 평범한 시를 열정적인 감정으로 표현한다. 그것은 매우 멀리까지 나아갔으므로 어떤 시대에는 모든 비극을 중단시켜야 한다. 왜냐하면 관객은 단지 암시만을 찾고 주의를 끌지 않는 암시까지 찾아내기 때문이다. 그리고 작품 구석구석에서 관객은 좋든 싫든 그 주인공들이 모리타니에 있는, 가장 오래된 비극에게 현대의 역사를 말하게 한다.

불행한 삼일치의 법칙[94]은 어떤 결과를 낳았는가? 삼일치의 법칙은 시간, 장소, 상황, 인간, 사물의 비교를 저해한다는 점에서 우스꽝스러운 흉내를 낳았다. 우리의 정신이 진실에 합당하게 장소들, 시간들 사이의 거리를 추적하고 실제 사건들이 분리되어 있음을 볼 수 있다면, 극의 전개는 더 사실적이고 더 있음직한 것이 될 것이다.

94 극의 줄거리는 일관된 단일한 것이어야 한다는 행위의 통일, 극의 행위는 지속 시간이 24시간 이내여야 한다는 시간의 통일, 극의 행위가 전개되는 장소는 동일해야 한다는 장소의 통일을 말한다. 이 삼일치의 법칙은 17~18세기 프랑스 고전주의 연극을 지배한 기본 법칙이었다.

760 성직록

자신을 위해 성직록을 얻고 남에게 그것을 줄 유일한 방법이 있다. 그것은 교회에서 재산을 모으고 다른 사람들에게 재산으로 모으도록 하는 방법이다. 이 지혜 또는 기술의 우두머리는 덩치 크고 뚱뚱한 수도원장으로, 우리는 그를 모든 탐욕스러운 성직록 경합자들의 모델로 제시할 수 있다.

그는 그가 모을 수 있던 모든 교회 토지대장을 깊이 연구하는 데 전 생애를 바쳤다. 그는 그것으로 방대한 총서를 만들었는데, 그것은 그가 지닌 유일한 장서이다. 그것은 앞으로 보게 되듯이 매우 유익한 백과사전이다. 거기에는 각 성직록의 위치, 현재의 수입, 증가 가능한 수입뿐 아니라, 그 성직록 보유자의 나이, 생활방식, 지병(持病), 후원자, 부모, 친구, 특히 그의 정신에 영향을 미칠 수 있는 사람들의 이름이 적혀 있다.

여기 다른 사람들에게는 매우 낯선 이 보고(寶庫)의 이용법이 있다. 그것은 그 보고와 얼마나 떨어져 있든, 어떤 성직록에 대해 권리나 희망을 지닌 모든 성직자에게 마르지 않는 조언의 샘이다. 상담자들이 갖는 관심, 정보로 가득한 이 박식함에 대해 그들이 갖는 존경심을 판단해보라. 그들의 감사는 아마도 수도원장에게 유용할 것임에 틀림없다. 그는 면담을 허락하고 누가 100년 전부터 그 성직록을 소유했는지 있는 그대로 당신에게 말해준다. 그는 그 성직록에 가해진 역대의 변동에 대해 이야기해준다. 그는 성직록을 개선할 수 있는 방법을 가르쳐준다. 그리고 머리끝부터 발끝까지 교회법과 일체가 된 그는 법적 난관에 대해서도 설명해준다.

그는 특히 성직록 포기의 문제에서 매우 명석하다. 그가 사람의 의지를 지배할 수 있는 확실한 수단을 수중에 쥔 것처럼 보이는 것은 바로 그때이다. 그는 훨씬 더 많은 것을 한다. 그가 어떤 성직록 요구자를 도울 때, 그 요구자가 아무런 관계나 권리도 없다면 그는 특정 성직록 보유자의 지병에 대해 그 요구자에게 알려준다. 그는 도처에 퍼져 있는 밀사들에게서 정보를 얻어 성직록 보유자의 임종이 다가오는 것을 염탐하고 질병의 강도를 계산한다. 그러고 나서 시간이 되었다고 생각되면 그는 그 성직록이 교황청으로 귀속되게 하고, 그 결과 교황은 흔히 성직록 수여자보다 선수를 치게 된다. 이 방법은 그 자신에게 재산의 주요 원천이었다. 그는 이런 식으로 풍요한 성직록을 여럿 획득했다. 사람들은 교황청 비서과에서 단지 그의 이름을 볼 수 있을 뿐이다. 그리고 그는 도처에서 낚싯바늘을 던져 끊임없는 요구로 (우편을) 발송하는 은행가를 피곤하게 한다.

일반적인 경우 그는 그 은행가를 통해 정보를 얻는 것으로 만족한다. 그러나 상황이 절박할 때, 그리고 희망하는 것이 확실해졌을 때, 그는 스스로 직접 나서서 특별 우편을 발송한다. 그는 정확한 사망 순간을 예측하고 거의 알아맞힌다. 그리고 발송된 우편 중에 잘못된 것이 있다면 그는 좋은 결과를 가져온 것으로 보상받는다. 그의 정신은 늘 로마로 여행한다. 그는 끊임없이 교황에게 요청하고, 교황은 우편요금만 빼면 언제든 들어준다. 그는 불평 없이 우편요금을 지불한다. 그는 정보 발송을 자극하는 법을 알고 있고, 그의 시선은 그것을 주시한다.

그는 항상 소총을 장전하고 교회 땅 곳곳을 돌아다니는 주도면밀하고 지칠 줄 모르는 사냥꾼이다. 그 총은 한 번도 발사되지 않거나 화약값이나 충당할 수도 있다. 그러나 그나 다른 사람들이 늘 불운하기만 한 것은 아니다. 살진 사냥감이 그가 쏜 총이나 아니면 그의 피보호자들이 쏜 총에 맞아 떨어지기도 한다. 그러면 그는 그들이 예전에 참새들에게 던져주었을지 모르는 부스러기로 그들에게 충분히 보상한다.

이 신기한 수도원장은 실제로 존재한다. 성직자라면 누구나 그를 알고 있다. 사람들은 존경심을 가지고 그에게 다가가 그만이 줄 수 있는 조언을 청한다. 그가 말을 하면 희망이 젊은 신부들의 심장을 뜨겁게 데운다. 그들은 그의 박식함, 훨씬 더 놀라운 그의 선견지명에 압도된다. 사람들의 의견을 지배하는 이 사람은 왕국의 모든 성직록 수령자가 리브르, 수, 드니에로 계량하고 있는 것(즉, 그들의 전 재산), 그들의 위(胃)의 가치가 얼마인지, 그 위가 얼마나 담을 수 있는지(그들의 욕심을 무엇으로 얼마나 채워야 하는지), 그리고 관절염이나 뇌졸중처럼 그들이 두려워해야 하는 것이 무엇인지 알고 있다.

이 박식한 수도원장이 말했듯이, 모든 토지 재산이 최초의 점유자에게 속한다면 아침 일찍 일어나기만 하면 된다. 알다시피, 모든 것은 기독교도들의 아버지의 예방 조치에 달려 있다. 그분은 가장 민첩한 자녀에게 주시고, 그에게 달려온 그 자녀의 열의에 보답하신다. 말과 파발꾼이 교황의 은총의 선물로 가져오고, 매년 3만, 4만, 혹은 6만 프랑을 달라고 신께 기도한 이들을 당대의 가장 행복한 이들로 만들어준다.

커다란 주름 깃은 매우 궁핍한 신부의 옷에는 우스꽝스럽다. 그러나 이 평행사변형 천 조각은 궁정 신부의 턱을 장식할 때, 그리고 수도원장 성직록에 수반될 때는 추천할 만하다. 이런 종류의 신부는 언젠가 예하, 각하, 전하라고 불릴 것이다.

로마의 주교는 비를 두려워하는 군대밖에 없으므로 훌륭한 군대, 대포, 포탄, 배를 갖고 있는 왕국들로부터 끊임없이 도움을 받는다.

그리고 우리에게서 매년 막대한 금액을 뽑아낸다. 그는 프랑스 내의 모든 비어 있는 성직록을 판매한다. 그는 이 모든 것을 아무도 놀라지 않도록 매우 조용하게 한다. 상황을 잘 알면서도 완전히 납득하지는 못하는 것은 아마도 나밖에 없을 것이다. 왜냐하면 결국 사람들은 경의, 존경, 아첨이라면 아낌없이 퍼줄 수 있어도, 돈을 대가 없이 주는 것은 좋아하지 않기 때문이다.

그런데 비천한 계층에게는 모든 것이 거부된다. 극빈층에게는 걸낭이 있을 뿐이다. 하급 성직자는 모든 것을 납부한다. 그러나 고위성직자는 그에 비해 거의 아무것도 납부하지 않는다. 왕국 연감에서 수석주교, 대주교, 수도원장, 여수도원장, 소(小)수도원장의 이름과 소득을 읽었을 때, 그리고 성서를 훑어보아도 예수 그리스도께서 이 모든 것에 대해 말씀하신 것을 어디서도 보지 못할 때, 나는 몹시 놀란다. 그리하여 여전히 그런 것들(고위성직자의 이름과 소득)에 익숙하지 못한 나는 일시적 성직록 보유 수도원장을, 상상력을 뒤섞고 피어나게 하는 이 경이로운 존재들 중 하나로 여기게 된다. 수도원장이 주교관을 머리에 쓰고 지팡이를 들고 제식을 집행할 때, 그리고 내가 성경을 읽을 때, 나는 명상하기 위해 눈을 감는다. 그리고는 곧 내가 거기서 본 것들이 모두 유령들의 집합이 아닌지 보기 위해 눈을 뜬다.

761 색다른 것들

제국의 막대한 재산을 고갈시키고 파괴하고 탕진하는 것, 냉혹하고 인색해지게 만드는 것, 공정해지지 못하도록 막는 것, 그리고 국민들의 정치적 자유와 조국의 영광을 파괴하는 것, 그런 것들이 바로 여기에 있다. 끝없는 낭비가 오래도록 계속되면서 그것은 허황된 말들을 만들어내고, 강력한 기구의 도움을 받고, 오래된 절차를 뒤흔들고, 국민 전체를 겁먹게 한다. 왜인가? 색다른 것들, 그림, 다이아몬드, 값비싼 금은 세공품, 가구, 사치스런 장식품, 축연, 장비들, 영국식 정원 등에 쓰는 돈을 더 얻어내기 위해서이다. 바로 이런 어리석음, 파렴치함이 인류에게 고통을 준다.

색다른 것들은 한이 없다. 그것들은 프리즘을 통과한 색색의 빛처럼 증식하는 유령들이다. 국가의 재산으로는 이 수없이 변화하는 탐욕을 충족시킬 수 없다. 처참한 혁명, 제국의 불명예, 정부의 수치는 이 '색다른 것들'에 뿌리를 두고 있다. 그러나 이 색다른 것들은 스스로 벌 받는다. 왜냐하면 그것들은 거기에 탐닉하는 무분별한 사람들을 참되고 순수한 기쁨에서 멀어지게 하기 때문이다.

영국식 정원에 대한 편벽(偏僻). 너른 공간을 뒤덮는 대범하고 참으로 독창적인 아름다움을 얼마 안 되는 땅에 표현하려 하는 이 파리인들의 흉내는 공공재산의 수탁자들을 파멸시켰고, 그들은 수치스럽게 달아나버렸다. 막대한 비용으로 들여와 세운 암석은 조용한 미관을 해치고 병원 하나보다 더 많은 돈이 들었다. 이 색다른 것들은 모두 배타적 향유라는 저급한 특성이 있다. 호사스러운 저택은 옥외(屋外)도 차지함으로써 자연스러움을 모욕하고, 사람들은 이 저택 안으로 들어갈 수 없다. 전원의 산책로는 열쇠로 잠겨 있고, 숲에는 담이 둘러쳐져 있다.

만일 '이기주의자들의 연대(聯隊)'를 만든다면 이 연대는 크세르크세스의 군대와 맞먹는 것이 될 것이다. 아니! 훨씬 더 수가 많을 것이다. 누가 연대장이 될까? 저마다 그를 지명할 권리가 있다고 믿을 것이고, 그러면 그 자신이 그 자리에 걸맞은 사람일 것이다. 그러나 그는 점잖은 사람과 정직한 사람이 보기에게는 참으로 터무니없고 부당한 돈을 지출하는 사람, 또 그 지출은 공공의 요구를 무시한다는 점에서 참으로 파렴치하게 지출하는 사람이므로, 우리는 이러저러한 개인을 연대장에 지명함으로써 '이기주의'를 의인화할 수 있을 것이다.

수레바퀴, 승용마, 사냥개, 시종, 급사장, 출입문, 그림과 상(像), 영국식 정원에 세금을 부과할까 겁먹지 마라. 세금을 부과하는 이들이 이 모든 것을 소유하고 있는 이들이다. 그들은 1차 생필품인 사람들의 음료와 식료품에 과세하기를 더 좋아한다. 즉 그들은 국민 번영의 진정한 힘줄인 생계수단의 수를 줄이는 것을 더 좋아한다.

파리에서 어떤 세금은 부유한 계급보다 가난한 계급이 더 많이 감당한다. 그리고 이 잘못된 관례는 소비에 영향을 미치고, 문자 그대로 개인들의 신체적·정신적 힘을 감소시킨다.

762 새로운 성벽

높이 15피에, 둘레 약 7리외의 거대한 성벽이 곧 파리를 완전히 둘러쌀 텐데, 그것을 건설하는 데 1,200만 리브르의 비용이 들어야 했다. 그러나 성벽은 매년 200만 리브르의 이익을 가져다주었을 것이므로 수지맞는 사업이었음이 분명하다. 민중이 더 많은 돈을 내도록 만들기 위해 그들에게 돈을 지급하는 것, 이보다 더 만족스러운 것이 있을까? 그러나 우리는 건축가들의 계산법을 알고 있다. 그리고 이점에서는 르두(Ledoux)가 제1인자가 될 자격이 있음을 보여주었다. 그러지 않아도 하찮은 일에 집착하지 않는 콜론(Colonne)[95]의 머릿속에는 징세청부 회사의 건축가가 정신을 집중하지 않아 숫자의 자릿수를 늘이지 않고 줄인다는 생각은 결코 들어올 수 없었다. 따라서 이 아름다운 과세(課稅) 벽이 1,200만이 아니라 4,000만 리브르가 든다 해도 놀라서는 안 된다. 우리가 그것을 인계받기만 하면 별일 없을 것이고, 쓸모 있는 죄수들인 우리는 정직한 간수인 르두의 업적에 값을 지불할 것이다.

수많은 일꾼들이 이 성벽의 보호를 받으며 왕래할 것이다. 총괄 징세청부 사무소는 일드프랑스에 성벽을 두르기를 원했을 것이다. 훌륭한 앙리 4세가 이 성벽을 보고 있다고 생각해보라!

95 메르시에는 칼론(Calonne)과 그의 건축가 르두를 유명하게 만들어준 기념물을 빗댄 '콜론(기둥이라는 의미)' 사이의, 그리고 칼론과 그의 재무 보좌관 콜로니아(Colonia) 사이의 두 상대적 동음이의를 활용함으로써 당대의 풍자시를 따른다.

그러나 모든 사람이 보기에 불쾌하기 짝이 없는 것은 진짜 성채라 할 만한 여러 기둥을 가진 웅장한 건축물로 변형된 세무서들을 보는 것이다. 이 건축물들은 거상(巨像)을 동반한다. 파시 인근의 거상은 사슬을 들고 있는데, 도착하는 사람들에게 그것을 건넨다. 그 거상은 그것의 진정한 상징에 의해 의인화된 세금의 화신이다. 아! 르두, 당신은 무시무시한 건축가이다!

이 성벽에 대한 반대의 외침은 단 한 번밖에 없었다. 성벽은 평화롭게 완성되었고, 이미 새 성문에서 세금을 징수하고 있다. 이 방책들의 구조는 사각형이고 각이 져 있다. 그것의 스타일은 뭔가 거슬리고 위협적인 데가 있다.

중국의 유명한 마을 포산(Fochen)은 둘레가 30리외, 인구가 100만이다. 포산을 '마을'이라고 부르는 것은 그곳이 성벽으로 둘러싸여 있지 않기 때문이다.

파리를 '마을'이라고 부를 수는 없을 것이다. 왜냐하면 총괄징세청부 사무소는 과세 수입을 늘리기 위해 파리의 평야 지대까지 둘러싸야 하는 이 성벽을 생각해냈기 때문이다. 따라서 우리나라의 재정가들은 우리의 신작로, 산책로, 들판, 그리고 종합병원까지 '파리의 부르주아'라고 선언했다.

이 돈과 주변 채석장을 고갈시킨 이만큼의 돌이라면 신심 깊고 자비로운 사람들이 울먹이는 목소리로 기력을 반쯤 잃고 요청했던 종합병원 4곳을 벌써 지었을 것이다.

이 성채들 중 어떤 것은 진정한 재정가의 가장 완벽한 상징이다. 가공하지 않은 돌들이 그것의 토대를 이룬다. 성채의 중간쯤에서 이 돌들은 무척 윤이 난다. 무기, 햇빛, 세련된 장식이 꼭대기를 장식한다.

행성과 천체는 역행 운동한다. 그러나 파리의 세금은 앞으로 나아갈 뿐 역행하지 않는다. 수도는 선왕 10명의 세금과 그것을 초과하는 세금을 감당한다. 새 왕은 비난을 초래하지 않으면서 그것을 이용하며, 바로 그것이 사라지지 않는 세금이다. 마치 살리카 법전과 같다.

세리들은 거기에 늘리기 좋아하는 자신들의 정신을 적용하고, 그러면 몇 드니에가 곧 2분의 1, 4분의 3 리브르로 바뀐다.

루이 14세는 10분의 1세를 거둘 때 한숨을 쉬며 말했다. "나는 이 세금을 부과할 권리가 없다." 그는 '봉인장'에 대해 이렇게 말하기도 했다. "내가 그것을 만든 것은 아니다. 그러나 나는 그것이 관행임을 알았고, 그러니 그것을 이용할 것이다."

섭정 중이던 모후는 아무것에도 귀 기울이지 않았는데, 하루는 시녀에게 중요한 징세청부 사무소 5개를 선물했다. 모후는 그것이 하찮은 것이라 믿었다.

파리의 부르주아는 20분의 1세 3회, 리브르당 4수, 인두세를 납부하고, 노동력과 병사의 숙박을 제공하며, 진흙과 가로등의 매입비를 납부한다. 따라서 잘 생각해보면 그는 수리비를 포함하여 적어도 가계 수입의 약 3분의 1을 납부한다. 모든 것을 삼켜버릴 만큼 점점 커지는 어떤 힘이 존재한다는 것을 경험으로 알고 나서 그가 불평을 좀 한다고 해서, 그리고 조금이라도 오르는 것에 대해 걱정한다고 해서 우리가 놀라야 할까?

게다가 한편에서는 수입이 감소하고 다른 한편에서는 식료품값이 오르는 것을 보면서 어떻게 불평하지 않겠는가? 포도주, 소금, 장작, 양초, 고기, 나사, 모든 것이 단 몇 년 사이에 1배 반이 되었다. 따라서 가난한 사람들은 더 이상 무엇에 의지해야 할지 알 수 없게 되었다. 돈의 정신이 모든 것에 침범했다. 국민의 구원자라고 예측되었던 경제의 정신은 돈의 탐욕스러움에 새로운 길을 가르쳐주는 데 쓸모 있을 뿐이다. 빈곤 역시 가장 대담한 세금 징수인이라도 뛰어넘을 수 없는 자신의 방책과 청동 벽을 가지고 있다는 것을 모든 사람이 차례로 보게 될 때가 올 것이다. 우주의 모든 것에는 한계가 있다. 그렇다면 돈만이 자신에게는 한계가 없다고 주장할까? 도박판의 여신과 테레 신부의 혼령에 빌고, 한 사람이 하루에 먹을 수 있는 소금 알갱이와 마셔야 하거나 마셔서는 안 되는 포도주 잔을 세고 계산하고, 자신의 산업을 평가하고, 이 오리가 집오리인지 경기구 조종사인지, 자유로운지 예속되어 있는지 살펴보고, 우리의 천한 포도주를 지상의 신들이 마시는 음료와 구분하고, 쉬렌(일드프랑스의 코뮌), 혼다리비아(에스파냐 바스크 지방의 도시), 보지라르(현재는 파리에 통합된 옛 코뮌)의 거친 모직물에 대해 말부아지[96]의 화려한 직물만큼의 값을 지불하게 해봐야 소용없을 것이다. 그 여신, 신부, 지칠 줄 모르는 계산용 펜, 저울, 계량 용기, 컴퍼스, 재정가의 풍부한 재능, 인색함과 탐욕, 이 모든 것이 언젠가는 오류에 빠질 것이다. 그리고 이 운 좋은 도박판을 언제나 대담하고 원기 왕성하도록 만들어주는 이 관대한 힘들의 원천은 고갈될 것이다.

이 고약한 돈의 정신 덕분에 우리는 곧 오직 금으로만 지불하게 될 것이다. 이미 우리는 다른 어느 나라와의 경쟁도 감당할 수 없다. 그리고 신이 관여하지 않으면 프랑스인들은 곧 더는 프랑스인들과 함께 살 수 없을 것이다.

상업이 제약을 받아 규모가 줄어들면 상품의 유통은 감소할 것이다. 소비도 줄어들 것이다. 정부는 덜 징수함으로써 더 얻게 될 것이다. 어린아이는 과일을 걱정하지 않고 나무의 꽃으로 꽃다발을 만

96 Malvoisie: 그리스 도시 모넴바지아(Monemvasia)의 프랑스식 이름.

든다. 바로 이것이 세관의 모습이다.

따라서 도시 주민의 절반은 어쩔 수 없이 독신이 된다. 주민 대부분은 양육할 수 없으리라는 염려에서 후손 갖기를 두려워한다.

763 캄캄한 지하독방

비세트르의 '캄캄한 독방' 속에서 사는 사람은 독방에서라도 살기를 원한다. 공기와 빛을 빼앗긴 인간은 고독, 비탄, 어둠의 고통을 견뎌낸다. 그는 이 무덤과도 같은 상태에서도 죽음의 특징에서 벗어나려 애쓴다. 고통은 그에게서 삶에 대한 사랑을 꺼뜨리지 못한다. 그는 축축하고 캄캄한 그의 거처에서 한정된 우주를 본다. 그리고 그는 완전히 잊혀 있다 해도 자신의 비참한 삶을 (거기서) 끝마치게 될까 두려워한다.

이 지하독방은 실제로 존재한다. 비스듬히 구멍이 뚫린 기둥을 통해 빛이 들어올 수 있다. 참 대단한 빛이다! 죄수를 캄캄한 독방에서 데리고 나오면, 그는 밖으로 나오자마자 술 취한 것처럼 비틀거린다. 맑은 공기가 그를 취하게 한다. 네케르가 목격한 것이 바로 그런 것이었다. 그는 그 불행한 사람들이 비틀거리는 이유에 대해 착각했다. 그래서 간수들은 죄수가 목숨을 잃지 않도록 그를 좀 덜 어두운 독방으로 옮겨주어야 한다고 목소리를 높인다. 조금씩 나은 독방으로 옮겨져야만 죄수는 죽음을 피할 수 있다.

그리고 이 독방은 보통 지하감옥에서 자신이 차지하는 공간도 자유롭게 누릴 수 없는 죄인에게 베푸는 자비이다. 왜냐하면 그는 흔히 무거운 사슬에 의해 벽에 묶여 있기 때문이다. 대단한 자비이다!

이 장을 마무리하면서 나는 슬프게도 여전히 '4~5명'의 죄수가 횃불을 들고 내려가야 하고 바람도 통하지 않고 빛도 없는 이들 독방에 갇혀 있다고 확신한다. 그리고 비세트르 스타일로 우리는 이 불행한 이들을 '지하독방 죄수'라고 부른다.

비세트르, 샤랑통 외에도 경찰에는 여러 형무소가 있다. 경찰은 누벨프랑스에 있는 샤롤레 성을 형무소로 만들었고, 몽루주에도 형무소를 만들었다. 이런 감금은 대부분 법에 따른 것이 아니다. 그렇지만 그것은 흔히 상황의 요구에 따른 것이고, 가족의 결정이 된다. 편집증 환자, 미치광이, 경솔하게 폭력을 휘두르는 사람은 일반적인 법에 의해 처벌되기 전에 사회에 무수한 해악을 저지를 것이다. 잘못은 이 무서운 권력 바로 옆에서 저질러진다. 게다가 수많은 범죄는 동시에 신속하게 처벌하는 힘을 필요로 한다.

764 질질 끌리는 꼬리

요즈음 여자들의 치장은 그 어느 때보다 더 가볍고 우아하고 활력이 넘친다. 그러나 당신은 루이 14세 시대의 끌리는 꼬리를 궁정에서 다시 발견할 것이다. 이 꼬리는 내게 인도의 양(羊)들을 생각나게 한다. 이 인도의 양들의 거대한 꼬리는 특별히 그 양을 따라가도록 마련한 수레에 실어 운반해야 한다.[97] 나머지 다른 장식은 모두 완전히 바뀐 반면, 공작부인들은 이 긴 드레스를 입고 통로 위를 걷는다. 도대체 왜 공작부인들은 조신들이 매일 밟고 다니는 통로 위로 2온(aunes, 1온은 1.188m에 해당)의 꼬리를 달고 뒤의 먼지를 쓸며 다닌 것인가?

그런데 알현 인사의 대가(大家)가 있다. 뒷걸음질치며 인사를 하고 끌리는 꼬리를 뒤꿈치로 능숙하게 쳐올리는 법을 배워야 한다. 여인들은 커다란 거울 앞에서 아주 진지하게 몇 번씩 되풀이하여 그것을 미리 연습한다. 오, 친애하는 라블레여! 인사의 대가는 왕에게 이렇게 한다. 이 대가는 왕의 손을 잡고 왕 앞에 몸을 숙인다. 그러나 손에 입을 맞추지는 않는다. 왕이 알현하는 여인을 포옹해주지 않으면 (그 여인은) 왕의 손에 입을 맞춘다. 대개의 경우 왕은 포옹하는데,

97 라블레의 기억, 『가르강튀아』. "가르강튀아는 어떻게 파리로 보내졌는가? 그를 태운 거대한 암말, 그리고 그 암말은 어떻게 보스(Beauce)의 쇠파리들을 쫓아냈는가?" 라블레 자신은 앙굴렘 프란체스코 수도회 수도원장 장 테노(Jean Thenaud)의 『바다 건너 여행과 도정』(파리, 1530년경)에 토대를 두고 있다.

왜냐하면 프랑스의 왕은 매우 친절하기 때문이다. 왕은 아름다운 여인이든 추한 여인이든 의례적으로 포옹한다. 오, 참으로 대단한 배려이다!

알현하는 날, 궁정 의상을 입은 여성은 어깨를 드러낼 수밖에 없다. 그것은 예전에는 아름다운 광경이었지만, 이후로 바뀌었다. 예전에는 야심이 여성을 살찌웠고 생기를 북돋았던 것 같다. 오늘날에는 같은 야심이라 해도 여성을 수척하고 야위게 만드는 것 같다. 궁정 활동은 초상화가 입증하는 것처럼 그들의 선조의 특징이었던 풍만한 매력을 그들에게서 빼앗아가는 듯하다. 그러나 분명히 30년 전부터 부르주아에게는 건강미에 대한 증언만 남고, 허약한 여성 또는 반쯤 죽어가는 여성만 있을 것이다.

궁중에 알현하는 여성들 사이에서는 온갖 것을 목격할 수 있다! 화목한 표정 아래 수많은 경쟁이 있다! 우스꽝스러운 수많은 논쟁이 있다! 온갖 기괴한 싸움이 있다! 귀족과 공작(公爵)들 사이의 싸움 중 섭정기의 예가 하나 있다. 공작들은 자신들의 문제를 협의하기 위해 팔레루아얄에 모일 수 있도록 허락받았다. 귀족들은 처음에 코르들리에 회랑에서 모이다가 곧 수사들의 방 하나를 얻었다. 그것은 섭정에게 보고되었고 그는 회합을 금지했다. 귀족들은 계속 모였다. 그리고 바로 이때 보프르몽과 다른 사람들이 바스티유에 수감되었다.

공주를 위한 무도회와 베르사유의 무도회에서, 법원의 귀족들은 공작이었으므로 공작부인들은 모두 언제나 상석에 자리 잡았다. 섭정기에는 귀족부인들이 공작부인들과 번갈아 상석을 차지했다.

시청에서 공작부인들은 다 같이 맨 먼저 도착하기로 합의를 보았다. 그렇게 해서 그녀들은 언제나 상석을 차지했다. 보프르몽 부인과 푸아(Foix) 가문의 사브랑 부인은 귀족의 정예병 역할을 했다. 두 사람은 함께 도착해서 공작부인들 자리의 4분의 3 되는 곳까지 나아갔다. 공작부인들이 일어났고, 이 두 사람이 생시몽 공작부인과 돌론 공작부인 앞에 섰을 때, 공작부인들의 드레스를 칭찬하면서 그들을 세워둘 기회를 얻었다. 그리고 이 두 사람은 갑자기 자신들은 끝까지 갈 수 있다고 말하며 공작부인들과 그들의 의자 사이로 미끄러져 들어가 앉았다. 이 두 사람은 차지한 자리에 버티고 앉아 있었다. 그러자 돌론 부인은 모든 사람들 앞에서 큰소리로 울었고, 공작부인들은 모두 가버렸다.

765 적자

이는 새로운 단어이자, 슬프지만 정착된 말이다. 이 단어는 어두운 심연의 이미지를 보여주고 모호하고 난해한 사색만을 낳을 뿐이다. 그러나 결국 닻을 내린 희망은 언제나 존재하고 우리에게 항구를 보여주면서 국가라는 배가 거기 등장하리라고 약속한다.

우리에게는 우리의 능력을 알고 그것을 활용할 줄 아는 사람만 있으면 된다. 결국 국민은 회합하여 국민의 잘못을 바로잡을 수 있다. 국민은 이 재생에 적합한 지식, 특히 관대함을 분명히 가지고 있다.

'적자', '수입', '지출', '개혁', 오늘날 어느 사회에서나 사람들은 바로 이 단어들과 씨름하고 있고, 모든 사람은 이 단어들에 옆 사람과는 전혀 다른 관념을 부여한다.

'적자'는 어떤 관점에서는 악이지만, 다른 관점에서는 선이다. 그것은 권위의 혈기를 진정시키고, 야심 때문에 오류를 저지르지 못하도록 그 자양분을 빼앗는다. 그것은 국민의 명예를 일깨울 것이다. 또한 그것은 불가피한 모든 희생을 명령하며, 공적인 믿음을 확인하고, 우리에게 헌법을 부여할 것이다. 왜냐하면 모든 진실은 손을 맞잡고 있기 때문이다. 우리는 첫째 진실을 발견하기만 하면 된다. 그러면 건장하지만 병든 정치체는 힘, 숭고함, 생명, 그리고 밖으로는 모든 존경을 되찾을 것이다. '복된 죄여!'

우리는 파리인들이 '적자'에 대해 끊임없이 농담을 해왔다고 생각할 수 있다. 그러나 파리인들은 농담하면서 생각하고 추론한다. 그들은 예전에는 농담도 생각도 거의 하지 않았다.

적자의 실제 총액은 얼마인가? 모든 고해신부에게 물어보라. 그들은 선량한 기독교도의 모든 고백에서 대죄에 대한 완전한 고백은 오직 마지막에야 나올 것이라고 당신에게 말할 것이다.

우리의 사회적·정치적 자유를 증대하기를 희망하면서 넉넉하게 지불하자. 후하게 아낌없이 지불하는 국민은 언제나 자유롭다. 그러나 사람들의 무리에게 어떻게 그것을 말할 것인가? 적게 지불하는 국민일수록 군주의 가혹한 의지에 맞서 자신을 보호하거나 대비할 수 없게 된다. 세금이 셀수록 예속은 약화된다. 많은 양의 끊임없는 조세는 언제나 국민의 존엄성을 보증한다. 시민의 인색함은 그들의 자유를 소멸시킨다. 국가의 빚을 지불하자, 그러면 우리는 조국을 얻게 될 것이다.

766 개혁

1786년 5월 베르사유에서 제시되어 회계법원에서 등기되고 보조세 법원에서 기재된 국왕 칙령은 '왕실 암컷 사냥개와 샹파뉴 사냥개 대위' 직의 폐지를 담고 있다.

나는 샹파뉴에 사냥개들이 있는데, 이 사냥개들은 연대로 조직되어 있고, 대위가 있으며, 그 암컷 사냥개들은 베르사유에 있다는 것을 알지 못했다.

나는 프랑스의 국왕이 개들의 우두머리와 그 아래 우두머리의 직을 폐지할 때 국민에게 보고할 의무가 있는 줄을 알지 못했다. 또 그가 이 폐지를 최고법원들에 알려 통과시켜야 할 의무가 있는지도 몰랐다.

사냥개를 먹이는 데 하루에 8수가 든다. 그것은 병사 한 명의 급료보다 비싼 값이다.

10권

사랑하는 아네스,
이 세상은 정말 이상한 곳이야!

- 몰리에르, 「아내들의 학교」, 2막 5장

767 잘못된 생각의 교정

무언가 잘못했을 경우 고쳐야 한다. 아니다, 파리는 왕국에 비해 지나치게 크고 불균형한 머리가 아니다. 내가 택한 이러한 수사적 표현은 적절치 않다. 왜냐하면 거대한 수도가 없다면 국민에게 예절도 재력도 교육도 기대해서는 안 되기 때문이다. 대도시는 농촌을 삼켜버리지 않는다. 대도시는 재생산과 소비를 통해서 농촌을 더욱 번창하게 할 뿐이다. 농업은 인구가 많은 도시 주변에서만 더욱 번창한다. 살림이 넉넉한 주민들에게는 돌보는 토지가 있다. 그러니까 수도에 인구가 많도록 내버려두자. 나는 수도가 국민의 자유를 유지하는 데도 필요하다고 생각한다. 수도는 군주에게 특별한 배려와 관리를 요구한다. 돈이든 선박이든 모든 공적 원조를 위해 수도는 다른 모든 도시들에 신호를 보낸다. 그곳은 지식의 중심이다. 환희 또는 불만의 외침이 나오는 것은 바로 수도의 품 안에서이다. 파리가 어떤 인상을 받게 되면, 왕국의 다른 곳들은 그것을 즉각적으로 아주 강렬하게 느낀다. 파리는 국가의 활동, 국가의 지성, 국가의 관점과 국가 능력의 공통 중심이다. 이 수도를 파괴해서는 안 된다. 이는 그것이 프랑스의 수도이기 때문이고, 그 수도가 파괴되면 국가 전체가 전복될 수도 있기 때문이다.

농지와 영토 없이 단 하나의 도시로만 이루어지고, 여전히 지속적인 번영을 누린 국가들을 본 적이 있다면, 이 대도시가 나머지 정치단체를 지배하게 내버려두자. 다른 곳에서의 반발은 불을 보듯 뻔한데, 그 반발을 차단하는 것은 위험한 일일 것이다.

제3신분은 특히 파리에 근거지를 두고 있다. 그곳에는 부르주아층이 많고, 그들이 착하다는 것도 명백하다. 이 제3신분은 하층민이 나쁜 짓을 못하게 막으며, 그들을 아주 부드럽게 대한다. 제3신분은 하층민에게 일을 하도록 권유한다. 하층민은 자신들이 극도로 게으르지만 않다면 생계를 이어나갈 수 있다는 확신을 갖고 있다. 가난한 사람들을 언제나 환대할 준비가 되어 있는 파리의 부르주아는 그들에게 일자리를 제공하고, 진짜 아버지처럼 인자하게 일꾼들을 돌본다. 파리에서는 자선이 고갈되는 법이 없다.

감히 말하자면, 군주는 수도의 안정에 대해 '제3신분'에게 빚지고 있다. 제3신분은 매일매일 교훈을 통해 하층민이 탈선하는 것을 막고, 그들에게 관대함의 모범을 보여줌으로써, 그들이 절제하도록 끊임없이 붙잡아둔다. 수도에서보다 다른 곳에서 훨씬 더 자주 일어나는 분노와 절망의 폭발로부터 하층민을 보호해주는 것은 바로 그러한 것들이다.

리옹의 폭동과 왕국 내 다른 몇몇 도시에서 있었던 폭동을 생각해보라. 인구는 더 적고 생활은 더 안락하고 풍족한데도 폭동이 훨씬 더 자주 일어난다.

파리는 아직 니네베와 쉬즈(Suze)처럼 넓고 인구가 많으며, 한 바퀴 둘러보려면 사흘이나 걸려야 했던 아시아의 고대 도시들만큼 그렇게 크지도 않다. 오늘날 베이징에는 훨씬 놀랄 만큼 많은 인구가 있다. 프랑스의 왕은 옛날 크세르크세스처럼 200개 국가가 그의 권좌 앞에 굴복하는 것을 아직까지 보지 못하고 있다.

도시는 훌륭한 통치로써 확장될 수 있다. 유대인에게는 예루살렘과 사원이 있었고, 로마인에게는 로마와 캄피돌리오가 있었다. 또 그들의 경쟁자들에게는 카르타고가 있었다. 프랑스처럼 대국의 수도는 넓어야 한다. 신하들 2,600만 명의 교류가 연결되는 '중심점'이

되어야 하기 때문이다.

모든 것은 서로 닿아 있고 서로 통한다. 인간 사회는 동물 사회처럼 부분적이지 않다. 실제로 파리는 외교 업무의 진정한 중심지이다. 유럽의 모든 국민들이 이곳 파리로 접근해오기 때문에 이곳은 넓어야 하고 위엄을 갖추어야 한다. 정책적으로 이곳에 축제와 쾌락과 오락거리가 있는 것이 중요하다. 예술의 즐거움이 외국인을 이끌고, 우리의 능력과 힘에 대해 높은 평가를 내리며, 그 평가를 멀리 전파하게 한다. 특히 우리에 대한 이러한 친절한 평판이 계속해서 유지되어야 한다.

파리에 온 외국인들이 환대를 받아 즐거워하고 프랑스인들을 사랑하게 될 때, 인접국가 간의 증오는 서서히 소멸된다. 친절한 접대로 특징지어지는 국민적 호의에 의해 외국인은 그 근원이 확실하지 않은 적개심으로부터 벗어나게 된다. 우리 국민이 정치 쪽에서 얻을 수 없었던 이득을 시민 생활에서 되찾으려 노력해왔고, 대체로 자신의 삶을 공화주의적 삶으로 바꾸지 않을 상냥하고 쾌활하고 재치 있는 국민이라는 것을 가까이서 보게 될 때, 그러한 적개심은 사라진다.

하지만 무엇보다도 소중한 것은 지방의 사소한 모든 횡포들이 파리에서는 소멸되어 사라진다는 사실이다. 가난해도 경멸당하지 않는 것은 오로지 수도에서만 가능하다. 이곳에서는 대중을 위한 즐거움이 슬픔에 싸인 사람의 기분을 풀어주고, 약자는 다수의 힘에 의해 강해진다.

루이 14세가 자신을 위해 베르사유에 궁전을 짓지 않고 국민을 위해 파리에 지었더라면 프랑스는 얼마나 강력해졌을 것이고, 또 수도 파리는 얼마나 웅장하고 화려해졌을 것인가!

그랬다면 파리는 '인간의 도시'라고 불리고 있을 것이다. 토리노처럼 아치형 통로들이 있을 것이고, 런던처럼 보도(步道)도 있을 것이다. 나무 그늘이 지고 커다란 구획으로 나뉜 크고 널찍한 시장들도 있을 것이다. 또한 거리에는 줄지어 선 나무들도 볼 수 있을 것이다. 공기를 맑게 하는 데는 그보다 더 좋은 것이 없다는 것이 주지의 사실이니까 ….

동방의 도시들처럼, 포부르에는 외국 여행자들을 저렴한 값으로 숙박시킬 수 있는 수도원 부속 무료숙박소가 있을 것이다. 왕권이 정치적 궤변 속에서 헤매지 않고 언젠가 국왕 자신의 행복과 인류의 행복을 결합시키고자 한다면, 파리는 풍요가 절정에 달할 것이고, 풍요의 잔을 열어 넵투누스와 케레스, 포모나의 선물들을 여기저기 흘릴 것이다. 아주 뚜렷하게 대비되는 물품과 풍부하게 넘치는 상품들에 의해 독점이 깨지고, 넉넉한 물자에 의거하여 공공의 행복이 보장될 것이다.

그러면 시내에 사원은 하나밖에 없을 것이다. 왜냐하면 사원이 많으면 종교가 확립되기보다는 파괴되기 때문이다. 하나뿐이지만 거대하고, 절대 존재 숭배자들의 단합된 목소리로 이루어진 기도가 신을 믿지 않는 사람들을 쓰러뜨리며, 가장 냉담하고 가장 방심한 영혼을 고양시키고, 마침내 조각나거나 분열되지 않고 그 크기와 장엄한 통일성으로 강한 충격을 주는 성대한 종교의식에 대해 깊은 애착을 갖게 할 것이다.

이 사원은 비록 규모는 가장 크지만 일주일에 단 하루만, 그것도 동이 틀 때부터 해가 질 때까지만 문을 열 것이다. 다른 시간에는 완전히 문이 닫혀 있을 것이다. 문이 닫혀 있다고 해서 그곳을 향해 시선을 돌리며 기도하는 것을 막지는 못할 것이다. 이 사원은 공간이 넓고, 축제일에는 주민의 반을 수용할 만큼 넓은 회랑이 갖춰져 있을 것이다. 경계와 신성한 울타리 너머 우뚝 솟은 주랑을 통해, 고위 성직자가 일어섰다가 엎드렸다가 하며 군중의 찬송가에 화답하는 높은 제단을 눈으로 찾고 있는 사람들을 길에서 무릎을 꿇은 채 볼 수 있다면 더욱 잘된 일일 것이다. 아니, 예배의 열정이 범람하는 종교의식을 따라갈 수 없다는 것을 누가 의심하겠는가?

베르사유에 들인 비용이라면, 오늘날 파리에 로마인들의 유익했던 사치, 즉 원형 극장들을 세우고 그곳에 대중을 모을 수 있을 것이다. 왜냐하면 대중이 조국을 사랑하고, 조국의 이미지를 숭배하고, 훌륭한 시민의 의무에 충실하게 하려면, 그들에게 축제를 선사해야 하기 때문이다.

하지만 대중이 우리의 생각에 길들여지기는 아주 어렵다. 나는 어떤 고위직 인사가 개인적인 사소한 이유 때문에 신작로의 나무들을 베어내는 순간을 목격했다. 도시 한가운데에 있으면서도 농촌에 있는 느낌을 주기 때문에, 그리고 녹음(綠陰)으로 우리의 눈을 즐겁게 만들기 때문에 산책하기 아주 좋은 신작로였는데. 나무가 보이지 않으면 아무리 아름다운 도시라도 우울해진다. 나무는 자연의 산물과 인간의 작업에 호혜(互惠)를 제공한다.

768 전 장의 속편

농촌인구를 늘리기 위해 수도를 파괴해야 할까? 아니다. 농촌에 여유와 자유가 다시 태어나게 만들어야 한다. 그곳에서 농부들이 노동의 결실을 평화롭게 향유하게 놓아두어야 한다. 풍요와 즐거움을 호흡하게 해야 한다. 농촌사람이 풍요로운 자연과 성대한 수확을 자랑스럽게 여겨야 한다. 그러면 번잡함이 싫어진 대도시 주민은 곧 자신의 저택을 떠나 농촌의 초가지붕 곁으로 와서 즐거움을 함께할 것이다. 뮤즈의 총신들이 직접 자연의 꾸밈없는 아름다움을 연구하러 올 것이다. 농촌 체류를 미화함으로써 사회의 전반적인 구조에서 기인하는 악습들이 우회적인 규범을 통해 교정될 것이다.

수도는 유럽 전역에서 몰려오는 무수히 많은 사람들의 음식과 생계에 바쳐질 식품들을 풍부하게 확보해야 한다.

프랑스 전체 인구에 비하면 파리의 인구가 그리 많은 것은 아니다.

영국은 인구가 1천만밖에 되지 않는데도 런던의 인구는 거의 파리의 인구와 같다. 런던이 항구이자 교역도시라는 것은 사실이다. 하지만 대도시들은 언제나 그 도시를 둘러싸고 있는 모든 것을 변화로 이끄는 끊임없는 활력의 중심이다. 대도시들은 산업을 일깨우고 땅에서 나는 모든 산물을 활용한다. 수많은 농부들에게 자극을 주는 대도시가 더 이상 하나도 없게 되면, 농촌은 활기를 잃고 농업체계는 붕괴된다.

파리의 인구는 자연스럽게 증가하는 경향이 있다. 하지만 왕국의 다른 지역에서 인구가 증가하고 그 지역들이 많이 번창한다면, 파리는 다시 균형 잡힌 머리가 된다. 대도시들은 번영하는 국가의 것이다. 국가의 다른 지역들이 치안 유지에 의해 활기를 띠게 되면, 하나의 도시가 팽창할 염려는 없다.

파리, 런던, 암스테르담, 베를린, 로마, 베니스, 제노바, 나폴리, 페테르스부르크 등과 같이 오늘날에도 존재하는 아시아와 유럽의 대도시들이 니네베, 바빌로니아, 100개의 성문이 있는 테베, 예루살렘, 쉬즈, 페르세폴리스, 코린트, 아테네, 팔미라 같은 고대 도시만큼 가치가 있는지 알고 싶다. 고대 역사가들은 몇몇 도시들의 크기와 웅장함을 무척 과장해왔다. 그렇기는 하지만, 유적들을 보면 그 도시들이 얼마나 찬란했는지를 알 수 있다. 파리, 런던, 나폴리 같은 도시들은 파괴되고 나면 호기심 많은 여행객이 일종의 존경심을 담아 방문하는 웅장한 유적들을 제공하지 못할 것이다. 이렇게 우리의 가장 아름다운 현대 도시들은 고대 도시에 필적하지 못한다.

769 차르의 말

하지만 앞선 두 장에 대해 약간의 반대 의견이 있을 수 있을 것이고, 나로서는 그것들을 숨기고 싶지 않다. 차르[1]가 파리에 왔을 때, 그는 파리의 크기에 놀라서 깊이 생각한 뒤에 다음과 같이 말했다. "내가 이 나라의 국왕이라면, 이 도시를 불태울 것이다." 분명히 그가 그렇게 하지는 않았을 것이다. 하지만 이러한 포고는 그가 이처럼 거대한 도시를 부양하는 데 따르는 어려움을 느꼈다는 것을 입증한다.

철학자라면 많은 다른 불편한 점들을 목격할 것이다. 그는 모든 귀족들이 이 거대한 도시로 몰려들어 농촌에 사람들이 없는 것에 주목할 것이다. 그는 왕과 모든 귀족들 때문에 왕국 전체의 재산이 그곳에서 급격히 줄어드는 것을 목격할 것이다. 그는 국민을 희생시켜 가며 은혜를 얻기 바라는 소위 귀족이라는 사람들로 둘러싸인 궁정을 목격할 것이다. 그는 오로지 권태를 없애는 방법에만 몰두하고 불필요한 일꾼들을 대량으로 고용하는 수많은 게으름뱅이들을 목격할 것이다. 그는 언제나 활동을 개시할 준비가 되어 있는 악습을 목격할 것이다. 왜냐하면 굶주린 빈민들은 빵을 얻거나 황금을 차지하기 위해서는 무엇이든 할 준비가 되어 있기 때문이다. 그는 귀족들을 부양하기 위해서 주민들과 동물들이 그곳에서 빠져나간 것을 목격할 것이다. 소의 수가 현저하게 감소했고 나날이 감소할 것이라고

1 섭정 시대인 1720년 5월 7일~6월 20일까지 프랑스에 왔던 러시아의 표트르 1세, 또는 표트르 대제를 가리킨다.

들 한다. 이제 곧 우리의 숲은 충분한 목재를 더 이상 공급하지 못할 것이고, 우리의 농촌은 사치스런 수도의 지출을 보조해줄 충분한 말[馬]들을 제공하지 못할 것이다.

페르시아를 알렉산드로스에게 넘겨준 것은 바로 쉬즈, 페르세폴리스, 바빌로니아, 엑바타나였다. 이들 불행한 도시들은 수많은 타락한 사람들, 화려하게 무장을 했지만 활력도 규율도 없는 사람들로 가득 차 있었다.

모든 예술을 발전시켰던 미네르바의 도시 아테네는 스파르타보다 훨씬 앞서 궤멸했다. 인구가 훨씬 많았기 때문이다. 그렇지만 스파르타가 전원적이었던 것만큼, 아테네는 전쟁술에 정통했다. 콘스탄티노플은 동로마 제국을 무너뜨렸다.

차곡차곡 쌓아놓듯이 사람들을 밀집시키거나, 아니면 그들을 다소 떼어놓음으로써 풍습이 잃은 것이 무엇이고, 얻은 것이 무엇인지를 알아보려면, 작은 촌락들과 농촌을 봤어야 한다.

나는 찬성과 반대 의견을 다 말했다. 판단은 여러분의 몫이다, 독자들이여. 하지만 정치적으로 커다란 이득은 하찮은 결점에 불과할 뿐이라는 사실을 고려하기 바란다.

770 계획

대규모의 유용한 계획이 문제가 되고 있다. 왕의 운하 굴착이 바로 그것인데, 이는 군주와 국가와 수도에 잘 어울리는 운하, 육지를 통과해서 '디에프 해(海)'와 '생제르맹 포부르'를 연결하게 될 운하이다. 이 운하는 상선들의 항행에 도움이 될 것이고, 파리는 성문 곁에 파놓은 못 속에서 지구상 모든 민족들과의 통신담당자가 될 수많은 군함들을 보게 될 것이다.

기하학과 수리학 지식에 정통한 국민들에게 걸맞은 이 공사는 수도 파리의 고갈되지 않는 산업에 자양을 공급할 것이다. 파리는 해양 교역의 이득을 누리게 될 것이고, 그 이득은 막대해질 것이다. '재무'라 불리는 강탈행위에 몰두한 사람들, 그리고 재무의 필연적인 결과이며 더욱 비열하기도 한 '투기'에 몰두한 사람들 역시 야비한 술책을 버릴 것이다. 불명예스러운 일에 심취한 수많은 젊은이들은 아카데미에서 수작을 걸거나, 그들 생의 가장 빛나는 시기를 환락가에 바치고, 마침내 게으름과 방탕의 모표(帽標)를 과시하면서, 그들에게 합법적인 부의 획득을 보증하는 선박에 승선하기 위해 정념이 '낳는(estueuse)' 열병을 포기할 것이다.

연기에 싸인 알비용[2]의 경쟁 상대로서, 오래지 않아 그보다 우위를 차지하게 될 파리는 세계의 화물 집산지가 될 것이다.

2 알비용(Albion)은 영국의 옛 이름이다.

그런데, 아니 뭐라고! 이 수도가 돛과 선구(船具)를 모두 갖춘 선박을 무기로 삼은 것이 쓸데없는 일이라니, 이 '선박-스핑크스'가 교역과 시청 수뇌부의 거대한 투기를 부르는 것이 쓸데없는 일이라니. '프랑스판 오이디푸스들'이 여전히 태어나고 있고, 그 가능성이 입증된 이 국왕의 운하, 왕국을 행복하게 할 이 풍요의 뿔은 여전히 착공을 기다리고, 아마도 오랫동안 그것을 기다릴 것이다. 왜냐하면 우리가 시작하지 못할 것은 없지만, 아무것도 끝내지 못할 것이기 때문이다. 우리는 선(善)을 보고, 그것을 좋아하고, 열에 들떠 그것을 목표로 한다. 하지만 그 열기는 한순간에 꺼진다. 우리의 변덕스러운 기질 때문에 선은 악만큼이나 빠르게 실행되어야 할 것이다. 라호그 해전을 통해 우리는 노르망디 해안에 항구가 얼마나 필요한지를 알게 되었다. 우리는 한 세기의 시간과 북아메리카의 광대한 소유지 상실, 영국의 해적질과 그들의 오만을 겪고 나서야 비로소 항구 하나를 갖게 되었다. 루브르 공사는 아직 끝나지 않고 있다. 박물관은 페넬로페의 천[3]처럼 보인다. 피카르디의 유명한 운하는 중단되었다. 아! 우리의 선량한 국민들은 부패의 시대에 '유토피아'를 건설하고 있다.

3 『오디세이아』에서 이타카의 왕 오디세우스가 트로이 전쟁 이후 온갖 위험과 어려움에 처해 있는 동안 그의 아름답고 현숙한 아내 페넬로페 역시 편한 날을 보낼 수가 없었다. 전쟁에 나선 남편이 오랜 기간이 지나도 돌아오지 않자 이타카와 주변 섬들의 지도자들이 그녀에게 구혼한다. 남편이 돌아오리라 굳게 믿고 있었던 페넬로페는 그들의 끈질긴 요구에서 벗어나기 위해 하나의 묘책을 생각해낸다. 시아버지 라에르테스의 수의를 짜고 난 후에 그들의 요구를 들어주겠다고 한 것이다. 그때부터 시녀 하나가 그 비밀을 발설하기까지 3년 동안 낮에는 수의를 짜고 밤에는 짠 천을 다시 푸는 일이 반복된다. 이것이 '끊임없이 행하지만, 끝내 마치지 못하는 일'을 말하는 속담의 기원이 된 '페넬로페의 천'이다.

771 사무 자동인형

'보캉송'이 '피리 부는 자동인형' 대신 '사무 자동인형'을 만들려고 했다면, 어디에나 사무실을 세우는, 종류도 성격도 가지가지인 기업체들에 얼마나 도움이 되었을까! 맙소사! 사무원들은 왜 이다지도 많은 것인가! 그들의 수는 하인들만큼이나 많다. 하인들이 수건을 들고 있듯이, 사무원들은 펜을 들고 있다. 아주 작은 보따리를 찾거나 보내려 해도 그들은 당신에게 휘갈겨 쓴 종이쪽지 한 장을 내민다. 15명 정도가 연이어 그 종이에 서명을 하고 부서한다. 서명하고 부서한 '여권'을 내어주는 사무 자동인형이 없으면, 당신은 망가진 마차를 출발시키지 못한다. 시간이 아까운 일반인이 아무리 안달을 해도 사무원이 우직하게 요지부동이면 소용이 없다. 어디에서나 이러한 저주받은 패거리가 수많은 사기 회사들을 따라다니는데, 이들 회사들은 당신을 마차에 태울 권리에 이르기까지 프랑스의 모든 것을 사들였다. 그러한 사람들을 끊임없이 상대하는 것은 수치스러운 일이다. 왜냐하면 우리는 그들의 태만과 부정확, 그리고 자만으로 가득한 어리석음이 보일 때, 그들을 종종 꾸짖을 수 있는 입장이기 때문이다.

이들 자동인형들은 개당 연간 800프랑의 비용이 든다. 그들은 징세청부업체, 우체국, 세관, 운송회사 등에 있다. 그들은 대기실의 하인들과는 다른 종류의 하인들로서, 당신을 괴롭히고 짜증나게 하는데, 아무 도움도 안 되는 그들의 일은 국가에 부담만 될 뿐이다. 오! '보캉송'이 즉시 '사무 자동인형'을 만들었다면, 그 인형은 적어도 일반인들에 대해 정해진 시간을 잘 지키고, 공손하고, 말이 없을 것이며, 글 한 줄이면 가능한 것을 그렇게 늑장을 부리며 발송하지 않을 것이다. 그들은 자기 이웃에게 주기 위해 저자들의 정기간행물을 훔치지 않을 것이다. 그들은 봉인 따위를 들춰보지도 않을 것이다. 하지만 그들은 얼굴에 분칠을 하고, 머리를 곱슬곱슬하게 하고, 커프스를 하고, 칼을 차고, '연모하는 여인'과 같은 색깔의 리본 장식을 할 수도 있을 것이다. 기계에 의해 움직이는 관절을 가진 이 인형들은 지금 은행 사무실, 징세 사무실, 우체국 사무실을 가득 채우고 있는 사람들만큼이나 그곳들을 잘 장식해줄 것이다.

사람들은 과학 아카데미의 '보캉송'을 맞이하기를 망설였다. 그가 기하학에 정통하지 못했기 때문이었다. "그래요! 신사분들, 내가 당신들에게 기하학자를 하나 만들어드리겠소"라고 그가 말했다. 그가 '사무 자동인형' 하나쯤 만드는 것은 훨씬 더 쉬운 일이었을 것이다. 그런데 오늘날엔 그것들을 만들어내는 공장이 있는 것 같고, 징세청부업자들은 여러 다스씩 그것들을 구입하는 것 같다. 도시 전체에 산재해 있는 사무실에서 매일 글쓰기의 욕망에 얼마나 많은 비용이 들어가는지 계산해보라. 그러면 당신은 종이를 앞에다 놓고 장부에 괘선을 그으며 잉크병에 펜을 넣어 적시고 글을 쓰며 어느 정도 계산까지도 하는 '사무 자동인형'이라는 새로 발명된 자동인형에 대해 얼른 가격을 제시하는 것이 적절하리라는 것을 알게 될 것이다. 그것이 잘 조각되었다면, 그것이 하녀 앞에서 소포 발송 서류를 작성하더라도 키케로 같은 생각을 하고 있는 것처럼 보일 것이다.

어! 그런데 저기 지나가는 사람이 누구인가? 저렇게 궁정에서 성큼성큼 걷는 사람이 누구인가? 칼을 차고 아주 잘 차려 입은 저 남자는 어디로 가는 것인가? 틀림없이 중요하고 바쁜 일 때문에 걸음을 재촉하고 있을 것이다. 그는 탄띠를 맨 초병들을 통과하고, 부엌으로 들어가 옷과 칼을 내려놓고, 소스 속에 손가락을 담가 그것을 휘젓고, 맛을 보고, 후추나 소금을 넣어 다시 휘젓고, 고개를 끄덕이고, 다시 옷을 입고, 칼을 차고, 여전히 머리를 꼿꼿이 쳐든 채로 쏜살같이 떠나간다. 이 남자는 … 궁정 요리사이다. 그는 순식간에 왕의 입맛에 맞춘 음식을 완성시켰다. 그의 일은 그때부터 하루 종일 끝난 것이다. 그는 의기양양한 모습으로 나간다. 고백컨대, '보캉송'은 그런 요리사는 만들어낼 수 없었다. 그 요리사는 보기 드문 예술가이고 예민한 미각을 갖고 있는데, 그것은 팔레루아얄 학교에서 가장 섬세한 아카데미 회원이 갖고 있는 것보다도 100배 이상 뛰어난 미각이다. 그는 틀리는 법이 없다. 그는 별것 아닌 재료로 모든 것을 바로잡는다. 그 기술의 섬세함은 전부 그의 혀끝에 있다. 그는 손가락 끝으로 기적을 만들어낸다. '보캉송'의 재능이 그와 같은 요리사를 만들어내는 데까지 이를 수는 없겠지만, 적어도 왕자에게 신을 신기거나 벗기는 사람, 식탁에 음식을 차려놓는 '국왕 식사 담당관'이라 불리는 사람, 지팡이와 모자를 건네주는 사람, 의자를 끌어내주는 사람, 그리고 궁정의 일에 몰두하는 유능한 몇몇 관리들 따위는 만들어낼 수 있을 것이라고 나는 생각한다.

772 계몽철학이라고 부르는 것

엉터리 기자들과 전제군주제 지지자들이 그동안 계몽철학과 계몽철학자들에 반대하는 목소리를 높여 왔기 때문에 오늘날 계몽철학이라는 말이 민중들 사이에서도 통용되고 있는데, 그들은 그들 방식으로 계몽철학을 왜곡시켰고 온갖 종류의 일에 그 말을 사용했다.

어느 가정에나 '계몽철학자'라고 불리는 사람은 항상 있게 마련이다. 장사치 소년이나 소송대리인의 서기가 일반적인 사고 범주를 넘어서는 어떤 논평을 한다면, 그는 '계몽철학자'이다.

독실한 여신자들은 소교구의 예배에 참여하지 않고 자신들만큼 엄격하게 사계대재일(四季大齋日)을 준수하지 않는 사람들을 모두 '계몽철학자'라고 부른다. 오베르 사제와 그의 동류들은 소위 그들이 말하는 좋은 작가들의 특징인 노예 근성에 빠져 글을 쓰지 않는 사람들을 '계몽철학자'라고 부른다.

이 말이 밀고자들의 입에서 나올 경우에는 그 말은 당신에게 은밀히 반대하는 자들, 당신에게 해를 입히려는 사람들에 대한 가벼운 욕설이 된다. 그렇게 불릴 수 없는 많은 사람들도 또한 '계몽철학자들'이라 불린다. 결국 이 말은 문학 분파들에까지 옮겨져 아카데미의 좌석을 갈망하는 사람들을 지칭했다.

허구가 현실을 대신했다. 사람들은 아카데미 프랑세즈에 '계몽철학'과 '계몽철학자들'이 있다고 믿었다. 그곳에서 계몽철학이 차지하고 있는 비중은 아주 낮고 계몽철학자들의 수는 아주 적기 때문에, 아카데미 프랑세즈를 몇몇 개인들의 행동과 자존심에 연결시키면 정말 우스꽝스러운 이러한 호칭에 대해 오해하게 된다. 용어는 사라졌지만, 상황은 아직 그렇지 않다.

773 마레

이렇게 아름답고 유용한 밭에 왜 괴어서 썩어가는 물과 여름날의 더위에 말라붙은 진흙이라는 지저분한 생각을 불러일으키는 늪이라는 이름을 붙였을까? 실상 그곳은 아주 잘 가꿔져 있고 채소로 가득 차 있는 밭인데? 질서, 청결, 대칭을 이룬 조화가 그곳 정원사들의 솜씨를 특징지어 준다. 얼마 안 되는 땅도 100에퀴까지 수익을 가져다준다. 그 늪지는 늘 푸른 초원이며, 그곳에서는 사철 연속해서 채소들이 줄기를 드러내고 있다.

가뭄에 이들 정원사들은 쉬지 않고 물을 긷는다. 식물들 주변에서는 토양이 변질된다. 신선하고 빛나는 이 식물들은 언제나 이슬방울로 축축하게 젖어 있다. 채취되기 전에도 식물들은 시각 기관을 통해 만족을 준다.

이 늪지를 가치 있게 만드는 정원사들을 채소 재배자들(maraîchers)이라고 부른다. 그들에게는 부지런한 일이 필요하다. 그들은 언제나 물뿌리개를 끌고 다닌다. 보물 같은 식물이자 사시사철 인간의 건강식인 이 어린 묘목들에 물을 대주는 찬란한 물줄기보다 더 보기 좋은 것은 아무것도 없다.

이 식물들은 채롱 위에 산처럼 쌓여 해가 뜨기 전에 아침 이슬을 맞으며 출하되어 시장에서 자신들의 푸르름을 과시한다. 그로 인해 이 세상에서 파리 중앙시장보다 더 아름다운 정원은 없다는 말이 생겨났다.

수도 주변에는 이러한 늪지와 서로 다르게 배치된 쾌적한 집들로 가득 차 있다. 그곳에는 저택들과 심지어 몇 개의 호화 건물까지 있고, 그것들은 이 빛나는 식물들에 의해서만 경계가 지어져 있다. 전망에 변화를 주기 위해 사람들은 호사스런 정원을 이 유용한 정원에 배치해 놓았는데, 그것들은 화려함으로 인해 찬탄을 불러일으키지만 소박한 상추와 향기로운 딸기로 다시 눈길을 돌리게 만든다.

이처럼 풍요로운 재생에 쓰일 때 거름 냄새는 결코 나쁘지 않다. 원하는 경우 사람들은 멜론이 종(鐘) 모양의 꽃 아래 갇혀 있고, 멀리서 보면 황옥으로 변모한 것처럼 보이는 이 늪지에서 나와 샹젤리제를 산책할 수 있다. 샹젤리제 거리는 파시 언덕과 불로뉴 숲에 연결된다. 공원들이 연속된다. 당신은 뱅센 쪽에서도 똑같은 즐거움을 찾게 될 것이다. 경치 좋은 곳에 위치한 뫼동이 당신을 부른다. 생클루가 당신을 초대한다. 당신은 굽이치는 센 강과 매혹적인 장소들을 전부 따라다닌다. 런던에는 이러한 장점들이 하나도 없다. 말을 타든 걸어다니든 간에 산책하는 사람들 누구에게나 이 넓고 아름다운 산책로들이 모두 공개되어 있다. 주 중에는 산책로에 사람이 없지만, 일요일과 축제일에는 수도의 어여쁜 아가씨들, 촌락의 호리호리한 농가 아낙들로 넘쳐나는데, 그들은 서로가 한자리에 같이 있다는 것에 놀라 서로를 쳐다보고 말없이 상대방의 옷차림과 매력을 훑어본 다음, 같은 무대에서 춤을 추며, 춤추는 도중 파트너를 바꾼다. 그것이 질투를 일으키고, 일주일 내내 사랑을 증대시킨다. 세 번째 일요일에는 그 결과로 즐거운 결혼식이 이루어지고, 노동의 산물로써 수많은 사람들을 먹여 살릴 신하가 태어나게 된다. 그런데 산책을 하면서 내가 만나게 되는 것은 오동통한 호두나무, 건장한 떡갈나무, 철학적인 플라타너스,[4] 원기 왕성한 느티나무를 대신해서 도시 주변에 심은 아무 매력 없는 포플러나무이다. 포플러나무는 처음 언뜻 보기에 괜찮아 보인다. 하지만 이 나무는 서로가 닮아 있고 단조로

움이 느껴진다. 나는 포플러나무도 위용을 자랑하는 소사나무도 더 이상 보고 싶지 않다. 나는 무화과나무나 플라타너스가 더 좋고, 사람들을 초록의 벽 속에 가두어두고 있는 이 구불구불한 좁은 길들보다 다소 개방적인 오솔길이 더 좋다.

나는 정원을 조성하는 것이 왜 그다지 어려운지 그 이유를 모르겠다. 꽃과 철망으로 나를 권태롭게 만드는 정원들이 있다. 비롱 원수의 정원이 그중 하나로 형편없는 전형적인 프랑스식 정원이다. 포플러나무와 더불어 목재와 열매가 아무짝에도 쓸모없는 또 하나의 종인 인도산 마로니에나무가 프랑스에서 인기를 끌었다는 것을 지적하는 것은 터무니없는 일이 아니다.

나는 수도 주변에서 '샹티이'보다 더 아름다운 곳을 알지 못한다. 그곳에 필적할 만한 곳을 아직까지 본 적이 없다. 그 매혹적인 곳을 30번이나 여행했지만, 아직도 지치지 않고 찬사가 터진다. 그곳은 기술과 자연의 결합 중 가장 아름다운 결합이다. 자연과 기술이 완벽하게 일치하고, 그 행복한 일치로 인해 보는 사람의 즐거움이 증대된다. 땅 주인[5]은 결코 나와 같은 즐거움을 느끼지 못했을 것이다. 그에게는 놀라울 것이 없었을 테니까 말이다. 그는 회계 보고와 지출을 통해 미리 알고 있었지만 나로서는 그러한 것을 전혀 본 적이 없었고, 그래서 나는 오랫동안 그곳의 모든 아름다움을 누려왔다. 오! 군주들의 사치를 즐길 수 있는 방법이 있다니! 그것이 바로 계몽철학자의 비밀이다.

4 어원적으로 잎이 크고 폭이 넓은 나무를 뜻하는 플라타너스는 철학과 여러 가지로 관계가 있다. 그리스인들은 학교 주변에 플라타너스를 심었다고 하며, 플라타너스라는 이름은 어깨가 넓은 플라톤을 상기시키기도 한다.

5 방계 왕족인 콩데 일가가 1643~1830년 동안 샹티이 영지의 소유주였다.

우리의 재산으로 배를 불린 재정가 중 몇몇은 영국식 정원 열풍으로 인해 완전히 파산함으로써 벌을 받았다. 사람들은 그들을 불쌍히 여길 수도 없었고, 그들을 정당화할 수도 없었다. 온당치 못한 재물들이 그들의 손에서 빠져나갔고, 그들의 후손들에게 전해지지 못했다. 오! 그들이 그저 늪지와 채소와 과실수들만 갖고 있었다면, 그들은 오명을 뒤집어쓰지 않았을 것이고, 대규모 공사로 자연을 못살게 하지 않고 그 자연의 선물을 누릴 수 있었을 것이다. 그런데 그 어마어마한 공사 때문에 그들은 파산에 이르렀고, 토양은 비옥함을 상실했다. 그들은 자신의 묘목 위에 터무니없는 오만과 방종의 건물들을 세우기 위해 내가 좋아하는 늪지들을 완전히 없애버렸다.

774 결혼은 어떻게 이루어지는가?

아버지가 자기 딸의 방으로 들어간다. 딸은 화장을 하고 있고, 침모로부터 사람들이 자신을 결혼시키려 한다는 소식을 들었다. 아버지가 다가서서 말한다.

"얘야, 네 눈을 보니 잠을 못 잔 게로구나."

"아니에요, 아버지."

"어쩔 수 없구나, 얘야. 결혼식에서 아름답게 보여야 하는데, 잠을 안 자면 추해진단다."

"저는 그렇게 추하지는 않아요."

"그다지 추하지 않다는 게냐? 더 추해졌기 때문에 네가 슬프고 침울한 안색을 하고 있는 것 같은데. 자, 어린아이처럼 굴지 말거라, 제발. 계약하는 날엔 얌전해야 하는데, 언짢은 기분은 얌전한 게 아니야. 네 얼굴은 언짢은 기분을 나타내고 있단다."

"오! 제 얼굴은 아주 괜찮은데요."

"네 얼굴은 틀렸어, 너도 마찬가지이고. 네게 명하겠는데, 좀 웃는 낯을 띠렴."

"아버지는 제게 불가능한 것을 명령하시는군요."

"불가능하다고? 왜 불가능하지? 집안 좋고, 친절하고, 무엇보다도 아주 부유한 사람과 결혼하는데, 무엇이 마음에 안 드는 게냐?

"아버지 말씀대로 저도 그렇게 생각해요. 하지만 알지도 못하는 사람에게 맡겨진다는 것은 여전히 끔찍한 일이에요."

"좋아! 자신의 결혼상대자를 안다고? 네 결혼상대자도 너를 알지 못하잖니. 그래, 얘야. 세상에서 잘못된 결혼이란 연애결혼밖에 없다고 나는 생각한다. 사랑보다는 우연이 훨씬 덜 맹목적이야. 네 미래의 배우자를 10년 동안 보고 나면 그를 더 잘 알 것이라고 생각하느냐? 혹시 여자들은 그렇지 않을지 몰라도, 남자만큼 본심을 드러내지 않는 존재는 없단다. 욕망을 느끼는 사람과 차지하는 사람은 별개란다. 결혼식 다음날 애인이 어떻게 될지는 아무도 모르는 법이야. 어떻게 그것을 알겠니? 그 애인 역시 알지 못하지. 운에 맡기는 수밖에 없어. 예를 들면, 네 엄마와 나도 결혼하기 전에 서로 많이 만났지. 그런데! 네 엄마는 내가 자신을 속였다고 수백 번은 말했을 거야. 나도 네 엄마에게 당신이 날 속였다고 수백 번 말했지. 모든 것이 해결되었지. 왜냐하면 해결되어야 하니까."

"정말 괴상한 원칙이로군요, 아버지!"

"그것이 세상 사람들의 원칙이란다. 그리고 세상 사람들은 바보가 아니야. 하층민들은 가정에서 행복하기 위해 서로 사랑할 필요가 있지. 하지만 부유한 사람들은 품위 있게 함께 살아가기만 한다면 생활의 여유로 인해 화목해진단다. 자, 얘야, 결단을 내리고, 용기를 갖고, 유쾌하게 지내렴, 모든 것이 다 잘 될 테니까!"

아버지는 이렇게 말하고 나간다. 가슴속에 사랑의 약점을 숨기고 있는 딸은 자기 의지와 상관없이 결혼하는 것이라고, 하지만 그 결혼은 관습 때문에 자신이 빼앗기는 것을 되돌려줄 것이라고 애인에게 편지를 쓴다. 그녀는 결혼계약서에 서명한다. 결혼은 연기되지 않고, 달포 만에 그녀는 수완 좋게 자기 애인을 자기가 드나드는 사교계에 끌어들인다. 그녀의 남편은 그런 줄을 전혀 모른다. 남편이 그러한 사실에 대해 말하고자 하더라도, 그들은 그것이 망상에 불과하다는 것을 증명하기 위한 그럴듯한 말을 준비해놓고 있을 것이다.

보석 세공업자, 보석 판매상, 옷감 판매상, 부인복 판매상들이 결혼에 기여하는 사람들이다. 하지만 오늘날에는 과거에 짐작도 하지 못했던 기술자, 그 어떤 풍속 작가들보다도 더 가정을 평화롭게 만드는 데 기여하는 소중한 기술자가 그 속에 포함된다. 어떤 아가씨가 걱정스러운 추억이 있는데, 결혼식 날은 가까이 오고 커다란 비밀을 숨기고는 싶을 때, 그녀는 솔로몬이 아무리 전문가였다 해도 그 솔로몬의 금언을 완전히 신뢰하지 못한다. 처녀성에는 나름의 특징이 있다. 그녀는 그 사실을 뷔퐁보다 더 잘 알고 있다. 문제는 자신의 남편과 사이좋게 지내고 애정을 키우는 것이다. 그녀는 처녀성 재생술이 있다는 이야기를 들은 적이 있다. 이 세상에서 행복하기 위해서는 오로지 믿어야만 한다. 서약에는 소급 효과가 없다. 문제는 미래에 대해 약속하는 것이고, 가능하면 지키는 것이다. 정숙하고 소심한 아가씨들은 해가 지면 마유를 찾아와 문의한다. 마유는 신부에게는 자신감을, 신랑에게는 기쁨을 주는 식초를 판매하는데, 그것으로 인해 가정의 화목과 평화가 확립된다. 이 세상은 눈에 보이는 것들로 구성되어 있다. 눈에 보이는 것들이 실재를 대신하는 것이다.

마유는 교회가 결혼식을 허락하거나 금지하는 시기를 알기 위해 달력을 볼 필요가 없다. 사순절과 대림절이 끝나자마자 그는 신랑의 마음을 사로잡고 싶고, 오로지 신랑을 더 행복하게 해주기 위해 자신의 과거를 신랑에게 속이고 싶어 안달하는 여성들이 몰려오는 것을 본다. 그녀들은 손을 내밀어 치료 식초를 받아들고는 인사를 하고 사라질 뿐이다. 기술자인 마유는 그들을 쳐다보지 않는다. 그녀들이 얼굴을 붉힌다 해도 커다란 모자가 그녀들의 붉어진 낯을 가려준다. 정숙함에 대해 교훈을 주는 작은 책자가 정묘한 수렴성 액체와 함께 건네지고, 그 책자로 인해 기술자는 말을 할 필요가 없다. 간통자의 범죄행위든 혹은 사랑하는 애인의 승리든, 똑같이 자취를 감춘다. 마침내 일주일이 지나면 순결을 나타내는 모자를 쓰고 결혼의 제단으로 걸어나가는 사람은 처녀인 것이다.

신랑은 그러한 사실을 전혀 의심하지 않을 것이다. 화학법칙 앞에서는 모든 것이 재생된다. 신랑의 기쁨 또한 내가 숭배하는 이 숭고한 과학과 연관되어 있다. 그 과학이 파리 아가씨들의 명예와 행복과 휴식을 만들어낸다. 하지만 지방의 아가씨들은 이루 헤아릴 수 없이 많은 이러한 이점과 거리가 멀다. 지방 아가씨들에게는 마유만큼 유명한 기술자가 가까이 있지 않다. 그들이 불쌍하다. 손안에 감출 수 있는 조그만 약병을 대신하기 위해 교활한 말들과 얼마나 많은 부정한 거짓말들이 난무하는가!

신랑의 시험에 몸을 떨며, 신랑의 마음속에 깊은 존경심을 부어넣음으로써 그 마음을 사로잡고자 하는, 모든 지역의 아가씨들이여, 마유의 겨자 단지에 의해 유럽 3대 강국의 문장(紋章)이 평화롭게 결합하는 것을 보게 되면, 이 기술자가 마찬가지로 아내와 남편을 결합시키고, 그들의 대립과 결별을 방지한다는 사실을 고려하라. 그들에게서 좋지 않은 의심과 성가신 두려움, 불쾌한 비난을 제거함으로써 마유는 상호간의 애정에 대한 완전한 확신 속에 행복을 견고하게 한다. 그에 더해 약간은 변조된 목소리가 필요하다. 그 목소리는 정직하면서 동시에 기만적이 된다. 이제 남편은 자신의 정복에 도취되어 자신의 승리를 자랑한다. 신부는 신랑이 승리를 자축하게끔 거짓 목소리를 낼 필요가 없다. 40년 전 궁정에서는 이런 말이 돌았다. "거기서 명예는 머리카락처럼 다시 자라난다." 오! 수도에서와 마찬가지로 그곳에서도 전혀 다른 것이 다시 자라나다니!

성인이 된 아가씨가 한 신사에게 그의 아이를 낳아주겠지만 결혼을 요구하지는 않겠다는 제안을 했다. 임신하자마자 그녀는 그 신사를 쫓아버렸다. 그녀는 아이를 낳아 젖을 먹여 키웠다. 아이 아버지는 아이 엄마와 결혼하기 위해 소송을 제기했지만, 아이 엄마는 그에게 냉담하게 대했고, 자신을 임신시키느라 들인 수고에 대해 얼마의 보상을 원하는지 그에게 물었다. 신사는 소송에서 패했고 소송 비용을 물었다.

775 2명의 크레비용

내가 19세였던 당시에 비극 시인 크레비용의 명성은 최고조에 달해 있었다. 그는 볼테르와 비교되었다. 왜냐하면 일반 대중은 어떤 유명한 사람이든 그와 상대할 경쟁자를 찾고, 그 둘을 견주면서 지나치게 무거운 평가의 짐을 벗기 때문이다.

내가 그를 본 것은 전반적으로 국민들이 그다지 진보하지 못했던 시절, 라신과 코르네유, 크레비용과 볼테르에 대해서만 이야기하고 그들 이야기만 할 줄 알았던 시절이었다. 그처럼 쓸데없는 문제들에 대해 그렇게 오랫동안 토의했다는 것은 있을 수 없는 일이다. 당시에 나는 젊었다. 나는 모두가 수용하는 느낌을 반쯤만 받아들였다. 나는 너무나 많은 칭찬을 받고 있는 이들 비극들에 대해 다른 사람들보다 덜 감탄했다. 나는 그것들에서 획일성, 구속, 답답함, 천편일률적인 형식, 허위를 발견했는데, 광범위하고 규칙에서 벗어난 아름다움을 좋아하는 나로서는 그것들이 그다지 마음에 들지 않았다. 나는 아베 프레보의 소설들을 읽었는데, 그 소설들이 다른 모든 현대 비극들보다 더 많은 기쁨을 내게 안겨주었다.

그렇지만 나는 크레비용의 명성에 대해 살펴보고자 했다. 그는 마레 구역의 두즈포르트 길에 살고 있었다. 나는 문을 두드렸다. 금세 15~20마리의 개가 짖는 소리가 들렸다. 개들은 입을 벌린 채 나를 둘러싸고 시인의 방까지 따라왔다. 계단에는 그 개들이 싸놓은 똥과 오줌이 널려 있었다. 나는 내 방문을 알리는 그 개들의 호송을 받으며 들어섰다. 나는 벽에 아무것도 걸려 있지 않은 방을 보았다.

초라한 침대 하나, 2개의 등받이 없는 의자, 7~8개의 찢어지고 누더기가 된 안락의자가 가구의 전부였다. 방에 들어서면서 나는 작은 키에 비해 지나치게 뚱뚱한 여성을 보았는데, 그녀는 옆방에 틀어박혀 있었다. 개들이 안락의자들을 전부 차지하고 합창하듯 으르렁댔다. 다리를 드러내고 머리에 아무것도 쓰지 않은 늙은이가 가슴을 풀어헤친 채 파이프 담배를 피우고 있었다. 그의 눈은 크고 파란색이었으며, 머리칼은 은발에 듬성듬성했는데, 활기에 가득 찬 용모였다. 그는 손에 든 채찍으로 어렵사리 개들을 조용히 시키고, 안락의자 하나를 내게 내주었다. 그는 마치 내게 인사하려는 듯이 입에서 파이프를 떼어냈다가 다시 물고 계속해서 담배를 피웠는데, 매우 인상적인 그의 얼굴에 기뻐하는 모습이 드러났다.

그는 꽤 오래 담배를 피웠으며, 그의 파란색 눈동자는 고정된 채 바닥을 향해 있었다. 그가 내게 짧게 말을 했다. 개들이 갑자기 이를 드러내며 으르렁댔다. 마침내 시인이 파이프를 내려놓았다. 나는 그에게 언제 『크롬웰』을 끝마칠 것인지 물었다. "그것은 시작도 안 했소." 그가 내게 대답했다. 나는 몇 구절을 읽어달라고 그에게 청했다. 그는 파이프를 한 대 더 피우고 나서 내 청을 들어주겠다고 말했다. 키가 작고 뚱뚱한 여성이 안짱다리로 방에 들어섰다. 그녀의 코는 이제까지 내가 본 코 중에서 가장 길었고, 눈은 가장 심술기가 가득했다. 그녀는 시인의 정부였다. 개들이 꼬리를 흔들며 그녀에게 안락의자 하나를 양보했다. 그녀는 내 맞은편에 앉았다.

시인이 두 번째 파이프를 내려놓고, 내가 모르는 어떤 파란만장한 비극의 그다지 명료하지 않은 시구들을 내게 읊어주었는데, 그 비극을 그는 기억에 의해 작성했고, 마찬가지로 기억에 의해 암송했다. 나는 그 비극의 주제에 대해서도 구성에 대해서도 아무것도 이해하지 못했다. 그의 시구에는 신들에 대한 저주, 그리고 특히 그가 좋아하지 않는 왕들에 대한 수많은 저주가 담겨 있었다. 그 시인은 무척 주의가 산만하고, 몽상을 즐기며, 말수가 적은, 아주 괜찮은 사람처럼 보였다. 그의 정부의 말에는 눈에서 보이던 심술이 들어 있었다. 시구를 다 암송하고 나서 시인은 담배만 피워댔다. 나는 그의 정부와 이야기했다. 나는 그녀의 다리가 어디에 붙어 있는지 곁눈질하곤 했다. 반면에 시인의 다리는 마치 원형 경기장에서 싸움을 끝내고 난 후 쉬고 있는 격투기 선수의 다리처럼 매끄러운 모습이었다. 내가 몸을 일으키자 개들이 따라서 일어서며 다시 짖어댔고 길로 난 문에까지 나를 따라왔다. 시인은 개들을 부드럽게 나무랄 뿐이었다. 명령하는 말 속에 애정이 스며들어 있었다. 오직 그만이 이 지저분한 개들 속에서 살아갈 수 있을 것 같았다. 나는 '에우리피데스' 역시 개들을 좋아했다고, 그가 틀림없이 '소포클레스'의 나이만큼 살 것이라고 말했다. 그때 그의 나이는 86세였다. 내가 해준 말에 만족해서 그가 내게 작은 카드 한 장을 주었는데, 거기에는 아주 가느다란 글씨로 그의 이름이 쓰여 있었다. 그 카드는 그의 비극 한 편을 볼 수 있는 입장권이었다. 하지만 볼테르가 그의 비극들이 아주 드물게만 공연되도록 했기 때문에, 나는 그 공연을 9개월이나 기다렸다. 그 노인은 공연이 오래 연기된다는 것을 내게 미리 알려주었고, 주저없이 그것을 경쟁자인 볼테르 탓으로 돌렸는데, 그는 볼테르를 '아주 나쁜 사람'이라고 불렀다. 그렇게 말하는 그의 어조는 아주 순박했다.

그로부터 2~3년 후 나는 아들 크레비용과 알게 되었다. 그는 포플러나무처럼 건장했고, 키가 컸으며, 길쭉길쭉하고 호리호리했다. 그는 뚱뚱한 몸매와 두툼한 가슴팍을 지닌 비극작가 크레비용과 대비가 되었다. 그들 둘보다 더 가까우면서도 서로 다른 사람은 없었다. 아들 크레비용은 예의바르고 상냥하며 동시에 우아한 사람이었다. 그의 말에는 약간의 비꼬는 기색이 들어 있었지만, 그것은 문학적 현학을 과시하는 사람과 일반 대중의 적들만을 겨냥했다. 우리는 성격이 잘 맞았다. 그는 많은 사람들을 만났고, 여성들을 안다고 할 수 있을 만큼 많은 여성들을 만났다. 그는 여성들을 존중한다기보다는 사랑했다. 그의 화술은 신랄했다. 그는 현재 유행하는 풍습들과 비교할 때 미풍양속의 시대였던 섭정 시대를 아쉬워했다. 우리는 문학적 원칙에서도 일치했다. 어느 날 그는 자신이 아직까지 아버지가 쓴 비극들을 다 읽지 못했노라고, 하지만 곧 다 읽을 거라고 은밀히 내게 말했다. 그는 프랑스 비극을 인간 정신이 만들어낼 수 있었던 가장 완전한 소극으로 간주했다. 그는 몇몇 연극작품, 그리고 프랑스 비극의 모든 왕들에게서 오로지 베르사유의 왕만을 생각하는 관객들을 보고 눈물을 찔끔거릴 정도로 웃었다. 특히 작가의 상상에 따라 배신자이기도 하고 충직하기도 한 위병 장교의 역할은 그를 즐거움으로 넋을 잃게 만들곤 했다. 그는 그 배역을 연기하는 사람을 잘 알고 있었다. 그 사람은 익살스러운 즐거움을 주어 그가 좋아하는 배우였다. 오늘은 근위 보병으로, 내일은 중인 타르키니우스 수페르부스 황제로, 모든 결말에 개입하는 쐐기로서 그는 연말이면 황제를 따르는 위병들보다 더 많은 왕좌를 전복시키곤 했다. 그는 놀랄 만큼 정확하게 일주일에 3명의 독재자들을 죽이곤 했다. 크레비용은 그의 모든 것, 그의 걸음걸이, 태도, 충직한 자존심을 좋아했다. 때로는 왕정주의자이고 때로는 공화주의자인 그는 달관한 듯이 초연하게 모든 명령들을 수행했는데, 그러한 무심함 때문에 그의 칼날이 무디어지지는 않았다.

아들 크레비용은 국왕의 검열관이자 경찰 검열관이었다. 그는 거리에서 불리는 모든 노래들과 낱장의 종이에 인쇄된 시구들을 승인했다. 당시에 그것들의 양은 엄청나게 많았다. 서한체 시가들이 쏟아져 나오던 때였다. 그는 그 모든 것을 침착하게, 그리고 매력적인 예의를 갖춰 승인하곤 했다. 아들 크레비용은 비록 퐁뇌프의 가수라 할지라도 그를 기다리게 하지 않았다. 그는 언제나 남을 배려하고, 친절하며 너그러웠다. 그는 내게 시를 쓰지 말라고 했다.

그가 수많은 작시가들과 갓 입문한 작가들에게 매일 자신의 문을 열어놓고 지냈을 때였다. 그가 어느 날 내게 이렇게 말했다. "나와 함께 12시 45분까지 있어 보세요. 시인들이 자기네 원고를 내게 가져오는 시간이거든요. 그냥 계세요."

나는 자리에 앉았다. 벨소리가 울리자 크레비용이 문을 열었다. 작가 한 사람이 나타났다. 그는 생기가 넘치고 활발했다. 그는 꽤 우아하게 자신을 소개하고, 역시 우아하게 말을 했다. 그는 의자에 앉아 주머니에서 원고 하나를 꺼냈다. 대화가 시작되고, 작가가 재기발랄하게 말을 했다. "어느 고장 출신입니까?" 1년에 4~5만 편의 시를 승인하는 크레비용이 그에게 물었다. "툴루즈 근방입니다." 작가가 대답했다. "좋습니다. 당신 원고를 내게 주세요. 내일모레 사람을 보내시거나 다시 들러주세요. 승인은 별 문제 없을 겁니다."

작가가 나가자 크레비용은 손에 원고를 든 채 내게 말했다. "나는 이 안에 있는 것이 무엇인지 몰라요. 그 젊은이가 하는 말을 들으셨죠. 그는 능숙하게 이야기를 하고 있어요. 재치가 있어요. 그 사람 작품이 운도 맞지 않고 이치에도 맞지 않는다는 것에 내기 거실래요?" "왜 그렇게 성급하게 판단하시나요?" "곧 알게 될 겁니다. 읽어보세요." 검열에 제출된 그 작품은 정말이지 상궤를 벗어나 있었다.

두 번째 벨소리가 울린다. 또 다른 작가이다. 크레비용이 문을 연다. 작가가 문 앞에 서 있다. 그는 들어올 줄도, 말할 줄도, 앉을 줄도 모른다. 그는 서투르고 융통성이 없다. 그는 검열관의 아침식사가 놓여 있는 작은 탁자를 하마터면 엎을 뻔한다. 그를 자리에 앉히는 것은 하나의 촌극이다. 그는 매번 뒷걸음질 친다. 마침내 그가 자리에 앉는다. 그는 말은 하고 싶어 하지만, 제대로 하지 못한다. 그는 묻는 말에 대답이 서투르다. 6분간이나 원고로 불룩한 자기 주머니를 바라보고 나서야 그는 꾸물거리며 원고를 꺼내고, 그것을 건네다가 자기 지팡이와 모자를 떨어뜨리고, 마치 누가 훔쳐가기라도 한 것처럼 눈으로 자기 우산을 찾고, 까닭없이 움직이다가 칼끝으로 내 발에 상처를 입히고, 마침내 이렇게 말한다. "부탁합니다, 선생님, 빨리 좀 처리해 주세요. 당신이 무척 까다로운 사람이라고 이야기들 하더군요." 크레비용은 평상시처럼 상냥하게 종이를 받아들고, 가능한 한 그를 편안하게 대하며 그에게 똑같은 질문을 한다. "어느 고장에서 오셨습니까 선생님?" "루앙 부근입니다." "좋습니다, 선생님. 3일 후면 당신의 원고에 승인이 날 것입니다." 그는 그를 다시 인도해서 우산을 찾게 도와준다. 그 시인이 나가기에는 문이 충분히 넓지 않은 것처럼 보인다. 그는 왼편으로 부딪치고, 층계참에서 걸음을 헛디디고, 첫 계단에서 넘어진다. 그는 검열관을 손으로 4~5번이나 밀었는데, 그 모든 것이 노르망디인의 예절 때문이었다. 마침내 문이 다시 닫힌다.

"정말 몸이 둔한 사람이로군!" 나는 소리쳤다. "그런데 그런 것을 쓰다니!" "맞아요, 당신은 그를 보았고, 그의 말을 들었지요, 아니 아무것도 듣지 못했지요. 이 사람의 작품이 장점이 없지 않다는 데 내기 거실래요?" 크레비용이 내게 말했다. "오! 오! 당신은 그 사람을 이미 알고 있는 모양이군요?" "앞 사람과 마찬가지로 전혀 모르는 사람입니다. 그를 본 적도 없어요. 읽어봅시다." 우리는 그것들을 읽는다. 뚱뚱한 노르망디인의 원고에는 소신과 문체가 들어 있었다. 매우 뛰어난 작품이었다. 검열관을 사로잡았던 예지력에 놀라고 있을 때, 그 검열관이 내게 말했다.

몇 년 동안 경험하다 보니 프랑스 남부에서 오는 작가들의 십중팔구는 형편없다는 것을 알게 되었죠. 그리고 북부에서 오는 사람들은 적어도 절반은 재능의 싹이 보이고 완전해질 가능성이 있다는 것도 알게 되었답니다. 보르도에서 님까지에서 가장 형편없는 시들이 만들어집니다. 평범한 작시가들의 풍토가 그렇습니다. 일반적으로 이들은 머릿속에 허영만 가득합니다. 반면에 북쪽 지방 출신 작가들에게는 감각이 있고, 연마되기만 하면 되는 타고난 재능이 있습니다.

내겐 검열관 크레비용의 관찰을 적용할 기회가 여러 차례 있었는데, 그것은 거의 언제나 들어맞았다. 남쪽 지방 사람들(일부는 예외가 있지만)은 내가 보기엔 글쓰기에는 적합하지 않은 것 같다. 그들에겐 논리가 부족하다.

나는 그의 용기와 문인들과 나에 대한 그의 애정을 동시에 입증하는 사실을 덮어두고 지나갈 수가 없다. 1771년 1월에 나는 『올랭드와 소프로니』라는 제목의 극을 출판했다. 사람들은 그곳에서 당시 사법관들에 맞서 싸우고 있던 대상서 모푸의 활동에 관련된 암시를 찾아냈다. 파리 고등법원은 1월 20일 추방되었고, 내 작품은 22일에 출판되었다. 사람들은 내 작품의 모든 특징들을 확대해석했는데, 그것이 일반인들을 즐겁게 했고 그들에게는 무언의 복수가 되었다. 그 당시 전혀 관대하지 않았던 대신들은 나를 엄하게 다스리고자 했다. 작품을 승인했던 아들 크레비용은 약한 모습을 보이기는커녕 내 입장을 대신해서 옹호했고, 자기 혼자서 책임을 지겠다고 했다. 그의 의연함 덕분에 나는 귀찮은 근심거리에서 벗어났다. 그가 진정으로 문인들을 좋아하기 때문이었다. 자존심이 세다는 결점이 있긴 하지만, 일반적으로 그들에게 가장 미덕이 많다는 것을 알았다고 그는 종종 내게 되풀이해서 말하곤 했다.

그의 작품들은 인간의 마음과 감정, 특히 여성들에게 영향을 미치는 감정에 대해 섬세하고 정밀하게 분석하였다. 그런데 그 여성들의 주요 속성은, 자기들 자신의 마음에 대해서는 아무것도 알지 못하면서 남자들의 마음이나 최소한 남자들의 성격은 상당히 잘 꿰뚫어본다는 것이다. 아들 크레비용은 여성들을 잘 알았다. 그는 화가이다. 그의 붓질은 경쾌하지만, 그럼에도 불구하고 정확하고 때로는 심오하다.

776 오페라 극장의 과수 울타리

춤에서든 노래에서든 '합창단에서 뛰어난 사람들'을 이런 식으로 부른다. 남자 가수들과 여자 가수들은 대가들의 작품을 체계적으로 분석한다. 남녀 무용수들은 대부분 오디노와 니콜레 양성소 출신이다. 무턱대고 팔짝팔짝 뛰는 사람들이 춤을 가르친다. 여자 무용수들은 여가수들보다 더 부유하다. 지루해지고, 싫증을 느끼고, 흥미를 잃은 사람들은 여자 무용수에서 여자 가수로, 여자 가수에서 여자 무용수로 옮겨다닌다. 모 애호가는 이 울타리를 구성하는 남자와 여자들의 분위기와 출신지, 그리고 전반적이고 개별적인 기질을 정확히 알고 있다. 문제는 바로 과거의 악습이 현재의 풍속이라고 말할 수 있다는 것이다. '원하는 대로 하라.' 이 새로운 격언이 일반적으로 받아들여지고 있는 것 같다. 민법, 정치, 도덕, 종교상의 수많은 규칙들에 예속된 인간은 자신의 집안에서, 그리고 자신의 사생활에서 자유를 되찾고, 그것을 방종으로까지 몰고 간다. 무수히 많은 규칙과 관습에 억눌리면 억눌릴수록 인간은 더 많이 저항한다. 수많은 구속, 온갖 종류의 세금에 따라야 할 때, 인간은 풍속에 앙갚음을 한다.

아마도 파리에는 다른 곳만큼이나 처녀들이 많이 있을 것이다. 하지만 그곳에 처녀다운 무지는 존재하지 않는다. 책, 연극, 대화, 실례들이 언제나 처녀들에게 사랑의 기술을 전달해주며, 그들에게서 가장 중요한 매력이라 할 순진한 무지를 빼앗아간다.

어느 시대에서나 여성들의 관심사였고, 좀 더 정확히 말하자면 여성들의 의무였던 수많은 집안일들에 대해 오늘날의 우리 처녀들은 무지하다. 하지만 그녀들은 노래하고 춤을 춘다. 오페라 극장의 무용수와 가수들은 모든 시민들에게 무엇보다도 노래하고 춤춰야 한다는 것을 믿게 만든다.

그래서 실가(實家)는 이제는 춤 선생, 음악 선생과의 약속 장소에 불과하다. 여성들이 일단 결혼하고 나면 모든 남자들의 환심을 사려고 애쓰는 것은 아마도 처녀 시절에 그녀들이 오직 한 남자만을 사랑할 수 없었기 때문일 것이다.

런던에 간 우리 무용수들은 영국 의회의 회기를 중단시켰다.[6] 우리는 우리 무용수들이 자랑스럽다.

6 프랑스 극단의 런던 공연은 1749년과 1755년 두 차례에 걸쳐 강력한 반감을 불러일으켰다. 그러나 영국 의회가 '중단되었다'고 주장하는 것은 과장이다.

777 건축

오페라 극장은 75일 만에 건축되었다.[7] 더 필요한 건물 또는 인류의 고통에 더 유용한 건물이 그렇게 빨리 지어졌다면 그 신속함은 매우 찬양할 만했을 것이다.

아르투아 백작 전하 소유의 바가텔 관(館)은 6주 동안에 건축되었다. 모든 예술이 갖고 있는 가장 풍요롭고 가장 우아한 것들을 모아놓은 이 매력적인 장소의 온갖 세부 모습들을 볼 때 믿을 수 없는 일이다. 생클루는 몇 달 사이에 정면의 모습이 바뀌었다.

황금은 이처럼 신속한 기적을 낳는 마법의 지팡이다. 그런데 그렇게 아름다운 건물들을 만들어내면서 왜 4채의 병원은 땅에서 튀어나오게 하지 못할까? 그러면 그 마법사는 우리의 존경을 한몸에 받을 텐데 ….

그러나 종종, 영지 소유자가 자연을 즐기러 올 때면 니스 냄새가 그의 머리를 아프게 한다. 유성 도료 냄새 때문에 아파트에 살 수가 없다. 한동안 몸을 피하지 않을 수가 없다. 페인트공의 붓 때문에 주인은 신축 건물에서 쫓겨나고, 머물 수가 없어서 그곳을 떠난다.

행운의 버섯들(어떤 작가가 그렇게 말했듯이)은 하루아침에 건물을 짓고 싶어 한다. 그들에게는 성(城)이 필요하고, 그 성은 춘삼월의 아스파라거스처럼 신속하게 땅에서 솟아나야 한다. 실내에는 식목(植

7 처음에는 팔레루아얄에 자리를 잡았던 오페라 극장은 1781년에 오늘날 포르트 생마르탱이라는 이름의 극장으로 이전되었다.

木)이 필요한데, 별, 작은 숲, 끝이 보이지 않게 길게 뻗은 산책로, 요컨대 호사스런 환상가의 정신만큼이나 쓸모없는 온갖 나무들이 필요하다. 성이 다 지어지면 분수와 아름다운 연못과 다리가 또 필요하다. 더 필요한 것이 무엇일까? 왕족을 흉내 내기 위한 영국식 정원! 아마 영국 함대라도 웅장한 영지를 축소해서 모방하려는 치명적인 취미만큼 우리에게 많은 해를 입히지 않았을 것이다.

아, 참! 그 취미는 얼마나 지속될까? 한순간일 것이다. 어디에서나 팔려고 내놓은 저택과 성들밖에 보이지 않는다. 노략질한 보물들을 숨겨두던 이곳, 사치로 인해 파산을 부르는 환상이 전개되던 이곳, 이 욕망의 궁들이 헐값에 구매되고, 그것들을 건축했던 바로 그 인부들에 의해서 파괴되는데, 그 인부들은 마찬가지로 대형 건물에 대한 편집증에 사로잡혀 있는 다른 미치광이들에게 설비들을 되팔고 있다.

778 국왕 소락청

속칭 '국왕 소락청(國王小樂廳)'[8]이라 불리는 궁은 축제에 쓰이는 모든 기계, 장식, 복장들의 저장소이고, 바로 혼돈 그 자체이다. 그곳에는 무도회장의 쓰레기와 더불어 널받침 잔해들이 쌓여 있다. 그곳 못지않게 지저분한 마차가 그 잔해들을 운반하는데, 그 널받침 조각들에는 '국왕 소락청'이라는 글이 쓰여 있다. 이 부서진 물건들을 짜 맞추는 데는 새로 만드는 것만큼이나 비용이 들어간다. 오페라 극장의 여배우들은 조금이라도 후원을 받으면, 자신들이 충분히 갖고 있지 못한 비단과 기타 옷감들을 그곳에서 구한다. 연회의 식탁이 치워지면, 하인들이 흥청망청 먹고 마시기에 몰두하고, 남은 음식들이 생겨난다. 시간과 돈의 쓰임새에 대해 선량한 시민을 슬프게 하려면, 궁정에서 개최된 연회에서 먹고 남은 것들이 있을 때 그것들을 보여주는 것만으로 충분하다.

그곳에는 낭송학교가 있는데, 거기서는 신인들이 '선생'이라는 직함을 갖고 있는 몇몇 배우들의 지도 아래 훈련을 받는다.

이곳 창고에 얼마 전 불이 났다.[9] 하지만 왕의 창고에 화재가 난다고 해도 국민들은 그다지 관심을 기울이지 않는다. 국민들은 그

---

8 Menus plaisirs du roi: 궁내부에 속한 이 부서는 파리의 특정 극장들의 관리 및 궁정의 오락거리와 공연 관리를 담당하고 있다. 이 부서가 있는 저택은 후에 국립 연극학교 본부가 되었다.

9 국왕 소락청의 창고는 1788년 4월 18일 금요일 밤에 불에 타버렸다.

사고를 '석탄으로 쓴 보고서'라고 부른다. 그리고 그들은 덧붙여 말한다. "그것을 수리하는 데는 계속해서 돈이 들 것이다."

성 프란체스코회 신부들이 세 군데 극장의 연극 자산들을 구하기 위해 허겁지겁 이 화재 장소로 달려왔다. 그중 한 사람은 우스꽝스럽게 투구를 쓰고, 팔에 언월도(偃月刀)를, 손에는 메데아의 반지를 끼고 있었다. 다른 한 사람은 어깨 위에 여배우들의 비단 치마들과 메르쿠리우스의 지팡이를 짊어지고 있었는데, 그 모습이 그의 턱수염 및 두건과 대조를 이루었다. 후자는 손에 태양을 끄는 마차의 바퀴살들을 들고서 마치 커다란 다이아몬드를 구해내는 것이라 생각했고, 드루이드 사제복을 걸치고 있었다. 처음으로 그처럼 많은 세속적인 물건들을 건드린 그 성직자의 손은 "목구멍이 포도청"이라는 속담을 입증했다. 하지만 그 화재 속에서도 성 프란체스코회 수사들이 추잡한 연극 장식들의 잔해를 짊어지고, 도망치면서도 선정적인 반신상들을 껴안고, 반쯤 벌거벗은 이교의 남녀 신들을 구조하고 있는 모습을 보면, 자신도 모르게 웃지 않을 수 없었다.

마찬가지로 놀라운 것은, 성 프란체스코회 수사들의 역사에서 몇몇 사람이 오페라 극장의 화재로 인해 기이한 희생자가 되어 죽었다는 것이다. 운명의 장난인가! 그들이 파문(破門)으로 괴롭혔던 바로 그 장소에서 산 채로 불에 타 죽다니. 열정적이고 자비로운 이 불쌍한 수사들이 그들의 신분에 전혀 어울리지 않는 물건들에까지 손을 뻗치지 않게 해주는 것이 옳을 것이라 생각된다.

성 프란체스코회의 원시회칙파(原始會則派) 수사들 역시 화재 장소로 가서 성 프란체스코회 수사들과 똑같은 열의를 보여준다. 불길을 잡은 용기와 명예를 자신들에게 나눠주는 것을 사람들이 깜빡 잊자, 그들은 『주르날 드 파리』를 통해 자신들의 자비로운 위업을 공표할 것을 요구한다.

오페라 극장 화재 이후로 모든 극장은 각자 자체 물탱크와 소방구조대원들을 갖춘다. 물탱크에는 소방구조대원들이 대기하고 있고, 위험을 알리기 위한 비상벨이 있다. 장난치기 좋아하는 어떤 사람이 비극이 한참 진행되고 있는 사이에 비상벨을 울렸다. 극장으로 물이 쏟아져 들어와 배우들은 차가운 물을 뒤집어썼고, 관객들은 흠뻑 젖었다. 사람들은 투덜댔지만, 성실한 의무수행을 불평할 수는 없었다.

모든 극장들은 조만간 불길에 싸이게 될 가능성이 있어 보인다. 유럽에서는 해마다 2~3차례 큰 불이 나지 않은 적이 없다. 그처럼 잦은 위험에도 불구하고 연극에 대한 애정은 억제되지 않는다. 모든 신분에서 그 애정은 극단적이다.

갑작스런 화재에 대해 가장 많은 공포를 불러일으키는 극장은 팔레루아얄에 있는 '바리에테' 극장이다. 그 극장은 2줄로 길게 이중으로 늘어선 목재로 된 노점들로 연결되기 때문에, 관객들로서는 매일 겪는 위험에 대해 공포감에 사로잡힐 만하다. 사실 소방구조대원들은 엄밀한 경계로 화재에 대비한다. 하지만 이처럼 페인트가 칠해지고 금박과 니스가 칠해진 장작더미 한가운데 던져진 치명적인 불꽃의 결과를 누가 예측할 수 있겠는가?

어떤 근엄한 사람들의 몇 가지 부도덕한 행위를 벌하기 위해 불이 날 수도 있을 것이다. 이 '바리에테' 극장에서 공연된 어떤 작품에서는 2명의 악당이 어떤 정직한 남자를 쫓아내고자 했다. 한 악당이 다른 악당에게 말한다. "강물은 모든 사람을 위해 흘러가지." 그 정직한 남자를 다리 위로 던져버릴 수도 있다는 것을 상대에게 이해시키려는 것이다. 일반인들에게 정말 괴상한 격언을 들려주는 이러한 간이무대 대신에 2개의 프랑스 극장, 2개의 경쟁 극장이 있는 것이 더 낫지 않겠는가?

779 수수께끼

독자들이여, 다음 수수께끼를 맞혀보라. 이곳은 길이가 5피트, 폭이 4피트, 높이가 35피트이다. 그렇다! 이처럼 좁은 장소가 연간 4,800 리브르를 벌어다준다. 이곳에서 어떤 과일이 생산되는가? 아무 과일도 나지 않는다. 잘 경작된 드넓은 밭도 그만큼을 벌어들이지 못한다. 숨 막힐 정도로 무더운 좁은 칸막이 관람석에서 내가 생각하는 것들은 그런 것들이다. 이 칸막이 관람석을 다소 늘린다면 2배를 벌어들이게 될 것이다. 이웃한 칸막이 관람석도 그만큼을 벌어들인다. 오페라 극장, 테아트르 프랑세, 테아트르 이탈리앵이라 불리는 극장이 얼마를 벌어들이는지 계산해보라. 수백만 리브르의 수입이 있다는 것을 알게 될 것이다. 그러면 다른 모든 극장들은 어떻겠는가? 귀여운 여배우가 일반인들에게서 얼마나 많은 돈을 빼앗아가는가? 도약과 노래와 춤을 위해 얼마나 많은 돈이 드는가? 무대를 밟는 모든 사람들은 어김없이 넉넉하게 급료를 받는다.

사분(四分) 칸을 빌리면 나흘에 한 번씩 차례가 돌아온다. 일주일은 7일밖에 없다. 여기서 여성들의 계산이 나온다. 여성들은 28일이 지나면 전 달과 같은 순서로, 그리고 같은 다양성을 지닌 채 똑같은 날들이 다시 시작된다는 것을 아는 데 익숙해져야 할 것이다. 그것이 연극의 태양 주기이다. 겉보기에 그러한 지식보다 더 쉬운 것은 아무것도 없지만, 파리 여성들의 머릿속에서는 어떤 유용한 것도 뿌리를 내리지 못한다. 파리 여성들은 길 이름도, 달, 요일, 연도도 알지 못한다. 그들은 비쳐지는 것이 앞에서 없어지자마자 그것을 잊고

마는 거울과 똑같다. 하지만 모든 것을 주도하고, 모든 것을 통치하는 것이 바로 여자들이라는 것, 그리고 여자들은 모든 것에 참견하고, 어디에서나 무엇에 대해서나 남보다 앞서려는 열망에 불탄다는 것을 누군들 생각이나 하겠는가?

연극이 끝나고 나오면 촛불이나 횃불을 들고 있는 하인들 무리를 가로질러 지나가야 한다. 촛농이 당신의 옷 위에 떨어진다. 가발과 머리카락이 불에 탈 위험이 있다. 마차와 수행원이 출발한다. 2명의 하인이 뒷자리에 우뚝 서서 각자 촛대를 들고 길을 가는 보행인들 위로 촛농을 턴다. 마차소리에 깜짝 놀라고, 하마터면 바퀴에 깔릴 뻔한 어떤 사람은 자기 옷이 불타고 있는 것도 깨닫지 못한다.

촛대 대신 초롱을 사용하면 사람과 집들에 대해 위험이 덜할 것이다. 왜냐하면 이 하인들은 일부러 촛대를 흔들면서 조롱의 웃음을 날리고 사방으로 불티를 날리기 때문이다.

어느 날 나는 마차 한 대가 멀리서 다가오는 것을 보았다. 그 마차는 고위성직자의 것이었는데, 말들은 거품을 물고 있었고, 하인들은 가난한 사람들 위로 불타오르고는 횃불을 휘두르며 불티를 날리고 있었다. 불붙은 짚단을 싣고 화형 의식을 향해 달려가는, 맹신으로 타오르는 수레가 연상되었다. 아아! 그 고위성직자는 가장 인간적이고 가장 관대한 성직자였다. 그런데 불그스레한 빛의 촛불이 왜 주교의 가슴에 걸린 십자가를 그렇게 강렬하게 비추었을까? 그때 나로서는 종교의 분쟁과 성직자들의 손으로 세운 화형대를 머리에 떠올리지 않을 수 없었다.

780 매트리스가 깔린 칸막이 관람석

시골에서는 극장마다 매트리스가 깔린 칸막이 관람석이 있어서 '초연' 당일에 작가를 가두어 놓고, 그가 자기 작품이 야유 혹은 조롱의 휘파람을 받게 되면 절망에 빠져 머리를 깨뜨리지 않도록 한다는 이야기가 돌고 있다.

독자들에게 보증하건대 매트리스가 깔린 칸막이 관람석은 존재하지 않으며, 라아르프의 머리나 팔리소의 머리는 혹도 나지 않고 멍도 들지 않았다.

이러한 불행이 닥치면 작가는 작품이 끝나기 전에 떠나가서 뒷걸음질치는 심미안에 대해서, 그리고 위대한 모델들의 망각과 자신의 작품의 우수성에 대해 장광설을 쓰게 된다. 그것은 여러 신문들에 게재된다.

미올랑 신부[10]의 무지, 아니 무지라기보다는 불행에 의해 그의 경비행 기구(氣球)가 비행에 실패하자 뤽상부르에서는 대대적인 소동이 일어났다. 사람들은 기구를 박살내고 불태워버렸다.

일주일 후 이 불쌍한 사제가 뤽상부르 궁의 문지기에게 얻어맞고 "고양이다! 고양이야!"라고 외치는 하층 계급 사람들에게 쫓기며 야옹거리는 고양이의 모습으로 표시된 판화들만이 어디에서나 눈에

10 미올랑(Miolan) 신부와 자니네(Janinet)가 기구를 타고 올라가는 데 실패한 것은 1784년 6월이다. 그들은 미올랑(Miaulant)과 장 미네(Jean Minet)라는 이름으로 풍자적인 노래의 대상이 된다.

띄었다.

노래에서와 마찬가지로 판화에서도 그 사제는 '사기꾼'으로 취급되었다. 거의 영국과 같은 풍자의 자유였다. 사실, 내 눈에는 이 사제가 완전히 실패한 작품의 작가보다 더 죄가 많아 보이지는 않는다. 관객들은 극장 문 앞에서 입장료를 지불했지만, 야유를 받은 작품을 보고 나오면서 도둑맞았다고 불평하지는 않는다.

781 공탁금

세상에서 가장 불공정한 것은 파멸한 사람에게서 무언가를 빼앗는 것이다.

어떤 사람이 파산했다. 그는 자기 재산을 판다. 판매 수입이 채권자들에게 분배된다. 그 수입은 빚을 갚는 데에도 충분하지가 않다. 그런데도 가장 먼저 공탁금 징수관들의 터무니없는 세금을 공제해야 한다.

때때로 매매가가 그들에게 위탁되는 일이 있다. 하지만 대개의 경우는 그렇지 않다. 채무자들의 연금은 이 채권자들 몇몇에게 넘어간다. 탐욕스런 공탁금 징수관들은, 그들 손에 아무것도 위탁되지 않았고 아무것도 위탁될 수 없는데도 자신들의 세금을 요구한다. 아니, 무슨 세금인가! 그보다 더 모호하고 근거가 희박한 것은 없다.

사람들은 양탄자 모양으로 펼쳐진 '총독의 외투'가 많은 돈을 거둬들이고 나서 아무도 쫓아갈 수 없는 하늘 위로 날아오르는 것을 보았다. 뜻하지 않은 몰락 속에서 소량의 금화들을 간청할 수밖에 없게 된 불쌍한 채권자들은 공탁금 보관소에서 그 금화들을 받아내러 갈 위험에 처하지 않았던가?

이들 징수관들은 자신의 먹이를 찾기 위해 밀고를 부추긴다. 그들은 세금 부과를 개시할 수 있는 사건을 자신에게 알려주러 오는 사람에게 약간의 금액을 지불한다. 이들 관리자들은 창고를 지키는 것이 아니라 장악하려는 듯이 보인다.

그렇지만 네케르는 자신의 보고서[11]에서 공탁금은 공영 전당포나 혹은 징세청부 회사에 맡길 수 있을 것이고, 공영 전당포나 징세청부 회사는 무엇인가를 빼앗기는커녕 2~3%의 이자를 지불할 수 있을 것이라고 했다.

그렇게 해서 채권자는 자기 이자의 일부를 명백하게 사취당한다. 채권자는 채권추심단에 들어가지 않을 수 없었다. 하느님과 소송대리인을 제외하고는 채권추심단이 무슨 일을 일으키는지 아무도 알지 못한다. 자신과 관련된 문서에 서명하기를 거부하는 모든 채권자들에게는 아주 하찮은 잘못이라도 통보해야 한다. 어떨 때는 단 한 가지 사건에서 그와 같은 통보에 10만 에퀴가 들기도 했다. 게메네 공 사건[12]에 대해서 치안총감 르누아르는 1782년 12월 28일자 심의회 판결을 내리게 했는데, 그 판결은 이러한 통보를 면제하고 그 대신 모든 법원이 채택할 만한 간단한 방법으로 대체한다. 그 방법이란, 관련 증서가 채권추심회의 담당 공증인 사무실에서 통과되었다는 것을 채권자들에게 작은 게시문에 인쇄된 간단한 통지로써 알리는 것이다. 통지를 입수하는 것은 그들의 몫이다. 그들이 정해진 기간 내에 그 증서에 대해 항고하지 않으면, 그들은 그 증서를 승인한 것으로 간주된다.

우리의 민사 판례에서 매순간 진일보하려 할 때마다 발견되는 것은 당혹과 암흑과 혼란뿐이다. 이러한 소굴로 당신을 끌고 갔을 때, 사법관들은 제멋대로 당신을 수색한다. 일반인들은 소송 절차의 가장 기본적인 것들을 알지 못한다. 상(喪)이 있을 때마다 당신은 성인들이 자신이 만나는 최초의 법률가에게 자문을 구하고 보호를 요

11 네케르(1732~1804)는 1781년에 「왕에게 올리는 보고서」를 펴낸 바 있다.

12 '게메네 공 사건'이란 아마도 그의 파산에 관한 사건일 것이다.

청하러 오는 것을 본다. 사람들은 소송 절차를 모르는데, 모든 것이 소송 사건이 된다.

샤로 공작[13]이 자신의 영지 안에 만든 것과 비슷한 시설이 파리에 없다는 것은 놀라운 일이다. 그것은 아무 비용을 들이지 않고 분쟁을 판결하는 조정 사무소이다.

무수히 많은 판결이 있었지만, 여전히 모호한 것들이 많이 있다. 어떤 법률로도 결정되지 않은 문제들에 대해서는 법원의 결정들을 매년 책으로 내는 것이 바람직할 것이다. 종신연금이 동산인지 부동산인지, 그리고 그러한 관점에서 상호 수증자의 권리가 무엇인지 아는 사람은 아무도 없다.

13 duc de Charost(1728~1800): 별명이 '고통받는 인류의 아버지'였는데, 그 이유는 그가 자신의 영지에서 영주권을 철폐하고, 길을 건설하고, 농업의 발전을 장려하고, 복지시설 등을 설립했기 때문이었다.

782 도로관리국

이들의 수많은 공격을 물리치기 위해서는 항상 명령서를 손에 들고 있어야 한다. 왜냐하면 그곳의 권리승계자들은 끊임없이 과도하고 기이한 요구를 해오기 때문이다. 상급법원이 없다면 그들은 수도의 집들을 하나씩 하나씩 먹어치우고 소화시킬 것이다. 그들의 첩자들은 언제나 빈둥거리면서도 '활차의 반'이 새로 수선된 것을 알아차린다. 첩자들이 '새것'이라 주장하는 '활차' 대금에 대해서는 도로관리국이 결정한다. 사실 활차가 돌아갈 때, 그 회전운동으로 인해 새 나무만 드러나 보인다. 활차의 반이 '낡은 것'이라는 것을 그들에게 납득시키기 위해서 전문가들이 선정된다.

수도에 거주하는 부르주아들의 골칫거리인 이 도로관리국의 가증스런 요구에 보호막을 내세워준 고등법원에 우리는 얼마나 많은 빚을 지고 있는가! 경찰의 첩자들과는 달리 그곳의 첩자들은 언제부터 창문의 모양이 바뀌었는지, 혹은 언제 발코니가 1인치 더 돌출했는지를 알고 있다. 파리의 부르주아는 이들의 끊임없는 부당징수에 대항할 능력이 거의 없다. 하지만 대항하려면 소송을 걸어야 하기 때문에 그들은 도로관리국에 대금을 지불한다. 도저히 있을 수 없는 수많은 부당한 결정이 이 부서(部署)에서 나오고 있는데, 이제까지 이들의 청구에는 강제성도 진정성도 없었다.

나는 우리 법률의 이 부끄러운 부분을 감시할 것을 몇몇 젊은 변호사들에게 권고할 것이다. 주택 소유자들과 임대인들을 가장 피곤하게 하는 것이 이 부서이다. 판자 하나, 가로막대 하나, 블라인드 조각 하나, 그 모든 것이 돈이 되며, 청구는 자의적이다. 그런 만큼 명령 해석은 도를 넘게 된다.

783 건초

새로 썬 건초 냄새 맡기를 좋아하지 않는 사람은 가장 좋은 향기를 알지 못하는 것이다. 그 냄새를 좋아하는 사람이라면 일주일에 2회 '지옥의 문'[14] 쪽으로 가보라. 그곳에는 건초를 넘치게 실은 수레들이 길게 늘어서 있다. 그 수레들은 꼼짝도 하지 않고 구매자들을 기다린다. 이 수레들 사이를 지나면 후각이 즐겁다. 나는 새로 썬 건초 냄새보다 더 좋은 냄새를 알지 못한다.

마차 회사 공급자들이 그곳에 와서 건초의 품질을 검사한다. 갑자기 그들은 건초 한 줌을 뽑아내어 만져보고, 냄새 맡아보고, 씹어보고, 후작부인의 말에게 물을 먹이는 하인 역할을 한다. 급식 관리인이 파리 중앙시장에 간 동안에는 집사가 마구간 말들의 먹이를 감독한다. 말들은 콩소메 수프를 먹지 않으므로 그들의 먹이를 저장하기 위해서는 넓은 부지가 필요하다. 『주르날 드 파리』에서 '사료' 기사를 없애면 그 신문은 구독자의 4분의 1을 잃게 될 것이다. 건초 기사는 마차를 가진 사람들에게 가장 흥미로운 기사이다. 그들은 그 기사를 매일 읽는다. 판매인들은 건초단 속에 잡초를 넣음으로써 건초를 속여 판다. 하지만 혈통이 좋은 고급 말들의 급식 관리인은 거기에 속아 넘어가지 않는다.

건초 수레가 방책을 지날 때면 서기들이 길이가 8피트에 달하는

14 la porte d'Enfer: 현재의 당페르로슈로 광장으로, 이곳에는 르두(Ledoux)가 세운 문 중 하나가 아직도 남아 있다.

긴 쇠바늘을 꽂아본다. 밀수입품은 군데군데 구멍이 뚫리고, 밀수입자가 그 속에 숨어 있다면 그 역시 여기저기 상처를 입는다. 서기들은 그 무시무시한 쇠바늘로 의심스러워 보이는 더미들을 모두 찔러본다. 그런 다음에 그들은 검사용 바늘 끝의 냄새를 맡는다.

극심한 가뭄의 결과로 1785년에 사료부족 사태가 일어났다. 마차를 가진 사람들은 신께서 '건초'를 돌봐주시지 않은 것을 몹시 부당하다고 생각했다. 건초가 없으면 말들이 베르사유에서든 오페라극장에서든 질주할 수가 없기 때문이다. 그래서 "가축들이 죽어가고 있다. 먹을 것이 부족하다"고 했을 때 상류층 여자들은 "내 말들은 잘게 썬 짚을 먹게 만들어지지 않았다"라고 답했다. 통치자들이 인자한 훈령을 발행했다는 것을 잊지 말자. 그것은 앞으로도 여전히 유용하게 쓰일 수 있을 것이다. 그들은 풍요로운 시기에는 거들떠보지도 않던 몇 가지 산물에서 이끌어낼 수 있는 이득을 그 훈령에 적었다. 국왕은 자신의 숲에 방목을 허용했다.

녹말을 함유한 어떠한 식물도 밀을 대신할 수 없다고 믿게 만든 잘못된 생각으로 인해 말들은 '건초'만을 먹을 수 있다고 생각하게 되었다. 그런데 나뭇가지와 나뭇잎, 그리고 포도나무 잎들도 건초와 귀리만큼이나 영양이 풍부하다. 영양가 있다고 생각되지 않던 뿌리 채취, 인간들에게 적합하지 않다고 경멸한 이후로 말들에게도 적합하지 않다고 무시하던 감자가 관심을 자극했고, 너무 편협하게 건초와 귀리의 수확만을 기대해서는 안 된다는 것을 사람들은 알았다.

통치체제는 자신의 임무 중 가장 고귀한 임무, 즉 계몽의 임무를 수행했다. 그것은 유익한 충고를 주었고, 특히 영국에서 가장 널리 퍼져 있는 재배작물[15]을 귀감으로 삼게 하는 것을 잊지 않았다. 영국은 자신의 경쟁국이 가축의 증식과 사료의 풍부함, 그리고 결과적으로 수확물에서 앞서 있다는 것을 시인했다.

현재의 결핍보다 인공 목초지의 효용성을 더 잘 입증하는 것은 없었다. 그 재배방식은 예전에는 많은 반대에 부딪쳤다.

농업에 해를 끼치는 규정과 편견이 많다는 것을 사람들은 알았다. 그처럼 농업에도 역시 자유가 소중한 것이다.

예전에는 명령을 통해서만 자신의 입장을 밝혔던 통치체제가 귀중한 훈령을 배포하고, 모든 지역에서 동물의 먹이 총량을 늘릴 수 있는 가능한 모든 수단들을 한 가지 동일한 관점하에 집대성한 시대는 기억할 만한 시대이다. 프랑스는 영국의 예를 인용하며 영국을 찬양했다. 감히 말하건대, 50년 전이라면 이러한 솔직함을 보이지 못했을 것이다. 일련의 공화주의적인 주요한 생각들, 다시 말해 다중에게 유리한 생각들 속에서 또한 통치체제가 충실해질 수 있기 때문에, 나는 그것이 숙련되고 자비로운 행정의 진정한 원리들로 얼마나 나아가는지를 보는 것이 즐겁다.

어떤 얼빠진 사람은 자기 말에 먹일 건초를 얻기 위해서 숲을 쳐낸다. 낭비가 심한 어떤 사람이 자신의 유산 대부분을 탕진했을 때, 그는 '전망 좋은 곳'들을 둘러보는 데 열중한다. 다시 말하자면, 자기 소유의 숲을 팔아 돈을 만드는 데 몰두한다. 그러고는 특히 가장 아름다운 나무들을 베어버리라고 명령한다.

오래되어 아취(雅趣)가 깊은 떡갈나무에 도끼질이 가해진다. 나무가 말을 할 수 있다면 그 젊은 탕아에게 이렇게 말할 것이다. "그만해. 네 고조부가 내 그늘에서 산책하면서 내게 등을 기댔고, 무성한 잎이 달린 가지를 보고 웃으며, 무성한 잎사귀 속에 있는 새를 눈

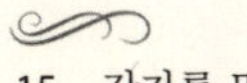

15 감자를 말한다.

으로 쫓고 그 새의 아름다운 노래를 듣곤 했어. 나는 네 고조부가 좋아했던 나무야, 태양의 뜨거운 열기에 지치면 네 고조부는 내 뿌리 위에 몸을 누이고 시원한 바람을 맞곤 했지. 하지 마, 세월과 폭풍우가 지금까지 내 줄기를 내버려둔 것처럼, 나이가 들어 떨어진 내 가지들이 충만한 대기와 태양빛을 향해 열리게 내버려 둬. 약한 내 껍질에 상처를 내지 말아 줘, 그리고 잘 찾아보면 네 선조들이 직접 새긴 선조들 이름을 여기저기서 발견하게 될 거야."

오래되어 아취가 깊은 떡갈나무가 그렇게 이야기한다 해도 젊은 탕아는 여전히 자신의 과도한 사치를 위해 그 늙은 나무를 희생시킬 것이다. 그는 정부(情婦)를 만족시켜야 할 그 추악한 금속을 위해 나무를 살려두지 않을 것이다.

영림국(營林局)의 행정명령이 없다면, 젊은 탕아들은 모든 나무들을 무분별하게 베어내게 할 것이다. 그렇게 되면 살아 있는 나무가 하나도 없을 것이다. 모든 나무들이 베어져 상인들의 작업장에 넘겨질 것이고, 까마귀들은 영주들의 땅에서 깃들일 가지를 더 이상 찾지 못할 것이다.

젊은 탕아들이 오페라 극장에서 그들의 벌목에 대해 자랑하는 소리, 마치 그것을 뜻밖의 횡재인 양 이야기하는 소리를 나는 듣지 않았던가? 나는 그 나이 먹은 나무들이 베어지면서 여자들 때문에 생긴 쓸데없는 지출, 즉 토지를 메마르게 하고 서식 동물의 씨를 말리는 건초와 귀리를 먹는 말과 도박에 자신들이 쓰이는 것에 분노하는 신음소리를 들은 것 같았다.

샹티이에 자신이 사는 성(城)보다 더 좋은 멋진 마구간들을 지은 부르봉 공작에 대해 사람들은 이렇게 말했다. "그 양반은 틀림없이 윤회(輪迴)를 믿었을 거야." 당돌하지만 재치있는 말이다.

784 그림 경매

나는 어떤 방 안으로 들어간다. 그곳에서는 촛불을 밝혀놓고 그림을 경매하고 있다. 내 귀가 잘못된 것인지 모르겠지만, 8천 프랑 1수, 1만 프랑 1수라고 외치는 소리가 들린다. 경매 중인 그림은 유화이다. 확대경을 들이대고 봐야 하는 다른 그림들은 어마어마한 액수까지 치솟는다. 이는 자기 돈으로 무엇을 해야 할지 모르는 부자들의 미친 짓인가, 심취인가, 과시인가?

모세의 말이 생각난다. "너는 위로 하늘에 있는 것이든, 아래로 땅 위에 있는 것이든, 땅 아래로 물 속에 있는 것이든 그 모습을 본뜬 어떤 신상도 만들어서는 안 된다."[16]

모세가 하느님에 의해 창조된 것들을 모방하는 표현을 전부 금지한 것은 아마도 예술의 공허함과 무기력함을 느꼈기 때문일 것이고, 장인의 것이든 예술가의 것이든 무력하고 감동이 없는 붓으로 신성한 자연에 대해 감히 시도하려 하는 고통스럽고 허망한 싸움을 예방하고 싶었기 때문일 것이다.

그 원본이 눈앞에 있는데 무엇 때문에 언제나 불완전할 뿐인 모조품을 찾으려 하는 것일까? 우리가 시골에 살거나 숲의 입구에 산다면 풍경화를 어떻게 쳐다볼 수 있을까? 모든 사람의 얼굴에 정념과 그 낌새가 너무도 선명하게 드러나는데, 어떻게 생명 없는 그림

16 「출애굽기」, 20장 4절.

들을 주시할 수 있을까? 자연의 생생한 아름다움에 접근하기에는 너무 무력한 시도들이다.

이러한 주제넘은 예술이 무엇보다도 국민의 기쁨과 생활 편의품, 세련되고 깊이 있는 정신적 쾌락과 아무런 상관이 없다는 것은 분명하다. 대다수의 사람들은 몇몇 그림의 공적을 전혀 이해하지 못한다. 대부분이 세월의 흔적에 의해서나 강렬한 햇빛에 바래 더럽혀진 이들, 소위 말하는 걸작들을 보는 법을 알아야 한다. 평범한 시각으로는 걸작들을 거의 판별할 수 없다. 게다가 그림을 식별하는 능력은 그림 자체만큼이나 까다롭다. 얼마나 쓸데없는 일인가!

이어서 골동품 상인들을 보라. 그들은 끊임없이 다툰다. 그들의 탐욕이 어느 정도인지에 따라 진본이 사본이 되고, 사본이 진본이 되기도 한다. 그들은 무엇보다도 서로를 속이고, 마침내는 시민들 가운데 가장 뻔뻔스런 거짓말쟁이, 가장 터무니없는 사기꾼이 된다. 쉽게 속아 넘어갈 사람을 찾으려는 그들의 술책보다 더 완곡한 것은 없다. 하지만 나는 이 사기꾼들의 비열한 도박장을 생생하게 묘사할 정도로 비굴해지지는 않겠다. 내가 목표로 하는 것은 예술 자체, 그렇다, 바로 예술 자체인 것이다! 왜냐하면 예술은 가장 얻기 힘든 것이면서 동시에 행복해지는 데 가장 도움이 안 되는 것이며, 부호들에게 있어서도 가장 사치스러운 것이기 때문이다.

그런데! 어떤 화가가 붓을 그런 대로 다룰 줄 알게 되는 데에는 10년의 세월이 필요하지 않은가? 무익한 감동을 위해, 당신을 결코 열광시키지 못하는 쾌락을 위해, 순수한 성찰의 기쁨을 위해, 걸작이라고 불리는 그림에서와 마찬가지로 다소 풍부한 상상력을 갖춘 사람이라면 보잘것없는 그림에 표현할 수 있는 기쁨을 위해 얼마나 많은 연구, 얼마나 많은 노력을 하고 있는가! 이 무모한 예술만큼 인간 솜씨의 한계를 보여주는 것은 아무것도 없다. 감수성은 그 예술을 너무도 빠르게 지나쳐버린다. 왜냐하면 그 예술은 결코 그 예술의 에너지에 호응하지 않기 때문이다. 감수성이 예민한 사람은 슬프게도 언제나 붓에 실망을 느낀다. 그는 자신을 갑자기 찾아와서 감동시키는 환상들을 하나도 그려내지 못한다. 시, 음악은 영혼 전체를 가득 채우지만, 회화는 그것들과 비교할 때 생기가 없는 예술이다. 아무 쓸 데가 없고 대단치 않은 수많은 대상들에 연필과 붓을 갖다 대려는 이 편벽증이 내겐 예술을 타락시키는 것처럼 보인다. 예술이 가장 사소한 물질적인 것들과 혼동되는 것이다. 아니! 어디에서나 볼 수 있고, 어디에서나 만날 수 있는 그 사소한 것들의 완전성이라는 것이 도대체 무엇이란 말인가! 게다가 극소수의 사람들이 느끼는 그 완전성이라는 것도 몇몇 그림에 심취한 수집가들의 칭찬으로 귀착된다!

대개의 경우 시기심 많은 소유자와 배타적인 소유자의 서재에 집중되어 있고 보존하기 어려운 화포(畵布)에 그려진 수많은 그림들을 볼 때, 나는 이 예술이 예술가의 절망인 동시에 호사스런 오만의 쾌락이라고 생각하게 되었다. 그것은 단 하나의 예외만을 인정할 뿐이고, 결코 우리의 탐구 목표가 될 수 없을 뿐더러, 배상의 대상도 될 수 없다고 말이다.

자연이 제공한 거대한 극장에서 나올 때, 자연이 제시하는 강력하고 장엄한 이미지에 친숙해졌을 때, 정념의 생기 있는 눈길을 검토했을 때, 항상 여기저기에 결함이 있고, 특히 표현할 수 없는 아름다움을 이해하도록 만들어진 머릿속에 위대한 자연의 모델이 강렬한 흔적을 남겼을 때, 그 위대한 모델과 너무나 동떨어져 있는 이들 국지적인 모작들에 쏠리는 시선을 멈출 수 있을까? 그럴 경우 회화는 상궤를 벗어난 무분별한 용기인 것처럼 보인다. 재능이 더 많고 감성이 더 풍부할수록 사람들은 이처럼 생기 없고 편협한 예술의 무모한 기도들을 마음속으로 더욱더 비난한다. 아니! 태양을, 대양을, 사랑의 눈길을, 아버지의 분노에 찬 눈을, 페늘롱의 얼굴을 그리려 하다니, 오 터무니없는 생각이로다!

게다가 범용(凡庸)의 선을 넘어서는 일이 얼마나 어렵고 희귀한 일인가? 넘어서는 것 정도는 아무것도 아니다. 경이의 순간을 주기 위해서는 탁월해야 한다. 이 예술은 문하생들을 잘못 생각하게 만든다. 수많은 범인(凡人)들이 고귀하거나 감동을 주는 일, 유용한 직업을 위해 전적으로 길을 잃은 채 그 예술 속에서 고민하며 한평생을 탕진한다. 그래서 나는 회화를 이득이 없는 호사, 재난을 초래하는 향락, 요컨대 무엇보다도 배제하거나 억압해야 할 향락의 첫 번째 고리를 만들어내는 것으로 간주한다. 우리의 높은 벽들은 이처럼 생기 없는 회화들, 나무와 구름, 숲, 바다, 그리고 동시에 인간 본성을 왜곡하고 있는, 눈살을 찌푸리게 하는 회화들로 장식되어 있다. 아! 그러니 이들 불행한 예술가들과 그들의 무미건조한 그림들에 값을 치르기 위해 얼마나 많은 돈이 필요했겠는가!

그러므로 우리는 이 예술의 턱없이 높은 가격을 주요 고발사항 속에 포함시킬 수 있다. 예외 없이 조잡한 집무실로 인해 군주들은 낭비벽을 참지 못한다. 분별없는 사람들은 군주들을 모방하려 하며 많은 돈을 쓴다. 세월이 흐름에 따라 부식되거나 변색되는 그림들의 값을 지불하는 데 쓰이는 이 모든 돈은 더 유용하고 감동적이며 고결한 용도에서 인출되는 것이다.

내 생각이 잘못일 수도 있다. 하지만 내가 보기에는 이러한 부자연스런 취미 때문에 거짓되고 터무니없는 모작들에 눈이 익숙해지는 것 같다. 모든 회화 유파들은 자신들의 그림, 색깔, 기법이 있어서 그로 인해 모든 전문가들은 다양한 판단방식을 취하게 된다. 따라서 모델이 영속적이고 변함없기 때문에 가장 변화하지 않는 것 속에는,

다시 말해 자연의 모방 속에는, 여전히 상투적인 생각들이 들어 있다. 그래서 예술가가 특유의 '기법'에 따라 그린 그림을 잘 파악하기 위해서는 그 유파 방식으로 가공된 눈이 필요하다.

부자들의 타락한 취미를 기만하기 위해 화가들이 어떤 외설적인 것들을 그렸는지, 그리고 그들이 반도덕적이고 국가정책에 반하는 발상들을 얼마나 많이 세상에 내놓았는지를 예술의 부질없음에 첨언한다면, 당신은 정말 과감한 행동으로 회화가 스스로에게 방탕의 신격화를 허용했다는 것을 알게 될 것이다. 이곳에서는 방탕의 장면들이 온갖 형태로 되풀이된다. 저곳에서는 독재가 위대함의 속성을 부여받는다. 신의 벼락까지도…. 다신교의 기괴함들이 사방에서 반복되고 구석구석에 산재한다. 그리하여 어린 아들이 그에 대한 설명을 요구할 때, 아버지로서는 묵묵부답할 수밖에 없다.

따라서 이러한 죄악들을 재현하는 것은 옳지 않다. 하지만 이러한 죄악들을 퍼뜨리는 것은 화가들의 붓이다. 세월이 흐르면 이들 악덕들의 이미지가 사라졌을지도 모르는 일인데, 그것들이 화폭 위에서 증가하고 있는 것이다! 화가들은 화폭에서 서로 앞다투어 온갖 방탕한 태도들을 자극하고 있는 것이다!

전혀 관심을 받지 못하는 다른 그림들은 클라브생이 색채에 대해 말하듯이 기껏해야 눈에 말을 걸 뿐이다. 오랜 시간이 걸린 이 작업은 겨우 예술가의 인내심만을, 사람들이 후회 없이 돌려버리는 불확실한 눈길을 받기 위해 그 예술가가 얼마나 많은 고통을 감수했는지만을 입증할 뿐이다.

숨김없이 말하겠다. 나는 이 무의미하고 많은 비용이 드는 예술이 획득한, 아니 차라리 탈취한, 오만한 지위를 박탈하고 싶다. 회화는 우리 정신의 심오한 감수성에 대한 탐구가 빈약하다. 회화는 경솔하며 해로운 사치에 종속되어 있다. 한 사람의 일생을 황폐화시키고 난 다음, 회화는 욕심 많은 소유자의 편집증에 영합하는 것 외에 다른 즐거움을 획득하지 못한 채 좁은 방에 한정되어 그곳에서 기력을 잃고 쇠퇴한다.

우리가 건축에서 호사(豪奢)를 제거하려 했던 것과 같은 이유에서, 다시 말해 기괴하고 반복적인 장식들, 기둥들, 콧대 높은 규모, 극빈자층의 가혹하고 위험한 자업의 기념비들을 제거하려 했던 것과 같은 이유에서, 우리는 가능하다면 회화가 우리의 돈과 존경을 빼앗아가는 것을 원하지 않았다. 한편으로 감동을 주지 못하고 변화하지 않으며 움직이지 않고 한군데 집결된 회화는, 실제적인 쾌락은 거의 주지 못하고 주인을 불안하게 만들기에 적합한 지출을 일으킨다.

게다가, 되풀이해서 말하지만 인간의 상상력은 언제나 가장 만족스런 전개를 넘어서 더 멀리 나아가는 법이다. 감정을 담아 아름다운 자연을 바라보는 능력은 회화의 이상을 배척해야 한다. 현실의 무궁무진한 토대에 자연스럽게 아무런 비용을 들이지 않고 몸을 맡기는 대신, 불확실하고 모호한 그림자를 즐기기 위해서는 부(富)와 훈련된 눈이 동시에 필요하기 때문이다. 자연의 그림틀은 무한한데 왜 그것을 왜소하게 만드는 것인가? 자연이 반복하지 않는 것을 왜 반복하고자 하는가? 놀라운 일이다! 가련한 회화는 아무것도 의심하지 않고 있는 것이다. 그것은 완전히 이해할 수도 없고, 그 본질이 그림자가 아닌 신의 특징들까지도 파악해서 재현한다고 주장하지 않았던가!

785 건축

우리나라의 건축은 이탈리아에 널리 퍼져 있는 대형화의 특성을 갖고 있지 않다. 우리나라의 건축은 국민정신과 같아서 경쾌하고 우아하다. 건축가가 몇 가지 장중한 부분을 펼쳐 보이더라도 우아한 장식들로 그것들을 프랑스풍으로 만든다.

나는 고딕 건축이 훨씬 더 좋다. 고딕 건축은 날렵하고 참신하다. 그것은 내 마음을 뒤흔들어 놓는다. 곧고 뾰족한 스트라스부르 대성당은 얼마나 아름다운 건축물인가! 얼마나 참신한가! 얼마나 경쾌한가! 어떤 교묘한 단계에 의해 인간이 하늘로 솟아올라 가장 넓고 풍요로운 평원을 굽어보았는가? 강렬한 느낌의 원인에 바로 이 건축이 있었다. 그 건축은 상상력을 자극하는 것이다.

그런데 우리 건축가들의 재능은 얼마나 천편일률적인가! 그들은 얼마나 많은 모방과 변함없는 반복으로 살아가고 있는가! 그들은 이제 기둥을 쓰지 않고는 최소한의 건물을 건축할 줄도 모른다. 항상 기둥이 있어야 하고, 그래서 건축물들에 더 이상 변별적 특징들이 없다. 모든 건축물들이 다소간 사원과 닮아 있다. 테아트르 이탈리앵[17]은 생트주느비에브 교회와 같은 모델에 입각한 주랑이 있다.

17 코메디 이탈리엔 극장은 장프랑수아 외르티에가 건축했고 샤를 드 바일리가 개축했다. 중세의 생트주느비에브 교회를 재건축하기로 1754년 11월에 내려진 결정 이후로 리옹의 건축가 자크제르맹 수플로가 기획자로 선출되었고, 수플로는 1757년에 우선 그 기획안을 제출했다. 실물 크기의 주랑 그림 앞에 1764년에 초석이 놓였다(같은 해에 그린 마시의 그림이 그것을 입증하고 있고, 그 그림은 카르나발레 박물관에 보관되어 있다).

외과학교에는 장엄한 기둥들이 서 있는데, 그 기둥들 사이에는 시체의 해부가 이루어지는 좁은 반원형 해부실이 숨겨져 있다. 이 건물이 지어진 것이 오로지 이 반원형 해부실을 위해서인 만큼, 그 우스꽝스러움은 더욱 온당치 못하고 비난받아 마땅하다. 그리하여 용서할 수 없는 잘못 때문에 주객이 전도되어 기둥들이 건물 전체를 차지했다.

이러한 호사는 사리에 맞지 않고, 심미안이 부족하며, 공공건물의 모든 목적을 왜곡하고, 막대한 금액이 불필요하게 사용되게 한다. 사람들은 공공의 가치가 있는 대형 건축물을 더 이상 지으려고 하지 않는다. 건축가는 기둥들을 도입함으로써 유익한 계획을 후퇴시키고 있는 것이다.

아니! 이 외과학교의 기둥들이 무슨 기능을 하는가? 파산을 초래하는 이 사치는 꼭 필요한 데 써야 할 돈을 들여서 얻어진다. 이들 건물들에 가구를 갖추고, 유지하고, 담을 두르고, 지붕을 덮어 보존하기 위한 돈은 더 이상 없다. 통치자들이 서너 사람을 수용하기 위해 150만 리브르의 돈을 헛되이 지출했기 때문이다. 돈이 많이 드는 이 기둥들, 그리고 어쩔 수 없는 세부의 초라함을 본 사람들은 프랑스 국민에게 딱 맞는 속담을 만들게 된다. "비단 옷 입고 개떡 먹는다."

그러니 인간을 위해서가 아니라 제비들을 위해 집을 짓고, 쓸데없이 주변의 길을 다 파헤쳐버리며, 전혀 감동을 주지 못하는 것을 위해 보물들을 탕진하고, 공간을 축소하고, 사상누각들만을 짓는 이

돔의 안정성에 대한 논쟁의 여파로 건축이 여러 차례 중단되었다. 1780년에 수플로가 사망했을 때 작업은 지붕 내부까지 이루어졌고, 성당은 10여 년 뒤에 가서야 그의 조수들인 프랑수아 수플로, 막시밀리앙 브레비옹, 장바티스트 롱들레에 의해 완공되었다. 1791년 성당은 앙투안크리조스톰 카트르메르 드 캥시(1755~1849)의 후원 아래 팡테옹으로 변환되었다.

들 건축가들이 추방되어야 마땅하지 않은가?

이러한 건축가들의 말을 듣고 어떤 사람은 자기 집에 기둥들을 들여놓는다. 그리하여 어떤 농부는 그것을 사원이라고 생각한다. 농부는 무릎을 꿇고 문 앞에서 '성수반(聖水盤)'을 찾는다.

이들 불행을 부르는 건축가들은 이곳저곳에서 집을 원하던 사람들을 파산시켰고, 그들에게 사람이 살 수 없는 기괴한 건물들을 지어주었다. 텔뤼송 부인의 집은 나선형의 조개껍데기 모양이다. 그곳에 거주하려면 달팽이가 되어야 한다. 그곳에는 머리가 빙빙 돌 정도로 원형의 선이 많다.

건축가는 로마의 아름다운 건축들에 대해서만 이야기한다. 그러면서 그는 부르주아를 고대 로마의 황제들처럼 숙박시키려 한다. 부르주아는 터무니없는 집값을 지불하기 위해 자신의 땅을 팔지 않을 수 없다.

아아! (그 건축물들이 일반인의 고통을 무시했다는 점에서, 그리고 동시에 멸시당해 마땅한 하급자들에게까지 재정을 지불하고자 하는 것 같았다는 점에서) 선량한 시민들의 마음에 깊은 상처를 준 이 화려하고 불쾌하기 짝이 없는 대형 건축물들에 들인 비용으로, '성벽'에 들인 비용으로, 사람들은 '4개의 구빈원'이 땅에서 솟아나는 모습을, 인간을 도움으로써 신을 기쁘게 하기 위해 고통을 겪고, 신음하고, 그들의 노력을 한데 모으기만을 바라는 종교와 자비로 사람들의 눈길이 위로받는 모습을 볼 수 있었을 것이다.

그러므로 어떤 건축가가 머릿속에 조금이라도 열정을 갖고 있다면, 그는 통치자들에게 가장 위험한 존재이다. 모든 군주는 대중의 친구로서 그러한 예술가를 왕실의 보물과 신하들의 돈을 횡령하는 자로 간주해야 한다. 또한 국왕들에게는 그보다 더 큰 적이 없었다. 루이 14세의 영광을 약화시킨 것이 바로 그의 건축가들이었다.

건축을 하려는 도시 중, 로마에서 들여온 도면을 가지고 뚜렷한 가치도 없고 더군다나 실질적인 효용성도 없이 그저 석재들을 쌓아 놓는 데 불과한 이들 건축가들을 비난하지 않는 도시는 하나도 없다.

아랍인들이 주피터 세라피스의 사원을 파괴하고 기둥의 원통형 석재를 쪼개어 방앗간의 맷돌로 쓴다는 것을 읽으며 고대 애호가는 전율한다. 철학자라면 기둥보다는 차라리 방앗간 맷돌을 더 좋아할 것이고, 그 돌조각들이 서 있거나 흩어져 있거나 그다지 상관없다고 생각할 것이다.

786 판화가들

오늘날 사람들은 판화를 지나치게 남용하고 있다. 판화는 특히 채색되었을 때 해부학과 지리학에 상당히 유용하게 쓰인다. 해부학과 지리학은 판화에서 특별한 이점들을 끌어내고 있다. 하지만 역사 문제에서는 판화가 얼마나 부적당한가! 누군가가 로마 역사를 '롱도'로 쓰고자 했다고 하자. 그래도 그것이 프랑스의 역사와 영국의 역사, 톨비악 전투와 노르망디 공작의 승선을 판화로 새기는 것보다는 덜 야릇하고 덜 괴상했을 것이다.[18]

새로 나오는 책들에는 모두가 판화가 너무 많이 들어 있다. 블랭의 4편의 서한체 시가를 위해서 판화가 만들어지기도 했다.

수많은 삼류 예술가들이 이러한 동판화 제작에 몰두해서 그들의 인생과 인내력을 대단치 않은 무의미한 대상에 남용하고 있다. 오늘날에는 다고베르트 왕의 얼굴이 새겨졌다. 사람들은 널받침, 무도장 등을 새겼다. 판화에 대한 열정은 작은 프랑스식 정원, 다리, 부두, 길의 무미건조한 모습을 새기는 데까지 확장된다. 정말 천박하기 그지 없다!

형편없는 팸플릿에 더욱더 형편없는 판화가 실린다. 그것의 문체도 엉망이지만 판화가의 그림만큼 엉망은 아닐 것이다.

18 두 가지 역사적 사실에 대한 암시이다. 알레마니족을 상대로 클로비스가 톨비악에서 거둔 승리(496년 혹은 506년)와 정복왕 노르망디 공작 기욤의 영국행 선박 탑승이 그것이다. 1066년 헤이스팅스 전투에서 해럴드 2세를 물리치면서 기욤은 왕위에 올랐다.

이어서 어리석은 허영심에 의해 이곳저곳에 실린 초상화들이 있다. 모두 동판화 작품들이다! 이들 평범한 사람들의 초상화가 무슨 필요가 있는가? 사람들은 화가, 판화가, 동판화 인쇄업자, 제지업자의 모습을 새긴다. 아마도 조만간 복제판화 판매상의 모습도 새겨질 것이다.

방탕한 장면들을 보여주고 있는 타락한 신하들 한가운데에 대공들, 군주들의 왜곡된 초상화가 자리 잡고 있다. 데뤼와 레스콩바 부인은 2명의 성인들 사이에 놓여 있다.[19] 하지만 미인이든 성인이든 모두가 진부한 조각 기법만을 보여줄 뿐이고, 그들과 실물과의 유사성은 아무짝에도 쓸모가 없다. 베르길리우스풍의 특성들을 두르고 새겨짐으로써 이득을 본 것은 시인 아베 드릴밖에 없는 것 같다.[20]

이러한 남용은 철학의 세기에나 가서야 진정될 것 같다는 생각이 든다. 그 남용은 기상천외함으로 변질되기 때문이다. 모든 그림과 모든 얼굴의 끊임없고 역겨운 이러한 표현이 집안에 천편일률적인 권태를 확산시킨다. 어떤 집에서 보았던 것을 다른 집에서도 다시 보게 되기 때문이다. 우리는 이미 회화를 단죄했다. 하지만 판화는 너무나 생기가 없는 동시에 미숙하다는 특징을 갖고 있다. 오로지 반복만을 일삼는, 더디고 비용이 많이 드는 판화 제작에 대해 우리로서는 그저 한탄할 수밖에 없다.

파리에는 질산을 붓고 끌을 다루는 수많은 판화 작업자들이 있을 것이다. 하지만 가장 쓸모 있고 가장 중요한 작품들이 지연되는

19 유명한 범죄자 두 사람을 말하는데, 그들은 종교적 태도로써 자신들의 흉책을 가리려 했다.

20 1782년 판본이나 1783년 판본에 들어 있는 아베 드릴(abbé Delille)의 『프랑스어판 베르길리우스의 농경시』를 암시한다.

경우가 종종 있는데, 판화가가 불분명하고 불필요한 몇 개의 장식들을 마치지 못했기 때문이다. 밀턴이 파리에서 시를 썼다면, 인쇄업자는 시 출판에 앞서 모든 천사와 악마와 천국의 대포가 판화로 새겨지기를 기다려달라고 시인에게 부탁했을 것이다.

서적상들은 '복제판화 상인'이라고 할 수 있다. 오늘날 작가는 상당한 금액을 판화가에게 주고, 판화를 통해 얼마만큼의 금액을 벌게 될 것인가를 따져본다.

스위스에서는 『파리의 풍경』을 위해 가장 조잡하고 눈에 거슬리기 이를 데 없는 동판화를 새겼다. 내가 반대해도 소용없었다. 어떤 법관과 서적상이 그 기괴한 작업을 위해 결탁하여 미술을 모독했고, 그 법관을 앞세워 모든 형편없는 예술가들이 내 책을 망치기 위한 음모를 꾸몄다.

동판으로 차마 눈뜨고 볼 수 없게 새겨진 이 삽화들은 이베르동에서 시작된 것이다. 펠리체는 『백과전서』에 대해 했던 식으로 나를 다루었다. 아마도 우리의 우매한 판화 애호가들은 나를 성상파괴론자로 변모시킬 것이다. 모든 신분과 모든 지위의 데생 화가, 판화가, 동판 인쇄업자, 삽화공, 서적상인, 행상인, 조각가 무리가 나의 이단에 반대하도록 선동할 것이다. 경박한 우리 작가들 무리가 각자 손에 성상을 들고 나를 공격하며 내게 대해 자신들의 무능을 드러내는 모습이 벌써 눈앞에 보이는 것 같다. 그래도 나는 이성과 양식의 권리를 옹호할 것이다. 또한 나는 쓸모없는 동판 삽화로 가득 찬 책들을 비싼 값으로 사게 하는 것은 진정한 불법거래라고, 계몽된 전체 민중을 어린아이처럼 그림으로 즐겁게 한다고 우기는 것은 터무니없는 일이라고 주장할 것이다.

787 무료 데생 학교

이 학교는 나를 슬프게 한다. 고비용의 호사를 찾는 아무짝에도 쓸모없는 예술가들의 수만 늘릴 뿐이기 때문이다. 이 학교는 삼류 데생 화가나 그보다 더 형편없는 화가들, 온갖 종류의 판화가들, 금은 세공사들을 양성할 터인데, 그들은 대형 기념물에 곁들이기 위해서나 걸었던 그림들을 우리 테이블 위로 옮겨놓는다. 건축가들은 자신들의 파괴적인 설계도로 공세를 퍼부으며 일반 서민들에게 앞다투어 이렇게 말하는 것 같다. "누가 파산하고 싶습니까? 우리는 준비가 되어 있습니다."

어린아이 손에 쥐어진 이 연필은 무슨 의미인가? 생계의 담보물인가? 사람들은 호사스런 건축물이나 공연장 이야기밖에 하지 않고, 그 쓸데없는 장식들을 위해 수많은 서투른 화가들을 미리 준비하고 있는 것이다.

하찮거나 위험한 인재들에게 주어지는 이 눈부신 보호는 국가적으로 크나큰 불행이다. 활기찬 기질을 가진 것으로 보이는 그 아이들을 데생 화가로 만들기 때문이다. 아! 왜 그들을 필요로 하는 수공예로 보내지 않는 것인가? 이제 막 힘을 쓰기 시작하는 그 일손들을 왜 현대의 농업에서 빼앗아가는가? 아무에게나 라파엘로의 머리를 본뜨게 하다니 얼마나 미친 짓인가! 화가들의 공화국을 만들려는 것인가?

서민 교육에서 가장 큰 잘못은 어린아이들에게 오직 한 가지 일만을 배우게 하는 것이다. 순수 재예(才藝)는 완전히 별개의 5~6항목으로 나뉘어 있고, 각각의 경우 서로 다른 사람들을 쓴다. 각자는 오직 한 가지 수업만을 받으며 일생 동안 그 한 가지만을 하게 된다. 가제공은 오직 가제만을 만들고, 단추공은 단추만을 만들게 될 것이다. 유행이 조금이라도 변하면 수천 명의 장인들의 지식이 위험에 빠진다.

이 무료 학교들은 오직 한 가지만을 가르친다. 그 학교들은 산업을 확장시키는 것이 아니라 축소시킨다. 지원하는 사람들 모두에게 무차별적으로 문호를 개방한다면, 그들에게서 일을 배우는 능력을 빼앗게 된다. 게다가 이들 불행한 무료 학생들을 검토해보라. 그들이 옮겨가는 활동무대를 계속 따라갈 수 있는 사람이 얼마나 될 것인가? 다행스럽게 어떤 우연에 의해 그럴 방법이 제시된다 해도 그러한 사람은 아무도 없을 것이다. 그러니, 기껏해야 아무 쓸데없고 하찮은 기관을 설립했다는 허영심과, 아침부터 저녁까지 산책하면서 아무 일도 하지 않고서 봉급을 더 잘 벌어들일 몇몇 선생들의 입신(立身)을 위해 수많은 젊은이들이 희생되고 있는 것이다.

아니, 지각 있는 사람들이 생계를 이어가기 위해 그와 같은 일의 극히 미미한 일부만을 맡을 뿐이라니! 또 그 점은 별도로 하더라도 그들이 아무것도 할 수 없을 것이라니! '노끈 문양 세공사(guillocheur)'는 30년 동안 오로지 상자나 금시계 위에 금을 긋는 일만을 하게 될 것이다. 어떤 사람은 패물을 평평하게 깎는 일만을 할 것이고, 또 어떤 사람은 그 패물에 금을 입히는 일만을 할 것이니, 그들 재능의 한계가 뻔하지 않은가! 그러한 것이 그 사치스런 예술의 소산(所産)이다. 그 사치스런 예술을 위해 무료 학교가 문을 여는 것은, 그들의 교육이 더 쓸모없는 것일수록 책임자들이 더 많은 연금을 받기 때문이다.

이 세상에서 이들 하급 장인들보다 더 불쌍한 것은 아무것도 없다. 소교구에서 받는 원조가 없다면, 그들은 매일매일의 일만으로는 가계를 유지하는 데 충분하지 않을 것이다. 이들 장인들은 자신의 일에서 벌어들이는 돈이 너무 적기 때문에 자기 아이들에게 그 일을 하지 못하게 한다. 그러니까 우리는 언제나 '무료 데생 학교'에, 소위 이러한 성격의 시설이 갖는 유용성에 반대하게 될 것이다. 우리가 써야 할 책으로 '회화', '판화', '건축', '채색 장식', '조각'처럼 무척이나 찬양받지만, 너무나 거짓되고 위험하며 행복이나 영혼의 생생한 즐거움을 위해 아무짝에도 쓸모없는 이 예술들에 강력하게 반대하는 책보다 더 철학적인 책은 없을 것이라 생각한다. 그 예술들은 천재성의 지위를 부당하게 차지했다. 그러한 예술들에서 지위를 박탈할 때가, 즉 무기력하고 일시적이며 몇 가지 면에서 위험하다는 어떤 인상들 때문에 붓과 끌이 횡령해간 막대한 금액을 유쾌하고 유용한 예술들, 감수성의 예술들에 돌려주어야 할 때가 되었다.

788 트론 방책

이곳은 헐벗은 지역으로, 예전에 루이 14세가 파리로 개선할 당시 그를 위한 옥좌를 설치했던 곳이다. 바로 이곳에 웅장하기가 로마인들의 것을 능가할 개선문을 건립하기로 되어 있었다. 루브르 궁 주랑의 설계자가 그 개선문의 설계도를 그렸다.[21] 그 개선문의 흔적은 판화밖에 남아 있지 않은데, 계몽철학자는 이 화려하고 쓸모없는 건축물이 완성되지 않은 것을 기뻐한다. 왜냐하면 그 건축물은 사치스런 전쟁 경비로 이미 기진맥진해 있는 바로 그 민중들에게서 탈취한 엄청난 금액의 비용이 들었을 것이기 때문이다. 사치스런 전쟁의 유일한 결실은 바로 그 불행한 개선문이었을 것이다. 그것은 왕들의 자만심을 부추기고 확장시킴으로써 그 왕들을 파멸시킨다는 점에서 파국을 초래하는 예술인 건축이 가져다준 추문이었다.

21 1667~1668년에 플랑드르와 프랑슈콩테를 정복한 후, 콜베르는 트론 광장에 개선문을 세울 것을 제안했는데, 그 광장은 1660년에 왕과 왕비가 파리에 입성할 때 지나갔던 곳이었다. 루브르의 주랑을 만들었던 클로드 페로가 동생인 샤를의 도움을 얻어 샤를 르브룅과 루이 르보를 물리치고 콩쿠르에서 승리를 거머쥐었다.

789 센 강물

"신의 섭리에 의해 대도시들 한가운데에 아름다운 강들이 배치되었다"고 누군가가 말했다. 센 강에 의해 2개의 파리로 나뉘도록 도시를 건설하다니, 최초로 우리 도시를 건설한 사람들은 생각을 잘했다. 대도시로서는 성벽을 가로질러 강이 흐르는 것보다 더 유용한 것은 없다. 그 강은 영원한 환기 장치이다.

센 강물의 변함없는 위생 상태는 화학실험에 의해서도, 몇 세기에 걸친 행복한 체험에 의해서도 입증된 것이다. 센 강물은 사람들이 바랄 수 있는 모든 품질을 겸비하고 있다. 단지 강기슭에서 조금 떨어져 물을 긷도록 주의하기만 하면 된다. 그리고 센 강물을 마시는 사람은 그 물을 긴 토기 그릇에 넣어두기만 하면 된다. 강물을 정화하고 여과하는 데 좋다고 하는 모든 방법들보다도 이 간단한 방법에 의해서 더 좋은 물을 얻게 될 것이다.

센 강물이 설사를 일으키는 비위생적인 물이라는 생각은 여러 지방에 널리 퍼진 잘못된 생각이다. 우리의 생각을 바로잡기 위해 만들어진 화학으로 인해, 센 강물의 상태가 비록 눈으로 보기에는 탁하고 불쾌하지만, 대부분이 그 겉모습 속에 이물질들을 감추고 있는 몇몇 투명한 물보다 더 낫다는 것을 알고 있다. 수정처럼 맑은 물은 눈을 즐겁게 한다. 하지만 물이 여과되고 투명해질수록 그 맛과 은은함을 구성하는 공기 함유량은 줄어든다는 것을 알아야 한다. 센 강물을 위생적으로 만들기 위해서는 가만히 놓아두기만 하면 된다. 센 강물은 음료 중 최고의 음료이다. 아직도 그것은 스위스의 바위

틈에서 솟아나는 맑은 물보다도 수돗물로서 더 낫다. 맑은 물이 가장 위생적인 것이 아니라, 건강에 좋은 품질을 만드는 많은 양의 공기를 머금고 있는 물이 가장 위생적인 것이다.

센 강물은 중상모략을 받아왔다. 하지만 일단 상처를 받으면, 논리적 추론을 거부하는 상상력을 치유하려면 세탁부(洗濯婦)들에게 파리 아래 쪽에 배를 세워두게 하는 것이 바람직할 것이다. 수도의 중심에 오물이 흘러들지 않아야 할 것이고, 마자랭 콜레주 맞은편으로 탁하고 진흙이 많은 물, 스틱스 강처럼 폭이 넓고 더러운 개울이 눈에 띄지 않아야 할 것이다. 강으로 떨어지는 하수도의 모습은 비난을 초래한다. 물, 공기, 그리고 움직임이 모든 것을 재활성화한다는 것, 반복해서 말하지만 다소 혼탁한 물이 투명한 물보다 더 낫다는 것을 모든 사람들이 알지는 못한다.

절대로 물을 납관이나 동관 안에 놓아두어서는 안 된다. 그런 것들이 사고를 유발하고, 그 사고는 실제로는 훌륭한 센 강물 탓으로 전가되는 것이다.

도시의 문장(紋章)에 인지를 붙이고 밸브와 가죽 관으로 보강된 거대한 통을 이용해 이 물은 포부르와 인접 마을로 이동된다. 이러한 경로에 의해 이동되는 물이 목재나 금속으로 된 운하를 통해 흐르는 물보다 더 위생적이다. 사람들은 마차, 말, 그리고 1뭐들이 큰 통으로 강 한가운데서 물을 긷는데, 이때 조심해야 한다.

넓은 강, 몇 개의 급수장, 2개의 증기 펌프, 수많은 물 운반인들과 이동식 물통에도 불구하고, 수도 전체에 물을 대는 데에는 아직까지 도달하지 못하고 있다. 이베트 강물을 끌어오려는 오래된 계획이 곧 실현될 것인데, 그 계획이 파리인들을 충분히 만족시키지 못한 이 증기 펌프들보다 더 바람직해 보인다.

790 아이러니

이것은 우리 대화의 영혼이다. 과거에 그것은 세련되고 우아한 농담이었다. 소크라테스는 그것을 능숙하게 다루었다. 오늘날 아이러니는 덜 적절한 표현법을 택한 것 같고, 그로 인해 특징이 사라지는 것 같다. 아이러니는 가볍고 세련되어야 한다. 그런데 그것이 진지하고 체계적인 비평을 더 잘 대신하고 있는 것이다.

아이러니는 비평과 풍자와 구별되어야 하고, 너무 멀리 나아가서는 안 된다. 진짜 모욕이 되기 때문이다. 드 라모트는 자신이 닮고자 했던 호메로스와 단지 실명(失明)만 닮았을 뿐(왜냐하면 양자가 모두 시력을 잃었기 때문이다)이라고 가콩[22]이 말했는데, 그것은 무례한 언행이었다. 어떤 기자는 아이러니를 다루려다가 가끔 난폭해지기도 한다.

고유명사에 아이러니를 적용시키는 것은 여전히 무례한 일이다. 그리고 누군가의 직업이나 일에 대해 농담을 하는 것은 유치하고 저속한 면이 있다.

나는 루이 14세가 매우 신중하다는 것, 그가 절대 아이러니를 이용하지 않는다는 것을 어디에선가 읽은 적이 있다. 하지만 그런 루이 14세가 어느 날 한 귀족의 칼끝이 칼집에서 나와 자신의 다리를 찌

22 Gacon(1667~17250): 풍자 작가로, 호메로스는 신체적으로는 맹인이었지만 그 대신에 "시법상으로는 매우 통찰력 있는" 반면에 라모트는 "정신적·신체적으로 맹인"이라고 언급했다.

르자 그 귀족에게 무심코 이렇게 말했다. "그대의 칼에 해를 입은 사람은 짐밖에 없구려." 그 귀족은 이러한 농담에 격분해서 칼을 꺼내어 자신의 가슴을 찌르고 말했다. "제 칼은 전하에게 드린 것보다 더 많은 해를 제게 줄 것입니다, 전하." 사태를 비극적으로 받아들인 것이었다. 주문한 생선이 오지 않자 "내 명예가 손상되었다"고 외치면서 샹티이 성에서 스스로 목숨을 끊은 콩데 공의 수석 요리사가 더 미친 것이 아니었다.[23]

아이러니는 가볍게 구사할 필요가 있다. 둔중한 무기가 되는 순간, 아이러니는 실패로 돌아간다.

23 왕을 위해 만찬을 준비하라는 지시를 받았지만, 고기 요리가 부족하고 생선이 너무 늦게 도착하자 절망에 빠져 칼로 스스로 목숨을 끊은 요리사는 바텔(Wattel 혹은 Vatel)이었다.

791 칠면조

"어떻게 칠면조들이 파리로 오는지 아는가?"

"아뇨."

"말할 테니 들어보게."

"말씀하세요."

"정말 야릇한 일이야, 공공행정의 세부사항을 안다는 것이 뭔지 원!"

"칠면조들이 공공행정과 관계가 있다고요?"

"잘 듣게나, 단 한 사람이 긴 막대를 들고 도로를 따라 칠면조 수천 마리를 몰아가는데, 한 마리도 무리에서 벗어나지 않지. 속도가 빠르지 않아서 하루에 2리외밖에는 못 가지만, 아침 일찍 출발하니 별 상관은 없겠고, 깩깩대지만 앞을 향하여 나아가지."

"그게 중요한 점이죠."

"칠면조들은 무리에서 벗어나지 않기만 하면 원하는 만큼 깩깩거려도 되니, 줄곧 시끄럽게 울며 걷다가 마침내 목적지에 도착하네."

"우리가 먹어 치우는 것이 칠면조들에게는 영광일 것입니다요, 나리."

"뭐라! 하루에 단 2리외의 속도로 55리외 떨어진 곳에 도착하는 그 칠면조들의 근엄한 행진에 탄복하지 않는단 말인가?"

"감탄할 게 뭐 있나요, 저는 일요일 아침이면 4리외를 가는 칠면조들을 맛봅니다만, 그것들은 역마차를 타고 도착합니다."

792 디오게네스에 관하여

오늘날은 디오게네스를 너그러이 봐주지 않을지도 모른다. 아무리 견유학자라도 낡은 누더기를 질질 끌며 걷는다면, 가구라고는 나무 사발밖에 없다면, 훤한 대낮인데도 손에 초롱을 들고서 사람을 찾는다면, 귀족에게 "햇볕을 가리지 말고 비켜나시오"라고 도도하게 말한다면, 알렉산드로스 같은 사람이 아닌 경찰은 그의 지혜를 공공연히 비난할지 모른다. 이제는 헌 옷 수선하는 아낙들만이 통 속에 살 특권을 누릴 수 있지만, 그는 그녀들로부터도 고립된다. 파리에서 철학자가 자신의 기개를 펴지 못하리라는 것, 그리고 경관이 소크라테스 같은 사람과 데모크리토스 같은 사람에게 입을 다물게 하리라는 것을 생각하면 서글프다.

가령, 오늘날에는 '메시에'[24]들이 당장 돌진해올까 봐 아무도 왕래가 잦은 길 밖으로 발을 들여놓거나 팔을 뻗을 수가 없다. 이렇다 보니 독창적인 성격의 인물들을 만나보고 싶어 하는 사람이라면 서글픔을 떨쳐버릴 수 없을 것이다. 경찰은 한편으로는 공공의 안녕에 신경을 쓰면서, 다른 한편으로는 정신의 다양화를 크게 높여줄 묘미와 특이성을 사람들에게서 없애버린다. 나쁜 기질은 좀처럼 새어나오지 않는다. 자신의 생각을 말로 자유로이 표현하는 사람보다 드문 것도 없다. 카페에서의 수다는 신문과 『메르퀴르』의 지면 위로만 유

24 messier: 소유지의 과일이 익는 시기에, 특히 포도 수확기에 임시 전원 감시원으로 일하는 시골 사람.

통될 뿐이다.

어제 공연을 보고 온통 흥분한 상태로 나와
내키지 않은 걸음으로 한 카페에 들어갔네.
거기에서 구경꾼의 눈으로 또 희극을 보았어.
하는 일 없는 사람들로 가득하더군.
한 사람이 어색한 어조에 콧소리를 섞어
오페라 이중창을 틀린 음정으로 노래했고,
또 한 사람은 혼자 춤추면서 광기에 겨운 듯
옆사람의 다리를 사정없이 차고 있었어.
한구석에서는 젊은 기생오라비가
위선의 얼굴을 과시하기에 싫증났는지
애매한 표정을 짓고서, 아마 채권자가 보냈을
편지를 병아리 모양으로 접고 있었지.
신문을 팔아 근근이 먹고사는 늙은 사기꾼은
식탁마다에서 엉터리 이야기들을 주절거리며
남아 있는 설탕이나 빵이나 가리지 않고
기식의 손가락으로 호주머니에 넣곤 하더군.
훨씬 더 싱거운 사람도 있었으니,
재주는 있으나 정신이 병든 사람이었어.
야유의 휘파람만 불어대고 험구로 우리 모두를
넌더리나게 하는 찌르레기들 중의 하나였지.
그래도 민망한 판결을 줄곧 언도해대니,
동류의 인물이 30명이나 모여들더군.
학자들, 칼싸움 좋아하는 서기들,
사제들(제기랄! 이런 곳에 얼마나

어울리지 않는지!)과 함께, 누구에게나
자의 반 타의 반 귀족임을 과시하고,
용감하게 국왕을 섬기려 하기는커녕
온 파리에서 '내노라 하는'
몇몇 후작이 포함되어 있었지.
마음이 초조하고 불안하여, 일언반구도 없이
군중을 헤치고 그 불량한 곳에서 빠져나왔네.
신사는 거기 가서 시간을 낭비하지 않는 법.
한가하고 건방진 자들이나 마음껏 머무르라지.

793 왕립 농업협회

100년 동안 거침없는 독창적인 천재성을 죽이고 언어의 힘을 약화시키며 문인들 사이에 시기심을 조장하기만 해온 '아카데미 프랑세즈' 대신에 '농업협회'가 설립되었더라면, 우리는 토지의 생산성을 높이고 풍부한 노동에 의해 왕국의 풍요, 삶의 참된 즐거움, 인간의 행복을 동시에 이루는 위대한 기술에서 더 많은 진전을 이루어냈을 것이다.

편견과 무지 때문에 프랑스의 토양이 훼손되고 메마르게 되었다. 실험 농업은 무식한 사람들의 인습에 아무렇게나 내맡겨졌다. 유익한 목적의 달성에 이르기 전에, 지나치게 많은 말을 다 펴내야 했다. 아폴론과 그의 리라를 우러러보고 뮤즈들 전부에게 연달아 호의를 보이는 과정에서 상냥한 케레스와 그녀의 황금 이삭을 소홀히 했는데, 마침내 그녀의 시대가 왔다. 유식하고 열정적인 경작자들의 모임, 그리고 농촌 경제에 대한 다행스런 그들 천재성의 적용 덕분으로 유리한 변화가 일어났다. 이러한 변화는 새로운 산물의 원인이 되었다.

2,600만 국민을 먹이고 입히는 일은 그들에게 비극과 오페라, 시와 가요를 제공하는 것보다 더 훌륭하다. 그런데도 가요와 시가 먼저였다. 반짝이는 토늘레[25] 복장으로 추는 웅장한 발레가 농부들의

25 tonnelet: 『트레부 사전』에 의하면, "고대 의복에서 소매 부분과 투구 헝겊 띠 부분을 지칭했는데, 오늘날에도 여전히 발레, 오페라, 그리고 몇몇 비극과 희극에서 사용되

활기차고 투박한 노래와 전원풍 춤보다 우세했다. 그러나 프랑스의 다양한 지방에서 온갖 기온을 보이는 기후는 연구할 좋은 책이 아닌가! 어떤 잘못 때문에 으뜸 기술이 그토록 오랫동안 방기되었을까? 식물도 가꾸어지고 보급되면 생명력이 호메로스의 『일리아드』보다 약하지 않다. 잘 재배되는 단 하나의 식물이 가축을 생육시키고 흉작을 멀리하고 천재지변을 억제한다. 위용을 자랑하는 제조소라 해도 가장 보잘것없는 식물이 없으면 가동되지 않는다. 어떻든 원료는 쇠스랑으로 일구는 땅에서 나온다.

가장 대단한 정복으로는 '무, 감자, 옥수수, 튀르넵, 사탕무'[26] 등의 재배를 들 수 있다. 몇몇 해로운 편견을 폐기한 것에는 휴경의 철폐를 들 수 있다. 오랜 기간이 지나지 않았는데도 벌써 농업이 다시 살아났다. 경험에서 얻은 교훈이 교환되면서 멀리 퍼지고, 이제는 과학이 공개되고, 누구나 앞다투어 자신의 발견을 서슴없이 발표할 뿐 아니라, 자신의 이웃과 유용한 경험을 공유한다. 춤추고 노래하고 시를 짓는 국민이 마침내 '농업 중시'의 태도를 갖게 되었다. 천만다행이다! 유익한 뿌리[27]는 '장 라신'의 가치가 있다.

왕립 농업협회는 파리 시청에 자리하고 있다. 모든 것이 모여드는 바로 이 중심으로부터 협회의 지식이 퍼져나가고, 모든 농학자가 여기로 초대되어 현상과 이론을 서로 교환하는데, 이러한 교류는 틀림없이 모든 이에게 더 큰 이익을 가져다줄 것이다. 그러므로 우리는 공익의 마르지 않는 주요한 원천을 확보한 셈이다. 우리는 우리

고 있다."

26 모두 별로 비싸지 않기 때문에 서민의 영양섭취에 유용한 식물이다.

27 먹기 좋은 부분이 땅속에 있는 모든 채소(당근, 사탕무, 무 등)를 가리킨다. 고전주의 극작가 장 라신에서 라신은 뿌리라는 뜻의 보통명사와 철자가 같다.

의 토지를 황폐화시키는 온갖 악습을 근절하고, 새로운 토지를 개간하며, 새로운 토지에서 또 다른 풍요를 일궈내고, 농사일에 수반되는 평온한 가족적 미덕들을 하늘에 봉헌할 수 있다.

이제부터 '쇠스랑, 쟁기, 갈퀴'로 민족들의 정치적 행복을 논해야 하는데, 그렇게 되면 이제는 군주들이 백성과 싸우지 않게 될 것이고, 누구나 군주의 몫을 즐겁게 나누게 될 것이며, 프랑스의 모든 곳에서 농사의 결과물로 간소한 식탁이 차려져 누구나 더 감미로운 버터, 더 영양가 높은 우유를 맛볼 수 있을 것이고, 다른 한편으로 질 좋은 국내산 모직물이 생산될 것이다.

아름다운 평야, 유용한 열매로 빛나는 작은 언덕, 수익의 산출을 자랑하는 밭 덕분으로 마침내 백성과 군주 사이의 평화가 유지될 것이다. 왜냐하면 농업에 의해 활기를 되찾은 나라에서는 온갖 정치적 폐단이 사라지기 때문이다. 농촌 경제에 힘입어 미개한 귀족들은 자신들에게 무엇이 진짜 이익인지 깨우칠 것이고, 지주를 파산시키는 그 모든 봉건적 잔재는 점차 없어질 것이다. 이것이 '왕립 농업협회'의 효용이다. 비옥한 들판에서 물품이 생겨나게 되는 것은 왕립 농업협회의 사업을 통해서이며, 내부 분열이라는 수치스러운 격동이 가라앉게 되는 것은 오직 충분히 비옥해진 들판에 의해서일 뿐이다. 농촌의 안정은 국가의 안정을 결정짓는다.

브루소네[28]는 나이가 많지 않은데도 이 존중할 만한 협회의 사무국장이다. 그의 순박한 품행과 명료한 문체는 가식도 오만도 느껴지지 않고, 농촌 경제의 원칙과 완벽하게 어울리는 만큼 그의 글은 누구나 읽고 싶어 한다. 농부들의 소박한 천재성과 작가의 이러한 고

28 Broussonet(1761~1807): 동물학, 특히 물고기의 자연사 전문가로, 1785년 파리 농업협회의 사무국장이 되어 주로 농촌을 위한 소책자와 정기간행물의 발간에 열심이었다.

마운 부합은 사람을 가리지 않고 흡족한 마음이 들게 하고, 관심을 불러일으키며, 농업의 과학에 새로운 매력을 보탠다.

794 머리 좋은 사람들

나는 정말 놀라운 두 사람을 알고 있다. 한 사람은 부슈리 길의 음식점, 한 끼 식사비가 26수인 고급 음식점의 하녀이다. 그녀는 각 손님에게 포타주, 죽, 전채, 고기 요리, 앙트르메, 후식을 내주고, 접시를 슬쩍하려는 사람을 족집게같이 가려내야 한다. 또한 '특별 음료', 즉 아무개가 자신의 반 리터들이 잔에 추가하는 로키유[29]를 명확히 생각해내야 하고, 전채나 앙트르메를 고기 요리로 바꾸는 사람들이 누구인지 잊지 않고 있다가 '추가 요금'을 부과해야 한다.

어이구야! 이 경이로운 여자는 손님들이 먹은 모든 것, 손님들이 그녀에게 주문한 모든 것을 잊지 않고, 모든 음식 접시를 기억 속에 새기고 있을 뿐만 아니라, 아무개가 술을 반 병 또는 반 스티에 마셨다는 것도 알고 있다. 그녀는 결코 위선적인 목소리에 착각을 일으키지도, 손님이 건네는 찬사에 방심하지도 않는다. 당신은 재무총감이 하는 것보다 더 정확한 보고를 그녀로부터 듣게 된다. 그녀는 110명의 식사 시중을 들고, 앞접시 600개, 요리 접시 500개, 그만큼 많은 빵과 숟가락, 포크, 병, 냅킨을 내놓았는데도 결코 착오가 없다. 정말이지, 뉴턴만큼 좋은 머리 아닌가?

그녀는 한 곳에 우두커니 머물러 있지 않는데, 음식을 내놓고 재촉하며 손님에게 정확히 가져다준다. 그녀는 당신을 쳐다보지 않고

29 roguille: 반 리터의 4분의 1.

서도 당신의 목소리를 구별해내고, 아무개는 빨리 씹고 다른 아무개는 천천히 씹는다는 것을 알고 있다. 이는 정확한 기억력, 민첩한 다리, 냉철하고 신속한 접대를 감안하더라도 신기한 현상이다. 그녀는 또한 매우 능란해서, 요리 접시를 가만히 내려놓을 시간이 없을 때에는 수직으로 떨어뜨리는데도 요리가 조금도 흩어지지 않는다. 식탁 용구 일습이 그녀의 주머니에서 나오고, 포도주 병이 당신의 머리 위로 날아올라 좁은 공간에 놓여도 놀라거나 피하는 이가 전혀 없다. 병이 식탁 위에 놓이면서 요란한 소리를 내지만, 병을 깨뜨리지 않는다. 그만큼 그녀는 몸놀림이 침착하고 정확하다.

그녀는 6개월 전에 식사하러 온 사람, 그가 앉아 있던 자리, 그가 입고 있던 의복까지 기억해낸다. 또한 식사 용구를 제때 치울 줄도 안다. 그녀 모르게 뭔가 슬쩍하려는 사람이 있다면, 그는 정말 대담한 사람일 것이다. 왜냐하면 그녀는 그의 눈에서 이미 그의 의도를 읽어냈을지 모르기 때문이다. 그녀는 아무개가 후식으로 나온 사과를 먹거나 남겨놓지 않고 자신의 호주머니에 곧 넣으리라는 것을 분위기만으로 알아차린다.

접대를 하고 난 후에 그녀는 식비를 받는데, 이때 그녀가 "그것을 추가로 드셨어요"라고 말하면, 말대꾸해서는 안 된다. 속임수는 금방 탄로날 것이다. 그녀가 2수를 더 내라고 요구할 때, 만일 당신이 이 금액을 내지 않으면, 당신의 인색한 용모는 그녀의 뇌리에 분명하게 새겨질 것이다.

그녀는 번개처럼 재빨리 식당으로 다시 들어오고, 그녀의 다리는 5시간 동안 쉴 새가 없다. 그녀는 약간 뚱뚱하지만 날래다. 그녀가 공개적으로 욕구를 표명하는 것은 오로지 식탁에 대해서일 뿐이다. 그녀의 양손이 부자유스러운 동안 멋대로 행동하는 사람이 있다면 즉석에서 처벌받을 것이다. 그녀는 이 무모한 사람의 머리 위로 접시의 소스를 쏟을지도 모른다. 수학자-기하학자들이여, 이 하녀가 1년 동안 하는 것을 당신들이 꼬박 6시간 동안 해낸다면 내 손에 장을 지지겠소.

이 뉴턴 같은 여자와 쌍을 이루는 머리 좋은 사람은 '상업재판소의 소송대리인'이다. 그는 서류더미 속에 정말로 파묻혀 있는데, 실제로 그를 보려면 까치발을 디뎌야 한다. 그는 300장의 소환장을 보내야 하고 200차례의 변론을 해야 하는데도 전혀 혼동하지 않고, 그의 머릿속에는 판결, 궐석판결, 상소, 재소환 등 모든 것이 분명하게 정리되어 있다. 당신이 그에게 증명서를 건네면, 그는 당신의 서류를 구석에 던져놓고 1년 후에 다시 찾아낼 것이다. 그는 변호하거나 비난하고, 공격하고, 방어하고, 응답하는 과정에서 결코 이름을 착각하지 않는다. 당신의 신분, 청구, 총액 중의 지분, 이 모든 것은 그의 기억 속에서 그만큼 많은 업무가 되지만, 그는 미소를 짓거나 눈살을 살짝 찌푸릴 뿐이다. 변론 일시가 확정되면, 그는 당황하지 않고 아침 5시부터 오후 2시까지 변론하러 가고 알아보기 힘든 선을 당신의 소환장에 긋지만, 당신의 모든 공격 및 방어 방법은 거기에 있고 당신은 이제 되돌아가기만 하면 된다. 당신에게는 입을 열 기회가 없을 것이다. 판결이 내려지고 나면, 그는 1세제곱 피에의 휘갈겨 쓴 문서 더미에서 판결문을 꺼내고는 당신에게 다음과 같이 말한다. "여기 있습니다. 7년 전에 비슷한 변론을 했는데, 상대편의 이름이 당신과 같았죠, 보시오." 그가 팔을 뻗어 당신에게 건네는 누렇게 된 서류에는 그가 말한 이름이 적혀 있다.

그는 온갖 일에 한창 몰두하고 있으면서도, 신문에 관해 당신과 이야기하고, 당신의 전쟁을 터키인들의 전쟁[30]에 비유하며, 변론비 30수를 당신에게서 건네받는다. 이런 식으로 그는 1년에 11,000프랑을 벌어들인다. 당신이 들어갈 때, 그는 당신이 원고인지 피고인지 간파하지만 태연한 모습을 내보인다. 실제로 그는 정직한 사람과 사기꾼, 채권자와 파산자를 동등하게 맞이하는데, 그의 초연한 머릿속에서는 그들 사이에 그다지 큰 차이가 있는 것 같지 않다.

때때로 그는 법정을 흥겹게 하지만, 쾌활한 변론이라고 해서 더 비싼 수임료를 받지는 않는다. 변호사 양반들이 날카로운 재치를 발휘하고는 비싼 대가를 받는 반면에, 그는 통렬한 재치를 보여주면서도 아무런 추가 비용을 요구하지 않고, 여러 해 전에 내려진 공정하거나 익살스러운 판결들을 법정에서 날짜와 함께 인용하기를 즐긴다.

보다시피 그의 경이로운 기억력은 앞서 이야기한 하녀의 기억력과 맞먹지만, 그는 그녀처럼 바삐 돌아다니지는 않고 언제나 앉아 있거나 서 있다. 또한 그의 머리는 크고 둥글어, 거기로 지나간 믿을 수 없을 정도로 많은 소송 사건으로 부풀어오른 것 같다. 그의 눈은 그것들 때문에 무거워진 듯하지만, 이 진지한 용모가 신문에서는 유쾌한 모습으로 그려져서 당신이 약간 신문기자처럼 보인다면, 당신의 용무는 더 신속하게 처리될 것이다. 전제군주들이 상업재판소에 소송을 제기하지 않는 것을 그는 얼마나 유감으로 생각하는지! 그는 상업재판소를 다른 재판소들 전체보다 더 중요한 것으로 간주한다. 상업재판소가 문을 닫는다면 프랑스는 대혼란에 빠질지 모른다.

그가 '상업재판소'에 있고부터 모든 '파산 신고'가 그와 관련이 있다는 것은 기묘한 일일지 모른다. 동일한 암초에 가장 잡다한 업계가 좌초했다. 어떤 신분도 도산으로부터 보호받지 못했다. 상업재판소의 가속된 증가는 대단한 회사들의 몰락과 너무나 비례한다.

30 러시아와 터키 사이의 분쟁을 암시한다. 프로이센, 오스트리아, 러시아 사이에 약속된 1779년의 휴전, 즉 폴란드의 첫 번째 분할 후에 전쟁이 재개되어 터키인들의 항복으로 귀착되었다.

나는 더 이상한 사람을 좀처럼 본 적이 없다고 말할 수 있는 만큼, 다른 관점에서는 여전히 유익하고 정말로 존경할 만한 사람에 대한 묘사가 되는 이 묘사의 마무리를 다른 이들에게 맡긴다.

코르네유와 라신의 비교가 그토록 여러 차례 행해졌지만, 앞에서 언급한 소송대리인과 하녀는 누가 비교하게 될까?

795 풀라예

루이 14세 시대와 이 유명한 군주, 존엄한 왕권의 위대한 주체를 숭배하는 사람들의 주장에 따르면, 오늘날에는 모든 것이, 심지어는 큰 도둑들의 정신마저도 쇠퇴했다. 그들이 말하길, 이제는 '라신'도 '코르네유'도 없는 것처럼 '니베'도 '카르투슈'도 없다. 위대한 작가들과 함께 대담무쌍한 산적들도 사라졌다. 경찰을 주눅 들게 하고 경찰의 활동에 용감히 맞서곤 한 이 무리의 우두머리 대신에 지금은 시시한 도둑들, 허약하고 교활한 협잡꾼들, 하급의 사기꾼들만이 판을 치고 있다. '카르투슈'라는 이름에는 명성이 따라다녔다. 그는 수도의 공포였다. 자! 그와 '풀라예'[31] 같은 사람을 비교해볼 수 있는데, 그럴 때 후자는 얼마나 보잘것없는 도둑인지! 그가 카르투슈처럼 힘겨운 삶을 이어갈 줄 알았는가? 그를 에워싸고 있는 밀정들을 끊임없이 피하면서 어떤 때는 도시에서, 어떤 때는 숲에서 여러 해 동안 꼬박 도둑질을 대담하게 공언했는가? 아니다, 그는 도둑질을 시작한 지 얼마 되지 않은 단계에서 체포되었다. 그에게 얼마간의 영광이 주어진 것은 민간에 퍼져 있는 부정확한 이야기들, 과장된 두려움 때문이다. 그는 루이 14세 시대의 그 강도들과 조금도 비슷하지 않다. 범죄의 성향을 타고난 그들은 시대의 활력을 함께 나누었고, 경찰과 기마헌병대에 맞설 줄 알았다. 그러므로 모든 것이 눈

31 Poulailler: 이 유명한 도둑은 1785년 체포되어 1786년 5월 샤틀레에서 유료 구경거리가 되었고, 7월 3일 교수형을 당했다.

에 띄게 퇴보하고 있다. 우리 시대에는 이제 도둑들도 작가들과 마찬가지로 타고난 재능이 없다.

나는 이것이 '신문기자, 삼류 작가, 아카데미 회원'의 문체로 기록되지 않은 만큼 확실하다고 보증한다. '카르투슈'가 '풀라예'와는 다른 강도였다는 것은 분명하다. 그렇지만 풀라예만 하더라도 대단한 행위를 하지는 않았지만, 어쨌든 파리 인근에 공포를 퍼뜨렸고, 평범한 도둑들의 무리와는 다르다는 평판을 얻었다. 그가 일시적인 명성을 누렸을 뿐인 것은 사실이지만, 그래도 사람들의 입에 오르내렸다. 그는 몇 차례 도둑질을 했고, 여러 달 동안 저질러진 모든 절도사건의 범인으로 지목되었으며, 이윽고 모든 범죄, 모든 살인의 책임을 뒤집어썼다. 그래서 무뢰한보다 조금 더 나쁜 정도일 뿐인 단순 절도범인데도 공중의 온갖 비방이 그에게 쏟아졌다. 그가 자신의 동류들을 결코 살해하려 하지 않았는데도 공중은 그를 손이 피에 물든 모습으로 상상했다.

풀라예는 교수대의 계단을 오르고서야 살인자의 누명을 벗었음이 틀림없다. '교수용 밧줄'은 그가 결코 심리를 받을 만하지 않았다는 반박할 수 없는 증거였다. 그가 받아 마땅하다고들 생각한 참수형과 차륜 형벌은 소송 과정에서 없었던 일이 되었고, 그는 단지 교수형에 처해졌을 뿐이다. 그럼! 도둑과 살인범 사이에 무슨 차이가 있지 않을까? 그가 도둑에 지나지 않고, 공범 없이 혼자 범행했으며, 그가 감옥에서 모습을 감추는 데 성공한 것은 그저 간수의 어설픔 탓이었다는 것을 누구나 알게 되었을 때, 그의 이름에 수반된 공포는 사라졌다. 하인, 신기료 장수, 말 장사치를 전전한 그는 자신의 이름에 집착하지 않았고, 필요에 따라 이름을 바꾸었다. 따라서 그의 이름을 강도단을 규합하여 강력하게 조직한 '카르투슈'라는 이름과 견줄 수는 없다. '풀라예'의 경우에는 대담한 용기와 마찬가지로 술책과 위업도 부풀려졌다. 그가 유별난 영리함을 타고났다고들 하지만, 겨울이 다가오면 수도 인근으로 모여들고 봄과 가을의 더 밝은 밤에는 잠자코 있다가 길고 음울한 겨울 밤에만 범행하는 그 도둑들과 전혀 다를 것이 없었다.

봄과 가을 밤은 '풀라예'에게 불리했고, 그는 전전한 직업마다 기대에 어긋났으며, 적당한 때에 그만둘 줄을 몰랐다. 그가 붙잡혔을 때 누구나 알아차렸듯이, 그는 왕국의 으뜸가는 도시를 불안하게 할 만한 소지가 없었다.

'니베'는 '카르투슈'보다 더한 기개와 심지어는 전혀 다른 활력을 지니고 있었다. 니베에 대한 평가의 근거는 다음과 같다. 이 도둑-살인범은 차륜 형벌을 선고받았고, 많은 공범이 있었으며, 우두머리 겸 주범으로서 (관례에 따라) 마지막으로 처형되었고, 공개 처형대에 오르면서 자신의 동료가 수레바퀴에 묶인 모습을 보았고, 자신의 동료가 내지르는 끔찍한 비명소리를 들었다. 니베는 걸음을 멈추고 자신의 동료에게 "입 닥쳐, 그만! 우리가 다른 사람들보다 더 병에 걸리기 쉽다는 것을 알지 않았어?"라고 말했다. 이 오묘한 말은 사람을 오싹하게 만든다. 나는 이 말의 분석을 삼가겠다.

'풀라예'는 공범이 2~3명이었고, 그들은 장물아비에 지나지 않았다. 그는 '단독 절도범'임이 분명했다. 이 단독 절도범에 대한 기억은 아직 사라지지 않고 있다. 오늘날 그는 합당한 명성을 잃지 않고 있다. 잘은 모르겠지만 적어도 완벽한 조심성의 측면에서 어떤 존중의 감정을 불러일으킬지도 모른다. 이 단독 절도범은 누구의 기분도 상하게 하지 않았고, 한 사람도 야간 원정에 따르는 역경으로 몰아가지 않았으며, 어둠 속에서 자신의 타고난 재능만으로 움직였다. 그는 자신의 손만으로 침입을 단행했고, 자신의 생각만으로 계획을 짰으며, 장물도 독차지했다. 그는 환한 대낮에 지붕 위로 올라가서 생쉴피스 교회의 청석 기와를 떼어내기도 했다. 교회 재산관리인들은 지나가면서 '주임사제의 지시에 따른 일'이라고 생각했고, 주임사제 쪽에서는 '교회 재산관리인들의 명에 의한 일'이라고 생각했다. 얼마나 짜릿한 대담성인가! 밤이면 그는 배반자도 밀고자도 걱정할 필요 없이 정말 안전하게 작업했다.

튀렌은 밤에 파리 근처에서 도적들에게 붙들렸는데, 도적들이 그에게서 돈과 시계와 보석을 빼앗았다. 그는 반지만은 돌려달라고 간청했다. 그 이유는 반지의 실질 가치 때문이 아니라 사랑하는 여자로부터 받은 것이었기 때문이다. 얼마나 그가 여자에게 약한지는 널리 알려져 있다. 그는 그 소중한 반지를 지키기 위해 도적들에게 100루이를 제시했고, 도적들은 그의 제안을 받아들였다. 이튿날 한 도적이 자작의 집으로 가서 많은 사람이 모여 있는 가운데 (그에게 귓속말을 함으로써) 약속된 금액을 받는다. 튀렌은 그에게 따라오라고 하여 요구 금액을 내주고 정중하게 배웅한다.

이 도적은 튀렌의 성격을 정확하게 알아본 것이다. 감히 생각컨대, 이러한 종류의 약속은 지켜져야 한다. 왜? 그래야만 범죄인들의 정신 속에 정의와 신뢰의 관념을 일깨울 수 있고, 또 다른 너그러운 사람에게 유사한 상황이 닥칠 때 그의 목숨을 구할 수 있으며, 법에 위배되지 않는 약속은 어떤 것이건 지켜야 하기 때문이다.

1745년 컬로덴 전투[32] 후에, 왕위를 요구하는 사람이 두 전문 도적의 소굴로 피신했다. 그들은 3만 파운드라는 고발의 대가를 거부했는데, 몇 년 후에 그들 중 한 명이 36프랑을 훔친 죄로 교수형에 처해졌다. 오, 군주들이여, 모름지기 남자란 이래야 하는 것이오!

32 왕위를 요구하는 찰스 에드워드 스튜어트의 군대가 1745년 컬로덴(스코틀랜드)에서 컴버랜드 공작의 군대에 패배했다.

796 마를리

누구나 알고 있듯이, 100년 전에는 루이 14세와 태양이 온전히 하나였다. 따라서 그는 12정자로 둘러싸였는데, 이 정자들은 12별자리를 암시했다. 이 장소는 묘사할 것이 아니라 직접 방문을 해야 한다. 고인이 된 왕비는 엉덩이가 아름다운 베누스 상에 대리석 초벽을 두르게 했고, 신들과 영웅들의 조각상에서 남성성의 표지를 화장 회반죽 나뭇잎들로 가리기를 바랐다. 심지어 여러 조각상이 훼손되었고, 그 후로 풍상(風霜)으로 인해 본래의 모습을 알아볼 수 없게 되었다. 그래서 오늘날에는 최초의 소동보다 더 나쁜 수치스러운 파손만을 확인할 수 있을 뿐이다.

정숙한 태도와 조각은 결합되기가 매우 어렵다. 자연의 모방 없이 형태의 아름다움을 어떻게 제공할 것인가? 그런데 사제의 목소리에 여러 차례 휘청거린 교회의 맏아들에게서 이교도들의 방종이 어떻게 약화되었을까? 베르사유의 부속성당은 마를리의 작은 숲과 같은 시기에 조성되었다. 국왕은 이 매혹적인 궁전을 짓게 했을 때 나타나기 시작하는 아름다움을 상세하게 살펴보기를 좋아했고, 그래서 화려한 새 옷을 입은 어느 한 조신에게 이 공사를 찬미하게 했는데, 갑자기 비가 내렸다. "자네 옷을 망치겠어, 들어가지" 하고 국왕이 말했다. "아닙니다, 전하, 마를리의 비에는 결코 몸이 젖지 않사옵니다"라고 조신이 대답했다.

마를리 숲의 끝에는 '사막'이라 명명된 매력적인 장소가 있는데, 거기에는 눈길을 끄는 특이한 것들이 영국 정원의 양식으로 자리하고 있다. 그중에 재미나게 설치된 기묘한 부분이 있다. 현지를 다녀온 다양한 여행자들의 증언과 완벽하게 일치하는 새로운 양식의 중국풍 성이 독특한 지방색을 띠고 있다.

이 장소 안으로 들어가면 거인들, 에켈라도스[33]가 세운 문을 보는 느낌이 들고, 멀리로 반쯤 허물어지고 부서진 낡은 보루가 보인다. 내부는 최신의 현대 가구로 장식되어 있고, 조명은 정교하게 설치되어 건물의 고딕 구조와 어울리지만, 멀리서 볼 때에는 건물의 출입문도 창문도 없는 것 같고, 다만 시간의 산물인 균열들이 눈에 띌 뿐이다. 야릇하게도 실체와 다르게 보이는 이 특이한 건물로 빛이 완벽하게 들어오는 것은 바로 이 균열들을 통해서이다.

33 그리스-로마 신화에서 타르타로스와 가이아의 아들인 에켈라도스는 팔이 100개인 거인으로서 올림포스 신들에 대한 거인들의 싸움에 참여했다. 제우스는 이 거인을 벼락으로 쳤고 에켈라도스는 시칠리아 섬 아래에서 으스러져 죽었다.

797 퐁텐블로

우리의 여러 국왕들은 이 거주지를 좋아했다. 드넓은 숲에 야생의 경관이 일품이다. 그런데 얼마 전부터 군주와 신하들이 이곳으로 행차하지 않게 되었다. 이에 대해 이곳의 부르주아들은 분개하고 있다. 그들은 으레 주거비가 한푼도 들지 않았는데, 국왕의 체류기간 동안 그들은 자신들의 단독주택, 방, 공동주택을 세놓았고, 6주 동안 조신들에게서 받는 월세가 자신들의 1년치 월세보다 약간 더 많았다.

군주와 신하들이 방문하지 않을 때에는 활기가 없는 이 큰 부락이 어떤 때는 상상할 수 없는 요란한 동요에 휩싸이고, 어떤 때는 완전한 정적에 잠긴다. 국왕이 사냥을 오면 숲에서 야단법석이 일었고, 군주가 떠나고 나면 다시 고요가 찾아든다.

질투심이 강하고 걸핏하면 노발대발하는 연인이었던 스웨덴의 여왕 크리스티나[34]는 자신을 배반한 시종에게 고해신부를 보내준 후에 암살자를 보내 그를 살해하게 했는데, 그 살해 장소가 바로 퐁텐블로의 사슴 통로이다.

우리의 조상은 여러 그림 및 조각상에서 나타나듯이 외설적인 회화와 조각을 좋아했다. 그러나 그것들은 가리거나 완전히 숨겨야 했다.

34 스웨덴의 크리스티나 여왕(1626~1689)은 양위 후인 1657년 프랑스에 체류하는 동안 자신이 총애하는 모날데스키를 퐁텐블로에서 살해하게 했다. 이 에피소드에서 베르디는 자신의 오페라 「가면무도회」의 소재를 얻었다.

퐁텐블로로의 행차는 여러 차례 내각 격변의 시기였다. 퐁트넬은 거의 100세였을 때 "딸기의 계절에 이를 수 있다면 1년 더 살 것"[35]이라고 말했다. 무사히 11월을 보낸 어느 대신은 1년 더 직위를 유지하리라는 은근한 기대에 젖어 있었는데, 위험한 주기적 열병이 그에게는 늦가을에만 찾아왔다.

군주제에서 가장 다행한 것은 모든 변동이 쉽게 일어나고 쉽게 가라앉는다는 점인데, 이러한 정치적 변화로 몇몇 활동은 절박한 위험이나 답답한 압제를 초래하지 않게 된다. 자신의 직무를 잘 해내지 못한 대신은 실각하고, 국가는 부담을 던다. 활동이 소문 없이 행해졌을 때, 고요는 이 활동의 성공과 정당성에 대한 증명이 된다. 이에 따라 군주는 기구(機構)에 변화를 주고 정책을 다양화하며, 뜻밖의 새로운 일을 통해 갑작스럽게 경각심을 불러일으킨다거나, 양극단을 양립시키고 각자에게 희망을 품게 하는 일을 용이하게 실행할 수 있다. 세련된 정치는 본질적으로 그저 순간의 과학이다. 본래 정치보다 더 변하기 쉬울 것은 없다. 정치는 광범위한 시민사회의 모든 해악과 모든 불만에 사용할 수 있는 나날의 약이기 때문이다. 국민은 언제나 국왕을 탓하는 법이다. 국왕은 자신의 권한을 잃지 않으면서도 엄청나게 많은 방식으로 전권을 행사할 수 있고, 급기야는 정당하고 바람직한 목적을 해치기까지 한다. 그 목적들이 복잡하게 얽혀 있고 끊임없이 변하기 때문에 정책이 바뀌는 것은 당연할 뿐 아니라, 감히 말하자면 다행스럽고 그 가치도 적지 않다. 군주는 줄

35 이 말은 라플라스의 『역사와 문학에 보탬이 될 흥미로우나 거의 알려지지 않은 작품들』(브뤼셀, 1784, t. II, p. 307)에서 찾아볼 수 있다. "지내기가 힘들다 […] 죽을 날이 얼마남지 않았다 […] 그렇지만 딸기를 따먹을 수 있다면(그는 미소를 지으며 덧붙였다) 1년 더 살고 싶다." 이 말을 듣고 증언한 라 플라스에 의하면, 퐁트넬은 그 다음다음 날 100세 며칠 모자란 나이로 죽었다.

기차게 자신의 일을 쉽게 변경하기 때문에, 민감하고 섬세하고 관대한 국민의 이익을 감안하여 오로지 이런 방식으로만 일의 결함을 알아차리며, 일을 대규모로 구상하고 완벽하게 가다듬을 수 있기 때문에 강력하고 위압적이게 된다. 프랑스인의 성격은 불같이 격렬하고 솔직한 만큼, 군주는 자신의 계획과 사업을 다양하게 변화시킴으로써 이 국민성을 완벽하게 따른다. 이는 파탄을 막아주고 신뢰를 잃지 않게 해준다. 백성은 언제나 변함없이 국왕의 손이 미치는 곳에 있는 것으로 알고 있는 신속하고 용이한 대책만을 바라기 때문이다. 이는 복잡한 괘종시계의 운동추가 언제나 동일한 공간에 있지만 결코 동일한 지점에 있지 않는 것과 같다. 물의 분해와 재합성은 자연의 일시적인 일이다. 독자에게는 죄송하지만, 여기에서 나는 내 견해를 비유적으로만 표현할 수 있을 뿐이다.

콩피에뉴 또한 쾌적한 상황, 새로운 건물, 새로운 정원, 그리고 넓게 펼쳐져 있는 숲이 있는데도 불구하고 활용되지 않고 있다. 사냥에 매우 알맞은 장소로 랑부예가 더 선호되는데, 이는 그곳을 둘러싸고 있는 아름다운 숲 때문이다.

798 생제르맹앙레

퇴위하여 자신의 왕국을 떠나게 된 영국 왕 제임스 2세가 여기로 와서 살았다. 물론 그렇게 된 데에는 루이 14세의 호의가 작용했다. 제임스 2세로부터 왕위를 빼앗아간 영국 여왕, 즉 그의 딸 메리는 그에게 7만 파운드의 연금을 주었다. 파리의 부르주아들이 쫓겨난 것은 아니지만, 업계를 떠나 은퇴생활을 하는 곳도 여기이다. 그들은 이 도시에서 무위의 생활을 하게 되는데, 그들의 유일한 소일거리는 마시고 먹고 산책하고 공놀이 하고 신문을 뒤적거리는 것이다. 수도에는 다수의 기묘한 직무와 금융 수입이 있으므로, 이것들 덕분에 프티 부르주아들의 무리가 하는 일 없이 생계를 유지한다. 그들은 어떤 일거리도 없는 것을 가장 큰 즐거움으로 생각한다. 그들은 생제르맹으로 몰려드는데, 이는 생제르맹이 어엿한 도회지인 데다, 시골에 거주하는 것을 그들이 결코 바라지 않기 때문이다. 그런데 마음이 내키지 않은 모습을 그들이 내보이는 것은 어디에서 연유할까? 이는 그들을 모욕할지 모르는 오만한 하층 귀족, 그리고 그들에게 인두세를 내게 하고 자식들에게 추첨을 통해[36] 민병대에 입대하도록 강제할 무례한 관리들을 만날지도 모르기 때문이다.

파리의 부르주아들은 인두세를 몹시 싫어한 나머지 시골 재산이

36 각 지방 행정구의 젊은이는 무기를 들 나이가 되면 국왕의 필요에 따라 징병 추첨을 통해 6년 동안 민병대의 병사가 되었다. 그러나 병역 면제의 자격을 매입할 가능성이 없지는 않았다.

나 소규모 토지를 구입하는 대신에 채소밭과 거처를 마련하는 것으로 그친다. 그들은 "이제 도시민이 아니다"라는 말을 듣지 않기 위해 부활절 무렵이면 도시로 돌아간다. 그들은 결코 '시골 사람'이라는 호칭을 원하지 않는다. 실제로 농민 계층과 거리를 두게 할 수 있는 온갖 면제를 받으려 애쓰고, 무엇보다도 자신의 부르주아 용모를 유지하고 싶어서 쟁기나 쇠스랑에 익숙해지려는 생각을 조금도 하지 않으며, 힘겹고 굴욕적인 농사일을 두려워한다. 바로 그렇기 때문에 대지주들은 매우 유리한 조건에서 소규모 농지를 구입하고 차지하게 된다. 부유해진 부르주아들은 소규모 농지를 거들떠보지도 않는다. 별로 부유하지 않은 부르주아들은 부유한 농민이 되기보다는 평생 동안 여전히 프티 부르주아로 살기를 훨씬 더 선호한다. 따라서 시골의 소규모 농지는 서서히 대규모 농지로 편입되어 사라진다. 사방에서 드넓은 공원과 영지가 생겨난다. 이로 인해 프랑스는 오래지 않아 파산할지도 모른다.

생제르맹앙레는 그 면적으로 보아 상황이 가장 심한 곳 중의 하나이다. 그곳에서 생드니 종루가 눈에 띄지 않았다면, 루이 14세는 거기에 뭔가를 세웠을 것이다. 그러나 이 군주는 자신의 위대성이 불가피하게 종말이 오는 것을 생각하려 하지 않았다. 이처럼 허약한 모습에도 그는 여전히 '대왕'이란 이름으로 불리고 있었다.

정말 생각이 없고, 몹시 지루해하며, 침울하게 가라앉아 있고, 무료하게 시간을 보내는 사람들을 보고 싶다면, 생제르맹의 부르주아들을 방문하는 것으로 족하다. 다리에 힘이 없는 이 연금생활자들은 시청의 열려 있거나 닫혀 있는 문에서만 뭔가를 언뜻 보고 몽상에 잠긴다. '돈을 지불할까? 일이 모두 잘 되고 있어, 우주의 나머지는 무너져 내려도 괜찮아. 이름이 아롱, 아브라함, 앙투안인 사람은 좋겠어, 맨 먼저 돈을 지불받으니 말이야, 부러워 죽겠어.'

이 부르주아들의 귀에 가장 경악할 만한 것으로 들리는 낱말은 '테레 신부'라는 이름인데, 그들은 '과도한 세금을 매기는' 이 무시무시한 사람이 다시 재무총감의 직무를 맡을까 봐 언제나 두려워한다. 그리고 생제르맹의 부르주아들로부터 관심을 사고 싶다면, 미남왕 필리프 치하의 파리에서는 재무총감이 교수형을 당했다고, 이 동일한 왕의 계승자 치하에서는 앙게랑 드 마리니[37]가 똑같은 운명을 겪었다고 그들에게 말하라. 그들을 기뻐 날뛰게 하려면, 국민을 억압하는 기술이 뛰어나고 '쳐다보는 것만으로 세금을 고지하는' 이 냉혹한 사람, 즉 '테레 신부'를 군중이 그에게 돌팔매질하거나 물에 빠뜨려 정말이지 죽일 뻔했다고 덧붙여라.

실제로 프랑스 역사의 이면에는 부당 징수를 자행하면서 돈을 헤프게 쓰는 사람들의 기억할 만한 사례도 있지만, 탐욕은 모든 성벽 중에서 가장 변함없는 것이고, 그래서 온갖 것을 무릅쓸지언정 억누를 수는 없는 금전욕 때문에 그들은 고통을 당한다. 나는 콘스탄티노플 궁전의 성문에서 파샤[38]의 머리 33을 헤아린 적이 있는 사람을 알고 있는데, 곧바로 또 다른 파샤 33이 그들처럼 어느 날 목이 잘릴 권리를 비싼 값으로 사들였다.

생제르맹의 부르주아들은 악몽 속에서 국왕의 특별지불명령 공개장 다발을 보거나 시청의 출입문이 닫히는 것을 보고는 식은땀에 젖어 잠을 깬다. 지구에 가까이 접근하는 불붙은 혜성보다 이 가혹하고 비통한 꿈이 그들에게는 더 섬뜩할 것이다.

37 Marigny(1260~1315): 미남왕 필리프 4세의 수석대신으로, 국가의 재정을 탕진한 죄로 기소되었고, 필리프 4세의 죽음 이후 루이 10세 치하에서 교수형에 처해졌다.

38 bacha(pacha): 터키의 지방 총독. 그러나 18세기에 이 용어는 더 광범위하게 터키 제국의 모든 중요한 인물을 가리킨다.

식물학에 취미가 있다면, 테라스나 숲의 입구로 어제 한 것을 오늘도 하는 이 인간 식물들을 보러 가라! 이 인간 식물들은 정말로 걷고, 음식을 소화하며, 지팡이를 짚고, 몇 가지 소리를 내고, 카드놀이를 한다. 이 식생은 같은 보조로 계속 생장하고, 겨울이면 봄이 다시 올 때까지 다들 따뜻한 온실 안에서 지낸다. 이 식물들은 긴 양말, 짧은 바지, 저고리, 예복을 갖추고 있다. 근대의 식물학자들이여, 반쯤 분칠한 둥근 가발로 꼭대기가 장식된 이 식물들을 분류해 주오.

799 굴

수백 년이 지난 후 파리가 뒤엎이고 온통 파괴될 때, 미래의 자연사학자들은 아주 좁은 지역에서 엄청난 양의 굴 껍데기를 알아보고는 바다가 우리의 지층 위로 지나갔다고 주장할 것이다. 이에 관해서는 쓸 것이 있을 터인데, 가령 오늘날만 하더라도 바이이[39]가 채색 삽화로 가득한 몽상적인 논고들을 쓰고 있다. 알프스의 높은 산에서 발견되는 굴 껍데기는 생자크 순례자들이 내버린 것이라는 볼테르의 말에 대꾸할 필요가 있었을까?

굴은 노르망디의 여러 해안에서 우리에게로 공급된다. 어떤 이들은 굴을 열렬히 좋아하고, 또 어떤 이들은 굴을 싫어한다. 파리에서 첫서리가 내리기 전에 굴을 먹는 것은 매우 위험하다.

애호가들의 취향에는 많은 돈이 든다. 매점이 횡행하고 굴의 값이 오르고 독점상이 생겨난다. 굴을 독점하기! 굴이 운반용 광주리를 벗어나지 못한다. 굴 24줄들이 광주리 운반자들은 육감에 따라 계산하면서 통상적으로 한두 줄을 슬쩍한다. 굴 까는 아낙이 신선하고 속 빈 굴 껍데기 40여 개를 앞치마에 담아 가져와서는, 광주리가 열리는 순간 다른 것들과 뒤섞어 당신이 보는 앞에서 그것들의 개수를 세고 나서 당신이 다 먹은 것이라고 주장한다.

39 Bailly(1736~1793): 대혁명 동안 1789~1791년까지 파리 시장으로 재임하기 전에 『목성의 위성들에 관한 이론에 대하여』(1766)와 고대 및 근대 천문학의 광범위한 역사를 쓴 학자로 알려졌다.

굴 까는 아낙은 작고 짧지만 튼튼한 칼을 사용한다. 굴 까는 여자의 손목만큼 민첩하고 능란한 움직임은 어디에서도 찾아볼 수 없다. 굴에 껍데기가 살짝 붙어 있는 것 같고, 굴 까는 아낙은 껍데기를 가볍게 떼어내는 듯이 보인다. 굴 까는 아낙은 품질이 의심스러운 굴을 먹는다는 핑계로, 가장 두툼하고 먹음직스러운 것을 당신이 보는 앞에서 뻔뻔스럽게 먹어치운다. 이 뚱뚱한 생선장수 아낙이 그때 '안대'를 두른다면, 잘 알려진 정의의 상징과 흡사해 보일 것이다. 그녀는 굴 껍데기를 일정한 장소로 옮겨 거대한 더미를 만든다. 나는 굴 껍데기의 더미가 피라미드 형태로 높이가 12피에에 달하는 것을 5~6군데에서 목격했다. 미래의 자연사학자들이여, 당신들에게 다시 묻겠는데, 이 도시가 더 이상 존재하지 않게 될 때, 당신들은 사람들이 굴을 그토록 즐겨먹었다고 추정하게 될까? 아니, 당신들은 오히려 체계적인 이론을 만들어낼 것이다.

아들 크레비용은 내가 보는 앞에서 굴 120여 개를 먹었는데도 용케 배가 터지지 않았고, 내가 샴페인을 들이키는 동안 따뜻한 우유를 마셨다. 그는 내게 우유를 권했고, 나는 그에게 샴페인을 권했다. 우리는 소화에 관해 열띤 토론을 벌였다. 그 광경은 그림처럼 아름다웠다. 그가 옳고 내가 틀린 것이 우유에는 정말로 굴을 녹이는 작용이 있다.

굴 껍데기는 훌륭한 비료로 활용될 수 있고, 어떻게 보면 안의 내용물보다 더 귀한 것이다. 그러므로 미식가들을 위해서도, 우리 평야의 나무와 식물을 위해서도, 이 해산물을 파리로 나를 필요가 있다. 지배적인 관습과 풍속에 의해 확립된 다수의 작은 즐거움을 위해 신속하고 능숙하게 이윤을 추구하는 사람들 때문에 부당하게 많은 비용을 치르는 일이 일소된다면, 파리에서 굴의 유통이 용이해질 것이다. 한 가지 취향이 널리 퍼졌을 때에는 이것을 존중해야 할 것이다. 우리의 즐거움에 지나친 세금을 부과해서는 안 될 것이다.

젊은이 8명이 맛좋은 굴을 실컷 먹는 데 드는 비용을 계산해보고는, 굴을 포식하기 위해 역마차를 타고 갈 생각을 했다. 계산이 끝나자 그들은 비용이 절감되었다고 생각했다. 굴을 아주 좋아하는 어떤 사람이 내게 보호받는 독점 상인들의 온갖 술책과 사기행위를 자세히 일러주겠다고 약속했지만, 굴의 계절이 되자 그는 굴을 비싸게 파는 이들에게 불평할 마음이 싹 사라졌다.

신선도가 조금이라도 떨어진 굴은 아무리 맛이 좋더라도 독이 되는 만큼, 11월 이전에 파리로 굴이 반입되어서는 안 될 것이다. 실제로 10월에 거리에서 "배 타러 가자" 하고 외치는 것은 "카론의 나룻배에 오르자"는 외침이 될지 모른다. 그러나 이 시기가 지나면, 굴은 건강자양 식품이기 때문에 굴로 배를 가득 채워도 괜찮을 것이다.

파리인이 굴을 먹는 시기에 노르망디 해안에서는 '굴을 양식장 안에 넣는 일'과 관련된 다툼이 일어난다. 이로 인해 분쟁과 소송이 초래되는데, 누구나 앞다투어 더 넓은 면적을 차지하려 들고 경쟁자를 몰아내려 한다. (속담에서처럼) "바다와 물고기를 마구 삼키려는 사람들이 있다." 바다 목장의 경계를 조정하기 위해서는 특임관료를 현장으로 파견할 필요가 있다.

솜씨 좋은 금은 세공상이 굴을 먹기 위한 용도로 특별한 포크를 얼마 전에 고안했다. 이 포크에는 굴의 소대(小帶)를 끊기에 적합한 둥그스름하고 작은 칼이 딸려 있다. 이 예쁜 물건은 매력적인 여자들의 마음을 사로잡았는데, 그녀들은 작은 칼과 귀여운 포크를 선물받기 위해 그때부터 굴을 광적으로 좋아하게 되었다. 하찮은 사치품은 본래 여자들의 것이고 여자들로부터 생겨난다.

로마인들은 굴을 보관하는 방법을 알고 있었지만, 아키피우스는 자신이 고안해낸 이 방법을 다른 이들에게 알려주지 않았다. 그는 파르티아 지방에 가 있던 트라야누스 황제에게 굴을 신선한 상태로 가져다가 맛보게 했다.

800 도형수의 무리

도형수의 무리는 1년에 2회, 즉 5월 25일과 9월 10일 출발한다. 도형수들은 투르넬 성에 구금되어 있다가 툴롱, 브레스트, 마르세유[40]로 떠난다.

사회의 질서를 문란하게 한 이 사납고 난폭한 사람들이 체포되어 사슬에 묶여 있다. 그들을 보라. 징벌을 받았음에도 불구하고 그들의 대담한 기질은 꺾이지 않았다. 그들은 기력을 범죄에 팔아넘겼고, 건장한 몸을 타고났으며, 힘으로 동료 시민들을 핍박했다. 관상가들이여, 가까이 가서 그들이 이마에 범죄의 징조를 지니고 있는지 살펴보라! 얼굴이 냉혹하게 생기지 않았는가? 그렇다. 하지만 그들을 이렇게 만든 것은 바로 미덕의 망각이다. 왜냐하면 인간의 용모는 바로 범죄에 의해 흉한 모습으로 변하기 때문이다.

출발하는 날에 그들은 길게 늘어선 마차들에 올라탄다. 그들은 하나의 사슬로 연결되어 모두가 이동 짐수레에 대갈못으로 고정되어 있다. 그렇게 되어 기마경찰 8명이 범죄인 120명을 호송한다. 그들은 자신들이 난폭하고 부당하게 대한 동포들에게 도움을 간청하면서 떠난다. 그들은 떠나는데, 양심이라는 이 불멸의 재판관은 그들

40 1749년부터 이미 마르세유에는 갤리선의 노를 젓는 죄수가 없었다. 툴롱, 브레스트(1749년), 로슈포르(1767년)에 도형장이 설치되었는데, 이곳들로 도형수들이 보내졌다. '갤리선의 노예'라는 명사는 계속 사용되었지만, 갤리선의 노를 젓는 형벌을 선고받은 이들일지라도 이제는 배에서 노를 저으면서 형기를 채우지 않았다.

의 신체형이 약하다고, 마땅히 죽임을 당해야 할 그들이 죽음을 모면했다고 여럿이서 외친다.

내가 관상에 능한지는 모르겠으나, 굳어진 얼굴들 대부분에서 한 줄기 기쁨이 반짝이는 듯하다. 그들이 최종적으로 선고받은 판결은 사면인데, 실제로 그들은 거의 모두 얼굴에 화색이 돌고, 그들에게 출옥은 적어도 특별 배려가 된다. 재판소를 거친 후에도 여전히 목숨을 보전한 것에 놀란 듯 보이는 이가 여럿이다. 그들의 삶은 무엇보다도 인간적인 사법관들의 덕분이다. 인간적인 사법관들이 없었다면 그들은 처형대로 올라갔을 것이다. 게다가 내 귀에 들려오는 그들의 외침은 내가 잘못 생각하고 있지 않다면 감사의 외침과 비슷하다. 온화한 철학이여! 사법관들에게 쓸데없이 피를 흘리게 하지 말라고 오래전부터 권고해온 것은 바로 그대이다.

그런데 법을 결코 떠받들지 않는 이 불행한 사람들에 대해 당신은 어떤 고조된 감정에 사로잡히는가? 그들의 팔은 무거운 쇠사슬로 묶여 있는데, 깊은 숲속에서라면 그들은 이 팔로 당신을 공격하고 해쳤을지도 모른다. 여러 지방의 골칫거리들이 동물원의 늑대, 호랑이, 표범처럼 당신의 눈앞에 모여 있다. 그들은 당신에게 해를 끼칠 수 있기는커녕, 무언가를 애걸하는 처지이다. 인간의 본성은 무엇인가? 그들의 마음속에서 도덕적인 삶이 되살아날 것인가? 이 비난받아 마땅한 사람들이 불행에 의해 좌절할 것인가, 아니면 회개를 통해 갱생할 것인가?

오! 가장 범죄적인 것 또는 가장 무고한 것이 무엇인지 그들의 깊은 마음속에서 읽어낼 수 있다면 얼마나 좋겠는가! 왜, 어떻게, 어느 정도로 그들이 미덕을 경멸했는지 정말로 꿰뚫어보고 싶다. 그토록 많은 다른 이에게서처럼 이 개인들에게서도 미덕과 악덕이 동등하게 균형을 유지하고 있을까? 인간의 법은 몹시 거칠다! 그러니 도덕적으로 완벽한 사회가 존재할 수 있을까? 도덕적 완벽성에 사회가 어느 정도로 가까이 다가설 수 있을까?

그러나 이 범죄인들 중에서 머리털이 새하얀 사람과 마주칠 때 얼마나 심사가 괴로운지! 아 슬프다! 그는 살 날이 며칠 남지 않았다. 평생 인간의 재판을 모면해 온 냉혹한 흉악범일까? 인생의 막바지에 자신을 잊고서 정열의 나이를 되찾아 너무 오랜 산 불우한 사람일까? 용모가 눈길을 끄는 사람, 그는 약간의 자고새 고기, 엽궐련 한 개비, 또는 소금 몇 파운드 때문에 심연으로 굴러떨어진 불행한 사람이다. 실제로 매우 정직한 우리들 사이에서 세제(稅制)에 관한 법은 가장 신성한 법이고, 아무리 적은 자고새 고기나 토끼 고기라도 남자보다, 설령 그가 많은 식구를 거느린 가장일지라도, 훨씬 더 많은 가치가 있다니! 바로 이것이 내 가슴을 찢어놓지만, 호송 수레는 그들을 곧 실어갈 것이고, 그들과 함께 그들의 정당성을 입증할 기회와 그들에 대한 소송의 흔적도 앗아갈 것이다.

따라서 나는 그들 중에서 누구를 동정하거나 증오해야 할지 몰라서, 그들 모두를 불쌍히 여긴다. 그러나 차륜 처형이나 화형에 처해 마땅할 살인범들 또는 풍속 교란자들에게 어떻게 애정이 기울 수 있단 말인가? 누가 겉모습을 가로질러 인간의 속마음을 읽어내도록 나를 도와줄까? 나는 그들의 모든 몸짓을 해석하고, 그들의 시선과 입술의 미세한 움직임에 과감하게 맞선다. 인간의 법이여, 그대는 너무 엄격한 것이었는가, 아니면 너무 느슨한 것이었는가? 나는 어떤 때는 내 연민을 스스로 책망하고, 또 어떤 때는 연민의 움직임에 완전히 몸을 맡겨버린다. 달아나야 하는데, 애원하는 그들의 아우성이 나를 좇아오고, 나는 최후의 심판에서나 그들을 보게 될 것이다.

도형의 장소로 호송되는 범죄인 100명 중에서 적어도 30명은 인간적인 사법관들 덕분으로 목숨을 잃지 않고 신체형을 면제받는다니 마음이 좀 가벼워진다. 오늘날에야 이러한 사법관들이 생겨나고 있는데, 그들은 직무유기의 두려움 없이 법의 잔혹한 측면을 제거할 줄 안다. 그들이 오늘날 지혜와 인정으로 행하고 있는 일은 바로 죄인을 참혹한 죽음에서 구해주고, 신체형과 범죄 사이의 균형을 확립하며, 정상(情狀)을 참작하여 처벌을 완화하는 것이다. 그들은 법의 정신을 좇는데, 법의 정신이 지향하는 것은 참을 수 없는 고통이 아니라 사회의 선(善)이다. 아마 언젠가는 누구나 단지 절도죄로 유죄 선고를 받은 사람의 목숨을 빼앗을 필요를 덜 느낄 것이고, 한 사람의 시민을 잃지 않는 것이 황금으로 우상을 만들어 거기에 인간을 희생의 제물로 바치는 것보다 더 낫다고 생각할 것이다.

사형제도가 있는데도 불구하고 절도범이 줄어들지 않는 만큼, 범법행위에 합당한 징벌이 필시 더 큰 효과를 낼 것이다. 징벌이 합당하면 범인은 고발당할지 모른다는 두려움에 사로잡혀 사람을 죽이기까지 하지는 않을 것이기 때문에, 도둑질에 자주 수반되는 살인도 근절될 것이다. "목숨을 살려주었더니, 증인이 되어 목을 조르네." 이 아름다운 시행은 책 한 권의 가치가 있다.

사형으로 사람들이 더 유덕해지지 않는다는 것을 누구나 알고 있다. 그리고 풍속이 법률보다 더 효과적인 수단이다. 그런 만큼 우리의 형사법에서 이와 같은 혁신이 일어날 수 있을 것이다.

그런데 우리 사이에서 살인자는 죽어 마땅한 것 같다 하더라도, 단순 절도범은 사정이 다르다. 모든 절도범은 일반적으로 필요한 것이 결여된 계층에 속한다. 아! 냉담하고 거만한 부자들은 필요한 것이 남아돈다는 사실을 그들이 알아차리지 않겠는가? 그들은 이 사실에 도둑질의 유혹을 느끼고, 즉 절도의 욕망이 거세지고, 거기에 굴복한다.

동전 몇 개를 훔칠지 모르는 사람의 목숨을 빼앗겠다는 생각이 우리에게 일어난 것은 우리가 야만인 출신이기 때문이다. 그리스인들, 로마인들, 심지어 유대인들까지도 도둑질에 상징적인 징벌만을 내렸는데, 우리는 상스럽게도 가장 잔인한 구두쇠 근성에 얼룩져서 우리의 값진 것을 더 안전하게 지키기 위해 사람들을 교살한다.

몽테스키외는 도둑을 잡아야 한다는 의견이지만, 사실은 이 견해를 명료한 말로 표명한 것이 아니라, 귀가 섬세해서 말이 거슬렸을 터인데도 이를 달래기 위해 표현의 가면을 쓰고서, "재산이 전혀 없는 이들이 다른 이들의 재산을 더 쉽게 침해한다는 점에 비추어, 벌금형을 신체형으로 대체해야" 한다고 말한 것이다. 그러나 사형이 신체형의 한 가지에 불과할까? 불운한 범인에게 줄 것이라고는 교수용 밧줄밖에 없는 것일까?

801 상냥함

'파트뤼'[41]는 이 낱말을 좋아하지 않았다. 하지만 나는 이 낱말이 마음에 든다. 이 낱말은 지속적인 정다운 감정을 나타낸다. 정중함은 잘못 생각하게 하고, 예절바름은 적절한 형식인 데 비해, 상냥함은 결코 흉내 낼 수 없고 파리인의 특징으로서 나무랄 데 없는 교육에 의해 길러진다.

관리는 대체로 정중하지만, 어떤 것도 국왕 근위병의 정중함에는 필적하지 못한다. 근위병은 자신의 의무를 어김없이 이행하면서도 한 마디 말로 명령의 엄격함을 누그러뜨리고, 따라서 누구라도 근위병의 예절바른 명령을 따르게 된다. 그만큼 근위병의 예절바름에는 기품과 매력이 있다. 법정 경위의 말투는 그렇지 않고, 그래서 물러나는 것은 똑같지만, 누구나 더 큰 불만을 품는다.

상냥함은 무시무시한 권력을 가진 각급 부대장들에게서까지 나타나지만, 야경대장들에게서는 거의 찾아보기 어렵다. 힘에 의해서라기보다는 오히려 공무의 엄정함을 부드럽게 해주는 어떤 우아함에 의해 다른 이들이 쉽게 달성하는 것을 야경대장들은 소란을 피우면서도 발휘하지 못한다.

41 Patru(1604~1681): 정직성과 너그러움 그리고 유혹적인 수사와 대립하는 아주 소탈한 스타일로 유명한 파리 출신의 변호사.

802 1783년 12월 1일

기억할 만한 날이다! 문을 부서뜨리고 담을 넘어 들어가 튈르리 공원을 가득 채운 수많은 사람이 지켜보는 가운데 샤를과 로베르가 공중으로 날아올랐다. 누구라도 이 광경을 보았을 때, 이리저리 물결치는 수많은 군중 이외에는 아무것도 보이지 않았다. 20만 명의 인파가 팔을 하늘로 들어올린 자세로 놀람, 경탄, 기쁨, 정신의 동요에 휩싸였다. 어떤 이들은 이 대담한 물리학자들이 걱정되어 눈물을 흘렸고, 다른 이들은 놀람, 두려움, 감동에 숨이 막혀 무릎을 꿇었다. 망루 위에 펄럭이는 깃발들로 말없이 군중에게 차분하게 인사하는 기구 조종사들과 일체가 된 모든 구경꾼들이, 새롭고 기막힌 경험의 장엄함, 대지에 작별인사를 하는 것 같은 공중 여행자들을 이끄는 밝은 태양, 그들을 위해 기도하고 흐느끼며 몸을 떠는 시민들의 환호 속에서 구름 사이로 사라지는 공중 여행자들, 그리고 찬란하게 솟아올라 별처럼 또는 자연력을 지배하는 신의 마차처럼 보이는 이 거대한 기구. 아니다, 자연계는 지구 위에서 이보다 더 놀랍고 가슴에 열광을 불어넣기에 더 적합한 계기를 결코 만들어내지 못했다. 이 유례없는 날은 결코 다시 오지 않을 것이다.

관찰자에게 가장 충격적으로 다가온 것은 모든 이의 가슴을 가득 채우고 감탄의 즐거움에 일말의 고통을 더하는 두려움과 연민을 알아차리는 것이었다. 새롭고 즐거운 것에 대한 벅찬 감격에도 불구하고 멋지지만 위험한 경험의 목격자인 것을 후회한다거나, 만일 불행하게도 기구 조종사들이 죽게 된다면 스스로 그들의 죽음에 책임

❦ 1783년 12월 1일 튈르리 공원에서 샤를과 로베르의 비행(데생), 에티엔 드 로리미에

이 있다고 생각한다는 사람들의 말을 나는 들었다. 아니다, 그 엄청난 군중 중에서 사악한 사람은 하나도 없었고, 모든 이가 동포를 걱정하여 오싹해하면서 천공의 신에게 동포의 무사귀환을 기원했다. 오, 다정한 관심이로다! 오, 정겨운 연민이로다! 오, 탄식 어린 인정이로다! 한편으로는 내가 어디에 있건 찬탄해 마지 않을 바로 이 미덕들이 모든 이의 얼굴에서 생생하게 드러났고, 다른 한편으로는 용기와 천재성 그리고 대담성이 구름 위에서 떠돌았다. 오! 이 세상에 태어나 단 하루만 그토록 생생하고, 그토록 깊고, 그토록 유쾌한 느낌을 받게 된다 할지라도 복된 삶임은 틀림없을 것이다.

몽골피에는 단지 옛 기구들의 혁신자에 지나지 않았을까? 아니면 아주 단순한 것이지만 오랫동안 소홀히 다루어진 물리 현상이 우연히 그의 눈에 띄게 되었을까? 어쨌든 기구 비행술의 영광은 여전히 대담한 블랑샤르에게 돌려야 한다는 것이 우리의 생각이다. 왜냐하면 그는 모든 물리학자가 일찍 단념한 이 경험을 말하자면 가장 끈질기고 능숙하고 용감한 방식으로 검토했고, 거기에 '낙하산'을 추가했으며, 두려움에 떨지 않는 가장 당당한 태도로 해협을 횡단하고, 드넓은 하늘에서 길을 잃고, 독수리의 여정에서 자신에게 닥쳐오는 위험을 34번 이겨낸 모습을 보여주었기 때문이다.

그러나 누가 생각이나 했겠는가? 열광은 놀라울 정도로 갑자기 식어버렸고, 불과 1년이 채 지나지 않아 사람들의 경탄이 그쳐버렸다. 또 다른 물리학자를 태운 세 번째 기구는 거의 이목을 끌지 못했고, 이에 거의 나만 홀로 놀라워하면서도 가슴이 아팠다. 인간과 파리인은 한순간만 깜짝 놀라고 경탄할 뿐이라지만, 이 명민하고 용감한 물리학자가 새롭게 정복한 영역에서 어느 날 무엇과 마주칠 수 있을지, 그리고 공상으로 치부되어온 높이 나는 배에서 얼마나 이 물리학자가 인식의 증대를 꾀할 수 있을 것인지 느끼는 사람은 저속한 사람들과는 달리 이 물리학자의 관심이 식어버리게 내버려두지 않았다. 그는 기구를 가장 경이로운 발명의 반열에 놓았고, 앞으로도 그러할 것이며, 또한 고결한 경험을 시도할 물리학자들을 가장 위대한 사람들에 포함시킬 것이다. 실제로 단호한 용기로 생명의 상실을 무릅쓰고 이 무한한 영역에서 자연을 탐색하는 것보다 더 아름다운 것이 무엇이 있겠는가? 항해자, 식물학자, 광부, 잠수부의 경우에는 동일한 용기를 지극히 예찬하지 않았는가? 음! 새롭게 선보인 더 대단한 재능이라고 해서 인정받지 못할 이유라도 있단 말인가? 관건은 다가올 미래 시대의 학문과 식견이다.

위대한 것들을 용감하게 지어내는 행위를 비난하는 비겁자는 어떤 사람인가? 무엇이 세계의 면모를 변화시켰는가? 인간이 만들어내거나 시도할 수 있는 모든 것을 인간에게 알려준 것은 무엇인가? 무엇이 인간의 힘을 인간에게 밝혀주었는가? 무엇이 위대한 혁신을 이끌었는가? 용기이다! 그러므로 군주의 경우에서나 블랑샤르의 경우에서나 용기를 높게 평가해야 한다.

803 시청의 명문들

이 안마당을 굽어보는 둘레의 대리석 띠에는 루이 14세 치세의 주요 사건들을 기록한 명문이 '황금색 문자'로 새겨졌다.

거기에 적혀 있는 영광스러운 행위들 중에서도 다음과 같은 것이 눈에 띈다.

> 1685
> 국왕의 열정과 신앙심에 의해 낭트 칙령이 철회되고 프랑스에서 이단이 완전히 사라지다.

동일한 대리석 띠에 또한 다음의 명문도 새겨져 있다.

> 1689
> 반란을 일으킨 신하들로부터 잉글랜드의 왕, 왕비, 왕세자를 보호하다.

상황이 완전히 바뀌었는데도 이단과 반도라니! 이 명문이 그대로 보존될 것인가? 아마 삭제가 제대로 이루어지지 않았을 것인데, 이는 부주의가 아닐 수 없다.

시 행정관들의 선거일은 성 로크 축일이다. 선출권자들은 파리 시청에서 '십자가'가 내려다보는 가운데 '복음서'에 손을 얹고 선서를 하게 되는데, 그 내용은 비어 있는 공직(公職)을 채우기에 '가장 합당한 인사들'을 선정하리라는 것, 결코 그들의 '방문'을 불시에 받은 적이 없다는 것, 그들과 어떤 '면식'도 '연줄'도 없다는 것이지만, 이는 곧 선출될 이들이 이미 '감사'를 표하고 '축하'를 받은 이후의 일이다. 서약이 이처럼 경박하게 농락당하는 경우도 드물 것이다. 서약이 무의미한 격식으로 변질되고 있다는 것을 어쩔 수 없이 인정한다 하더라도, 시 행정상의 직무에서는 이것이 전례로 굳어지면 곤란할 것이다. 그렇게 될 경우 '민중'이 예사롭게 '서약'을 '번거로운 절차'로 간주할지 모르기 때문이다.

시 행정관들이 이제는 예전처럼 대향연을 벌이지 못한다. 시의 회식이 더 드물고, 그만큼 지금의 시 행정관들은 체격이 예전의 시 행정관들만 못하다. 예전의 시 행정관들을 묘사한 그림을 보면, 그들은 배가 큼직하고 풍채가 좋다. 신하가 국왕 앞에 '무릎을 꿇고' 있는 광경으로 전하의 초상화를 그릴 때면, 전하의 가장 뚱뚱한 신하를 모델로 내세운다. 언젠가 그런 초상화들만 남아 있게 된다면, 18세기의 모든 프랑스인은 배가 큼지막했다고들 판단할 것이지만, 이는 예전의 시 행정관들에게만 해당되는 모습이다. 현대의 시 행정관들은 스스로를 위한 향연의 횟수를 줄임으로써, 백성들에게서 흥겨운 축제의 불꽃을 앗아갔다.

시 행정관들은 광장의 한가운데나 공공 '기념물'의 황동, 대리석, 청동판에 '자신의 이름'을 새기게 한다. 무엇을 했다고 이러한 명예를 누리는가? 그는 '기념물'을 세우거나 완성하는 것을 보았지만, 그것에 관해 말하는 라틴어 명문을 언제나 설명할 수 있는 것은 아니다. 가장 보잘것없는 출신이라도 파리에서 태어나 '구역장'이 되었을 때에는 이 시 행정관의 직위에까지 이른다.

프랑스 왕 샤를 5세는 '파리의 모든 부르주아'를 귀족으로 만들었다.[42] 그렇기 때문에 나는 귀족인데, 귀족의 신분은 유서가 깊을수록 더 빛나므로, 아주 오래된 가문의 훌륭한 파리인인 우리의 노후

함도 높이 평가받으리라.

만일 내가 영광스럽게도 프랑스 왕이라면, 나는 모든 프랑스인을 귀족으로, 공작 겸 중신(重臣)으로 만들 것이다. 말할 것도 없이 이것은 내 나름의 위대한 정치 행위일 것이다.

온갖 '연금'이 지불되는 곳은 바로 시청인데, 거기로 돈이 큰 물결처럼 흘러들어가서는 갖가지 지류로 흘러나간다. 모든 '연금생활자'는 '시청'이라는 말만 들어도 가슴이 두근거린다. 거기에서는 또한 주요 복권들의 추첨이 이루어지지만, 시 청사는 좁고 보잘것없으며 불편하고 입구가 불결한데, 이는 파리에서 이곳을 제외한 나머지 지역의 위대함, 풍요로움, 웅장함과는 반대되는 모습이다.

파리의 총독은 길을 갈 때 근위병들과 시동들을 대동하며 주화 12수를 던져준다. 공적인 축제가 벌어지고 형사범들이 처형되는 곳은 '언제나' 시 청사 바로 앞이고, 그래서 군주와 연금지불 담당관 그리고 교수형을 받은 사람들이 동일한 문을 통과한다.

공적인 기념식과 축제, 그리고 아무도 좋아하지 않는 '인두세'는 수로(水路)를 통해 이루어지는 필수품 조달과 마찬가지로 파리 시장의 소관업무이다. 그러나 도시 경찰은 우리가 예전에 누린 특권의 그림자에 지나지 않으며, 상상할 수 없을 정도로 축소되어 날마다 더 미미해지고 있다. 파리의 모든 부르주아가 샤를 5세에 의해 귀족이 된 것은 사실이지만, 슬프도다! 이 귀족들은 면제를 비롯하여 여러 가지 권리를 잃었고, 파리에 거주하게 되었을 영국인, 타타르인, 폴란드인, 러시아인, 중국인에 대한 최소한의 우위도 누리지 못하니,

42 샤를 5세는 실제로 1371년 8월 9일 파리의 부르주아들에게 귀족의 특권을 부여했다. 이 조처는 그의 계승자들에 의해 공고화되었지만, 앙리 3세는 1577년 1월 1일자 공문들을 통해 귀족의 특권을 파리 시장과 시 행정관들에게만 국한시켰다.

말하기도 어쭙잖다. 모든 지방 주민과 모든 민족이 몰려들어 우리의 '땅'을 점령함으로써 모든 토착 식물의 성장을 방해했다.

804 냄비 임대료

'프랑스 왕세자'의 탄생을 기리는 축연들에 얼마나 많은 돈이 쓰였는지 모르지만, 시의 축연에 즈음하여 회식일을 위해 냄비들을 빌리는 데 든 비용만 해도 '18,000리브르'에 달했다는 것을 알게 된다면 나머지 지출은 쉽게 상상할 수 있을 것이다.[43]

43 오랜 기다림 끝에 1782년 루이 16세는 첫아들을 얻었다. 1782년 1월 21일 파리 시는 향연을 베풀었고, 거기에 국왕도 참석했다. 주임신부가 간신히 생계를 유지할 정도로, 즉 최소한으로 받는 연봉은 800리브르였다. 그러므로 냄비 임대료는 터무니없는 것으로 보인다.

805 파리와 그 인근의 용수 관리

옛 페리에 형제 회사에서 갖고 있던 용수 유통의 특권을 국왕이 시의 권한으로 영구히 귀속시켰다. 국무참사회에서 내린 결정은 정확히 "과거처럼 누구를 막론하고 강에서 용수를 확보할 전적인 권리가 있다"는 것이다. 이에 따라 클로비스와 카롤루스의 시대처럼 센 강의 물이 "공짜이고 누구의 것도 아니기" 때문에 목마르거나 마시고 싶은 이는 누구나 센 강에서 물을 길을 수 있게 되었다. 그러므로 파리인들이여, 이제는 당신들의 강에 대한 절대적인 소유권을 의심하지 마라. 당신들에게 이 점을 확증하는 것은 국무참사회의 매우 고마운 결정이다. 새로운 관리 덕분으로 우리는 "어떤 계절에건, 어떤 동네에 살건, 어떤 층에 거주하건" 2수로 물길을 얻게 된 것이다.

'화재 방지'도 이러한 관리의 일부를 이룬다. 벌써 꽤 많은 주택에 M.A.C.L.[44]이라는 네 문자의 표지판이 붙어 있다. 관공서에 속하는 수도의 용수 전체는 우리를 위협할 불길을 잡고 우리를 적시고 우리를 불에 타지 않도록 막을 수단이 될 것이다. 이로부터 새로운 용수 관리의 두 가지 용도가 무엇일지 알아차릴 수 있다. 지금 새로운 용수 관리의 비용을 지불하는 것은 아주 옳은 일이긴 하나, 표지판들은 어쩐지 돈을 가져다줄 것 같지 않다. 그렇지만 센 강을 작으나마 부의 원천으로 만드는 것이 관건인 만큼, 물 배달인들은 곧 서

44 화재로부터 안전한 주택을 의미한다.

기가 될 것이다. 그들에게 서기의 자격을 주라는 것이 관공서에 대한 나의 조언인데, 모든 것의 품격을 높이는 것보다 더 나은 것은 없다. 그들을 위생, 청결, 풍요의 서기로, 또한 화재 방지의 으뜸가는 병사라고 부를 수는 없을까?

삼중의 자물쇠가 달린 커다란 금고가 이미 시청에 설치되어 있는데, 기업의 이익과 수익에서 일정한 몫을 받게 해주는 '주식의 수령증들'이 곧 그 안에 쌓이게 될 것이다.

남자들은 장신구, 내의, 얇은 직물, 모슬린, 가화(假花) 판매상인 반면에, 여자들은 소와 돼지 판매상이고, 어떤 여자들은 작은 짐수레를 끌고, 또 어떤 여자들은 물을 배달한다. 파리의 포도 위에 물 배달 아낙이라니! 이보다 더 충격적인 것은 없다. 나는 젖가슴을 가죽 띠로 졸라맨 아가씨를 보았다. 그토록 가련한 여자를 보면 가슴이 아프다.

후미진 곳에는 이 물 배달 아낙보다 더 불우한 사람들이 있는데, 그들은 자신들의 노고를 헐값으로 내다판다. 나는 다음과 같은 말을 되풀이해야 하고, 가능하다면 매 쪽에서 그러고 싶다. 몇몇 포부르에서 자선과 인간애의 도움이 정부의 노력에 보태지지 않는다면, 국가는 결코 유지되지 못할 것이다. 성의는 우리의 정치가 지향하는 모든 목적보다 우월하다. 복음서의 금언은 비참한 무리에게 빵을 선사한다. 우리의 미비한 법률은 기독교 도덕에 의해 끊임없이 바로잡힌다. 경제에 관한 우리의 잘못된 생각, 슬프게도 너무나 많은 착오는 종교의 우월한 힘에 밀려난다.

806 예수 그리스도

나는 이 이름을 들을 때면 언제나 존경에 복받친다. 클로비스 이래로 프랑스에 퍼져 있는 것은 그의 종교이다. 예수의 종교는 세계에서 으뜸가는 제국의 수도에서 득세하고 있다. 예컨대, 그의 십자가는 500군데의 건물에서 공중으로 우뚝 솟아올라 있고, 보편적인 숭배의 표상으로서 군주, 고위성직자, 전사의 가슴에도 있다. 십자가 앞에서는 모든 이가 무릎을 꿇는다. 이 표상은 모든 장엄한 행위에 선행하거나 수반된다. 그것은 재판소와 우리의 침대 머리맡에 있고, 순수한 미인의 목에 매달려 있으며, 어린 시절의 장식이고, 우리의 집안에는 나무, 은, 그림으로 된 것이 걸려 있다. 도처에서 성상(聖像)이 되풀이되어 나타나고 무수히 늘어난다.

생애의 첫 번째 성사는 세례이다. 우리가 이 세상에 태어날 때, 기독교의 품이 우리를 맞이하고 기독교의 인영(印影)이 우리에게 찍힌다. 젊은 시절의 광기로 우리가 괴롭고 눈멀 때, 우리의 허술한 작은 배가 격렬한 정념에 휘둘릴 때, 우리가 폭풍우와 싸우는 것을 돕기 위해 기독교가 달려와 키잡이의 역할을 하면서 우리의 작은 배를 항구로 인도한다. 기독교는 우리 생애에서 가장 즐거운 행사를 주재하고, 우리 영혼의 모든 능력을 지배하는 소중한 대상의 소유를 우리에게 확보해주며, 우리의 비애를 누그러뜨리고, 우리의 꺾여버린 용기를 다시 북돋우며, 우리의 불행에 위로의 향유를 부어주고, 악인들을 견디어내게 해주고, 우리에게 악인들을 용서하도록 권장한다. 또한 기독교는 우리의 마지막 한숨을 맞이하고, 긴 상복으로 우리의 장례를 참관하며, 우리의 초라한 유해를 무덤 안에 내려놓고, 마치 이 모든 보살핌으로는 충분하지 않은 듯이 하늘로 올라가서 우리를 위해 신의 자비를 간구하게 된다. 기독교는 본래 자연법으로의 회귀였고, 인간에게 도덕의 순수성을 견지하도록 권장하게 되어 있는 초자연적 동기들의 모음이었다.

세계는 로마인들에게 복종했다. 소란스러운 무질서 속에서 민족들은 "티베리우스 같은 사람으로부터 칼리굴라 같은 사람에게로, 클라우디우스 같은 사람으로부터 네로 같은 사람에게로" 흔들리고 있었다. 기독교는 보편적인 신앙이 되었고, 활기찬 문명국가들 사이에서 도덕의 핵심을 형성했으며, 정치에 가장 큰 영향을 미쳤다. 기독교 국가들은 거의 대등한 발걸음으로 예술의 진보를 이룩한 반면, 나머지 국가들은 모두 기독교 국가들에 가려 빛을 잃었다. 예전에 기독교 세계는 하나의 커다란 공화국이었는데, 이 공화국의 부분들은 연합 이상의 것에 의해 어려울 때 더욱 친밀한 사이가 되었다.

그러므로 사람들이 정념을 버리고 예수의 종교를 우러러 받들었을 때, 예수의 종교는 현세에 가장 큰 도움이 되었다. 예수의 종교를 잃지 않을 줄 안 국가들은 예수의 종교에 힘입어 노예상태로 떨어지지 않았다. 예수의 종교는 또한 왕의 과오 때문에 어쩔 수 없이 고통을 당하는 이들에게 위로를 가져다주었다.

복음서의 교리는 오늘날에도 여전히 압도적이다. 종교에 대한 경멸이 지배적인 적은 결코 없었다. 복음서는 인간의 교묘한 지혜와 정치를 인정하지 않는다. 예수의 가르침은 얼마나 위대한가! 예수의 가르침에 의해 모든 꾸밈없는 진리가 확립되고 전개된다. 인간이 몰랐거나 추측할 수만 있었을 뿐이고, 인간이 확실하게 인식해야 하는 모든 진리가 예수의 가르침을 통해 퍼져나간다. 이 진리들 중에서 지고한 존재의 지혜와 선의와 정의에 대한 우리의 관념과 일치하지 않는 것은 전혀 없다. 규정된 예배는 예배의 대상인 신에게 합당하고, 정신과 마음으로부터 우러난다. 예배를 통해 인간은 자신의 고결한 기원과 용도와 목적을 배운다. 그의 첫 번째 계율은 '하느님의 사랑'이고, 첫 번째와 유사한 두 번째 계율은 '자비'이다. 이 계율들은 인간의 본성에 근거를 두고 있는 것으로서, 이해하고 실천하기가 쉽다. 예수는 우리에게 가혹한 엄격성도, 목불인견의 맹신적인 계약도, 우스꽝스러운 법열(法悅)도 요구하지 않는다. 기독교는 우리의 시선을 또 다른 삶 쪽으로 향하게 함으로써, 우리에게 현세의 삶에서 행복을 추구하라고 명하지 않는다. 순수한 도덕이 좋은 체제의 맹아(萌芽)라면, 군주들의 일탈을 바로잡고 민족들의 복종을 용이하게 하는 데 예수의 도덕보다 더 적합한 도덕이 있겠는가?

예수의 도덕! 그의 생애는 비범하다. 가령, 성격의 측면에서는 모든 것이 평온하고 자연스럽고 부드럽고 사회적이며, 말의 측면에서는 모든 것이 위대하고 현명하고 흥미롭다. 그는 기독교가 지니고 있는 화해와 평화의 정신을 당당하게 정립했고, 폭력에 대해 언제나 아니, 그것을 통해서는 온화함이 빚어내는 것에 결코 이르지 못할 것이라고 말했다.

그의 행위에서는 가장 순수한 미덕이 나타나고, 그의 말에서는 가장 그윽한 의미가 발견된다. 그의 성격적 특징 중에서 몇 가지를 기억하자. 연민, 그것도 효력이 있는 연민으로 가득한 자비. 예컨대, "내 마음은 이 민중을 향한 연민으로 넘실댄다. 내가 그들을 아무것도 먹이지 않고 돌려보낸다면, 그들은 도중에 힘없이 쓰러질 것이다." 세심하게 돌보는 자비. 가령, "낫고 싶은가?" 하고 그가 마비환자에게 말하자, 곧바로 마비 환자가 치유되었다. 그가 다른 사람에게 말했다. "내 아들아, 용기를 가져라." 그는 라사로의 무덤에서 눈물을 쏟고, 그럼으로써 연민의 대상인 친구와 눈물을 흘리는 인류를 영광스럽게 한다. 그는 또한 간통한 여자를 용서하고, 자신의 적들을 위해 기도한다.

그러므로 기독교 도덕은 뛰어난 정치체제의 기본일 것이다. 누구나 온전한 내면의 확신으로 이어질 수 있는 그러한 평정과 지혜를 기독교 도덕에서 찾아낼 것이다. 예수의 삶에는 어떤 조급하거나 몰인정한 행위도 없다. 그는 현세의 지배자들에게 "사람들이 그대에게 복종하기를 바란다면, 그들을 정겹게 대하라"고 말하는 듯하다. 기독교도의 군주는 언제나 가장 훌륭한 군주일 것이다. 성왕 루이의 미덕은 여전히 공경되고 있지 않은가? 그가 정념 속에서 길을 잃었다면, 그의 법이 유래한 원천인 선의를 그의 법이 내포할 수 있었을까? 기독교도임은 인간의 피, 생명, 자유를 존중함이고, 인간에 의한 모욕을 참고 견딤이며, 그렇게 하여 완벽한 인간이 되어감이다.

불신앙과 타락한 정념의 공격에도 불구하고 예수의 종교는 영향력을 잃지 않는다. 예수의 이름으로 기도가 행해지는 사원은 많고 신도로 가득하다. 기독교 도덕의 반대자들은 그저 악인에 지나지 않는다. '볼테르'는 개인적으로 예수를 미치광이라고 비난했다. 이는 오만이 그의 평생을 지배했고 세계를 가득 채우고 있는 이 이름이 그의 명성에 대한 장애 또는 절도라고 그가 생각했기 때문이다. 게다가 그는 모든 독자를 사로잡기 위해 악덕과 미덕의 이용을 부끄러워하지 않았다. 예수의 숭고한 도덕은 오로지 그를 불안하게만 할 수 있었다. 그러나 볼테르의 이름은 사라지게 될 것이다. 반대로 세계의 사방에서 경배되는 예수의 존엄한 이름은 우리를 불멸에 이르도록 공들여 다듬고 완벽하게 하는 자비, 선의, 겸손의 표지로 영원히 남을 것이다.

기독교는 인간이 쇄신된 존엄 속에서 제시할 수 있는 가장 아름다운 계율들과 동시에 가장 아름다운 본보기들을 갖추고 있으며, 특별한 섭리에 의해 명백히 보호받는 이 도시에서 신의 선의로 세력을 떨치고 있다. 가난한 사람들을 살아가게 하고 그들을 위해 한없는 자비로 되살아나는 행위를 행함으로써 일종의 평등을 재확립하는 것은 바로 예수의 도덕이다. 이 도덕은 하늘로 솟아오르는 마음의 무리 안에서 여전히 살아 있다. 요컨대, 이 위대한 정치가의 힘을 돋우고 그의 완전한 타락과 방탕에 맞서는 것은 바로 예수의 도덕이다.

807 넘치는 온정

선행과 자비가 지금보다 더 많은 감동과 함께 더 지속적으로 더 자유롭게 확산된 적은 없다. '자비'라는 용어에 '선행'이라는 용어가 수반되어도 상관은 없겠지만, 하느님의 눈앞에서 베풀고 이웃을 형제처럼 도와주는 사람이 더 행복하다. '자비'라는 낱말의 의미는 '선행'의 의미보다 더 숭고한 깊이가 있는데, 그것은 창조주가 빚어낸 피조물에 대한 사랑이다. 거기에는 경배, 존중, 인정이 포함된다. '자비'라는 낱말은 인간의 모든 언어에서 하느님의 이름을 제외하고 첫 번째 자리에 놓여야 하는 것이다.

몇몇 감춰진 미덕을 널리 퍼뜨리는 것이 자비이다. 왜냐하면 누구나 이웃을 본받게 되어 있기 때문이다. 라로슈푸코에 의하면, 본보기에 힘입어 풀려나는 행위들이라도 인간의 간교한 본성에 의해 억제된다. 가난한 사람들에게 매일 베풀어지는 모든 것을 『주르날 드 파리』를 통해 알리는 것은 자비이다. 선을 행하는 것이 전부는 아니다. 선을 행하지 않는 이들을 부끄럽게 만들기 위해 선행을 알릴 필요가 있다. 인간의 참된 위대성은 마음속에 있고, 인간은 자비로울 때 가장 위대하다.

아니다, 자비가 요즈음보다 더 활기를 띤 적은 없다. 온갖 부류의 불행한 사람들이 어두운 보호시설에 수용되었고, 그들이 기다리는 인도적인 인물들이 거기로 그들을 찾아갔다. 그들은 젊고 매력적인 여자들이었다. 그녀들은 그들의 감성을 온통 흔들어 깨워놓았으며, 이 불우한 사람들의 한가운데에서만 행복과 만족을 느꼈다.

민중의 불운에도 재앙의 경우와 마찬가지로 원조의 손길이 뻗쳤다. 이 실천적 미덕을 낳은 것은 궤변의 정신이 아니라 자비의 정신이다. 철학은 아직 순화되지 않은 불완전한 자비이지만 하늘의 길로 들어서 있고, 그래서 신의 마음에 들고 신의 계율을 준수하려고 함으로써 신의 눈길을 받을 만하게 될 수 있다.

오늘날은 점점 번지는 활기차고 발랄한 감정에 의해 사방에서 선행이 넉넉하게 행해지고 있다. 자연의 해악과 싸우고 하늘의 노여움이 폭발한 시기에 재난과 맞서는, 이 지체 없고 적극적인 자비를 우리의 선조들은 경험하지 못했다. 파리인은 예민하고 관대하여, 끊임없이 진정한 의미에서 "보시하기를 좋아"하는 만큼, 파리인에게 이에 맞는 경의를 표하고 파리인의 이러한 미덕을 칭송하는 것은 내게 큰 즐거움이다. 오, 자비여! 이 웅장하고 불가사의한 도시의 토대는 바로 그대이다. 한 마디로 잘라 말하면 "모든 것을 개선하는 것은 바로 그대이다!"

모든 극단은 1788년 7월 13일의 끔찍한 우박으로 신음하는 불우한 농부들에게 공연의 수익금을 기부했는데, 이는 여러 다른 상황에서 되풀이되어 온 선행이다. 개인 기부금은 인간에 대해 좋게 생각하고 인간을 착하다고 생각하여 마지 않는 이들의 마음에 감동을 주었다. 가령, 생로크에서 한 교회의 헌금함에는 금화 17,000리브르가 모금되었다. 이러한 민족의 미덕을 북돋워서 높일 줄 안다면, 이 민족으로 무엇을 못할 것인가? 파리인과 프랑스인의 선한 마음의 소리에 귀를 기울이면서 정치를 한다면 어떤 힘을 갖지 못할 것인가? 예수의 도덕이여, 기독교 제국의 통치를 주재하라!

시시하고 해로운 다음의 두 시행이 어느 신작 희극에서 까닭 없이 갈채를 받았다.

아무도 빚을 갚을 생각이 없으면서,
누구나 자신의 선행으로 신문들을 가득 채운다.

온정을 베푼다고 해서 다른 빚이 면제되는 것은 아니지만, 온정은 으뜸가는 빚이다. 몇몇 선행의 공개를 웃음거리로 삼는 것은 도덕도 인간도 본보기의 힘도 알지 못하는 행태이고, 우스운 독설을 위해 선행을 경솔하게 훼손하고 선행의 흐름을 틀어버리는 행위이다. 희극적이기만 한 시인들은 정말로 위험하다.

808 교육의 모순

어떻게 파리의 어린이들에게 신화와 동시에 교리문답을 가르치는가? 콜레주 학장은 주피터가 신이라고, 사제는 주피터가 악마라고 말한다. 학생에게 콜레주에서 1등이 되라고들 하나, 복음서는 학생에게 "겸손하라"고 가르친다. "1등이 되라"는 말에는 여러 악덕의 싹이 내포되어 있다. 즉 어린이들의 마음속에 경쟁심을 부추김으로써 그들의 이기심을 자극하기만 한다. 더 나아가 그들의 교만을 키우고 어루만지며 정당화한다. 심지어는 어린이에게 '황제'의 칭호를 부여하고는, 이 어린 황제를 채찍으로 때린다. 이 유치한 행동방식들을 이용하는 콜레주 교사들에 대해 딱하다고 해야 마땅하지 않을까? 기독교 도덕과 체벌은 명백히 대립하는데, 어떻게 어린이들을 때릴 수 있을까?

몽테뉴는 아버지 집에서 체벌 없이 교육받았다. 옳지 못한 야만적 체벌에 대한 항의가 제기되어왔기 때문에 채찍과 회초리가 콜레주에서 추방되기 시작했다. 그런데 콜레주에서는 교육이 무상이으로 콜레주는 여전히 성황을 이룬다. 그렇지만 콜레주에 다니는 것은 시간낭비일 뿐이다.

청소년을 학대하지 않는 것이 가장 중요하다. 모든 범죄자는 어린 시절에 불우했다는 것이 내 생각이다. 나는 어느 집에 가서 남편과 아내의 성격을 알고 싶을 때면 그들의 자식들을 바라보는데, 자식들이 속박되고 소심하고 거북해 보이면, 나는 부모가 냉혹하고 못됐다고 생각하며, 자식들의 얼굴에 평온과 웃음기가 돌면, 아버지와 어머니가 선량하다고 생각한다. 나는 떠들썩한 기쁨보다 그들의 모든 행위에 스며들어 있는 차분함을 선호하고, 그들이 재기발랄하기보다는 선량하게 보이는 것을 더 좋아한다.

오늘날 콜레주는 '엉터리 시인들'을 양성하는 데에만 소용되고 있다. 따라서 폐쇄하는 것이 마땅할 것이다. '대학의 상(償)'을 갈망하는 이 창백하고 생각에 잠긴 듯하고 시샘 많은 젊은이들은 으레 자신들의 보잘것없는 작품의 성공을 대단한 것으로 간주하고, 이로 말미암아 사교계에서 시샘이 많아지고 현학적이게 되어 몇몇 음절의 배열에 모든 정성을 쏟아붓는다. 질투는 경쟁심의 이름 아래 그들에게 고통을 가져다준다. 그들은 맹렬한 시샘으로 인해 온갖 고통을 맛본다. 그들은 벌써 어린 아카데미 회원이다.

라틴어와 그리스어의 문법을 전파하기에 충분한 책과 교사가 있기 때문에, 그리고 이 공공기관을 더럽히고 훼손하는 많은 악덕이 몇 가지 하찮은 이점보다 훨씬 우세하기 때문에, 나는 콜레주를 폐쇄해야 할 것이라고 말한 것이다.

아카데미 프랑세즈와 금석학 아카데미로 말하자면 이미 무너지고 있고 조만간 스스로 무너질 것이다. 분별 있는 사람들의 경멸과 모독이 이들의 쓸데없고 천한 취향, 사소한 대립, 현학적인 성향, 무익성에 쏟아졌다. 문예 공화국은 이 우스꽝스럽고 하찮은 단체와 무관하게 존속할 것이고, 그렇게 되어 더 큰 위대성과 활력 그리고 위엄을 지닐 것이다.

책과 사람! 이것들은 오늘날 필요한 모든 것인 반면에, 아카데미와 아카데미 회원은 사람들이 행하는 모든 것과 사람들이 행할 수 있는 모든 위대하고 아름다운 것에서 문제만 일으킨다. 그러므로 천재와 문예에 가장 우호적인 군주라면 재주 있는 사람들인 왕국의 모든 아카데미 회원에게 다음과 같이 말할 것이다.

각자 자기 집에서 일하시오. 그러면 당신들은 더 강하고 더 유덕해질 것이오. 인상을 펴시오. 나는 당신들에게 영혼과 사고력을 돌려주는 바이오. 애초에는 당신들이 어느 정도 유용했을 것이로되, 오늘날에는 반대로 무용하오. 당신들은 원대하거나 우수하거나 독창적인 창작에 해롭소. 당신들은 이제 참석 배당금을 받지 못할 것이지만, 더 큰 영광을 얻을 것이오.

자연의 침묵을 이겨내고 자연의 모든 면모와 모든 상관관계를 검토하기 위해서는 재능과 경험 그리고 사람의 통합이 필요하기 때문에 과학 아카데미, 농업협회, 자연사학자, 의사 등의 회합들은 다른 것들을 없애야 하는 그만큼 유지해야 한다. 그렇지만 상상력의 작업을 위해서는 어떤 수다스러운 아카데미에도 속하지 않았던 호메로스, 타소, 밀턴, 셰익스피어, 리처드슨, 장자크 루소 등처럼 혼자일 필요가 있다고 나는 생각한다.

809 다양성

스위스식으로 모양이 잡힌 삼각모는 여전히 위풍당당했다. 삼각모를 착용하고 있는 사람은 훨씬 더 호방하고 훨씬 더 당당하며 훨씬 더 단호한 인상을 풍기게 된다는 점 때문에, 삼각모는 원형의 모자를 모조리 몰아냈다.

오래된 책은 누구나 다시 좋아하게 되지만, 늙은 여자는 그렇게 되질 않는다.

국왕 집무실의 얼룩말은 오늘날 유행의 모델이 되었는데, 모든 옷감에는 줄무늬가 있고, 연미복과 조끼는 야생 당나귀의 가죽과 유사하다. 젊은 남자나 나이든 남자나 머리에서 발까지 줄무늬로 뒤덮여 있다. 양말에도 역시 줄무늬가 들어 있다.

회중시계 2개를 갖고 다니고 소맷부리에 레이스가 달린 셔츠를 입고 다니는 아무개는 예전처럼 소매에 여섯 줄무늬가 없다.

남자를 몇 세부터 노인으로 불러야 할까? 내가 생각하기에 이제는 70세부터인데, 왜냐하면 남자는 60세에도 사교계에 출입하기 때문이다.

'중대한(conséquent)'이라는 용어는 수다스러운 민중에 의해 '결과나 영향(conséquence)'에서 부적절하게 파생되어 사회에서 일반적으로 사용되고 있다. 민중은 중요한 사건, 고가의 그림을 두고 '콩세캉한 사건'이니 '코세캉한 그림'이라고 말한다. 그러나 용법은 구문의 규칙에 대해서는 아니라 해도 언제나 낱말들에 대해서는 절대적인 지배자이다. 우리의 언어에서는 '올바른 또는 정확한(juste)'이라는 낱말이 서로 다른 다수의 맥락에서 사용되고 있지 않는가? 문법학자들과 신문기자들은 '콩세캉'이라는 용어의 사용을 금할 것이다. 그러나 거의 모든 이가 이 용어를 사용할 것이고, 적어도 대화에서는 이 용어가 틀림없이 받아들여질 것이다.

유행은 언제나 하나이다. 다시 말해서, 유행은 모든 세대에게 동일한 것이다. 여자들은 18세이건 20세이건, 또는 40세이건 45세이건 동일한 노선을 걷는다. 파리 여자들은 지방 여자들보다 늘 8~10세쯤 젊어 보인다.

여자들의 길게 늘어뜨린 머리털로 말미암아 마차와 안락의자가 지저분해지지만, 이 장식 머리가 물결치고 허리띠를 살랑살랑 스치는 모습은 보기가 좋다. 긴 머리 아닌 여자는 결코 아름답지 않다.

쾌락은 공공의 것이다. 전국적인 규모의 사건이라 해도 파리에서는 오늘의 소식처럼 유포되는 대화의 소재에 지나지 않는다. 장관의 실각도 3~4일만 관심을 끌 뿐이고, 이 기간이 지나면 익살광대들이 주도권을 되찾는다.

"그대는 어떻게 육체관계를 맺는가?" 하고 루이 14세가 한 조신에게 물었다. "전하, 저는 완전히 만들어진 것을 사서 맺습니다" 하고 그가 대답했다. 이것은 거의 일반적인 방법인데, 육체관계에서도 이것이 가장 경제적이라고들 주장한다.

폭리를 얻기 위한 투기가 성행하고 있는데, 이에 대해 전혀 부끄러워하지 않고, 일정 부분 파렴치가 용납되며, 성공만 하면 그만이라는 인식이 팽배해 있다. 아무개는 투기로 40만 리브르를 벌어들였으면서도 여전히 아리스티데스[45]로 행세하고 싶어 한다.

45 Aristide: 의인(義人)이라는 별명으로 불린 아테네의 장군 겸 정치가(B.C. 540~468). 그의 이름은 환칭(換稱)에 의해 보통명사가 되었다.

모든 것이 돈으로 매수되는 나라에서 돈 없는 사람은 어떤 모습으로 비칠까? 돈 없는 사람은 웃음거리가 되고, 오래지 않아 남의 열광에 동조하며, 몇몇 미덕을 희생하면서 살아가게 되어 있다.

아버지는 쾌락에 탐닉하다가 나를 낳았으니, 이제는 내가 쾌락을 위해 살아야 할 때라고 아들이 아버지에게 실제로 말하지는 않지만, 아들은 이러한 생각에서 한 치도 어긋남 없이 행동한다. '방탕아'는 아버지의 권위를 무시하고 우스갯거리로 만든다. 젊은 사람들은 추악한 풍자가요를 반복적으로 불러댄다. 매우 재기 발랄한 어떤 여자는 오늘날 행해지고 있는 모든 것이 언젠가는 역사가 될 것이라는 점을 생각하면 오싹해진다고 말하곤 했다.

'시청'의 문들과 '어음할인 금고'에는 그야말로 주의력이 집중된다. 어음을 제시하면 돈이 나올까? 조금의 지체도 없을까? 부르주아와 '시청'의 지불 사이의 관계는 하층민과 고네스의 빵 사이의 관계와 같다. 빵값이 오를 때에만 포부르가 붐비기 시작하고, 지불이 곧장 신속하게 이루어지지 않을 때에만 궁정에 관해 일반적으로 나쁘게 말한다.

서로 아무런 관련을 맺고 있지 않는 모임들이 여전히 18~20개를 헤아린다. 개인들은 이런 식으로 조각조각 나누어져 몇몇 의례적인 말을 통해서만 서로 접촉한다. 한 개인의 관심은 이웃사람의 관심과 아주 다르다. 따라서 생각의 차원에서조차 일치도 조화도 통일성도 찾아볼 수 없다. 이는 정치의 면에서 참으로 '바벨 탑'이라 아니할 수 없다. 그래서 가장 익숙해진 말들조차도 온갖 정신 속에서 매우 상이하게 해석되어서 대립이 끊이지 않는다.

어느 날 내가 보는 앞에서 제과업자와 제지업자가 자기 직종의 우수성에 관해 언쟁을 시작했다. 제과업자가 말했다. "내가 빚는 면병은 신이 된다네, 내가 없다면 결코 성체첨례의 날에 예배행렬도 있지 않을 것이고, 민중은 숭배할 것도 없을 거야."

제지업자가 대꾸했다. "작작 좀 하셔, 아마 내가 당신보다 우월할 거요. 당신의 둥근 면병은 말에 의해 신으로 변하지만, 내 경우에는 네모난 종이가 붓질에 의해 현금으로 변해서 유럽 전체에서 유통되지요."

구경꾼들은 어이없는 표정으로 누구를 우월하다고 해야 할지 몰라 오랫동안 논쟁하다가 술집으로 몰려갔고, 가는 도중에 머리가 좋다고 거드름피우지 않고는 못 배겨서 모든 것에는 믿음이 필요하다고 되풀이하여 말했다.

파리인은 차용금, 문서, 복권 등에 대한 믿음이 있지만, 자신을 누군가가 우롱하고자 하거나 우롱할 수 있다고는 생각하지 않고, 가장 심각해 보이는 사건들의 결말을 두려움 없이 기다리며 늘 해온 것, 즉 '농담하기, 웃기'를 계속할 것이라고 주장한다.

대포 화약은 완전히 달라졌다. 기원의 관점에서 그리스인들의 역사나 로마인들의 역사 또는 우리의 역사 자체를 읽는 것은 이제 중요하지 않다. 대포로 인해 우리는 생각의 새로운 조합이 불가피한데, 우리가 잃어버린 것을 정신에 의해, 독설에 의해, 웅변에 의해, 쾌활함에 의해, 인내력에 의해 회복할 필요가 있다.

파리인은 자신을 위해 누군가가 철야한다는 것을 알고 있으며, 엄청난 기근을 어떤 종류의 것이건 결코 두려워하지 않고, 이 도시의 번영이 누구에게나 관심의 대상이라고 느끼며, 질서와 경찰이 자신의 안전에 신경을 쓴다고 확신하므로, 이 대도시가 보전되고 누구나 이 대도시를 존중하면 온갖 재앙이 물러날 것이라고, 어느 시대에나 무슨 일이 있어도 오페라 극장에서는 정해진 시각에 막이 오를 것이라고 생각한다.

나는 다른 도시에서 사람들이 생활에 필요한 것을 조달하는 것에 대해 몹시 불안해하는 것을 보았는데, 이는 오페라 극장이 없었기 때문이다. 오늘날에는 사치스런 생활만이 사치스런 생활의 해악을 치유할 수 있을 뿐이기 때문에, 수도에 쾌적한 생활환경을 새롭게 마련할 필요가 있다.

그러므로 막대한 수의 사람에게 틀림없이 활기를 불어넣어줄 재원, 시시한 문화를 지닌 촌락과 마을로 역류하게 하는 것이 절대적으로 불가능한 재원을 수도에 그대로 남겨놓자. 토지에는 그들이 쓸모없을 것이다. 유럽의 일부분이 우리에게 출자한 것은 바로 이 점에서이다. 그러므로 그들은 사치스런 생활의 기교에 의거하여 예술을 위해 살아가는 것이 더 낫다.

810 생마르탱 축일

나는 성 마르탱을 좋아하는데, 그는 가난한 사람과 마주쳐도 얼굴을 돌리지 않았고, 단벌의 외투마저 함께했으며, 추위에 떠는 사람에게 옷을 입혀주었다. 어떻게 그가 술꾼들의 수호성인이 되었을까? 어떻게 향연에서 술이 넘쳐흐를까? 누구나 기리는 성인이 자비롭고 검소했다는 것을 어떻게 잊을 수 있을까?

구두수선공은 거위를 사고, 덜 부유한 사람도 향연에 뭔가를 보탠다. 이 도시에서는 걸핏하면 잔치가 벌어진다. 예수회 수사들이 우리에게 가져다준 유용한 선물인 인도 수탉[46]은 어느 식탁에나 모습을 보인다. 으레 술을 마셔대는 민중은 포부르들로 몰려가서, 싸구려 선술집 포도주를 들이키기 위해 마지막 한 푼까지 써버린다.

그런데 민중을 무기력하게 만드는 이러한 소비에서 돈을 버는 것은 징세청부업체이기 때문에, 음주벽을 막는 법률은 결코 존재하지 않는다.

로마 가톨릭의 프랑스 선교가 최초로 진행되었을 때, 가장 위대한 성인이었던 성 마르탱의 이름은 파리에서 매우 번잡하나 그르느타 길 쪽의 아마 가장 더럽고 가장 음산한 동네의 명칭이 되었다.

46 coq d'Inde: 아메리카(예전에는 서인도)에서 16세기 초엽에 유럽으로 도입된 칠면조(d'indon)를 가리킨다. 예수회 수사들이 들여왔는지는 확실치 않다. 프랑스에서 최초로 칠면조를 먹은 것은 1570년 샤를 9세의 결혼식에서라고 하는데, 이 동물은 1630년부터 매우 일반화되었다.

'생마르탱데샹' 인근에는 매우 불편한 시장이 두세 곳 있는데, 그곳의 포도는 늘 축축하고 악취를 풍긴다. 거기에서는 시커먼 진창이 여름에도 마르지 않아 냄새가 역하다. 이 길을 지나노라면 눈살이 찌푸려지고 코가 문드러질 정도이다. 웅덩이의 물이 흐르지 않고 고여 썩어간다.

생마르탱 문에는 독수리를 물리치는 루이 14세가 헤라클레스의 모습으로 형상화되어 있는데, 이 도망치는 독수리는 독일인들의 패배를 상징한다. 이 쓸데없는 개선문을 무너뜨리고 이 동네의 질퍽한 땅을 단단하게 만들 필요가 있을 것이다. 그렇지만 가장 왕래가 잦고 가장 활기에 찬 신작로로 가서 산책하기 위해서는 이 한심한 길들을 가로질러야 하는데, 거기에서 도보로 걷는 정직한 여자와 유덕한 처녀는 아름다운 신작로에서의 일요 산책을 포기할 정도로 옷에 진창이 묻을까 봐 이 보잘것없는 소로를 꺼리는 반면에, 화류계 여자들은 수행원과 함께 화려한 마차를 타고 신발을 더럽힐 염려 없이 이 불쾌한 동네를 빠르게 통과한다.

811 아스파시아[47]

그녀는 유명인사들에게만 애착을 내보일 수 있었을 뿐이다. 그녀에게서는 틀림없이 영광의 월계수가 사랑의 도금양에 그늘을 드리웠을 것이다. 다른 사람들에게는 2급의 남자를 위안하기 위한 미인들이 그녀에 의해 마련되었다. 페리클레스는 아스파시아에게 걸맞았고, 그녀는 이 전사를 사랑한 덕분으로 다행히도 당시 사제들과 재판관들의 맹신적인 분노를 모면했다. 아스파시아는 페리클레스에게 커다란 영향력을 발휘했지만, 그의 천재성을 흐리게 하거나 그의 영혼을 타락시키지 않았다. 그는 여전히 위대했고 자신의 조국에 유용했다.

하찮은 시인들이 자신들의 부정직한 시에서 그녀의 이름을 헤프게 들먹이긴 하지만, 우리에게는 결코 '아스파시아'가 없다. 기력이 좋은 춤꾼이 아폴론에게 승리를 거둔 것은 널리 알려져 있지만, 금세기에는 '니농'[48]의 기개(氣槪)가 다시 나타나지도 않았다. 우리의 기녀들은 그리스 기녀들의 어떤 면도 지니고 있지 않으며, 몸을 팔고 나서 몸을 팔고 또 몸을 판다.

오페라 극장의 아무개 아가씨가 죽었을 때, 그녀도 그녀의 어머

47 Aspasie: 페리클레스가 자기 아내와 일방적으로 이혼하고 맞아들인 능변의 우아한 아스파시아는 소크라테스의 여자 친구이기도 했다.

48 Ninon: 니농 드 랑클로라는 별칭으로 알려진 안 랑클로(1615~1705)로서, 17세기에 여러 세대의 남자들을 매력과 재치로 사로잡았는데, 그들 중 많은 이가 왕국이나 문단의 1급 인사였다.

니도 그녀의 할머니도 미혼이었다는 사실이 드러났다. 그녀의 딸은 사생(私生)의 권리를 누리게 되는데, 이 권리는 처음에는 매력의 대가를 어머니에게 넘겨주다가 뒤이어 자기 자신을 마음대로 처분하고 딸을 낳아 자신이 어머니에게 준 것만큼을 딸로부터 돌려받는다. 즉 세대에서 세대로 영속하고, 때로는 기녀의 며느리가 시녀로서 수행하는 자식의 희생이 있다.

여자들이 '고귀한 취향'이니 '가장 훌륭한 태도'니 '매우 탁월한 동아리'니 하는 새로운 용어를 만들어내 자신들의 모임을 형용한 것은 온갖 부류의 기녀, 특히 그녀들이 드나드는 모임과의 혼동을 피하기 위해서이다. '품위 있는 사람들'이나 '영악한 사람들' 또는 '알랑거리는 사람들'이 진지하게 입에 올리는 이 말들은 모임들 사이에 전적인 분리의 무한한 공간을 확립하기 위해 만들어졌다. 어느 모임에서나 가장 큰 죄악은 "모든 것을 따져보면 모임들이 매력의 측면에서 동등할지도" 모른다는 주장일 것이다. 이런 주장이 '지극히 우아한' 여자의 귀에 들어가 그녀의 상상력을 건드려서는 안 될 것이다. 이런 주장을 하느니 차라리 사교계에 명백히 존재하는 모든 것, 가령 '비꼼'의 매력, '우스꽝스러운 흉내'의 아름다움, '야유'의 숭고미를 부정하는 것이 더 나을 것이다. 뭐라고! 이웃집도 우리가 모여 있는 집에 못지않을 것이라고 생각하도록 가만히 내버려둔단 말이오? 참으로 불경한 언사이지 뭐예요! 이웃집은 '너절한 놈들'이나 '따분한 녀석들'만 맞아들이지만, 당신을 맞이하는 집은 최상의 '올바른 품위'가 배어들어 있어요. 여기에는 이론의 여지가 없다. 누구도 이 영원한 진리를 부정하지 않는다.

812 기수

기수(騎手)들의 풍조가 영국에서 우리에게로 건너오고 있지만, 이 섬나라에서는 여자들이 기수들의 풍조에 전혀 물들지 않는다. 왜냐하면 어떤 기수도 결코 미혼 여성이나 기혼 여성의 침실로 들어가지 않기 때문이다.

우리의 기수들은 언제 어디로나 들어간다. 그들은 결혼 적령기보다 약간 앞선 시기에 일하기 시작하는데, 그때부터 누구에게나 눈에 띄듯이 그들은 더 이상 자라지 않고, 여전히 키가 작거나 발육이 나쁘거나 몸이 비틀리게 된다.

왜 이 13~14세 소년들이 붉은빛의 싱싱한 빰을 잃어버렸는가? 왜 그들은 이 나이에 어울리는 수줍음, 자연스러운 부끄러움 대신에 성년(盛年)의 대담성을 내보일까? 그들의 얼굴 전체에 때이른 방탕의 징후가 나타나는데, 유아기의 천진함과 유년기의 고결한 수줍음은 자취를 감추었다. 용모의 변질은 아직 정념의 불길을 받아들일 준비가 되어 있지 않은 기관들 안으로 정념의 불길이 뻗쳤다는 증거이다.

기수는 더 이상 얼굴을 붉히지 않고, 여자들 곁에서 결코 침착성을 잃지 않으며, 이미 망가진 몸에서 경솔한 눈길이 뻗어나온다. 소년시절을 앗아가는 무절제로 인해 숨결이 불결해졌다. 방탕으로 인해 한 남자가 빨리 죽어버린 것이다.

아주 건강한 기수는 거의 찾아볼 수 없다. 품행의 문란이 청춘을 엄습했다. 해로운 풍조가 방탕을 퍼뜨렸고 남자들의 고사(枯死)와 실추를 앞당겼다. 물론 누구라도 내가 개괄한 이 묘사를 외면하고 기수의 모습을 얼마든지 다르게 그려낼 수 있지만, 다 그려낸다 해도 아마 진실에는 결코 이르지 못할 것이다.

60년 전까지만 해도 여자에 대해 유지되었던 정중함의 정신으로부터 우리는 얼마나 멀리 떨어져 있는가! 믿을 수 없을 정도의 격변이 일어난 것이다. 모든 것이 저속해지고 있으며, 이제 성(性) 이외에는 아무것도 없는 듯하다.

기수들은 젊은 매춘부들의 소굴인 소극장을 드나드는데, 젊은 매춘부들 역시 악덕에 물들어 있다. 놀랍게도 벌써 시들어버린 청춘이 쇠약과 동시에 방종의 모습을 내보이고, 사춘기 이전에 이미 방탕이 시작되는 것을 바로 거기에서 목격할 수 있다. 한편으로는 타고난 재능도 수치심도 없는 데다가 타락시키기에만 몰두하는 사람들을 그토록 흡족케 하고, 다른 한편으로는 정신을 갉아먹는 희곡들이 (요금을 내린) 간이무대 위에서 지껄여지고 있는데, 그것들이 불완전할 때면 그들은 자신들이 듣고 있는 추잡한 언사에 자신들의 저속한 말을 보탠다.

다행히도 동일한 인물들만 등장하고, 그것들은 결코 국민의 즐거움이 아니다. 그것들에서 빈번히 나타나는 성은 비천해진 것이다. 여자들이 평생 처음으로 옷차림의 변화를 감행하고 대담하게도 남자들의 옷차림을 한 것은 바로 소극장에서이다. 동일한 시대에 정념은 부드러운 기(氣)를 잃고 대신에 자극적인 맛을 지니게 되었다.

여자들의 옷은 여성다워야 한다. 여자들의 옷차림은 남자들의 옷차림과 대조적이어야 한다. 여성은 머리에서 발끝까지 여성적이어야 한다. 여성이 남성과 비슷할수록 여성은 더 많은 것을 잃는다. 그런데 여자들의 옷차림에서 주목할 만한 변화는 기수들의 풍조와 소극장에서의 광란으로부터 비롯한다.

이제는 대책이 없는 걸까? 전적인 대혼란에 이르기까지 모든 것이 나빠져만 갈 것인가? 여자들의 품행과 통치의 방식 사이에 무슨 상응관계가 있지 않을까? 기수, 모자, 프록코트, 소극장들은 국민정신과 취향을 변화시켰다. 재력가들이 출현하여 모든 것의 자리에 금을 투입했고, 비열한 짓을 이 금속의 광채와 권능으로 치장했다. 기도 힘도 없는데다가 머리만 있는 이 하찮은 인간들의 무리가 사방으로 퍼져나간 것은 투기의 바람이 불고부터이다. 마침내 여자들이 기수들을 사로잡았고, 이에 따라 그들의 무절제가 절정으로 치달았다.

나로서도 기수들, 현대적인 옷차림, 투기, 소극장들이 초래한 피폐를 묘사하기 위해서는 살로몽[49]의 생생한 필치를 발휘해야 할 것이다. 방종에 하찮은 누더기를 입히는 예술가는 '탁월한 사람'이다. 요컨대, 여자들이 자신들의 뻔뻔한 호사를 위해 모든 남자를 기계 같은 비루한 노예로 일변시키고자 한 것은 기수들과 사악하게 돌아가는 증권거래소의 시대부터이다.

49 Salomon(1630~1709): 일반적으로 초상화를 그릴 때 그의 전범 렘브란트가 그랬듯이 묘사 대상인 인물에게 동양풍으로 옷을 입히는 방식을 원용했다.

813 만물

제철에 처음 출하되는 채소와 과일은 부르는 게 값이다. 대귀족들은 어김없이 만물을 식탁에 올리게 하는데, 이는 그들의 기호(嗜好)가 유별나서라기보다는 오히려 분위기에 떠밀려서이다. 실제로 대개의 경우 이 시기에 과일은 맛이 신통치 않지만, 급식관리인이 미각용이라기보다는 오히려 시각용인 이 신 과일을 제공하지 않으면 그에게 직무태만이라는 질책이 돌아갈 것이다. 특히 완두콩을 제철이 아닌데도 구해 먹는 것은 높은 품격의 증거가 된다.

한 물 배달인이 방계 왕족의 주방으로 들어가서 보니 은제 냄비에 약간의 완두콩이 들어 있다. 그는 완두콩들을 먹고 남긴 것이려니 생각하고는 입안에 털어넣어 씹지도 않고 삼켰다. 그것은 값이 600리브르인 '만물' 요리였다. 요리사는 돌아와서 냄비가 비어 있는 것을 보고는 한탄 섞인 절망에 빠졌고, '햄 한 덩어리'를 통째로 먹는 것이 더 좋았을 물 배달인은 어린이처럼 아쉬워했다. 대귀족에게 사정을 이야기해야 했을 때, 대귀족은 비록 완두콩을 좋아하긴 했지만 가볍게 웃어넘겼다. 그러나 물 배달인은 "그걸 먹었지만 기쁘지 않았어!" 하고 소리쳤다. 이 물 배달인도 다른 많은 사람처럼 '죄를 지을' 거라면 '기쁨이라도 느껴야' 한다고 생각했다. 대귀족들의 주방에서 도덕은 어디쯤 있는 것일까? 오! 도덕은 대략 다른 곳에 있다. 완두콩을 삼킨 자는 값이 60피스톨이라고 들었는데도, 어쨌든 자신의 넓은 목구멍으로 넘길 때 좋은 기분을 느끼지 못했다고 애석해했다. 무엇보다도 그것이 그를 매우 우울하게 만들었는데, 달리 표현해보자면 그는 다음과 같이 말한 듯하다. "600리브르를 완두콩으로 삼킬 것인가, 아니면 '금화'로 삼킬 것인가? 물론 나는 후자의 형태로 삼키는 것을 더 좋아해. 그랬더라면 3분의 1이나 전부를 토해냈을 텐데." 독자여, 완두콩이 담긴 냄비는 확실히 '도덕에 관한 4개장'을 쓸 만한 소재가 될 것이지만, 넘어가자.

사치를 좋아하는 한 구두쇠가 어떤 동업조합에 가입하게 되었고, 동업조합의 강요로 해마다 한 끼 식사를 제공해야 했는데, 이 연례행사의 날은 해에 따라 날짜가 바뀌는 축제일로 결정되었다. 유명한 동업자들에게는 완두콩을 대접하는 것이 관례였으므로, 이 신입조합원은 이것을 생략할 수 없었는데, 당시에 완두콩의 가격은 1리트롱에 '100에퀴'였고, 식탁에는 두 접시를 놓아야 했다. 사치를 좋아하는 구두쇠는 300리브르를 아끼려고 급식관리인에게 아스파라거스의 끝부분으로 가짜 완두콩 요리 한 접시를 만들어서 식탁에 내놓으려는 순간에 발을 헛디딘 척하면서 가짜 완두콩 요리 접시 위의 아스파라거스 끝부분을 마루판에 쏟으라고 부탁했다. 급식관리인 자신도 분명히 유념하고 있기는 했지만, 겉모양에 속아 가짜 요리가 아니라 100에퀴짜리 진짜 완두콩 요리를 떨어뜨렸다. 하인이 식사시중을 들고자 했을 때, 새로운 동업자의 구두쇠 근성이 명약관화하게 드러났고, 그의 기발한 착상은 오랫동안 이야깃거리와 웃음거리가 되었다.

나는 부자들의 돈이 '화가'나 '조각가' 또는 탐욕스러운 '건축가'나 온당치 못한 우상숭배에 앞장서는 그 삼류 장인 등에게보다는 만물을 재배하는 농사꾼에게 이런 식으로나마 흘러들어가는 것이 더 바람직하다고 생각한다.

814 외방선교

중국에서 기독교에 대해 빚어진 박해[50]가 알려졌을 때, 이 신학교[51]에서 그것은 끔찍한 소식이었다. 많은 중국인이 파리에 와서 자신들의 방식으로 살아갈 수 있을 것이고, 프랑스 왕은 종교상의 이유로는 아무도 박해하지 않는 반면에, 동방 선교사들의 보고를 믿는다면 중국의 황제는 프랑스 왕의 종교를 잔혹하게 박해한다. 비록 기독교가 루이 14세 때문에 편협해지긴 했지만, 기독교의 정신은 편협하지 않다. 아카데미 프랑세즈에서는 1789년 8월 25일 치러질 작시 경연의 주제로 '비(非)가톨릭교도'에게 호의적인 '1787년 11월의 칙령'[52]을 제시하게 된다. 100년 전이라면 감히 이런 것을 상상이나 했을까? 어서 달려오라, 2440년이여!

머나먼 지역에서는 신학생 사제가 주교의 직책을 맡는데, 그가 혹독한 감옥생활에 짓눌릴 때 유럽에서는 그를 순교자로 부른다. 신앙심이 더 굳세지는 것은 바로 신체형의 한가운데에서이다. 기독교의 화창한 나날은 화형의 장작불이 타오르는 때였다. 외방선교 사제

50 메르시에는 유명한 강희제의 아들 옹정제가 중국에서의 기독교에 대해 1723년 9월에 내린 칙령을 암시하고 있는 듯하다.

51 파리 외방선교회는 특히 멀리 떨어진 나라의 복음화에 헌신하는 재속(在俗) 사제들로 편성되어 있는 '서원 없는 공동생활 단체'이다. 이 단체는 1654년에 인가되었고, 이 단체의 신학교는 1663년에 세워졌다.

52 1787년 11월의 칙령에 의해 개신교도들은 모든 종류의 재산을 소유하고, 모든 사적 직업에 종사할 권리를 인정받았으며, 교적(教籍)과 분리된 호적을 부여받았는데, 이에 따라 세속의 형식만으로도 결혼이 성립할 수 있었다.

들은 믿음의 형제들이 인도에서 겪는 고통을 늘 지켜보기 때문에, 기독교 정신의 활기는 외방선교 사제들에게서 온전히 보전되어 있다. 인간의 용기에 내포되어 있는 반발력은 확실히 박해의 정신과 언제나 대등하다. 이는 우리의 정신력과 존엄성을 입증하는 것이다.

캐나다 선교를 위해 20년 동안 일한 어느 예수회 수사가 수차례 순교를 무릅쓰고서 자신은 내면적으로 믿지도 않은 종교로 미개인들을 이끌었다. 한 철학자가 그를 일관성이 없다고 반박하자, 그는 다음과 같이 대꾸했다.

> 아! 2만 명의 사람으로 하여금 귀를 기울이게 하고, 자기 자신은 믿지 않는 것을 그들에게 설득하는 즐거움이 얼마나 큰지 모르시군요.

815 성체경배 수녀회의 수녀들

실제로 존재하는 이곳을 부정하는 불신자들도 있고, 이 이해 불가능한 신비를 거부하는 이단자들도 있지만, 캘빈주의에 내포된 오류와 성찬식에 대해 저질러진 불경의 공개 사죄로서 성체 앞에서 밤낮으로 공경을 표하는 성인들과 독실한 수녀들 또한 있다.

다른 사원들에서는 성체를 감실 안의 성함에 빽빽하게 집어넣고 자물쇠로 성함을 잠가놓으며 인색한 손으로 기름을 아주 조금 넣은 등잔의 약한 불빛이 그 앞에서 희미하게 가물거릴 뿐이니, 밤이면 성체는 외로울 수밖에 없다. 반면에 '카세트 길'의 교회에서는 다이아몬드처럼 반짝이는 것들을 박아넣은 태양 형상의 한가운데에 성체가 보란 듯이 놓여 있고, 새것으로 교체되는 횃불들로 둘러싸여 있으며, 향로 흔들기에 의해 공경을 받는다. 성체의 발치에서는 수녀들이 사랑 가득한 마음으로 1654년 3월 12일 이래 영속적으로 끊임없이 어느 계절에나, 심지어는 가장 혹독한 계절에도 온종일 번갈아가면서 경배를 하고 있다. 그녀들은 이 경배를 '명예로운 형벌'이라고 부른다.

로마는 제단에 동정녀 11명만을 할당했는데, 얼마나 통 작은 처사인가! 우리의 경우에는 수천의 동정녀가 밤마다 일어나 제단 앞에서 노래한다.

816 취지서

모든 개화된 민중은 사법 행정을 감시하는데, 이는 오늘날 생겨난 현상이다. 민중은 몇몇 소송의 심리에 깊은 관심을 갖고, 법정의 변호사석으로 몰려가며, 변호사들의 취지서를 읽는다. 누구나 꿰뚫어 볼 수 있듯이 변호사단의 자유와 공공의 안전 사이에는 밀접한 관계가 있다. 사실 시민들이 여가를 유익하게 보내는 데 소송에 관해 펼쳐지는 논의보다 더 적당한 무엇이 있겠는가? 그것은 미로 같은 인간의 마음에 관한 지식의 풍요로운 원천이다. 민중의 무리가 방청할 때부터 재판관들은 직무를 의연하게 수행하게 되고, 변호사협회에서 명부의 형식에 의해 변호사들의 자유를 박탈하지 않았다면, 변호사석은 국가에 가장 귀중한 흥미로운 공연의 현장이었을 것이다. 그러나 무지를 조장하고 천재성을 억제하며 데모스테네스와 키케로를 진력나게 했을 우스꽝스러운 명부 때문에, 오늘날 변호사들의 단체는 정확히 어리석음을 호위하는 근위보병 집단으로 간주될 수 있다. 어떻게 이 훌륭한 협회가 이처럼 비천해졌을까? 이 협회는 마땅히 나아가야 할 방향을 잘못 잡았고, 용기와 사유 그리고 미덕의 상습적 행사를 절대적인 독립성 없이 일삼곤 했다는 것을 자각하지 못했는데, 이는 용서할 수 없는 잘못이다. 이 단체의 모든 규정은 변변치 않고 초라한 데다가 보잘것없다.

817 희극 시인에 관하여

한 지방의 아버지가 아들을 파리의 변호사로 만들고 싶었다. 아들은 아버지의 말을 따랐으나, 이 신분을 결코 좋아하지 않았다. 그는 변호사가 되었을 때 희극의 초안을 몽상했다. 아버지는 아들에게 고객들을 보냈고, 변호사는 모든 당사자에게 "화해하시오"라고 대답했다. 그가 고객을 접견할 때 이것이 그의 후렴구였으니, 그는 새로운 유형의 변호사였다. 모든 고객이 돌아가서 그의 아버지에게 "우리에게 화해하라고 하데요" 하고 말했다. 실제로 그에게 용무가 있는 사람은 누구나 이 "화해하시오"라는 조언을 들었고, 그는 모든 소송인을 길모퉁이의 공증인 사무실로 데리고 가서 합의를 보게 했다.

아버지가 파리로 와서 아들에게로 달려갔다. 아들은 부재중이었고, 아버지가 사무실을 둘러보니 온갖 두꺼운 법률학 서적이 꽂혀 있었으나 책상 위에는 몰리에르 작품이 한 권 있었다. "내 아들은 어디 있지?" 아버지가 하인에게 물었다. "극장에요, 나리." "뭐라, 극장에, 오전 11시인데?" "오! 아침이면 극장에 가고, 저녁에도 갑니다요." "저녁이라면 괜찮지, 하지만 이 시간에? 아버지가 말했다." "예행연습을 한답니다, 나리." 아연실색한 아버지는 바로 그날 저녁에 아들의 희곡이 공연될 예정이라는 것을 알고, 거기로 가서 관중의 무리에 몸을 숨긴다. 작품에 커다란 갈채가 쏟아지자, 아버지는 휴게실로 올라가서, 모든 이가 한 젊은이와 포옹하는 것을 목격한다. 그가 자기 아들임을 확인하고, 아버지 자신도 그를 껴안고 나서는, 성공에 고무되어 용서의 마음으로 아들에게 "음! 그러니까 이래서 모든 소송을 화해로 종결했느냐?" 하고 말한다.

818 짤막한 게시문

거기에는 암말을 판다는 소식이 있고, 새로운 희곡에 관한 판단이 실리며, 일을 시작하고자 하는 하인의 이름도 오르고, 네케르를 비롯한 몇몇 작가가 모욕을 당하기도 하는데, 정작 그들은 이를 알아차리지 못한다.

트뤼블레 신부는 자신의 비평이 지향하는 목적, 즉 작가에 대한 일종의 존중을 모든 검열관에게 요청했는데, 그 이유는 그가 말하길 작가에 대해 판단할 권리를 밑받침하는 자질보다 훨씬 더 뛰어난 자질을 작가에게서 알아보아야 한다는 데 있었다.

짤막한 게시문의 몰상식한 편집자 같은 한 신문기자가 있다. 그를 멋대로 하라고 내버려두라. 그러면 그는 다비드[53]에게 창법을, 영국인들에게 항해술을, 독일인들에게 광물학을, 라퐁텐에게 우화 작법을 가르치고자 할 것이고, 시를 품평하고 서투른 배우들을 평가하려 들 것이며, 왕국의 정치를 감독하려고까지 할 것이다. 이 모든 것에서 그는 무엇을 잃는가? 미리 유명해져 있기 때문에 어떤 것도 잃지 않는다.

그와 같은 신문기자는 당신에게 당신이 잘못했다고 말하고는, 이 간악한 소견에 힘을 싣고 당신의 저작물을 수치스럽거나 우스꽝스럽게 만들려고 애쓴다. 정직한 비판이라면 원인으로 거슬러올라가

53 David(1750~1830): 이탈리아 출신의 테너로 파리에서 페르골레시의 「스타바트 마테르」를 불러 매우 큰 반향을 불러일으켰다.

서 "당신은 그렇게 해야 했을지 모르오, 이와 같은 아름다움을 제시하시오, 그러한 결합을 얼버무리시오, 당신의 감성을 그와 같은 분야 쪽으로 이끄시오"라고 말할 것이다.

자연과 자연의 엄청난 다양성을 거의 관찰하지 않은 사람은 모든 조합이 행해진다고 생각하고는, 아우구스티누스 시대와 루이 14세 시대를 끌어댈지 모른다. 이것은 직업적으로 욕설을 퍼붓고 사전의 성찰 없이 글을 쓰는 그 엉터리 기자의 끝없이 되풀이되는 지겨운 후렴구이다.

819 외국인에게 강한 인상을 주는 것

무엇보다 먼저 외국인을 사로잡는 것은 모든 사회에 퍼져 있는 보편적인 온화함과 열려 있는 상냥함이다. 저속하지 않은 모든 것에는 사물에 대한 일단의 합리적인 관념과 올바른 의식이 스며들어 있는데, 다른 곳에서는 이러한 관념들이 책속에 있을 뿐 머릿속에 있지 않다. 사회, 특히 상류사회에 어울리는 도덕은 다른 어디보다도 수도에서 더 함양되었다. 동배(同輩)들과 함께 살아가는 사람이 무엇을 그들에게 빚지고 있는지 누구나 느낄 수 있는 곳은 바로 파리인데, 거기에서는 보편적인 예법에 따른 품위에 힘입어 기질의 일치가 생겨나 성격들의 조화를 유지하고, 언제나 성급하게 헛힘만 쓰는 오만과 악의를 차단한다. 사람들을 서로 가까이 다가가서 단결하게 하는 경향이 있는 문예의 취향과 과학의 교양은 서로 다른 모든 신분으로 단 하나의 신분을 형성하는 듯하다.

나는 외국인을 보면 볼수록 내 조국을 더 사랑했다.

이는 벨루아가 한 말이다. 이 시행의 진실은 여행하는 파리인에게서 구현된다.

820 팔레루아얄

지구 위의 유일한 지점. 런던, 암스테르담, 마드리드, 빈을 방문해보라. 이곳과 유사한 어떤 것도 목격하지 못할 것이다. 여기에서라면 수인(囚人)이라도 지루하지 않게 살아갈 수 있을 것이고, 여러 해가 지나고 나서야 석방되었으면 할 것이다. 이곳은 포로를 간수도 폭력도 없이 부드럽게, 마치 그가 자의에 의해 갇힌 듯이 붙들어 놓았으면 하고 플라톤이 바랐던 장소이다.

이곳을 '파리의 수도'라고들 부른다. 여기에는 모든 것이 있다. 20세의 젊은이를 여기에 집어넣고 5만 리브르의 연금을 주어봐라. 그는 이 마법의 장소에서 나가려고 하지도 않을 것이고, 나갈 수도 없을 것이다. 그는 이 아르미드의 궁전에서 르노 같은 남자가 될 것이다. 이 영웅이 여기에서 시간을 낭비하고 영광을 거의 잃는다면, 우리의 젊은이도 여기에서 그렇게 될 것이고, 어쩌면 재산까지 탕진할 것이다. 그는 이제 여기에서만 즐거움을 누릴 수 있을 것이고, 다른 어디에서건 권태로워할 것이다. 이 마법의 거주지는 대도시 안에 박혀 있는 호화로운 소도시이고, 찬란한 악덕들로 수줍음의 환영마저 찾아볼 수 없는 관능의 사원이다. 이 세상에서 이곳보다 더 우아하게 퇴폐적인 별천지는 없다. 여기에서는 누구나 웃는데, 이는 얼굴을 붉히는 순진무구한 처녀를 떠올리게 한다.

조영(造營)으로 말하자면, 성곽 때문에 확장이 가능하지 않았고 수도원 건축의 성격을 지나치게 띠고 있는 이 '정사각형' 대신에 길쭉한 형태가 들어설 수 없었다는 것은 매우 유감스러운 일이다! 얼마나 경이로운 속도로 건물이 올라가는지 우리는 보았다! 그렇지만 이에 따라 일반인들의 중얼거림도 높아져갔다. 바로 그즈음에 조영의 비용이 엄청날 것이라고 누군가가 존엄한 소유주에게 부드럽게 지적했을 때, 그는 "전혀 그렇지 않다. 왜냐하면 모든 이가 내게 돌을 던지니까"라고 쾌활하게 대답했다.

당신이 원할지 모르는 것을 여기에서 발견할 것이 틀림없다. 물리학, 시, 화학, 해부학, 언어, 자연사 등등의 강좌까지도 들을 수 있다. 옛 랑부예 저택에 모인 여자들의 근엄하고 현학적인 태도를 버린 여자들이 여기에서 과학을 희롱한다. 그녀들에게 과학은 복슬강아지나 앵무새 같은 귀여운 장난감에 지나지 않는다. 거의 모든 곳이 '클럽'인데, 그곳에서는 음악이 연주되고 때때로 학습이 진행된다.

이 낱말과 관련하여 몇 가지 생각이 떠오르는데, 여담이 될 위험을 무릅쓰고 그것들을 말해보고 싶다. 독자들이여, 나중에 다시 팔레루아얄을 이야기하겠다.

동아리 취향은 우리의 선조가 경험하지 못한 것으로서, 영국으로부터 들어와 파리에 자리 잡기 시작했다. 이러한 종류의 모임들에서는 누구나 놀면서 배우고, 역사와 물리학, 시가 서로 손을 맞잡는다. 이로써 온갖 신분의 사람들로 구성된 일종의 아카데미가 형성되는데, 이러한 아카데미에서는 모든 과학과 예술이 취향의 차원에서 적절히 섞임으로써 각 분야가 고루 발전할 것이 틀림없다.

오, 행복한 시간이었나니, 내가 기억하기로 그때에는 뮤즈들이 우리에게 유일한 기쁨의 원천이었고, 다양한 대화를 통해 우리의 사상이 친구 5~6명에게 전파되어 공유되기에 이르렀다! 우리는 진리를 알고자 하는 가장 열렬한 욕망으로 진리를 찾으려 애썼는데, 이는 흔히 생각하는 것보다 더 드문 일이다. 우리 사이에서는 경쟁심이 계몽은커녕 고통을 주는 질투, 비루한 정념으로 변질되지 않았고,

우리는 사상을 질식시키거나 생겨나지 못하게 방해하는 그러한 조급증 없이 주제를 다루었다. 자유분방한 사유에 힘입어 우리의 표현은 흔히 참신성과 특이성을 갖게 되었는데, 이와 같은 표현법 덕분으로 우리의 순수한 논쟁에서는 정말로 천진한 웃음꽃이 피어나곤 했다.

바로 거기에서 나는 문학의 이단자임이 드러나기 시작했고, "몹시 칭찬받는 여러 작가를 읽고 싶었으나 내 마음에 들지 않았다"고 솔질하게 말했으며, 이로써 문학에 관한 나의 모순적인 생각을 고백했다. 그래서 나를 전향시키려는 노력도 있었고, 때로는 설교자 자신이 전향하기도 했다.

당신이 다 말하지 않아도 당신을 이해하고 당신의 의도를 꿰뚫어보고 다수의 대상에 관한 검토를 함께할 수 있는 사람들과 자유롭게 이야기하는 것보다 더 큰 즐거움은 없으리라고 나는 확신한다. 어떤 문제가 철저히 고찰되었다고 생각하고 있었는데, 처음 보기에 진실 정도가 미약한 것 같은 진실의 새로운 증거를 발견하여 놀라고 매혹되는 경우가 드물지 않았다. 이러한 수련이 얼마나 정신에 깊숙이 스며드는지 믿을 수 없을 정도이고, 토론이나 논쟁의 대상으로 떠오르는 생각들이 밀려갔다 밀려왔다 하면서 생각하지도 못한 착상이 생겨나기도 한다. 이처럼 충돌이 빚어지는 활기찬 대화에서는 다수의 반짝이는 섬광이 피어오른다. 그렇다, 이런 방식으로 대화하는 즐거움을 누린 사람은 이제 평범한 사람들의 단조로운 동아리에서 대화할 수 없게 되고, 전혀 듣지 않거나 거기에서 난무하는 어리석은 말을 경멸하고는 말문을 닫게 되며, 어떻게 해서든 거기에서 빠져나가려 한다.

나는 결코 수도에서만 이야기가 잘 된다고, 예술의 태양이 파리를 위해서만 떠오른다고, 지방 도시들은 몇몇 떠돌이 별의 희미한 빛만을 향유할 뿐이라고 생각하지 않는데, 이렇게 생각하는 것은 개탄스러울 정도로 불공정한 태도이다. 루브르의 아카데미 회원이 편파적으로 생각하고 이러한 어리석은 말을 해도 내버려두라. 좋다, 하지만 수도에서는 인간의 정신이 많은 대상에 의해 사방으로 압박을 받는 만큼, 다른 곳에서보다 더 많은 것을 산출한다는 것도 사실이다. 수도에서는 견해들이 일상의 수많은 사건과 매우 많은 개성적인 인물에 의해 일깨워지고 높이 평가되거나 공격받기 때문에, 더 날카롭고 더 풍요로울 뿐 아니라, 인물들도 모두 지방에서보다 더 뚜렷하게, 때로는 더 기묘하게 서로 다르다. 반면에 지방에는 강물의 평온한 흐름과 유사한 일종의 일률적인 평등이 퍼져 있다. 수도는 방향이 서로 어긋나는 온갖 바람에 의해 날마다 거친 파도가 이는 바다이다.

루브르의 아카데미 회원들은 이 궁전에서 빛날 불멸의 권리를 신중하게도 자신에게만 확보해두고 프랑스 문학의 권좌를 드높였다고 자랑하지만, 누구나 알다시피 엄청나게 많은 신하의 무리가 이 폭군들에게 반항하면서 군주로 자칭하는 이들을 무시하거나 비웃는다.

예술에 대한 사랑에 힘입어 여러 소규모 문학 모임이 생겨났는데, 이것들은 대규모 모임보다 훨씬 더 지적 능력을 기르고 이성의 완전한 개화를 기하는 데 이바지한다. 이 모임들에서 지금 젊은이들은 도처로 퍼져나가는 탁월한 읽을거리들을 통해 성찰하고 추론하기를 배우고 있다.

솔직히 나는 '국왕의 공개장'과 '출석사례 토큰'을 주는 권한이 있는 아카데미 단체들에 대해 반감이 있다. 진지한 어린이들의 우스꽝스러운 의식 없이도 또한 '투표'가 아닌 다른 방식으로 가입할 수 있고, 어쨌든 생피에르 신부처럼[54] 생각하거나 글을 쓴다고 해서 몰아내지 않는 이 문학회들에 대해서는 확고한 호감을 갖고 있다.

내 친구들이여, 문학에 관해 이야기하자, 문학회를 만들자, 그리고 어떤 아카데미에도 속하지 말자. 만약 우리가 아카데미에 들어가게 된다면 우리의 상냥하고 솔직한 말은 횡설수설이 될 것이고, 우리의 대결의식은 질투가 될 것이며, 오래지 않아 우리의 기개는 모조리 사라지고 오만하고 옹졸한 편협성만 난무할 것이다. 나는 2~3명의 두뇌를 보고 그들이 이 맹탕들보다는 뛰어나다고 생각했는데, 사실은 우스꽝스러운 잡놈이고 푸른 양탄자 주위에 실제로 천재성이 머물러 있다고 믿는다는 것을 알고는 많이 웃었다.

54 생피에르 신부의 『다원합의제 서설』을 넌지시 가리키는데, 생피에르 사제는 이 대담한 저술로 말미암아 아카데미에서 쫓겨나는 곤욕을 치렀다.

821 팔레루아얄의 후속편 1

여기에서는 모든 것을 보고 모든 것을 듣고 모든 것을 알 수 있으며, 젊은이를 세세한 부문의 시시한 학자로 만들 수 있을 뿐만 아니라, 방종의 영향력이 무절제한 젊은 사람들에게 작용하여 그들이 나중에 널리 흩어지면서 다른 어디에도 알려지지 않은 태도, 음란하나 열정은 없는 태도를 내보이게 된다. 여기에서 방종은 영원하고 음란의 사원은 밤낮으로 어느 시간에나 열려 있어, 일정한 값을 치르면 언제라도 들어갈 수 있다.

아테네인들이 자신들의 프리네에게 전당을 세워주었듯이, 우리의 프리네들은 이 성곽 안에서 전당을 발견하는데, 엄격주의의 시기에는 아마 어쩔 수 없이 그녀들을 쫓아내려는 의지가 생겼을 것이지만, 이 가벼운 총애의 상실에도 불구하고 가장 눈부신 계급을 구성하는 여자들의 압승은 더 확고해졌을 뿐이다.

예쁜 매춘부들과 짝을 이루는 투기꾼들은 하루에 세 번 팔레루아얄에 간다. 거기에서 이 모든 입들은 돈과 매춘, 정치에 관해서만 말할 뿐이다. '시세차익'을 노리는 이러한 사람들은 주식거래에 관해 말하면서 "로마는 이제 로마에 있지 않고 내가 있는 모든 곳이 로마이다"라고 내뱉을지 모른다. 카페 안에서 은행의 업무가 이루어진다. 거기에서는 손실과 이득 때문에 느닷없이 일그러지는 표정들을 유심히 관찰할 필요가 있다. 어떤 사람은 비탄에 잠기고, 또 어떤 사람은 기고만장해한다.

그러므로 이 장소는 예쁜 판도라의 상자이다. 이 상자는 정교하게 세공되어 있지만, 불카누스가 생기를 불어넣은 그 조각상의 상자에 무엇이 들어 있었는지는 모든 이가 알고 있다.

짜릿하게 자극하는 것을 만들어내는 기술이 고등 과학에 인접해 있다. 방종의 반짝이는 장신구가 방종에 필요해질지 모르는 외과 기구의 곁에 걸려 있다. 하루 동안만 유행하는 모든 싸구려 장신구가 여러 세기 동안 지속하는 가장 값진 엄청난 보석들과 함께 동일한 가게에 진열되어 있다. 어떤 사람이 지나가다가 이 눈부신 진열대를 보고서 "아! 이 모든 것을 누릴 수 있다면!" 하고 말하고는 한숨짓는 반면에, 또 어떤 사람이 지나가면서 "거의 모든 물건이 늘 그저 그래, 이해하지 못하겠어!" 하고 말하고는 웃는다.

팔레루아얄에서 모든 '사르다나팔로스'와 모든 삼류 '루쿨루스'가 아시리아 왕과 로마 집정관도 부러워했을 집에 묵는다. 거기에서는 망치나 투박한 줄의 소음이 전혀 들리지 않고, 요리할 때 나는 김이나 커피의 향내가 퍼질 뿐이다. 거기에는 크롬웰 10명, 기즈 20명, 마사니엘로[55] 30명의 천재성을 없애버릴 뭔가가 있다.

카페들은 사람들로 넘쳐나는데, 그들이 온종일 하는 일이라고는 소문을 지껄이거나 듣는 일뿐이다. 그들은 저마다 자신의 신분에 따른 정치색에 따라서만 식별될 뿐이다.

이 장소에서는 모든 것이 3~4배 비싸기는 하지만, 모든 이의 호주머니에서, 특히 외국인들의 호주머니에서 돈을 끌어내는 힘이 지배하고 있는 듯하다. 그들은 이 다양한 향락의 집합체를 열렬히 좋아하다가 떨거지로 전락한다. 이 특권적인 장소는 누구를 막론하고 온갖 부문에서의 상황으로 말미암아 요구되는 모든 것을 즉각 얻기

55 Masaniello(1623~1647): 1647년 7월 에스파냐의 지배에 대한 반란의 우두머리였다. 이 역사상 에피소드와 그 주인공은 18세기에 여러 드라마와 소설의 소재가 되었다.

위한 만남의 장소인 것이다. 쓸쓸하고 활기 없는 지방처럼 보인 지오래인 다른 구역까지도 이 장소로 인해 더욱 황량한 곳으로 변해버린다.

탐욕스러운 경쟁을 부추기는 비싼 임대료 때문에 상인들이 파산한다. 이곳에서는 여남은 단위로 셈해야 할 정도로 파산이 빈번하다. 이곳의 상점 주인들은 프랑스의 여타 구역에서 유례를 찾아볼 수 없을 정도로 후안무치한데, 그들은 뻔뻔스럽게 구리를 금이라고, '인조 다이아몬드'를 진짜 다이아몬드라고 속여서 판다. 직물은 정말로 질긴 다른 직물의 반짝거리는 모조품일 뿐이다. 아케이드의 과도한 임대료 때문에 그들은 아무런 양심의 가책도 없이 교활한 사기 판매를 자행하는 듯하다. 그 모든 외부 장식에 현혹된 구경꾼이 속아 넘어가지만, 그는 돌이킬 수 없게 되고서야 자신이 사기에 걸려들었다는 것을 알아차린다.

안색이 창백하고 표정이 거만하며 몸가짐이 건방지고 회중시계 2개에 달린 패물의 소음으로 자신의 도착을 알리는 많은 방탕한 젊은이를 걸어가면서 보기만 해도 딱한 생각이 든다. 그들은 리본, 야리야리한 비단, 방울 모양의 술 장식품, 꽃, 드레스, 가면, 연지 상자, 길이가 반 피에 남짓한 장식 핀 값으로 넘쳐나는 이 미로를 돌아다닌다. 온갖 악덕을 배태하는 '타타르 사람들의 투기(鬪技)장'을 완전한 무위도식에 젖어 휘젓고 다니는 것이다. 그들은 교만한 모습을 내보이지만, 그렇다고 해서 무능함이 감춰질 수는 없다.

서로 등을 맞대고 있으며 멋진 기둥들이 세워지고 화려한 장식으로 건물의 아름다움이 한껏 고조될 예정인 긴 목조 상점가를 '타타르 사람들의 투기장'이라고 부른다. 바로 거기에서 저녁마다 여자들이 며칠 동안 상상한 끝에 구입하지만 며칠 지나면 바꿔버리는, 몹시 환상적인 온갖 의상으로 치장하고서 2명씩 짝을 지어 남자들의 시선을 피하지 않고 맞받으며 지나간다.

그녀들이 유행을 따라 의복 각 부분에 붙이는 명칭을 모아놓으려면 여러 권으로 된 2절판 사전이 필요할 것이다. 이러한 저작물이 우리나라에는 아직 없는데, 팡쿠크가 이러한 저작물을 내기 위해 매우 활발하게 작업하고 있다고 한다.

가장 화려하게 치장하는 여자들이 거의 언제나 가장 추한데, 이는 틀림없이 사실일 것이다. 가정주부가 저녁이면 어린 딸 둘과 함께 소란스러운 산책로를 대담하게 통과할지 모르고, 정숙한 아내이거나 예의바른 시민인 여자가 선정적인 화류계 여자들 옆으로 과감하게 지나갈지도 모르는데, 이와 같은 경우에 그녀들은 화류계 여자들의 몸치장, 몸가짐, 표정, 흔히 하는 말 등 이 모든 것에 질겁하여, 양성의 일반적인 타락을 한탄하면서 서둘러 멀어져간다.

어쩌면 하룻밤에 화재가 집어삼킬 바로 이 무대 아래에서 때 이른 방종을 목격할 수 있는데, 젊은 나이에 빠져드는 방종은 높은 경매가격을 내고 죽음에 이르는 길이다. 거기에서 눈에 띄는 많은 젊은이는 콧노래를 하면서 소극장으로 달려간다. 소극장이 대극장보다 더 붐비는 까닭은 소극장에서 외설적인 공연을 하기 때문이다. 이 젊은이들은 무감각해진 영혼, 식어버린 가슴, 기쁨도 활기도 없는 정념이 생생하게 드러나는 아주 특별한 표정을 짓고 있다. 감각의 거리, 가문의 쇠퇴, 부모를 깍쟁이로만 간주하고 부모의 죽음을 막연히 바라면서 이 끔찍한 욕망을 그다지 부정하려고 하지 않는 자식들의 허물은 없으나 불경한 태도, 바로 이러한 악덕들이 고개를 꼿꼿이 들고 걸어다닌다. 어느 부모를 막론하고 자기 아들의 비루하고 어리석은 생산자, 자기 딸의 멍청하고 늙수그레한 여자 가정교사에 지나지 않는다. 타락하고 이전 세대보다 더 나쁜 세대의 잘못된 관념에 맞춰 양성되어온 이 한심한 청소년들을 부양해야 하는 상황 때문에 신성한 풍속은 자취를 감추고, 심지어는 웃음거리가 되기도 한다.

바로 여기에서 혐오스러운 『잔 다르크』 중에서도 가장 혐오스러운 시행들, 그리고 프랑스를 속였지만 프랑스만을 대상으로 활동했기 때문에 프랑스만을 속인 사람의 가장 반종교적인 원칙들을 늘어놓는 소리가 울려퍼진다. 그 사람은 높은 명성에 합당한 천재성보다는 높은 명성을 부당하게 차지하기 위한 수완이 더 승했고, 자신이 계몽한다고 자랑한 정신보다는 자신이 타락시킨 감성에 더 많은 영향을 끼쳤다. 요컨대, 그는 우리가 방금 소묘한 초상에 의하면 아주 당연히 장자크 루소의 적이 되고, 자신이 죽을 때 애도를 표할 가장 고결한 사람을 악착같이 처단하려고 한 비겁함 때문에 불명예로 뒤덮이게 되어 있었다. 그는 그곳의 정원 중앙에 볼테르의 조각상을 세우고 받침대에 '그리부르동 가수에게'를 써넣는 것만 유일하게 소홀히 하고 있다.

슬프도다! 수줍은 조심성, 정겨운 당혹감, 순진한 얼굴의 홍조, 누군가가 감히 얼굴의 홍조를 놀릴 때 홍조가 가시면서 창백해지는 얼굴빛, 청춘의 사랑스러운 모습, 젊고 얌전한 미녀의 애처로운 황금빛 매력은 여기에서 눈을 씻고 찾아보려 해도 헛일일 것이다. 10년 전부터 파리인들에게서는 용모만 보더라도 다른 지방 사람들과 다른 가장 한탄스러운 점이 있다는 것을 도처에서 엿볼 수 있을 것이다.

소녀는 어린 시절에 즐기던 순진한 놀이를 그만두자마자 선정적인 춤, 사랑의 온갖 기교와 비밀을 배우기에 여념이 없다. 여자는 결혼하여 남편이 벌어온 것으로 먹고살게 되자마자 은밀한 눈길로 애인을 찾는다. 이윽고 그녀는 분별이 없어지고, 어둠 속에서는 모든 쾌락이 정당하다고 생각한다.

이것이 팔레루아얄 지역에서 간파할 수 있는 우리의 풍속에 대한 묘사가 아닐까? 그래! 그것을 묘사한 사람은 바로 호라티우스이지만, 그는 은밀하거나 타산적인 방탕에 의해 시간 단위로가 아니라 분 단위로 매수되는 편리한 은신처들을 간파해낼 수 없었다. 이러한 계산방식은 그를 깜짝 놀라게 했을 것인데, 그래서인지 그는 유베날리스 같은 사람에게 붓을 넘겨주었다.

음! 금전에 의해 쉽게 접근할 수 있는 그토록 뜨거운 쾌락의 온상을 좇아 가장 존중할 만한 결합, 지상에서는 유일하게 사랑의 열정적인 쾌락을 부드러운 연정, 우정의 순수한 행복에 연결하는 유대를 피한다 해도 놀랄 필요가 있을까?

그렇지만 모든 시간대가 똑같이 이 노골적인 방탕으로 넘어간 것은 아니다. 사람들이 적어도 점잖은 외양을 갖추고서 산책하는 시간대도 있다. 이때에는 공중을 존중하는 태도가 퍼져 있는 듯하다. 정숙하고 아름다운 여자가 시선에 대해 불평할 필요 없이 팔레루아얄의 정원에 머물 수 있는 것은 봄과 여름에는 대략 5시 무렵이고, 특히 오전에는 11시경이다. 이때에는 자연의 가장 멋진 광경인 아름다운 여자가 자신의 매력을 한껏 발산할 수 있게 된다. 누구나 경탄의 눈길로 그녀를 바라보고, 몇 가지 점에서 요정들에 의해 세워진 듯 보이는 울타리 안에서 그녀는 평온하게 산책의 즐거움을 누리게 된다.

원형 경기장[56]은 파리에 존재하는, 감히 말하자면 가장 아름답고 가장 우아하고 가장 독창적인 건축물이다. 누구나 고대 로마의 원형 경기장을 떠올릴 때면 비웃음을 흘리는 것이 사실이지만, 사용 목적이 전혀 다르다는 점을 마땅히 인정해야 한다. 그것은 과장하지 않

56 오를레앙 공작이 경마와 공연의 용도로 팔레루아얄에 세워 상점들을 입주시킨 세로 112m, 가로 32m의 건물로, 대혁명의 시기에는 정치-문학의 광장이 되었다.

고 말해서 소형이기 때문에 사원이고 극장이며 축제를 벌일 수 있을 뿐만 아니라 민중을 모으는 장점을 겸비하고 있는 건물이며, 요술 지팡이 치기에 의해 새로 만들어진 지하 시설이다.

모름지기 왕족은 자신의 궁전을 140개의 기둥 위에 세워야 한다고 하는데, 그래야 수도에서 가장 매력적이고 가장 웅장한 궁전이 될 것이고, 이런 일이 조금이라도 계속된다면 100년 후에 수도는 유럽에서 가장 멋진 곳이 될 것이다.

게다가 이 구역은 영속적인 보호, 그리고 다른 곳보다 더 폭넓고 더 세밀한 경계를 요한다. 따라서 이곳에는 도시의 나머지 구역들과 거의 마찬가지로 지서들을 갖춘 경찰이 운용되고 있다.

822 팔레루아얄의 후속편 2

중국에서도 이 제국의 수도에 풍속 마당이 있다. 그것은 약 1km의 면적 안에 도시를 축소하여 재현해놓은 곳이다. 온갖 직업, 온갖 소동, 분주한 왕래, 심지어 장난질까지 배우들이 연기하는데, 어떤 배우는 상인이고, 또 다른 배우는 장인이며, 이 배우는 병사, 저 배우는 관리이다. 상점이 문을 열고, 상품이 전시되며, 구매자의 역을 맡아 하는 사람들도 있고, 비단 상가, 포목 상가, 도자기 거리, 칠기(漆器) 거리가 보인다. 의복, 가구, 여성용 장식품, 더 멀리로는 진기한 물건의 수집가와 학자를 위한 책도 찾아볼 수 있다. 주막, 여인숙 식당이 있어서 행상인들이 드나드는 것을 볼 수 있다. 헌 옷 장수들이 행인의 소매를 잡아끌어 물건을 사라고 졸라댄다. 말다툼이 벌어지고 몸싸움이 일어나며, 포졸들이 싸우는 사람들을 체포하여 판관 앞으로 데려가고, 판관은 그들에게 태형을 선고한다. 이 우스꽝스런 체포가 실행될 때, 누구나 할 것 없이 손으로 배우를 슬쩍슬쩍 치고, 그러면 이 가짜 죄인은 구경꾼들을 흥겹게 해줄 요량으로 수형자의 비명을 흉내 낸다.

소매치기 역도 빠지지 않는데, 이 역을 맡아 하는 배우에게는 솜씨 좋게 훔치는 것이 허용된다. 요컨대, 도시의 온갖 생활상이 연극화된다. 황제가 백성 사이에 섞인다.

이 생동감 넘치는 연극 마당의 착상은 재미있는 것 같고, 멋진 도시 파리의 연극 마당을 페테르부르크에 꾸며놓으면 좋지 않을까 싶다. 그렇게 하면 이 국가의 사물에 대해 낯설게 느낄 위대한 여제[57]와 민족에 멀리 떨어져 있는 국가를 충실하게 재현할 수 있을 것이다. 마드리드, 빈, 모스크바에서 파리인들의 의상, 그리고 대충 신체의 치수에 맞춰 고른 기성복을 입기 위해 옷을 벗는 '정찰 판매점'이 유발할 폭소를 생각해보라.

이와 같은 축제를 실행하고자 한다면, 감히 말하건대 내 책이 전혀 무용하지는 않을 것이다. 이와 같은 축제를 프랑스에서 개최한다면 파리인들은 자신들의 서로 유사함에 많이 웃을 것이라는 생각마저 든다. 거울에 비춰질 때 짜릿한 재미를 주고 온전한 특이성을 드러내는 대상이 얼마나 많은지 모른다!

뒤죽박죽된 신분, 잡다함, 군중, 이 모든 것은 어느 새로운 뤼시엥이 미화할지 모르는 독특한 무도회의 기회를 제공할 것이지만, 쉿!

품격은 있으나 흉내를 내면 보잘것없는 것으로 드러나는 대상들도 있다. 이러한 축제의 생생함에는 어느 신분을 막론하고 끌릴 것이다. 거리의 혼잡을 묘사만 해도 우리의 마음에 들지만, 거리의 혼잡을 흉내내고 재현하는 것 역시 이에 못지않게 우리의 마음을 사로잡을 것이다.

마침내 축제가 일종의 급격한 반전으로 끝날지 모른다. 가령, 누구나 알다시피 파리는 비 내리는 날이 많은데, 모든 이가 밖에 있을 때면 사람들은 비오는 듯이 연기할 것이고, 저마다 비를 피하는 흉내를 낼 것이며, 이제는 '전나무'로만 불리는 삯 마차를 서로 먼저 잡으려는 연기를 할 것이고, 콧수염을 기른 마부가 긴 외투를 입은 마부와 함께 모습을 나타낼 것이며, 호화 사륜마차, 1두이륜마차, 끌

57 '북쪽의 세미라미스'라 불린 예카테리나 2세를 말한다.

채 둘인 이륜마차, 끌채 하나인 이륜마차, 인력거 등 온갖 탈것이 실물로 생생하게 재현되는 것을 누가 막겠는가?

이 모든 대상을 더 작은 크기로 본뜨는 기술이 있을지 모른다.

아무런 의미도 없는 그토록 많은 종류의 오락을 상상할 수 있지만, 나는 이것이 새롭고 짜릿한 오락이라고 생각한다. 중앙시장은 결코 무시되지 않을 것인데, 서로 뒤섞이는 상이한 사회적 신분의 사람들, 온갖 신분, 온갖 얼굴, 온갖 색깔의 사람들이 형성하는 연속된 물결, 마차들의 긴 행렬, 압도적으로 많은 짐수레와 보행자의 빠르고 끝없는 움직임보다 더 유쾌하고 더 다채로운 광경이 어디 있을 것인가? 치안총감의 역을 맡아 하는 볼랑주, 파리 시장의 역을 맡은 뒤가종을 상상해보라. 다른 배우들은 시 행정관, 경비대 장교, 검열관, 경찰관, 밀정(密偵)일 것이고, 조금이라도 직책을 가진(왜냐하면 필요할 것이 분명하므로) 이 모든 사람이 실제 상황인 듯이 활동한다면 모든 이가 흥겨워할 것이다.

함성은 축제 분위기를 고조시킬 것이다. 로마인들에게도 사투르누스 축제가 있었는데, 이와 같은 축제는 파리인을 매우 즐겁게 해주고, 모든 시민을 그날만큼은 평등하게 만들어주며, 웃음을 짓게 할 것이고, 많은 우스꽝스러운 행태를 바로잡는 데 도움이 될 것이다. 또 다른 해에는 런던 차례가 될 것인데, 그렇게 되면 이탈리아, 바타비아, 에스파냐, 폴란드, 러시아, 독일 순으로 차례가 이어질지 모른다.

내 생각에 '팔레루아얄'은 시의 다른 모든 건물보다도 여기에서 내가 가리키는 것과 같은 종류의 짜릿한 축제를 민중에게 제공하는 데 소용될 수 있을 것이다.

티그라네스와 미트리다네스를 굴복시킨 승리자, 폰토스와 아르메니아의 정복자, 사르다나팔로스의 모방자, 에피쿠로스 신봉자, 요컨대 루쿨루스는 키케로와 폼페이우스에게 경의를 표하기 위해 아폴론 살롱에서 아시아풍의 호사스러운 축연을 베풀었을 때, 비록 뭍과 물의 온갖 산물을 사용했을지라도, 자신의 저명한 손님들에게, 자신이 대접하는 이들에게, 오늘날 방탕한 젊은이가 맛보는 향락을 내 감히 말하건대 마련해줄 수 없었다. 그러나 팔레루아얄에 틀어박혀 방탕에 돈을 낭비하는 젊은이는, 위대한 로마가 최전성기에 이르렀을 때 로마인들이 먹었던 것보다 더 많은 일미의 요리를 자신의 찬란한 식탁으로 빠짐없이 가져오게 한다.

823 내장 가게

내장 가게는 이 포부르에서도 후미진 곳에 있다. 푸주한들은 푸줏간에서 팔지 않는 이 찌꺼기를 '므뉘(menus)'라고 부른다. 이 '므뉘'를 큰 가마솥에 일정량의 물과 함께 넣고 펄펄 끓이는데, 이 모든 물질이 삶아지면서 표면에 거품이 발생한다. 예전에는 이 거품을 쓸데없는 것으로 간주하여 전부 버렸으나, 사실 이 거품은 파리를 밝히는 가로등에 사용되는 기름이다. 이처럼 동물을 먹은 후에 동물성 유지를 심지에 먹이면 빛을 얻을 수 있다. 또한 곡식, 짚 등 모든 것에는 연관성이 있다.

가로등은 동이 틀 때까지만 밝히게 되어 있는데, 가로등 불빛이 점차로 변하여 약해지고 꺼지는 것을 볼 수 있다. 시간이 계산되는 데에도 주민생활이 반영되는 만큼, 가로등을 약간 더 이르거나 약간 더 늦게 끄는 것이 분명하다.

등잔불의 사용이 아주 완벽해졌고, 그래서 이제 등잔불은 새로운 빛이고 연기와 고약하고 불쾌한 냄새가 완전히 제거된 희끄무레하지만 아름다운 불꽃이다. 이 모든 것은 심지의 배열, 다시 말해서 강한 공기의 흐름을 여하히 불꽃과 섞이게 하느냐에 달려 있다. 심지의 실오라기들이 도관을 중심으로 배열되어 있어서 공기가 잘 통하게 되기 때문에 기름에서 냄새가 역한 성분이 잘 빠져나간다. 따라서 어떤 기름을 써도 상관없이 불꽃으로 인해 연기가 발생하지는 않는다.

오늘날 우리의 주거에서는 새로운 방식에 따라 배열된 심지만 볼 수 있는데, 이 심지는 부드럽고 순수하고 선명한 빛을 발한다.

가난한 사람들은 삶고 난 후의 이 '므뉘'를 사고, 길모퉁이에서는 식용 소의 간, 심장 등과 함께 반쯤 삶은 내장이 음식점 바구니에 담겨 팔린다. 그것은 보기에 그다지 유쾌하지 않은 음식이지만, 누더기를 걸친 허기 앞에서는 결코 우아하기를 기대할 수는 없다.

824 유예 판결

왕족 애인을 잡아 자기 집에 붙들어두고 있는 여배우가 인지를 붙인 여러 소환장을 벽난로 위에 올려놓았다. "보세요, 각하, 전 망했어요!" 왕족이 서류를 가져가고는 이튿날 '유예 판결'을 그녀에게 보냈다. 강적이다.

유력자의 신임을 받고 있는 사람들은 빚을 갚지 않고자 대상서로부터 유예 판결을 받아냈는데, 이는 채권자의 소송을 무효로 만들어버리기 때문에 채권자들에게는 매우 유감스러운 일이었다. 이 양도는 남발의 여파로 매우 제한되기에 이르렀다. 이 판결은 가장 고약하고 가장 엄청난 채무자들, 다시 말해 몇몇 특권 귀족이나 그들이 밀어주는 사람들, 즉 그들이 '사업'이라 부르는 것의 공모자들에게만 도움이 될 뿐이었다. 그래서 오늘날에는 이 판결을 받아내기가 매우 어렵다.

825 백만

100년 전에 1천 루이 금화라는 말을 썼듯이 오늘날은 '백만'이라는 말을 쓴다. '백만' 단위로 계산하고, 도모하는 온갖 일마다에서 '수백만'이라는 말이 들려온다. 건물, 여행, 주둔지가 문제될 때 '수백만'이 눈앞에서 춤춘다. 이 '수백만'으로 인해 누구를 막론하고 나는 가난하다는 관념을 갖게 되고, 그래서 연금 4,000리브르조차도 감히 거금이라고 말할 수 없다.

메스에서 돌아온 루이 15세가 회복되고 있다는 소식에 사람들은 가장 열렬하게 기뻐하였다. 만일 그가 메스에서 자연에 조공을 바쳤다면[58] 오늘날 그에 대한 사후의 평판은 앙리 4세의 평판에 못지않을 것이고, 어쩌면 앙리 4세의 평판을 능가할 것이다. 루이 15세가 백성의 환희 속에서 행차하다가 조명으로 환하게 밝혀진 파리의 어느 곳에선가 "국왕 만세, 나는 국왕 전하를 위한 백만이 있다"라는 말이 적힌 '인찰지(印札紙)'를 언뜻 보았다. 국왕은 행차를 멈추고서 이 친절하고 너그러운 시민이 어떤 사람인지 알아보게 했다. 이 부르주아는 자기 집 출입문의 문턱에서 다음과 같이 말했다. "제 이름은 백만이고요, 이름이 저와 똑같은 제 아들은 전하의 샹파뉴 연대에서 근무하고 있습니다." 국왕은 행차를 속행했다.

58 즉, 1744년 8월 병이 났을 때 죽었다면.

826 카트린 바상

얼마 전부터 화학자들은 우리를 분변 물질과 친숙해지게 했다. 그들은 탄산가스 분출을 억제하는 기술을 가르치면서, 우리에게 하수구 수문의 밑바닥에 신경을 쓰도록 했다. 또한 알칼리의 중화에 산(酸)이 유용함을 알려주었고, 대변 찌꺼기에서 발산되는 지독한 악취에 맞서 싸웠다. 그리고 누아용의 한 하녀가 화학에 관해 아무것도 모른 채 4명의 목숨을 구하려고 더러운 진창 더미 속으로 뛰어들었을 때에는, 우리를 장독과의 전쟁에 익숙해지게 했다.

아카데미 프랑세즈는 영웅적인 하녀의 헌신과 네케르의 책 『종교에 관한 견해들』을 같은 날 표창했다. 이처럼 미덕과 재능은 비록 대척점에 놓여 있을지라도 둘 다 명성을 가져다준다. 그들 행위의 결실들은 결국 동등한 것이 된다. 따라서 그들은 그 다른 삶, 악인만이 멀어지고자 할 것이고 미덕이 천재성보다 훨씬 빛나게 되는 그 필연적인 삶을 영위할 것이다.

루이 12세 예찬, 하녀와 유명인사에게 수여된 상, 드넓은 왕국에 유익한 받침대와 닻, 바로 그때 툴롱에 정박한 배, 티푸사이브[59]가 보낸 사절단의 참석, 이 사건들의 희귀한 관련성은 '카트린 바상'[60]

59 Tippoo-Saïb(1749~1799): 1782년 자기 아버지의 뒤를 이어 마이소르의 국왕으로 즉위했다. 영국군의 인도 주둔에 대한 주요 반대자 중 하나였으며, 프랑스의 지원을 얻기 위해 사절단을 보내기도 했다. 그의 사절은 1788년 6월~1789년 5월까지 프랑스에 머물렀다.

60 1788년 4월 10일 목요일 『주르날 드 파리』 지는 누아용에서 '하녀' 루이 바상이 3명

이 더러운 똥물에서 순수하고 빛나는 모습으로 나온 반면, 또 다른 위대한 인물[61]은 대중의 경멸이라는 구덩이로 떨어졌기 때문에 그만큼 더 확연히 내 눈에 띄었다.

물리학자들이 탄산가스 분출의 억제에 노력하지 않았다면, 아카데미 회원들은 아마 이 용감한 하녀에게 상을 주려고 하지 않았을 것이다. 대변의 진창은 용모에 아무런 해가 되지 않는다. 더러운 구덩이에 뛰어든 후에 거기에서 나와 장미 향수나 라벤더 향수로 샤워를 하면 명예로운 모습으로 아카데미 홀에 입장할 수 있다. 미래에 몰상식한 정치가들의 치욕이 되는 그 지울 수 없는 오점들의 경우는 사정이 이와 같지 않다.

청중은 루이 12세가 '선량했고' '백성을 사랑했기' 때문에 그에 관한 의견서에 갈채를 보냈다. 그리고 누아용의 똥구덩이에서 빠져나온 '카트린 바상'에게도 갈채를 아끼지 않았다. 똥거름을 뒤집어써도 이는 결코 치욕이 아니다. 반면에 아무리 권세를 누린다 해도 불명예는 결코 씻겨나가지 않는다.

의 목숨을 구했는데, 그들은 "분뇨 구덩이의 수문이 열릴 때 거기에 빠져 유독가스 때문에 질식할 지경에 처해 있었다"고 보도했다. 그녀는 여러 가지 보상을 받았는데, 그중에는 담배 판매점, 소금 소매점, 징세청부업체에서 지불한 240리브르의 금액이 포함되었다.

61 1787년에 실각한 칼론을 넌지시 가리키고 있다.

827 박사-교수

어째서 이 사람이 무능한지 말해보겠소? 그는 의사가 아니라고 주장할 것이오? 그가 학위를 받았고 박사학위 논문을 발표했기 때문에 의사라고, 박사-교수라고 나는 말하겠다.

옛날 로마에서는 누구나 의사이고 싶으면 의사였다. 제정기의 로마에서 무지 때문에 환자를 죽게 한 평민 의사는 사형에 처해졌다. 만약 귀족이었더라면 그저 추방형을 받았을 것이다. 로마인들은 단순한 평민의 어리석음으로보다 귀족의 어리석음으로 죽는 것이 훨씬 더 위안을 주는 것이라고 생각했다는 것을 알 수 있다.

박사-교수라도 언제나 의사는 아니고, 이 두 이름 사이에 넓은 간격이 있지만, 일반대중은 언제나 박사-교수가 의사라고 생각할 것이고, 박사-교수 자신도 그렇게 생각할 것이다. 의사보다 박사-교수가 더 많다. 그렇지만 나는 박사-교수 사이에도 의사들이 있다는 것을 인정한다.

남을 치료하지 않는 것은 나쁜 일이지만, 남들이 동류를 치유하는 것을 그들이 박사-교수가 아니라는 이유로 바라지 않는 것은 몰상식한 일이다.

약장수 겸 무면허 치료사에게 약의 판매를 허가하는 권한은 수석시의에게 있었다. 그들은 허가권[62]을 얻지 않고서 약을 판매하면

62 수석시의는 '의사단'의 인사권을 쥐고 있었는데, 의사단은 왕실의 22부서 중의 하나로서 여기에는 의사, 외과의사, 약제사가 속해 있었다. 수석시의는 약제사들에 대한

기소된다. 왜냐하면 그럴 경우 약이 유해해지기 때문이다. 그러니 어찌 다른 방도가 있겠는가? 그들은 대가를 치른 적이 없다. 약의 복용은 불문에 붙여지고, 박사-교수는 약의 성분만을 심사했을 뿐이다. 그렇지만 순식간에 목숨을 앗아갈지 모르는 독은 언제나 그렇듯이 금지된다.

이러한 박사-교수는 계단을 오르고 대기실을 가로질러 환자들을 열심히 쫓아다닐 경우 벌이가 덜하다는 것을 알고서, 의사로 개업하는 것이 더 낫다고 판단했음이 분명하다.

그의 진료소에서 그가 내뱉는 말 한 마디 한 마디에 환자는 마지못해 돈을 치른다. 그의 엄지와 검지는 동전을 주조하는 셈이다. 그는 이 주화 프레스[63]에 몹시 만족하여 환자들을 가볍게 놀리기도 하고, 죽어가는 사람들에게 치유할 수 있다는 확고한 생각을 아낌없이 불어넣기도 한다.

영향력("허가권")을 지니고 있었고, 경우에 따라서는 의학교수가 될 수 있었다.

63 주화 프레스는 둥근 금속 좌철의 매우 강한 압력으로 화폐를 주조하는 기계이다.

828 애가

존속 살해범, 독살 실행자, 암살자는 이튿날, 아니 그게 아니라, 그들이 신체형을 받는 바로 그날부터 애가(哀歌)의 소재가 된다. 교차로에서마다 노래되는 이러한 애가는 퐁뇌프의 가수들에 의해 창작된 것이다.

이 비통한 노래는 한층 더 애처로운 목소리로 읊조려진다. 대도(大盜)들도 이러한 종류의 조사(弔辭)를 얻어낸다. 천민은 이 순회하는 예레미야들에게 귀를 기울이는데, 가령 최근의 노래에서는 악덕과 방종의 위험에 관한 교훈이 더 강하게 나타난다. 이 가수들은 세속 가수와는 다르게 자신들의 일이 경건하다는 것을 표시하기 위해 목에는 십자가를 걸고, 수사의 겉옷을 걸치고, 누구나 분명히 느낄 수 있듯이 문란한 가요를 배포하는 자들처럼 얼굴을 붉고 괴상하게 꾸미지 않고, 장터의 간이무대에는 오르지 않고, 느린 발걸음으로 걷고, 신을 모욕했다는 회한을 겉으로 내보인다.

어떤 측면에서는 범죄와 회개에 기인하는 놀라운 사실들이 또한 이 애가들의 주제를 형성한다. 퐁뇌프의 시인들이 시적 감흥이 메말라 허덕이거나 소재가 더 강한 목소리를 요구할 때에는, 궁핍한 시기를 보내고 있는 몇몇 문인이 한 편에 9프랑을 받고 애가를 창작했다. 가령, 데뤼가 상찬되었고 기억할 만한 옛 희곡이 다시 공연되듯이 그의 애가가 때때로 다시 불리곤 한다. 그러므로 소(小)희극에서 말하듯이 모든 것은 노래로 끝나고, 가장 비극적인 사건들은 더욱 그렇게 끝난다. 그만큼 우리는 민족성으로 말미암아 모든 것을 보드

빌로 공연하기 일쑤이다. 나는 리크와 프롱드의 내전(內戰)은 물론 프랑스 역사까지도 익살스러운 시행으로 읽었다. 프랑스인은 웃지 않을 때면 언제나 노래하게 되어 있는데, 프랑스인이 노래하지 않게 되는 때는 끔찍한 시대일 것이다.

829 풍자

어느 시대에나 유베날리스가 말했듯이 '왕좌에서 선술집까지' 풍자의 영향력이 파급되었다. 어느 신분에나 억눌러야 할 악덕과 조롱거리가 있었고, 신분의 고하를 막론하고 필연적으로 부정확한 색깔로 덮인 초상이 복수심, 증오, 분노에 의해 무수히 그려졌다. 때때로 우리 중에서 침울한 사람은 증오와 악의 없이도 위험한 재능을 발휘한다. 즉 무엇보다도 웃고 농담하고 심한 독설을 구사하기만 바랄 뿐이다. 반면에 다른 사람들은 필요하기 때문에 영감을 받고 풍자가 찬사보다 더 잘 팔리기 때문에 풍자작품을 짓는다. 그리하여 마침내 냉혹한 악의가 재치로 간주되기에 이른다.

누군가가 마자랭 추기경에 대해 비방의 글을 썼다. 마자랭은 자신에 대한 비방의 글을 압류하여 은밀히 팔게 했고, 이로써 1만 에퀴를 벌어들였지만, 나중에는 이를 크게 비웃었다.

10년 전부터 널리 퍼진 모든 익명의 풍자, 그리고 궁정의 인사들에 대한 모든 비방 중에서 조금이라도 명성을 누리고 있는 문인에 의해 창작된 것은 하나도 없다고 확언할 수 있다. 공공의 번영을 가로막는 악습의 검열이 어떤 사람들에게는 도덕의 측면에서 필요한 일이지만, 그들 또한 풍자와 가장 상반되는 입장을 취하고 있다.

비방과 풍자는 모호한 원천, 그리고 완전한 무지의 헐벗은 동굴에서 나온다. 누구라도 명성이 있는 사람은 명성을 잃지나 않을까 하고 다른 사람보다 더 신경을 쓴다. 여러 해에 걸쳐 대중으로부터 획득한 좋은 평판을 한순간에 상실할 위험에 직면할 이유가 어디 있겠는가? 만약 그렇게 한다면 미친 짓이라 하지 않을 수 없을 것이다.

야비한 멍청이의 어리석은 의견을 담고 있는 부정직한 글로 작가가 곤욕을 치르곤 한다. 그런데 누군가가 그것을 당사자에게 보여주어도 정작 당사자는 읽어보지 않는다. 이는 문인집단의 문화와 관련된 가장 통탄할 불합리성 중의 하나이다. 그렇지만 일반적으로 대신들과 교양 있는 독자는 모든 작가에 관해 매우 정확한 정보를 갖고 있으며, 이러한 정보의 도움으로 성급하고 잘못된 판단에 휘둘리는 일이 드물다. 그렇기 때문에 정직한 작가는 중상모략을 당할 때에도 변함없이 차분한 마음가짐을 갖는 것이다.

글을 쓰는 사람이라면 누구나 모든 인쇄물에 서명하고 자신의 글에 대해 개인적으로 책임을 지게끔 법으로 강제한다면, 이는 모든 유덕한 사람에게 아주 좋은 일이 될 것이고, 하찮은 재능으로 비방과 풍자를 일삼는 자들은 설 자리를 잃을 것이다.

그러나 저절로 무너질 무익한 소책자 때문에 사람을 파멸시키는 것은 참으로 엄격한 처사가 아닌가 생각한다. 으뜸가는 법은 누구나 자신의 일로 먹고사는 것이다. 모든 이가 읽고자 하고 귀족에게도 있는 인쇄물을 행상인이나 출판업자가 판매한다고 해도 양심상 자책할 일은 아닐 것이다. 누구나 할 것 없이 바쁜 세상살이에 열심인데, 서적 판매인이라고 해서 그토록 기다리던 소책자를 유포하는 것에 대해 중대 범죄라고 생각이나 하겠는가? 그는 자신에게서 소책자를 요구하는 독자의 주문을 따르지 않을까? 판매자가 정말로 유죄라면, 구매자라고 유죄가 아닐 이유는 없지 않겠는가? 호기심 많은 독자를 처벌할 생각을 해낸 사람은 아직 아무도 없다.

음! 이 모든 소동 후에 6개월이 지나 인쇄물이 공공연하게 진열되고, 이제는 금지되지 않지만 훨씬 더 팔리기 힘들 때, 어떻게들 생각할까? 관계자들이 북새통을 이룬 이 공황(恐慌) 상태는 어떻게 될까?

830 재봉사

인간은 옷을 입지 않을 수 없는 유일한 동물이다. 고대의 그 유명한 견유학자도 옷을 입는 관습에서 완전히 벗어날 용기를 발휘하지 못하고 누더기 옷으로 몸의 일부를 가렸다. 그렇지만 거의 이성적인 동물인 코끼리마저도 가장 깊은 신비로 끊임없이 감추는 성적 쾌락의 도취를 그는 느닷없이 예의를 무시하고서 용감하게 과시하곤 했다.

인간은 옷을 입어야 한다. 모든 것이 이를 입증하는 듯하다. 그런데 천을 짜고 옷감을 만드는 기술의 발전에 얼마나 많은 시간이 필요했겠는가? 인간이 몸에 걸친 동물 가죽과 북에 의해 직조된 나사 사이에 얼마나 오랜 세월이 흘렀는가? 무명실이나 털실을 부드럽고 동시에 질기게 만든 것은 바로 북이다.

나사를 짤 수 있게 되었으나 나사의 절단은 불가능했던 것으로 보인다. 시대를 가로질러 보존되고 온갖 시대의 예술가에 의해 모방된 고대 조각상들을 보면, 인간을 머리에서 발까지 덮은 헐렁하게 주름진 옷이 표현되어 있다.

동양인들도 옷을 입는다. 그들은 여전히 원시적인 방식을 고수하지만, 그들의 단순한 의복 형태에도 기술이 없지 않는데, 둔감한 눈에는 안 보일지 몰라도 자세히 살펴보면 마름질 방법을 간파할 수 있다. '솔기 없는 옷'[64]은 경이로운 불가사의이다.

1785년 한 프랑스인이 아시아를 여행하고 돌아오면서 일종의 긴 외투, 이것이 빈번히 착용되는 고장에서 '아라베스크'라 불리는 옷을 파리로 가져왔다. 조직이 특이하고 감탄할 만한 이 의복은 유럽의 많은 재봉사에게 큰 놀라움과 당혹감을 안겨주었다. 그들도 매우 뛰어난 기술을 지니고는 있었지만, 이 옷의 형태에는 경탄하지 않을 수 없었다. 그도 그럴 것이 몸통 부분의 모양은 보기에 좋았고, 허리 부분의 곡선은 경이로울 정도로 매끄러웠으며, 아랫자락은 길고 풍성했다. 또한 고른 윤곽의 소매는 어깨 부분에 완벽하게 맞추어져 있었고, 어깨 부분은 시원시원한 느낌을 주었으며, 가는 깃에는 두건이 달려 있었는데, 두건은 상황에 따라 마음대로 쓰고 벗을 수 있었다. 게다가 천재적으로 고안된 온갖 치장이 덧붙여 있었다.

많은 사람들이 옷에 가장 큰 중요성을 부여한다. 유행 의상에 관한 광기, 어리석음, 변덕을 서술하려면 어떤 백과사전을 만들어야 했을까? 옷차림은 "우리 자신의 일부분"이라고 '뷔퐁'이 정곡을 찔렀을 때 다른 사람들은 어떻게 생각했을까? 가장 하찮은 장인에서 거금을 지니고 있는 사람까지 누구를 막론하고 '실체'보다 '외관'을 선호한다. 외모가 전부이고 내면은 아무것도 아니다.

오늘날 옷이 유행에 조금이라도 어긋나면 재봉사는 들들 볶인다. 풍채는 좋으나 경솔한 사람이 또 다른 경솔한 사람에게 말했다. "자네 정말 꼴불견이로군! 참, 맥 빠지게 하네, 세벤에서 막 도착한 15세기 사람 같아." "내가 무슨 잘못이라도 한 건가?" "딱한 사람이야, 유행을 전혀 따라가지 못하니 말일세." "당치 않아, 여보게, 이 옷은 그저께 솜씨 좋은 재봉사에게서 맞춘 거네." "이봐, 그렇겠지, 하지만 어제 저녁식사 동안 유행이 바뀌었다는 걸 모르는가?"

단정치 못한 짧은 조끼, 호주머니 없고 에퀴도 회중시계도 넣어

64 그리스도의 옷에 대한 관례적인 문구(「요한복음」, 19장 23~24절).

둘 수 없어서 조출한 맛이 없는 짧은 바지, 바로 이것이 오늘날의 꽉 조이는 옷차림이다. 우아한 거동의 경박한 사람이 꽉 끼는 옷을 입고는 무릎을 굽히지도 앉지도 못한다. 어떻게 해야 할까? 앉을 때에는 펄쩍 뛰어내리듯 하고, 일어설 때에는 펄쩍 뛰어오르듯 한다. 이러한 잔꾀를 부리지 않으면 재봉질 해놓은 데가 터져버릴지도 모른다. 아담은 비록 무화과나무 잎으로지만, '팔레루아얄'에서 꽉 끼는 '노랑-초록'[65] 반바지를 입고서 걸어다니는 최근의 경박한 자손들보다 더 옷차림새가 단정했다.

오! 이 구역에서 일하는 재봉사는 얼마나 경탄할 만한 사람인지! 그는 고위성직자를 아도니스로, 사법관을 귀공자로, 서기를 후작으로, 후작을 공작으로, 공작을 왕으로 바꿔놓는다.

그러나 의상을 제대로 갖추는 데에는 정말로 많은 돈이 지출된다! 이미 앙리 4세가 쉴리에게 "이보게, 큰 나무숲과 방앗간을 짊어지고 다니건 말건 개의치 말게" 하고 말하곤 했다. 오늘날은 상황이 훨씬 더 나쁜데, 누구나 앞다투어 재봉사를 속이고 재봉사에게 약속을 남발하고는, 나중에 자신의 '변덕'에 맞춰 지어진 의복의 대금 지불을 소홀히한다.

그런데도 변덕이 죽 끓듯 하고, '세운' 깃 또는 '뒤로 접은' 깃의 위치가 조석으로 바뀐다. 몇 년 전에 유럽 국가들의 갖가지 의상을 표현하고 있는 판화를 보았는데, 모든 것이 더할 나위 없이 엄밀하게 묘사되어 있었다. 프랑스인만이 벌거벗은 상태로, 둘둘 말려 끈으로 묶인 꾸러미를 겨드랑이에 끼고 있었는데, 그 아래에는 다음과 같은 글귀가 적혀 있었다. "이 사람은 매순간 취향과 유행을 바꾸므로, 우

65 queue de serin: 마리앙투아네트의 영향으로 매우 유행하게 된 색깔.

리는 그에게 마음대로 옷을 지어 입도록 옷감을 통째로 주었다."

그러나 끊임없이 바뀌는 몸치장의 광기를 고려한 후에는 '바늘'을 뽑는 그 많은 일손을 헤아려보자. 재봉사 집단은 '거장(巨匠) 2,800명'과 그들이 고용하는 '직공 5,000명'으로 구성되어 있다. 이 수에 상베르랑들, '생제르맹 수도원, 생마르탱 수도원', '탕플'의 넓은 '역내(域內)', '생장드라트랑'의 역내, 2급의 도시를 넉넉히 형성할 '생앙투안' 포부르 같은 특권적 장소로 피신한 자들을 더해보라. 적어도 12,000명이 마름질, 시침질, 바느질, 장자크 루소의 말을 빌리자면 '여자들의 일'[66]을 하고 있을 것이다. 그러므로 '24,000'명의 남자 '일손'이 여자로 전환되어 있는 셈인데, 그토록 많은 남자의 부단한 노동에서 고작 새들의 생계에나 적합한 식물이 움트게 된다!

그런데 그들의 팔을 여성화하고 그들의 힘을 빼는 그 사람들 중에서, 또는 그들에게 이러한 취향을 불어넣고 그들을 고용하는 이들 중에서 누가 가장 잘못일까? 지배적인 취향은 몸치장이고, 남자는 자기 옷의 취향과 장식에 의해서만 거의 모든 여자의 눈에 존경받을 만하게 보일 뿐이다. 요컨대, 공공장소에서 옷에 의해 지위와 신분의 차이가 무색해진다.

그렇지만 군대에서 동일한 경박성과 동일한 광기를 목격할 때에는 슬픔과 괴로움에 젖지 않을 수 없다. 으음! 우리의 전사들, 조국의 수호자들이 방울 술과 유행 의상에 관해서만 서로 이야기하고, '전술'의 연구보다 의복의 장식에 훨씬 더 몰두하고 있는 것을 양식 있는 사람이 과연 존중할 수 있을까? 오늘날은 전사가 무용수처럼 옷을 입고, 군복이 거의 무도회 의상과 흡사하며, 다음과 같은 충실

66 이것은 『에밀』과 『달랑베르에게 보낸 서한』의 주제이다.

한 묘사로 판단해볼 때 이보다 더 기묘하고 더 유약하고 군직에 더 어긋나는 것은 없다.

> 소맷부리와 깃이 붉은 초록색 나사의 복장, 소맷부리와 깃에 같은 간격으로 달린 작은 단추 3개와 7개, 깃과 소맷부리처럼 흰 나사로 가두리를 댄 초록색 목깃, (가두리를 대어) 부르주아식으로 명명되고 큰 단추 3개로 엇갈리게 고정된 선명한 색깔의 장식 띠들, 장밋빛 안감, 접어올린 단의 앞부분에 초록색 나사로 흰 가두리를 댄 백합꽃 문양, 접어올린 단의 앞부분과 뒷부분이 포개지는 약 1푸스 정도의 접합부, 오른쪽 깃 아래의 큰 단추 3개와 왼쪽 깃 아래의 단춧구멍 3개, 모두 문양과 번호를 넣어 각 장식선의 맨 위와 각 양말에 단 단추.

우리가 이 묘사에 '군모'의 형태, '방울 술', '깃털 다발', '깃털'에 대한 묘사를 덧붙인다면, 우리가 군도 손잡이의 화려한 장식 끈, '3줄의 금색 끈'과 이중의 눈부신 '엮음 술'로 장식되어 '금 자수'라는 이름이 붙는 아름답고 풍성한 견장을 묘사할 수 있다면, 그리고 고대의 보병 밀집부대, 이집트, 마케도니아, 로마의 그 가공할 군단이 한 순간 무덤에서 나올 수 있다면, 그들은 무슨 말을 할 것인가? 그것은 베스트리스 같은 사람에게나 어울리는 화려함이라고, 이처럼 '붉은 빛이 감돌고 가장자리를 두른' 개인은 연병장이 아니라 극장으로 곧장 달려가서 무도회에 모습을 보일 것이라고 말할 것이니, 오늘날 전사의 모습이 이렇다는 것을 알게 되면, 창, 방패, 검과 더불어 잠들고자 무덤으로 돌아가면서 어깨를 구름만큼 높이 들먹여 이루 말할 수 없는 경멸을 표하지 않겠는가?

그렇다고 해서 옷이 멋있어지게 되는 것은 아닌데, 그렇게 되려면 좌우의 균형이 잘 맞춰져야 한다. 옷이 이렇게 우아하게 만들어지면, 낡고 변형된 옷은 모두 버려진다. 외국인들은 이러한 옷을 소중히 여기고 결코 버리지 않는 반면, 우리의 재봉사들은 옷을 폐기하게 하고 자기들 집단의 결함까지 허겁지겁 감추기에 바쁘다.

결코 속지 않을 가장 간단한 수단이 있는데도, 불충실한 재봉사들에 대해 불평하는 것은 분명히 잘못이다. 피륙 상점에 가서 옷감, 나사, 안감, 단추, 실을 직접 구입하고, 이 모든 것을 저울에 달고, 재봉사가 옷을 가져올 때, 그가 가져오는 것 전부의 무게를 잰 다음 거기에 1온스의 천 조각을 얹어라. 그러나 명문가의 관례를 좇아 3~4년 만에야 의복 대금을 지불하고자 한다면, 오랜 외상에는 많은 대가가 따를 것임이 분명하다.

직물 공장주는 나사 상인에게, 나사 상인은 재봉사에게, 재봉사는 바람기 있는 젊은이에게 외상을 준다. 초심재판소 재판관들은 빚을 내서 옷을 잘 차려입은 경박한 젊은이가 얼마나 많은지 알고 있다. 재봉사들이 주는 외상 덕분으로 도처에서 단정한 차림새가 지탱되고 유지되는데, 재봉사들이 편의를 봐주지 않는다면 공공의 예절은 크게 훼손될 것이다. 그러나 끈질기게 빚을 갚지 않으려는 사람은 공판이 한창 진행될 때 발가벗겨져 재봉사 단체가 비용을 대는 보잘것없는 '헐렁한 외투' 한 벌만 입혀 이송하는 것도 역시 공정하지 않겠는가? 이 헐렁한 외투는 법의 효과를 낼 것이다. "저 이상한 사람, 저 작가, 저 후작은 '헐렁한 외투'를 걸친 적이 있지" 하고 말하게 될지도 모른다. 그렇게 되면 그는 또 다른 재봉사, 벌거벗은 그에게 옷을 지어줄 것이지만, 어김없이 "헐렁한 외투에 유의하세요, 손님"이라고 말할 선량하고 유순한 재봉사의 돈을 떼먹으려 하지 않을 것이다.

재봉소에서보다는 '정찰 판매점'에서 훨씬 더 싼값으로 옷을 구입할 수 있지만, 거기에서는 현금으로 지불해야 하기 때문에, 젊은이들은 정찰 판매점을 꺼린다. 파리에서는 먼 옛날의 이야기이지만 누구나 자기가 받은 것 이상의 대가를 지불하고 얻는 쾌락을 좋아하는데, 이 점에서 파리인들은 모두 여자들의 철학을 지니고 있다.

이 도시에서는 극단적인 공손함과 극단적인 무례함, 극단적인 부유함과 극단적인 가난이 이를테면 나란히 놓여 있는 것을 흔하게 볼 수 있고, 누더기를 걸친 지저분한 사람들과 비단옷을 입고 머리에서 발끝까지 한 점의 얼룩도 없이 말끔한 사람들이 길거리에서 스치듯 지나가는 일도 숱하게 목격된다. 누더기를 걸친 사람들은 잠자리에 들 때 자신들의 무리를 단번에 떠나버리는 반면에, 비단옷을 입은 사람들과 화려하게 단장한 사람들은 자정에 조명으로 장식된 살롱으로 뛰어드는데, 왜냐하면 자정은 사교계의 시간이기 때문이다. 건강하기 위해서는 9시에 잠들어야 한다는 말을 사교계에서는 결코 들어볼 수 없다. 밤을 지새우기 때문에 '등잔'이라는 별명으로 불리는 여자들이라면, 밀턴의 작품에 나오는 사탄처럼 "태양이여! 나는 너의 빛을 정말 증오하노라!" 하고 말할지도 모른다.

내가 생각하기에 완전히 벌거벗고 지낸 아담의 자손 중에서 아무것도 뚫고 들어갈 수 없고 불에 타지도 않는 직물로 만든 옷을 최초로 상상한 사람은 물리학자 르루인데, 그는 이러한 옷을 입고 불타는 넓은 화덕 안, 불꽃 한가운데에서 책을 읽고 글을 쓰고 일한다. 그리고 어떤 사람은 센 강의 수면 위로 걷거나 걷고 싶어 하고, 또 어떤 사람은 화로 위에서 펜을 깎는다. 이처럼 물리학을 쥐어짜 유용한 발견을 끌어내려는 시도가 비일비재하다. 르루는 자신이 발명한 갑옷으로 불길을 차단할 수 있다고 자랑한다. 옷 아래 일정량의 공기를 감춰놓고 눈과 귀를 뜨거운 불꽃으로부터 보호한다는데, 이 수단을 이용하면 집에 불이 나도 자기 자신은 물론 자신의 가족과 재산을 구해낼 수 있을 것이라고 한다.

그가 약속을 지킨다면 이것은 옷장에 꼭 있어야 하는 옷이다. 이 옷은 우리의 군인들이 입는 옷처럼 우아하지는 않을 것이지만, 우리의 재봉사들에게는 제법 도전해볼 만한 일거리일 것이다.

831 옛 신병 모집업자

그들은 민간인으로 변장한 병사로서, 경험 없는 젊은이들을 입대시키기 위해 술책을 쓸 뿐만 아니라 온갖 종류의 폭력수단을 동원한다.

벼락 출세한 보좌관이나 하급 장교들이 징병을 위해 소속 연대에서 파리로 파견되어 '건장한 남자들'을 데려오는 이들에게 후한 보상을 해주었는데, 시가(時價)는 키가 '5피에 1푸스' 정도인 남자 1명당 1루이였다. 이와 같은 장려책 덕분으로 틀림없이 신병 모집업자의 무리가 늘어났을 것이다. (이 연대의 복원, 그리고 비롱[67] 원수에 의해 확립된 훌륭한 규율 이전에는) 칼싸움을 하고 병졸을 죽이는 것이 그저 장난에 불과했던 프랑스 위병연대의 병사들도 이 무리에 끼게 되었다. 그렇지만 그들은 '명예'의 원칙을 완전히 준수한 여러 차례의 살인에 의해 적임 여부를 증명한 후에야 받아들일 만하다는 판정을 받았다. 이익을 공유하자고 주장했을 다른 연대의 모든 병사를 배제하기 위해 그들 사이에는 일반적으로 거친 용맹이 퍼져 있었다.

많은 수가 잘나가는 하인으로 변장하여 수도의 모든 대로를 지키고 있다가 어리숙한 시골 사람들에게 수작을 걸었는데, 그들은 온갖 종류의 세금이 과중하게 부과되는 시골에서 보람 없는 노동으로부터 도망쳐서 부유한 집의 하인 자리를 찾아 상경한 것이었다.

67 Biron(1747~1788?): 작위는 남작으로 프랑스군 원수, 랑그독 총독, 프랑스 위병연대의 연대장이었다. 이전에는 병사들이 주민의 집에 그럭저럭 숙박했으나 1770~1787년 군용 막사가 건축되었는데, 이것은 그의 공적이다.

이 불운한 사람들 중의 하나가 다가온다. 어디 가시나, 친구? 여인숙 식당 출입문에서부터 마차꾼-병사가 외친다. 그러면 시골 사람은 흰 지팡이에 팔꿈치를 기대고서 우직한 표정으로 여행의 동기를 가르쳐준다. … 당신을 도와줄 수 있어, 시원한 것 한 잔 하러 가지. … 선량한 시골 사람은 이 우연한 만남을 신의 섭리로 간주한다. 그는 활발하고 쾌활한 이야기에 고무되어 조금의 의심도 없이 많이 먹고 한층 더 마신다.

상대방이 그에게 말한다. "내 주인 나리가 하인 한 명을 구하고 계신데, 당신이 나리의 명에 순종하기만 한다면 나리는 당신을 고용하실 거라 확신하네."

이야기가 잘 풀리고 그들은 발걸음도 가볍게 시내로 가서 어느 관저 안으로 들어가는데, 거기에는 한 병사가 봉건 영주의 실내복을 입고서 거만하고 거의 위협적인 표정으로 신규 가입자를 맞이한다. 뒤이어 부드러운 표정을 짓고, 시골 사람의 겸손한 제안들을 받아들이면서, 그에게 하인 고용 계약서 대신에 입대 원서에 서명하게 한다.

정부에서는 이 강도짓을 철폐했다. 어떤 신병 모집업자는 목에 쇠고리를 차고 말뚝에 묶이는 형벌을 받았지만, 또 어떤 신병 모집업자는 능란한 일솜씨로 두각을 나타내어 서로 다른 연대에서 장교로 진급했다. 그들은 소속 연대의 '군복'을 입고는 있지만, 소속 연대에서 근무한 적이 없다. 페라이유 강둑길은 아직도 이 '교활한 사람들'이 깃털 달린 모자를 쓰고서 어슬렁거리는 군신 마르스의 터전이지만, 그들에게는 모든 폭력, 그리고 훤하게 들여다보이는 속임수도 금지되어 있다. 30년 전에는 프랑스 국왕의 군대가 바로 이런 방식으로 신병을 모집했다.

옛날이나 지금이나 신병 모집업자는 성령 기사단의 기사들이 가슴패기에 달고 다니는 성령 휘장을 하층민의 예에 따라 '크라샤'[68]라고 부른다. 그렇지만 하층민은 모로코의 왕이 자신의 총신들에게 침을 뱉고 제각기 앞다투어 이러한 총애를 얻으려 한다는 것을 알지 못한다.

68 crachat: 침 또는 가래를 의미하는 낱말로, 구어에서는 훈장이나 휘장의 의미로도 사용된다.

832 개털 깎사

명문가에서 마차의 전열(前列) 마부는 아침 일찍 일어나 수행 하인의 옷이나 신발에 묻어 있는 진흙을 털어주고, 수행 하인은 침실 하인을 동일한 방식으로 섬기며, 침실 하인은 주인이 후작에게 문안드리러 가도록 서둘러 주인에게 옷을 입혀주고, 후작은 '국왕의 기상 의례'에 맞춰 급히 달려가고, 국왕은 후작을 대신에게로 보낸다. 이것이 아주 가시적으로 묘사된 등급별 종속관계이다. 대귀족의 집에서는 하인과 하녀에게도 침실 하인과 수행 하인이 딸려 있다. 누구에게나 아랫사람이 있고, 모든 인간은 서로 연결되어 있다. 사형집행인도 섬기는 사람이 있고, 아무리 비루한 사람이라도 퐁뇌프 위에서 딱새를, 생마르탱 신작로나 탕플 신작로에서 기분전환을 해줄 배우를 찾아내고, 개에게도 가발제조업자와 '깎사'가 있는데, 그들은 보기 흉할 뿐만 아니라 센 강 유역의 미관을 해치는 만큼 허물어 버려야 할 그 못난 건물 사마리텐의 맞은편에서 공공연하게 간판을 내걸고 있다.

그런데 퐁뇌프 위에서 자신의 간판에다 "토마는 개털과 마님의 머리털을 깎아준다. 시내에 간다"라고 써놓은 딱새에게도 수프를 가져다주는 주방 보조가 있는데, 나는 딱새가 주방 보조에게 비록 노천에서 하게 될망정 아침식사를 늦게 가져왔다고 으르렁거리는 것을 목격한 적이 있다. 이 진흙투성이 딱새는 자신의 간판 아래에서 수프를 먹고, 모든 이에게 자신의 '이름'과 '신분'을 읽게 한다. 그는 온갖 마차행렬이 줄지어 지나가는 것을 보고, 행인들에게 미소를 짓고, 그들을 위아래로 훑어보며, 다리가 잘빠졌다는 말을 하고, 심지어 젊은 아가씨들의 다리도 일일이 살펴본다. 왜냐하면 그렇게 하기에 유리한 자세를 취하고 있기 때문이다. 끝없이 지나가는 얼굴과 예쁜 다리들이 그의 관심을 사로잡는다. 구두들은 그의 솔에 대가를 지불하는 반면에, 마차들은 그에게 불안과 두려움 그리고 근심 어린 상상을 불러일으킨다. 따라서 그는 마차들에 대해서는 초연하게 등을 돌린다.

나는 지나갈 때마다 '토마'에게 구두를 닦게 하지만, 그의 간판에서 우스꽝스러운 맞춤법을 지적하지 않으려고 조심한다. 왜냐하면 그 오류에도 불구하고 그는 '개털을 깨끗이 깎기' 때문이다. 그는 그것만 하고 다른 일들에는 끼어들지 않는다. '토마'가 가위로 털을 깎아줄 때 개는 얌전하게 몸을 맡기는데, 정말로 그는 매우 능숙하게 부리망을 아주 잘 씌우고, 그런 만큼 누구나 그에게 애완동물을 맡길 수 있다. 그가 털을 깎게 되면 애완동물은 짖어대는 일이 없다. 나는 그에게 개를 맡겨왔는데, 불행히도 그 개는 밀렵감시인의 소총에 맞아 죽어버렸다. 내 가련한 개는 '토마'가 털을 깎아주면 좋아했지만, 나는 그가 개를 아프게 하지 않으리라고 확신할 때만 그에게 개를 맡겼다. 만일 '디오게네스'가 비명을 한 번만이라도 질렀다면, '토마'가 세상에서 가장 능숙한 깎사이고 '디오게네스'가 너무 민감하고 너무 섬세해서 곧잘 우는 소리를 낸다고 그가 아무리 내게 입증했더라도, 나는 그의 손을 얼른 붙잡아 개털 깎기를 중단시켰을 것이다.

'토마'의 아내에 관해 조금 말하겠는데, 그녀는 머리털이 검지만 선량하고, 불륜을 저지른다 해도 그랬다는 표정을 결코 나타내지 않는다. '그녀는 시내에 간다.' 왜냐하면 모든 개에 대해 동정적이어서 아무리 옴이 번져 있는 개라도 그녀를 따르기 때문인데, 그녀는 개의 언어를 알아듣고, 개를 정성껏 쓰다듬고, 4마리를 앞치마에 받아 성공적으로 약을 먹이고 차례로 입을 맞춤으로써 서로 사이좋게 만든다. 그러면 개들은 그녀의 치마 아래에서 고마움의 표시로 낑낑거린다. 그녀는 이러한 치료의 대가가 스패니얼을 위해 눈부신 털을 빗기고 기름과 분을 발라주는 대가와 동일한 것이라고 생각한다.

우수한 품종의 개들은 다리 난간 옆에서 공개적으로 털을 깎지 않는다. 평범한 개들이나 그렇게 한다. 그렇지만 토마의 아내는 부리망을 씌우고 더 세심하게 털을 깎아야 하는 눈곱이 낀 개나 옴에 걸린 개 등 어떤 개도 되돌려보내지 않는다. 이 점에서 그녀는 소변에 부과된 세금으로 걷어들인 돈을 자기 아들의 코앞에 내밀면서 "나쁜 냄새가 전혀 나지 않잖아"라고 말한 베스파시아누스 황제와 동일한 정신을 갖고 있다.

833 고등법원 지지자

리슐레 사전에 나오는 어의(語義)는 '궁정과 대립하여 고등법원의 편을 드는 사람'이다. 이 말뜻은 정확하지 않다. '궁정과 대립'하지 않아도, 더 정확히 말하자면 '궁정을 지지'하기 때문에 고등법원에 찬성표를 던질 수 있다. 실제로 군주는 고등법원과 화합하여 행동함으로써만 복종과 애정을 이끌어내게 된다.

일반적으로 파리 전체가 고등법원 편이라고 말할 수 있다. 파리에서는 사법관의 활약이 날마다 목격된다. 재판의 진행, 범죄인의 처벌, 성직자의 횡포에 대한 견제, 왕에게 올리는 탄원, 주요 경찰의 지휘, 요컨대 거대 도시에 다른 기관은 전혀 없어도 될 지경이다. 오! 사법관이 없거나 완전히 수동적인 사법관만 있는 도시를 어떻게 상상할 수 있겠는가? 그런 도시는 고결한 품격의 측면에서 지구 전체를 통틀어 최악이지 않을까?

그러므로 민중에게 고등법원은 민중을 위해 발언하고 민중을 옹호할 준비가 되어 있는 사법관들의 의회와도 같은 것으로 간주된다. 관객은 배우로부터 직접적으로 즐거움을 얻기 때문에 관객에게는 시인보다 배우가 더 소중한 것처럼, 고등법원은 민중의 시선 아래 활동한다. 왕권은 대개의 경우 엄격한 명령에 의해서만, 말하자면 눈에 띄거나 표면화된다. 그렇기 때문에 민중은 그만큼 더 고등법원을 소중히 여긴다. 고등법원이 권력의 공격으로 타격을 받아 혼란스러워지기가 무섭게, 민중은 혼란의 다소간 큰 위험을 더 자세히 알아보기 위해 재판소의 법정으로 떼를 지어 몰려간다. 민중의 조급한 염려는 휴정시간에도 그치지 않는다. 그러면 궁정은 이러한 열의를 알아차리고서 '파리의 남녀 1,500명'을 그들이 애지중지하는 대상 곁에서 유숙하게 한다. 법원 서기들과 소송대리인들의 긴 의자는 침대가 되는데, 거기에서 동이 틀 때까지 사법관과 중신(重臣) 법정의 친구들이 철야를 한다. 거친 간이침대 위에서 그들은 파랗고 붉은 병사[69]들이 지키는 철책에 둘러싸여 프랑스 정체(政體)의 원칙들에 젖는 시간을 갖는다.

국가에는 재판관과 사법관이 필요하다. 어떻게 달리 생각할 수 있겠는가? 도처에서 재판관과 사법관은 왕보다 먼저 존재했다. 국가의 원로원이 이름과 장소를 바꾸었다고 해서 새롭게 설립된 것일까? 그것은 합리적인 통치의 구성 요소가 아닐까? 그것은 명백히 프랑스인들의 기본 입법권에 기인하지 않을까? 대신들과 법의 수호자들은 바람에 흩어지는 상상의 인물인가?

고등법원은 유일하게 민중의 자유를 옹호해왔다. 우리가 권리를 아직 빼앗기지 않고 누리는 것은 고등법원의 경계심과 용기 덕분이다. 지방들에서 언제나 목표를 약간 더 초과달성하려는 성향이 있고, 자신의 권한을 과대평가하려고 애쓰는 지사와 군사령관에게 제동을 건 것도 고등법원이다. 어느 시대에나 이 존경할 만한 집단의 구성원들은 정말로 애국적인 용기의 수많은 행위로 이름을 빛냈다. 군주는 존중해야 하는 몇 가지 절차에 의해 자유가 제한되었다. 결코 법원 서기들의 집합체가 아니라, 특히 조화로운 정체의 유지를 대다수의 동의에 의해 책임지고 있는 사법관들의 집합체인 이 영속적인 매개 집단의 유용성은 (입법권이 깊은 침묵 속에 잠들어 있었을 때) 경험적

69 왕실의 제1 보병부대를 형성한 프랑스 근위병들이다. 이 연대의 군복은 외투, 짧은 바지, 안감이 파란색이었고, 상의가 붉은색이었다.

으로 입증되지 않았는가? 왕권의 자랑거리이자 동시에 받침대인 존엄한 중신 법정에 대한 시민들의 존중과 신뢰는 의심할 여지없이 국민의 의지이다.

터키 황제는 술탄, 대영주 등 어떤 화려한 이름으로 자칭하건 제국의 으뜸 노예일 뿐이게 되는데, 왜냐하면 그와 백성 사이에 결코 매개 집단이 없으므로 백성은 조금이라도 불만이 있으면 권좌의 발치를 움켜잡고 권좌를 인수(印綬) 수여자 위로 넘어뜨리기 때문이다.

전제 군주제의 기반이 확고해지는 것을 언제나 가로막아온 것은 바로 궁정의 반대파이다. 게다가 한 사람이 공공의 힘을 쥐고 있을 때에는, 본의 아니게 때때로 저지르는 잘못에 의해서나 너무 성급한 결정에 의해 법과 자유가 적어도 하루 만에 무너지지 않도록 균형을 잡아주는 법적 견제력이 있어야 좋지 않을까? 반대파가 왕의 더 큰 영광을 위해 왕에게 맞세운 장애에 대해 왕이 반대파에 대해 감사했는지 보라.

이 대항력은 군주가 자기 자신의 권한을 맹목적으로 허물어뜨리지 못하도록 막는다는 점에서, 대개의 경우 군주에게 유익하다. 이성과 경험에 의해 매우 좋은 것임이 입증되는 이 균형 덕분으로 국가의 갖가지 부문은 여러 차례의 동요 이후에 공통의 중심으로 귀착하는데, 고등법원은 옛 정체의 흔적, 자유의 상징, 조화의 담보가 아닐 때에도 여전히 국민의회가 변함없이 요망하는 바일 것이다. 따라서 이 집단의 위엄을 크게 모욕하는 것은 이 집단의 구성원들이 개인적으로 죽을 때까지 신분을 보장받으므로 법에 의하지 않고는 좌천될 수 없다는 점에서 조국을 모욕하는 것이나 마찬가지인데, 실제로 자기를 위한 안전보장 없이 어떻게 모든 이를 위한 유익하고 매력적인 직분을 수행할 수 있겠는가?

프랑스의 군주들은 평화와 전쟁에 관련된 중요한 활동들, 지위와 사면과 권세의 수여, 정치 질서와 적으로부터의 왕국 수호에 관련되는 모든 것을 통해 흔들림 없는 복종을 끌어내는데, 이 점에 대해 누가 그들을 난처하게 하겠는가? 경의와 존경이 그들의 권좌를 둘러싸고 있는데, 곧이어 그들의 권한이 흔히는 그들도 모르는 사이에 우리의 인신과 재산을 폭력적으로 짓누를 때에는 그들의 권한에서 존엄성과 실제의 힘이 빠져나가는데, 그들의 권한이 무난하게 균형을 회복하는 것에 왜 그들이 동의하지 않을 것인가? 그러한 시기에 사법관은 민중과 왕권을 서로 가까이 다가가게 하는 데 적임이지 않을까? 실제로 국민은 그들과 왕권의 가공할 힘 사이에 어떤 것도 보이지 않으면 이 끔찍한 빈자리에 당연히 불안해할 것이다.

광대한 제국의 조직은 서로 맞물리는 여러 기구에 달려 있다. 기계가 작동할 때 감탄은 하되, 너무 손대지 않도록 조심하라. 일부분을 제거하거나 흩뜨려놓으면 어김없이 다른 부분들의 기능에 느닷없는 이상이 초래된다. 그토록 오래전부터 프랑스가 고등법원에 힘입어 명예로운 모습을 보였다면, 우리의 것과 같은 군주제에는 아주 오래되고 견고한 집단이 반드시 필요하리라는 것을 이 체제는 말해주고 있지 않을까? 실제로 사법관의 해체에는 반드시 무정부 상태가 뒤따를 것이고, 적어도 삼부회와 분리할 수 없는 입법권이 이 중대한 문제를 결정할 차례인데, 프랑스인들의 왕은 그들에게 귀를 기울인 후에야 진정으로 위대할 것이고, 우리가 더 위대하고 동시에 더 행복하도록 하기 위해서만 우리로 하여금 군주를 갖게 하는 법의 신성한 근본 쪽으로 어찌할 도리 없이 이끌릴 것이다.

그러므로 수도의 품에서 태어난 사람이 과거에 '고등법원 지지자'였고 지금도 그렇고 앞으로도 그러리라는 것은 결코 시정을 모르고 또는 사실을 검토하지 않고서 내린 결정이 아니다. 실제로 고등법원은 적절하고 기억할 만하여 '민중의 마음에 들게' 된 표현에 의

하면 '축소된' 삼부회이다.

고등법원이 병폐에서 다시 일어나 회복기에 들어가자마자, 민중은 기쁨의 신호탄으로 화전을 쏘아올리고 폭죽을 터뜨리는데, (다른 계급의 시민도 반대하지 않는) 민중에 의한 기쁨의 표시는 거침없이 유쾌하고 발랄하다.

사법관들이 무기를 든 정의의 전당에서 쫓겨나거나 배제될 때에는 누구나 그들을 '유령'이라 부르고 그만큼 그들의 가까운 귀환을 확신한다. 이러한 소신은 군대에서도 발견되는데, 법의 수호자들이 없는 재판소의 문에서 보초 근무를 하는 한 병사가 왔다갔다 하면서 "나는 무덤을 지키며 부활을 기다린다"고 말하곤 했다.

834 루부아 저택

이곳은 막대한 대지를 점유하고 있다. 지금 이 저택을 팔기 위해 내놓았으므로, 이 저택의 부지에 길을 내려는 계획이 세워졌다. 이 계획대로라면 생탄 길로 통하는 편리한 출구가 마련될 것이다.[70] 여기에는 유럽 전체를 병사와 군대의 공간으로 만든 준엄하고 냉혹한 대신이 살았다. 그의 노력에 힘입어 창설된 가공할 대부대들은 우리 대륙에서 군주들을 무너뜨리고 자유를 쟁취하는 데 일조하게 된다.[71] 물론 유럽 대륙에서는 신대륙의 경우에 비해 자유의 쟁취가 더 불확실하고 더 어려운 것이 사실이다. 그렇지만 아마도 더 영웅적이기는 할 것이다. 영국만이 파괴적인 재앙을 피할 수 있었다. 그 재앙은 소강상태에 있건 활발히 전개되는 중이건, 고결하고 인간적인 정치의 가장 양식(良識)적이고 가장 관대한 계획들을 '망상'으로 만들어버렸다. 루부아는 유럽인 중에서 대략 8분의 1을 나머지 주민에게 대항하도록 무장시켰다. 박애주의자의 귀에는 참으로 끔찍한 이름이다! 그가 없었다면 전쟁을 조장하는 제후들이 독일에 존재하지 않았을 것인데, 그들은 자기 나라에서 발레, 아카데미, 희가극을 즐기기 위해 다른 모든 곳에서 전쟁을 벌인 인간 백정 또는 인육 상인이었다.

70 1784년 루부아 저택의 부지에 뚫린 루부아 길은 리슐리외 길을 생탄 길로 연결한다.
71 미셸 르텔리에와 그의 아들 루부아 후작(1639~1691)은 루이 14세의 육군대신으로 활약하며 프랑스 육군을 유럽 최강의 군대로 만드는 데 기여했다.

루부아에 대한 루이 14세의 거부감은 팔츠에서 벌어진 약탈[72]로 시작되었다. 이 엄청난 약탈은 루이 14세에게 보고되지 않았고, 따라서 그도 모르는 사이에 벌어졌다. 루부아는 '위셀'에게 어느 날 "음 당신이로군! 군사작전으로 얼마나 벌었소?"라고 물었을 정도로 약탈에 참여한 이들을 두둔하기까지 했다. '위셀'은 그저 부사령관인데 자기 몫으로 80만 리브르를 챙겼는데, 그가 '조촐하게 벌어들인 무리'에 속했다고들 한다면, 다른 사람들은 얼마나 많이 긁어모았겠는가?

국왕은 모든 일에서 루부아의 의견을 거부하고 그의 단호한 반대자인 세뉼레[73]를 편들기에 이르렀다. 루부아로서도 짜증이 나지 않을 수 없었다. 어느 날 왕과 맹트농 부인만 있는 자리에서 그는 공손하지 않은 말을 내뱉으면서 서류철을 내던졌다. 격노한 왕이 그를 때리려고 부젓가락을 집어들었을 정도였다. 맹트농 부인이 둘 사이에 끼어들지 않았더라면, 왕은 근엄성과 신앙심이 있는데도 불구하고 틀림없이 부젓가락으로 루부아를 때렸을 것이다. 사태는 그 정도로 그쳤고, 왕은 맹트농 부인에게 몇 마디 말을 나지막이 건넨 후에 밖으로 나갔다.

맹트농 부인과 함께 남은 루부아는 더 이상 왕과 더불어 일하고 싶지 않다고, 더 이상 어찌해볼 수가 없다고, 외국에 은거할 자유만 있으면 된다고 그녀에게 말하기 시작했다. 그녀는 그에게 국가의 비밀을 알고 있는 사람이 그렇게 은거할 생각을 한다면 잘못 생각하는 것이라며, 더 많은 존경심을 갖고 날마다 계속 일하거나 이튿날 뱅

---

72 1674년과 특히 1689년의 참화.

73 Seignelay(1651~1690): 해군대신인 대 콜베르(1683년 사망)의 맏아들이자 해군대신 직위의 계승권자.

센 감옥에 갈 각오를 하라고 말하라는 왕의 명령을 받았고, 왕이 24시간 이내에 선택하라 했다고 대답했다.

그는 직책의 유지를 선택했다. 색다른 일화에 따르면, 왕은 로마로 사람을 급히 보내서 국왕이 대신을 '은밀한 방법'으로 제거해도 되는지 문의했다고까지 한다. '국익' 때문에 대신을 공개 처형대로 보내버리는 것이 허용되어 있지 않았고, '몇 가지 일'이 발생한 이후에는 왕국의 온갖 '비밀'을 알고 있는 대신을 '세상'에 내버려두는 것이 매우 위험하기 때문이었다는 것이다. 루부아가 그 이후로 오래 살지 않았다고 덧붙이는데, 이는 로마가 군주의 도덕적 거리낌에 공감을 표했다고 믿게 할지도 모른다.[74] 그러나 복종하게 하고 처벌하는 기교를 잘 알고 있는 루이 14세가 그토록 비루하고 야비하고 약자만 사용하는 수단을 썼다는 것은 의심스럽기 짝이 없다. 루부아가 그로부터 7~8개월 후에 죽자, 루이 14세는 루부아의 지위를 그의 아들 바르브지외 후작에게 하사했다. 그런데 만일 바르브지외 후작이 야비한 방식으로 아버지의 복수를 하려는 마음을 먹고 있었다면, 루이 14세로서도 그렇게 지위의 계승을 허락하지는 않았을 것이다. 게다가 프랑스가 이 시기까지 로마와 매우 불편한 관계였다는 점, 새로운 교황이 정말로 기독교적인 인사였다는 점, 그리고 루이 14세가 『성인들의 금언』[75]에 대한 발매 금지를 교황으로부터 얻어내기 위해 온갖 노력을 기울였다는 점은 어떤 의심의 여지도 없어 보인다. 우리가 이 일화를 이야기한 것은 다만 변함없는 총애를 너무 믿어서는 안 된다는 것, 그리고 오만한 루부아가 자신의 지위 때문에 그토록

74 메르시에는 당시 여러 의사가 루부아의 죽음에 대해 독살의 개연성을 배제하지 않았다는 점을 언급하지 않고 있다.

75 페늘롱이 쓴 『내면 생활에 관한 성인들의 금언 해설』(1697).

자신을 망치고 자신에게 권력의 은혜를 베풀어준 사람에게 불충함으로써 그의 노여움을 사서 절망으로 죽었다는 것을 대신들에게 알려주기 위해서이다.

이 저택의 대지에 기이한 제조소가 세워졌는데, 이 제조소에서는 우리의 장서와 모든 어리석은 책이 '판지'로 변모했다. 내구성이 강하고 딱딱한 이 '판지'는 주행 가능한 마차를 제조하는 데 쓰였다. '드릴'의 『자연철학』은 환자수송용 이륜마차의 일부분이 되었고, '데조르모'가 쓴 『역사』는 또 다른 환자수송용 이륜마차의 자재가 되었다. 수레의 채를 만드는 데에는 '데제사르' 같은 사람의 아주 온전한 전집 못지않은 것이 필요했다. '라아르프'의 작품들을 분쇄하여 둥근 형태로 만든 마차의 몸체에는 사람이 드러누웠다. 그리하여 그토록 육중한 작품들을 잔뜩 펴낸 이 모든 저자가 가볍게 날아다녔다.

가련한 종이여! 그대의 영광스럽고 행복한 나날이 비로소 시작되었노라! 그대는 본래의 흰색을 돌려받았고, 그대에게서 본래의 흰색을 앗아간 쓸데없는 글들이 지워졌다. 루테티아에서 『뮤즈 연감』을 위해서만큼이나 『메르퀴르 드 프랑스』를 위해 그토록 엄청나게 소모되는 가련한 종이여! 이봐, '모로'가 글을 휘갈겨 써놓았을 때보다 다시 희고 치밀해진 지금이 더 아름답지 않은가?

중국의 어느 마을에서는 문자를 쓴 것이건 인쇄한 것이건, 종이에서 제거하여 종이를 완벽하게 희게 만드는 비법이 있다. 얼마 전 파리에 이 비법이 알려졌지만, 실제로 성공했는지는 모르겠다. 오! 우리에게도 종이에서 잉크를 어떤 흔적도 남지 않게 제거하는 비법이 있다면! 그렇게 되면 우리의 저작물 가운데 4분의 3이 쓸 만한 종이로 변모할 것이다. 탁월한 쟁취! 이중의 개가!

835 정치 소책자

정치 소책자가 수백 권씩 아주 거친 형태로 우리에게 제공되고 있다. 행정을 보조하기 위해, 자신들을 위해 펴낸 저작물들을 잔인하게도 읽지 않는 군주와 대신을 교화하기 위해 밤낮으로 일하는 사람도 많다.

아카데미에서는 '비가'에 대해서나 '오드'에 대해 상을 주는 것처럼 정치적 주제들에 대해서도 상을 수여한다. 아카데미 애호가들이 지금보다 더 많고 열정적이었던 적이 결코 없었다. 정치에 관해 이야기하는 것을 마뜩찮게 여겼던 루이 14세가 오늘날 저마다 정치에 관해 말하는 것을 본다면 몹시 놀랄 것이지만, 현명한 정신의 소유자들에게는 통치방식의 좋거나 나쁨이 사소한 문제일 수 없을 것이다. 어쨌든 이것은 모든 이의 관심사이다. 왜냐하면 우리는 모두 같은 배 안에서 흔들리고 있기 때문이다.

이 주제의 검토와 이 주제가 촉발하는 활발한 논쟁으로부터 정치학을 지극히 복잡한 회의(懷疑)에 따라 민법과 상법을 위대한 회의, 데카르트의 회의에 따라 검토할 필요가 있다는 결론이 나온다. 요컨대, 의술도 통치술보다 더 어렵지는 않다.

정치와 재정 분야의 여러 저자는 읽을 줄도 쓸 줄도 모르고 굶주림으로 죽어가면서 연감을 신속하고 확실한 소매용품으로 작성할 생각을 해낸 사람과 유사하다. 그는 누군가가 새로운 연감을 읽어주는 것을 듣고는, 자신이 들은 것과 완전히 반대되는 것을 필경사에게 받아쓰게 한다. 가령, 추위 대신에 '온화한 날씨'를 넣고, 비라는 낱말을 '좋은 날씨'로 바꾼다. 그의 예측 중 몇 가지가 아주 우연히 확증되었다. 그는 진실을 탐색하지도 알지도 못하면서 진실에 다다랐다.

최근에 교양 있는 사람들이 공익을 옹호하라는 권유를 받았다. 모든 이가 희망을 가지라고 말하고, 화폐를 다시 주조하는 것이 유익한 만큼 곧 실현되리라고 예측한다. 걸핏하면 입법권의 모든 분야를 논하는 이 계몽의 무리와 사회의 모든 영역에서 나타나는 이 애국심의 기류로 말미암아 '삼부회'의 다음 회의에서 무슨 일이 일어날지 지켜보기로 하자. 프랑스인들은 적어도 가장 중대한 주제들에 관해서는 이전보다 더 적극적이고 더 공정한 판단력을 발휘했다.

유럽 전체는 검열과 시기의 대상인 한 국가가 무엇을 할 것인지에 신경을 쓴다. 절충의 방도가 전혀 없으므로, 이번만은 프랑스의 이름이 영광 아니면 수치로 둘러싸일 것임에 틀림이 없다. 국가는 업적으로 평가될 것이고, 국가의 가치는 저절로 드러날 것이다.

'자업자득'이라는 프티 부르주아의 격언이 있다. 오, 이 몇 마디에 얼마나 많은 의미가 들어 있는가!

836 소르본의 지하묘소

어느 것이 더 위대한지 알 수 없는 세 차례의 치세를 경험한 리슐리외 원수가 얼마 전에 여기에 안장되었다. 3주 후에는 그의 조카 에기용 공작이 그를 뒤따랐다. 그들은 자신들이 때때로 본받고자 한 유명한 대신과 합류하러 간 것이다.[76]

우리의 현 통치형태는 리슐리외 추기경으로부터 비롯된 것인데, 그는 옛것을 폭력적으로 부숴버렸다. 오늘날 우리의 풍속도 이 공작 덕분이고, 새로운 정치적 동요도 브르타뉴의 이 전임 총독 탓이다.[77] 리슐리외 공작이 없었다면, 나의 『파리의 풍경』은 확실히 다른 색깔을 띠었을 것이다. 아마 가장 낫지는 않을 것이지만 지난 세기와 뚜렷이 구분되는 우리의 현 성향을 결정한 사람도, 프랑스 궁정에 새로운 품위를 부여한 사람도, 그리고 루이 15세의 행실을 크게 결정지은 사람도 리슐리외이다. 그는 루이 15세가 아직 어렸을 때 불길로부터 지켜줌으로써 생명을 구하기도 했다. 공작에 대한 국왕의 애착은 이로부터 비롯되었다.

나는 또한 역사에서 제법 넓은 자리를 차지할 공작-대신 슈아죌

76 여기에 언급된 '유명한 대신'은 슈아죌인데, 그의 뒤를 이어 외무담당 국무비서의 직위에 오른 사람이 바로 에기용 공작이다.

77 리슐리외 공작은 궁정의 음모와 방탕뿐만 아니라 무훈과 능란한 외교로도 유명했다. 그가 좌지우지한 루이 15세는 그를 자신과 거의 대등한 존재로 대했다. 1753년 브르타뉴 총독으로 임명된 에기용 공작으로 말하자면 라샤타르드디와의 기억할 만한 알력으로 이름을 날렸다.

의 장례식도 목격했는데, '소르본의 지하묘소'에서 이 지하생활자와 온전한 대화를 나누고 싶은 마음이 굴뚝같다.

고인이 된 슈아죌은 파리에서 코르시카 사람들과 마주칠 수 있게 해준 인물이다. 왜냐하면 바로 그가 코르시카의 정복을 지시했기 때문이다.[78] 이 수도는 그들로부터 멀리 떨어져 있지만 그들에게는 희망의 도시가 되었다. 파리의 코르시카인들! 이보다 더 놀라운 것도 없을 것이다. 그들의 대화는 흥미로운 것이고, 그들의 민족성은 지금까지 지워지지 않고 있다. 모든 외국인 중에서 코르시카인들은 우리의 모든 견해와 가장 뚜렷한 대조를 내보이고 있다.

20년 전에 나는 보르도에서 리슐리외 원수를 보았는데, 거기에서 그는 '국왕 대리'로서 총독의 직무를 매우 호사롭고 과감하게 때로는 냉혹한 방식으로 수행하고 있었다. 그 시기부터 나는 그가 맞춤법에 무관심했고 재치만 있었다는 것을 알고 있었다. 에기용 공작에게 접근한 적은 결코 없지만, 그의 적수는 만나본 적이 있는데, 불행과 브르타뉴 출신다운 꿋꿋함이 이채로웠다. 볼테르가 '브루투스'를 '카이사르'의 아들로 등장시키는 「카이사르의 죽음」이라는 우화에 따라, 반대 방향으로 '라샬로테'[79]는 이 공작의 아버지로 탈바꿈되었다.

78 코르시카는 제노아 공화국의 옛 영토로서 반란이 끊임없이 일어났고, 질서를 회복하기 위해 1764년부터 프랑스의 도움을 청해야 했다. 제노아 채권의 대금을 치르기 위해 1768년 5월 15일 결국 이 섬을 프랑스에 양도했다(당시에 이 섬을 복속시키기 위해 막대한 군사 개입이 필요했다). 이 사태의 해결을 위해 협상에 나선 사람이 바로 외무담당 국무비서 슈아죌이다.

79 1753년 에기용 공작이 브르타뉴 총독으로 임명되었을 때 라샬로테는 이 지방의 고등법원 검찰총장이었다. 에기용 공작은 호사와 권력남용으로 주민과 고등법원의 비난을 샀다. 고등법원과 에기용 공작 사이의 불화는 라샬로테의 독살 이후 전국으로 확산되었다. 에기용 공작은 1768년 사직하지 않을 수 없었다.

나는 슈아죌과 한 차례 대화의 기회를 가졌다. 25세에 러시아에 갈 계획을 구상했는데, 신청한 여권이 나오지 않았고, 대신을 직접 찾아가야 했다. 그를 만나보니 그의 머릿속에는 가장 전제적인 신조가 들어 있었고, 자기 자신을 위해서는 모든 것을 행할 자유를 확보해두었으면서도 특히 글쓰기의 자유를 인정하지 않았다. 그는 나의 표정에서 내가 크게 아연해한다는 것을 읽어냈는데, 나의 대답들이 결코 그의 마음에 들지 않았던 것이다. 나는 여권의 발급을 그다지 강하게 요구하지는 않았고, 그를 가까이에서 평가해보았다는 데에만 만족한 채 내 계획을 포기하고 물러나왔다.

슈아죌은 '사랑의 기술'에 관한 시, 아직 발표하지는 않았지만 어법의 측면에서 마무리가 아주 섬세하고 매력적인 시 한 편을 쓴 시인 '바르트'와 무척 닮아 보였다. 눈에서만 지적 능력이 엿보였고, 얼굴의 나머지 부분은 평범했다. 나는 그의 죽음을 알았을 때 애석한 심정이었다. 왜냐하면 이론의 여지없이 그는 식견이 풍부하고 고도의 중요한 정치행위에 능한 대신이었기 때문이다. 그의 시정(施政)은 프랑스인들의 국민성과 유사한 뭔가가 있었고, 그는 자신이 쓰는 사람들의 자질을 온전히 끌어내는 비법을 지니고 있었다. 그의 회고록은 그가 야심차게 수행하고자 한 역할을 완벽하게 숙지하고 있다는 증거, 생각보다는 흔하지 않은 찬사의 증거가 될 것이다. 그렇지만 이 대신이 오랜 기간 동안 행정을 떠맡고 있으면서 위대하거나 탄탄한 뭔가를 해냈다고는 보이지 않는다. 그는 재능보다는 명성이 훨씬 더 승했다.

나는 거룩하고 진실한 역사를 쓰고자 할 때가 오면 '소르본의 지하묘소'의 문으로 갈 것이고, 그곳의 특이한 인물들에게 최선을 다해 물을 것이다. 내게 그들이 진실에 대한 나의 사랑에 호의적으로 대답하지 않으리라고 어찌 장담하겠는가?

837 벽난로

주택의 각 층에는 벽난로가 있는데, 거기에 발라놓은 석회는 연기로 시커멓게 그을려 있고, 벽난로가 지붕 아래로 자취를 감춘다고는 하지만, 높은 데에서 내려다보면 멋진 도시의 모습이 벽난로 때문에 일그러져 있다는 것을 알 수 있다.

난로와 벽난로 사이에 얼마나 많은 차이가 있는지 모른다! 나는 난로를 보면 상상력이 사그라지며 기분이 처량해지고 우울해진다. 그래서 이 맥없고 미지근하고 눈에 보이지 않는 열기보다는 아무리 매섭더라도 추위가 더 좋고, 불을 바라보는 것이 즐겁다. 불을 바라보고 있노라면 상상력이 활기를 띤다.

사각형 응접실의 사방에 벽난로를 배치하고 한가운데에 탁자를 놓은 것보다 더 유쾌한 착상을 나는 알지 못한다. 실내에 벽난로가 있으면 조잡한 가구도 그다지 흠이 되지 않는다. 바스티유에는 벽난로가 있으므로, 거기에서는 여름보다 겨울이 더 지내기 좋다. 실제로 벽난로가 있으면 불을 쑤셔 일으킬 수 있다. 내가 거의 모든 책을 쓴 것은 바로 이런 식인 만큼, 즉 부젓가락 끝에서 내 유쾌한 생각이 피어오르는 만큼, 나는 난로가 있는 방을 모두 감옥으로 간주한다.

스위스와 독일에서는 잠들었을 때 가장 딱딱한 머리라도 누이기에 적합한 두꺼운 덮개, 무거운 닫집이 침대에 딸려 있는데, 닫집으로부터는 두꺼운 붉은 휘장이 내려뜨려져 있다. 깃털은 허리를 따뜻하게 해줌과 동시에 찌르고, 나사는 피부에 불쾌감을 준다. 아니! 나는 벽난로를 처음으로 알게 되었을 때, 속을 넣은 무덤에 대한 혐오가 사라졌고, 팔의 힘으로 움직이게 해야 하는 이 휘장-장벽 한가운데에 몸을 누일 수 있었다.

내게 벽난로는 필요하고 편리한 첫 번째 가구이다. 나는 주방에는 불을 피우지 않더라도 내 작업실에는 불을 지펴놓을 것이다. 파리에서 난로 제조의 기술은 정교해졌다지만, 벽난로가 결코 없어지지는 않고 있다. 바깥에서는 창유리가 얼음으로 덮이는데도, 마루 밑으로 구불구불 연결된 연통으로 거실의 한구석에서 훈풍이 나오게 된다.

게다가 난로는 추위를 잘 타게 만드는 결함이 있고, 할 일 없는 사람들이 무료함을 달래거나 혹독한 추위를 피하려고 들어가는 카페에서만 벽난로를 대신할 뿐이다. 파리에는 그들이 수백 명씩 진을 치고 정확히 겨울 3개월을 보내는 그러한 카페가 있다. 온실에서처럼 거기에 틀어박혀 있는 이 모든 다년생 식물은 난로 제조자들을 고맙게 여기고, 난로 제조자들 쪽에서도 이에 못지않은 감사의 마음을 석공들과 건축가들에 대해 갖는다. 난로가 유행하게 된 것은 확실하지 않은 것에 소망을 품는 이 많은 인물의 이해할 수 없는 무지 덕분인데, 벽난로에 불을 지펴도 몸이 얼게 되거나, 연기를 뒤집어쓰거나, 시력을 잃기 십상이니 벽난로가 무슨 소용이냐는 것이다. 그렇지만 우리의 건축가들이 '연기 나지 않는 벽난로'를 만드는 데 성공한다면, 이는 순전한 우연의 소치이다. 연기 나지 않는 벽난로는 '자신들의 능력 밖'이라고 그들은 내 면전에서 주장했다. 그들은 동일한 지점에 늘 머물러 있는 진짜 중국인들인 셈이다. 이탈리아의 난로 직공들을 파리로 불러왔을 것이 틀림없는데, 몇몇 집에서는 벽난로에서 '연기가 나지 않는다'고 자랑한다. 난로 직공들은 일종의 단체를 이루고 있다. 우리의 건축가들과 석공들은 자신들의 무지에 대한 징벌로 반드시 '난로 제조인들'과 '난로 직공들'에게 매년 그들의 축제일에 성대한 식사를 제공하고, '연기가 나지' 않는 벽난로의 설치를 배울 때까지 그들을 섬겨야 한다고 나는 생각한다.

우리의 선조들은 더 검소하거나 추위에 대해 더 단련되어 거의 난방을 하지 않았다. 주인 식구가 18~20명인 집에서 주방을 포함하여 세 군데에만 불을 지피는 것으로 충분했다. 그들은 또 얼마나 대단한 사람들이었는지! 당시에 국가의 요직을 차지한 이들이었지만, 그들은 다리에 곰 가죽을 두르고서 아무리 혹독한 추위도 '왕립 건축 아카데미'의 무지도 아랑곳하지 않았다. 우리가 손가락에 입김을 불거나 여우처럼 연기를 뒤집어쓰고 생활한다면, 사실 이 호사스런 장식과 길 양쪽으로 줄지어 선 아파트가 무슨 상관일까?

재정 상태가 나아지면서 생겨나기 시작한 사치풍조 때문에 모든 것이 타락한 이래, 우리의 주거 곳곳에 온종일 불이 지펴졌고, 우리의 모든 숲에서 나무가 끊임없는 도끼질에 쓰러졌다. 이윽고 숲으로는 충분한 땔감을 구할 수 없게 되었다. 우리는 유구한 세월과 대지의 오래된 소산을 집어삼킨 후에, 이 공동의 어머니를 내장까지 괴롭혀 '석탄'과 '이탄' 그리고 '목탄'을 끌어내기에 이르렀다. 행정에서 난방은 영속적인 경계와 경보가 요구되는 사항이다.

나는 어떤 개인이 약간의 기하학 지식으로 그들의 매연 벽난로를 고치기에 이르렀는데, '한 번도' 실패한 적이 없다는 것을 알려주고 싶다. 이는 '외관'을 꾸미고 일상의 필요하고 세세한 것들을 정돈하지 않고 실내를 연기로 가득 채우는 이 모든 건축가의 어리석음을 적어도 내 힘이 미치는 범위 내에서 상쇄하기 위해서이다. 누구라도 그의 주소를 내게 묻는다면 서슴없이 가르쳐주겠다.

우리의 벽난로 위에는 일반적으로 '볼테르'와 '장자크 루소'의 작은 청동 또는 금박 석고 흉상이 놓인다. '자노'와 '프레빌'[80]도 동일한 명예를 누리게 되었다. 우리의 조각가들은 마음 내키는 대로 이런저런 두뇌를 기린다. 군주들의 흉상은 구입자가 옛날보다 적고, 요즈음 사람들은 지적 수준이 높은 이들을 선호한다.

모든 벽난로 위에는 『주르날 드 파리』가 놓여 있어서, 우리는 페달의 고상한 정신을 최대한 칭송하게 된다. 그러나 이 신문은 단점이 하나 있는데, 그것은 때때로 매우 사소한 것들을 매우 요란하게 떠들어대거나 표면화하면서 그것들에 관해 길게 늘어놓고 독자의 눈길을 그저 불운일 뿐인 것과 과장된 소동, 즉 하찮은 분란으로 쏠리게 한다는 점이다. '프랑스 비극작가'처럼 인습에 젖은 사람들에 의해 제조된 수백만 가지 통상적인 가발에 이어서 누군가가 '매우 훌륭한 가발'을 얼마 전에 고안했다고 이 신문이 '유럽'에 알릴 때는 괜찮다. 자신의 기술로 상을 타는 뒤퓌이가 우리에게 선보인 가발은 컬이 결코 풀어지지 않고 비바람에도 끄떡없다. 거기에 장식용 가루를 뿌릴 수도 있고, 흔드는 것만으로도 이전의 장식용 가루가 쉽게 제거된다. 날마다 우리에게 폭군으로 군림하는 가발 제조업자들, 귀중한 시간을 앗아가는 이 탁월한 도둑들의 수많은 부류에게 이 가발은 커다란 충격이었다.

우리가 요전에 여러 가지 잘못을 지적했는데도, 사람들은 여전히 벽난로를 설치하고, 추위에 떠는 여자들에게 불을 감추고, 더 강한 난방을 위해 품위 없이 무례하게 옷자락을 짧게 줄인다. "다정하고 사소한 것들에 만족해하는 사회에 축복 있으리라"고 스턴은 말했다. 그것들은 오늘날 우아하고 안락한 생활을 구실로 약간 지나치게 무시되고 있다.

투명 유리가 달려 있고 전원 쪽으로 향해 있어 불을 쬐면서 자연

80 Préville: 은퇴한 배우로서 네다섯 가지 역할은 탁월하게 해냈으나, 다른 모든 역할은 대사나 표정이 서툴렀다.

풍광을 전혀 가리지 않는 벽난로는 여러 왕실과 왕족의 집에서 사용되고 있다. 그것은 이제 진귀한 물건이 아니지만, 처음 보면 호기심을 사로잡고 일깨운다. 왜냐하면 누구라도 어디를 통해 어떻게 연기가 빠져나가는지 궁금해지고 직접 확인하고 싶을 것이기 때문이다.

주방의 벽난로로 말하자면, 그것은 유용한 것이다. 실제로 한 사람이 유명해지고 존경받을 만하게 되는 것은 주방의 벽난로 덕분이다. 누구나 그의 수준 높은 주방 벽난로 때문에만 그의 응접실 벽난로를 방문할 뿐이면서도, 주방의 벽난로에 관해서는 어떤 말도 하지 않고 주방의 벽난로를 보려고 하지도 않는다. 만일 주방의 벽난로가 없다면, 응접실은 확실히 1년 내내 비어 있을 것이다.

'노트르담의 탑' 높이에서는 주택이 재력가나 공작 또는 고위성직자 소유인지를 벽난로의 굴뚝으로 구별할 수 있는 반면에, 인접한 뚜렷하고 가는 줄기들은 '주방 아궁이'에서 끓고 있는 요리 냄비의 빈약한 증발만을 나타낼 뿐이다.

오! 도시의 모든 지붕을 들어내서 방들을 들여다보려는 '절름발이 악마'의 유쾌한 착상이여! 우리는 벽난로의 굴뚝을 통해 신학생의 수프, 부르주아의 수프, 왕족의 수프를 가려볼 수 있는데, '독실한 여신도의 수프'는 차치하더라도 이 세 가지 수프는 서로 분명히 구분된다. 그러니까 나는 여기에서 더 나아가 수프를 맛으로, 상이한 재료로 '일곱 가지'까지 구별할 수 있다.

838 비명

거짓된 비문(碑文)이 사라졌고, 비명이 예전보다 더 간단하다. 간단한 비명 쓰기를 어떻게 배울 수 있을까? 어떤 교양 강의로? 어떤 어리석고 엉뚱한 생각으로 일반인의 비명을 라틴어로 쓰고자 했을까? 일반인의 비명을 라틴어로 쓰는 것은 우리의 언어, 우리의 작가들, 읽기만을 바랄 뿐인 민중의 기이한 천성을 동시에 모욕하는 것이 아니었을까? 위인들의 초상화 아래 적힌 몇 줄의 글은 그들에 대한 실물 그대로의 묘사일지도 모르고, 생생한 도덕 강의가 될지도 모른다. 어떤 2행시로 건전한 생각을 환기할 수도 있을 것이다. 나는 어린 시절에 피브락의 4행시, 특히 "절대 권력의 말을 나는 증오하노니"로 시작되는 4행시를 알고 있었고, 시의 재능을 타고난 천재들 중 한 사람이 기억에 새겨지는 구체적인 언어로 열심히 도덕을 현양하지 않은 것에 대해 아쉬운 마음이 들었다. 본능, 즉 도덕감각은 인간의 가장 귀중한 능력이다. 이 감각이 있으므로 인간은 위대한 것, 아름다운 것을 행한다. 4행시를 잘 지어 공공기념물에 부착한다면 민중이 이 감각을 기르는 데 일조할 수 있을 것이다.

오래전부터 우리에게는 금석학 아카데미가 있다. 어떻게 그토록 많은 재사(才士)가 모여 이와 같은 진실의 힘을 느끼지 않았을까? 이른바 '단체'라 불리는 것에는 이성이 결코 영향을 미치지 못하거나, 그들에게는 스며들기 매우 어렵기만 한 것 같지 않은가? 단체를 구성하는 개인들이 세대교체에 따라 헛되이 변하고 갱신되며, 이기심과 허영심 그리고 가장 쩨쩨한 이해타산 또한 세대들이 이어지면서 소생하며, '단체정신'이라 불리는 것이 언제나 이성보다 우세하고 수세기 동안 천재성이 단체정신에 의해 질식당한다. 오늘날에 이르러서야 비로소 프랑스어 비명이 약간 친숙한 것으로 다가오고 있다. 조폐국의 경우에도 라틴어를 추방할 필요가 있는데, 학자들은 일반 사람들과는 달리 이곳을 '오피키나 모네타이'라 명명했다. 얼마나 한심한가! 생폴 선창에서 동일면에 출입문이 4군데 나 있는 카페의 장식으로 온수장수가 학자들 못지않게 유명해졌다. 첫 번째 출입문에는 '클리바누스', 두 번째 출입문에는 '오이쿠스 루디', 세 번째 출입문에는 '엑세드라 하르모니아이', 마지막 출입문에는 '오피키나'라는 글자가 새겨졌다.[81] 이런 식으로 그는 금석학 아카데미와 천재성을 다투었고, 누구나 한밑천 잡고자 하는 생폴 선창에서 주민들에게 자신의 이름을 알리는 데 성공했다.

나는 "말라가 포도주 잔에 담그는 큰 건빵"을 간판으로 삼고 그 아래에 '일류의 담금질'을 적어놓은 칼 제조자를 더 좋아한다.

박식한 자는 철학자의 짐마차꾼에 지나지 않고, 그렇기 때문에 철학자에게 자료를 가져다준다. 그러니 박식한 자들은 입을 다물고 우리가 '비명'을 새기도록 내버려두기 바란다.

왕립 콜레주의 보빌리에는 25년 전부터 결코 핀다로스를 놓지 않고 있으며, 그에게 푹 빠져 있다. 모든 신문을 보면 알게 되듯이, 그의 이름은 고대 서정시와 불가분의 관계를 맺고 있다. 고대 서정

81 여기에 나온 대부분의 용어들처럼 그리스어에서 파생된 '클리바누스'(그리스어로 '크리바노스')는 '투르트 굽는 도구'나 '제빵 용기'를 의미한다. 그리스어로 '크리바네우스'는 제빵업자이다. 항만 활동 때문에 이 용어를 이해할 수 있는 생폴 선창의 주민들과는 달리, 우리는 추측에 의존할 수밖에 없다. 카페 주인은 '놀이실'('오이쿠스 루디') 및 '음악실'('엑세드라 하르모니아이')과 짝을 이루도록 '빵집'이나 '음식점' 또는 '식당'을 의미하고자 했을까? '오피키나'는 판매점(가게) 또는 '주방'에 상당하는 제조소일 수 있을 것이다.

시의 이 영원한 번역가는 우리에게 무엇을 말하며, 무엇을 말하고자 하는가? 그의 동료 로슈포르는 더는 읽히지 않는데도 번역되고 다시 번역되곤 하는 진부한 서사시 「일리아드」와 「오디세이」를 운문으로 번역했다. 시간을 참 잘 활용한 셈이다. 그런데 이 모든 것은 피브락의 4행시 한 편만 못하다.

839 매장

사망자 100명 중에서 60명은 매장해 줄 하인을 남기지 않고 숨을 거두지만, 길마다에는 이 일을 수행하는 주름투성이의 늙은 아낙이 있다. 그런 불쌍한 고인의 시신을 감싸라고 누군가가 건네주는 '침대보'는 그녀에게 어엿한 나날의 자선 품목이다. 이 노파는 포도주 한 병을 대가로 받고서 주변의 가장 시시한 천 조각으로 시신을 둘둘 마는데, 큰 재산을 남기는 사람들이라도 이보다 더 낫게 대접받지는 못한다. 상속인들과 배우자의 지시로 어김없이 집안에서 가장 나쁜 침대보가 선택되고, 그러고 나면 교회 하인이 콧노래를 하면서 시신을 관 속에 집어넣는다. 법의에 겉옷을 걸친 성직자들이 전날 불렀고 이튿날도 부를 동일한 '애도가'를 웅얼거리면서 시신을 옮긴다. 그들은 길들을 따라 걸어가면서 무료함을 달래기 위해 수다를 떨거나 하품을 하고, 아니면 천하고 바람기 있는 회색 작업복의 여공들을 쳐다본다.

영국인의 경우에는 여전히 플란넬 수의가 입혀지며, 시신을 씻기고 털을 면도한 연후에야 매장이 이루어진다. 게다가 관이 채색되고 대가리에 은박을 입힌 못이 사용된다. 어떤 이가 말했듯이, "죽음의 터는 어디나 사제에게 천혜의 땅이다." 아무리 그래도 그렇지 파리의 큰 교구에서는 매장에 터무니없이 많은 돈이 든다. 그러므로 이와 관련하여 돈을 아끼려면 작은 교구에 살아야 하는데, 작은 교구에서는 매장 비용의 절감 가능성이 100%이다.

장례행렬의 알림장에는 고인이 교회에 묻힐 것이라고 적혀 있지만, 고인을 교회에 내려놓기만 할 뿐이다. 모든 시신이 밤에 묘지로 옮겨진다. 사람들은 교회까지만 행렬을 따라가고, 오늘날 친척과 우인(友人)은 축축한 구덩이의 가장자리에 서 있지 않아도 된다. 그들은 작고 평범한 지하묘소에 무차별적으로 모여들고, 그러고 나면 시신은 시골의 야외로 빠져나가게 된다. 이 사려 깊고 새로운 조처 덕분으로 고인에 대한 존경을 잃지 않으면서도 공중위생에 만전을 기할 수 있었고, 누구나 죽으면 마침내 교구의 교회에 묻히는 것같이 보이면서 시골 한복판에 잠드는 것이다.

이는 고인이 살아생전에 행한 것과 정반대인데, 그는 때때로 이 도시에서 성가신 사람들과 식객들을 떨쳐버리기 위해 자기 집에 처박혀 있으면서도 시골에 갔다고 말하게 했다.

840 어느 터무니없는 책에 관하여

최근에 '봉인장'의 정당한 근거를 제시하면서 봉인장은 '국왕'과 '정부'를 비방한 재주 있는 사람들만을 대상으로 발부되며, '필요'하고 '유익'할 뿐 아니라, '다정'하고 '인간적'이라고 주장하는 책이 나왔다. 합리적인 여론을 이처럼 거스르는 자들이 있다.

모든 자의적 처벌은 비록 이 처벌이 정당할지라도 사회에 대한 범죄이다.

만일 '그러한 범죄행위'가 법에 의해 방지되지 않았다면, 어느 한 사람의 의지는 인간의 으뜸가는 권리, 즉 자유를 인간에게 보장하게 되어 있는 법을 결정할 입장에 놓일 수 없는데, 이는 결코 의심할 수 없는 아주 명백한 사실이다.

감춰져 있기 때문에 그만큼 더 심한 타격을 어느 강력한 적이 당신에게 가한다. 당신은 화살이 날아오는 것을 느끼지만, 화살을 쏘는 손은 보이지 않는다. 당신만이 온 세상으로부터 떨어져나가고, 당신의 경솔한 언행이나 잘못된 생각 또는 당신의 어여쁜 아내가 죄악으로 일변한다. 귀를 기울여주지 않는 법에 헛되이 호소하는 사람이 누군지 모르는 이의 유난히 고양된 정념 때문에 속박의 사슬에 묶인다.

예전에는 투옥이 매우 빈번했고, 대신들이 어떤 개인적 이득도 없는데 다른 사람에 대해서나 작위를 지닌 인물에 대한 증오심 때문에 이런저런 사람을 감금하라는 '명령서'에 서명하고는, 마치 그가 더 이상 존재하지 않는 듯이 그를 잊어버리는 일도 일어났다.

권한을 위임받은 자들이여, 이 끔찍한 직무를 두려운 마음으로 수행하라! 그대들의 관저 안쪽에서 무시무시한 징벌의 장소로 눈길을 던져라. 그대들의 향연이 한창일 때, 감옥에서 새어나오는 깊은 신음소리를 들어라. 요컨대, 타인의 정념으로 인해 학대와 고통을 받는 사람들에 대해 이 세상에서건 다른 세상에서건 그대들에게 책임을 물을 '법'을 머릿속에 떠올려라.

841 비서-소송보고자

내 비서는 만나보셨나요?

그에게 가서 내가 당신의 용무를 알고 있는지 물으세요.[82]

이것은 우리의 언어로 지어진 가장 유쾌한 두 시행인데, 극중에서 이렇게 말하는 자는 바로 재판관이다. 그런데 내가 생각하기에 지금이야말로 비서-소송보고자들이 소송인에게 요구하는 분별없고 범죄적인 세금을 없애야 할 때이다. 그들은 두 손으로 돈을 긁어모은다. 그들은 모든 서류의 수탁자이므로, 이는 정말이지 정직성을 너무 심하게 시험하는 것이 아니겠는가! 음! 재판에서 금전이 얼마나 무시무시한 무기인지 전혀 알아차리지 못할 사람이 어디 있겠는가! 금력에 의해 영혼이 그릇되거나 훼손되지 않을 정도로 강인한 사람은 얼마나 적은지! 양쪽으로부터 갈취하는 금전을 통해서만 어둠 속에서 나오고 어떤 종류의 존경을 누릴 수 있기 때문에 그만큼 더 위험하고, 두 손으로 돈을 뜯어내기 때문에 양자를 동시에 이기게 할 수 없는데다가, 당사자들에게 손해만 입힐 뿐인 보잘것없는 문서 작성자 무리의 수중에서 시민의 재산이 어떻게 이처럼 위태롭게 될 수 있단 말인가?

모든 이가 자신의 직업에 종사함으로써 먹고사는 것은 마땅하고

82 라신, 『소송광』, 2막 8장, 519~520시행.

옳은 일이지만, 이러한 직업을 갖는다는 것, 사법의 테두리 안에서, 테미스의 검 아래에서 협잡꾼들이 같은 시민에게서 돈을 뜯어간다는 것, 그들의 노략질이 오래전부터 '법'으로 통해왔을 지경이라는 것은 어처구니없는 일이다.

돈벌이에 혈안이 된 이 양반들을 어느 불쌍한 소송인이 다음과 같이 묘사했는데, 그는 약 168년 전에 그들의 손을 거쳤던 만큼 그들을 잘 알았던 것 같다. 친애하는 독자들이여, 프랑스의 모든 것이 정말로 나빠졌는지, 그리고 우리 시대에 소송보고자들, 즉 비서들의 미덕이 이전 시대에 비해 한참 모자라는지 읽고 판단해보시라!

소송인이 돈에 고하는 작별

내 금화여, 내 피스톨[83]이여, 안녕히,
내 멋진 에스파뇰 주화여, 안녕히,
내 태양 에퀴 금화[84]여, 안녕히,
⋮
내 사랑하는 테스통 은화[85]여, 안녕히,
내 두카토 은화[86]여, 안녕히,
내 프랑스 카르-데퀴여, 안녕히.

83 피스톨은 에스파냐나 이탈리아의 금화이다.
84 이 금화는 루이 11세와 샤를 8세의 치하에 주조된 화폐로서 왕관 위에 태양이 조각되어 있다.
85 1513년 루이 12세가 주조하게 한 화폐로서 1575년 앙리 3세에 의해 주조가 금지되었다.
86 두카토는 에스파냐와 홀란드의 은화로서 두카 금화보다 더 조악하다.

필경사들과 서기들이
내 자금을 모조리 거덜냈고,
나와 내 선량한 친구들을 망쳐놓았다.

소송사건에 휘말리는 소송인들이여,
소송보고자들의 비서와 서기에 대해
어떻게들 생각하시는가?
그렇게 정의를 팔아먹는 이 도둑들의
탐욕과 신경질에 대해
어떻게들 생각하시는가?
⋮
소송사건을 처리하리라고 생각하는
당신들에게 악의 가득한 비서들이
배신의 칼을 찌를 것이니,
⋮
청탁자가 되어야 한다.
당신의 소송보고자의 서기로부터
호의를 얻어내야지, 그렇지 않으면
그는 얼음처럼 냉정할 것이다.

그를 5~6차례 만나러 가라,
당신이 프랑스어를 말하지 않고,
카르-데퀴를 두 손 가득 집어
탁자 위에 올려놓지 않는다면,
그는 무정한 모습을 보일 것이고,
당신은 말도 꺼내지 못할 것이다.

그가 이 제시받은 돈에 만족한다고
생각하지 말고, 그것으로 다 된
것이 결코 아님을 잊지 마라.
당신이 이 관습을 지키지 않으면,
그는 증명서를 발급하지 않을 것이고,
펜에 잉크를 묻히지도 않을 것이다.

그의 배려를 사고 당신의 소송사건이
변호사의 귀에 들어가게 하기 위해서는
당신의 재산을 아끼지 말아야 하는데,
선물의 희망이 깃들게 되지 않으면,
그는 여전히 만족하지 않을 것이다.

자, 독자들이여, 어떻게 생각하오? 1624년에 벌써 이 가련한 소송인이 말한 것을 1788년에 우리가 되풀이할 수 없는가? 법, 그토록 많은 칙령, 판결, 선고가 연구된다고 해서 과연 정의가 우리에게 안기게 될까? 그 무수한 자료를 불태우고 상식과 이성의 목소리가 가장 무식한 사람들에게도 들려올 전혀 새로운 법전을 편찬하는 것이 100배 더 낫지 않을까? 자칫 잘못 생각하여 법을 아는 데 평생을 보낸다면 수치스럽지 않겠는가! 한자(漢字)를 만든 사람의 정신으로 법이 제정된 것 같지 않은가? 오! 이성의 숭고한 노력이여! 누구나 변호사, 법학 박사, 법률가임을 자랑삼는구나! 한심한 인간이로고!

842 키놀라[87]

'킬리'가 '클로버' 잭이듯이, 이것은 '하트' 잭이다.

오, 일리온, 아에네아스, 가마의 시인들이여!
그대들은 빛의 신이 낳은 자식이라고
온 세상이 헛된 명성에 취해 떠들어대지만,
그대들의 명망은 키놀라에 훨씬 못 미친다.
- 페로

인쇄술이 아니었더라면 전 유럽은 카드 때문에 우둔해졌을 것이다. 이 채색 카드의 영향은 매우 대단해서, 누구라도 손에 카드를 쥐게 되면 곧바로 모든 추론, 모든 재기가 사라진다. 그러므로 카드는 정말로 인간의 총명성을 쇠퇴하게 만든다. 카드놀이를 하는 많은 가정에서는 이러한 쇠퇴가 일상적인데, 카드놀이가 존속하는 한, 한 민족에 존엄성과 애국심이 온전할 수 있으리라고 기대해서는 안 된다. 가장 커다란 정치적 변화도 한가로운 소일거리들에 기인하고, 이것들은 부지불식간에 민족성을 변화시킨다. 카드는 모든 이의 정신을 흩뜨렸고, 그만큼 인류를 정말로 잠재우는 '아편'이다. 이 아편은 인류에게 모든 위대하고 유익하고 고결하고 용맹한 활동에 진력이 나

87 Quinola: 최소 득점자가 이기는 카드놀이(reversi)에서 하트 잭의 이름이다.

게 할 수 있고, 마침내 도시인에게서 두뇌의 절반을 앗아갔는데, 이는 호메로스가 예속상태에 대해 매우 적절하게 말한 바이다.

파리에서는 지방 소도시에서보다 카드놀이 하는 비율이 훨씬 덜하지만, 특히 부르주아 사이에서는 여전히 일과 공부에 지장을 초래할 정도로 카드놀이가 성행하고 있다. 왜냐하면 무료함을 완벽하게 달래줄 수 있는 쾌락밖에 모르는 여자들이 나머지 시간을 그런 식으로 허비하고, 만나는 남자들을 모조리 도박판으로 끌어들여 그들 역시 틀어박히길 좋아하고 경박하고 물러터지고 할 일이 없게 만듦으로써 그들을 타락시키기 때문이다. 오! 멍청이가 성공을 구가하다니! 시간을 허비하는 것은 큰 죄악이다! 지적 능력을 스페이드 잭의 개와 헥토르의 미늘창에다 소모하는 인간들이여, 이에 대해 책임을 져라.

여러 하인에게 카드놀이의 팁은 급료의 구실을 한다. 하인들이 1년에 24,000프랑을 서로 나눠 갖는다는 것을 누가 믿겠는가!

843 천문대

나는 한 왕립 시설을 보고 있는데, 거기에는 왕이 없다. 내게 보물을 보여주는데, 그것은 결코 부(富)가 아니다. 여기 망원경 없는 천문대가 있다. 나는 무기 없는 병기창을 보고 있다.

내 천문대의 높이에서 나는 오늘날 유럽이 지상에서 유일하게 떠들썩한 부분이고, 유럽에서도 파리가 모든 이의 눈길을 끌어모으는 도시라는 것을 알아차리게 된다. 보석 세공인이 다이아몬드를 깔끔하게 다루므로 다이아몬드로 알려지는 것처럼, 배우들은 희곡으로 알려진다는 것이 일반적인 생각임을 나는 알아차리게 된다. 저런! 예술에 가장 냉담한 자는 배우이다.

천문대는 붕괴하고, 천문 관측은 천문대 이외의 도처에서 이루어진다.

844 화장대

흔히 아주 좁은 아파트에서 화장대를 중심으로 군주국의 요인들이 모두 모여 있다. 국무대신, 외국 궁정의 대사, 추기경, 고위성직자, 장군, 프랑스 원수가 화장대를 둘러싸고 있는데, 가장 중요한 공무가 논의되는 가운데, 미인이 거울에 비친 자신의 모습을 바라보면서 얼굴에 애교점을 붙이고 있다.

화가들이여! 바로 여기에 몇몇 시대에 한정해서지만 군주국 정부의 유쾌하고 동시에 진실한 성격을 보여주는 것이 있다. P 부인의 화장대, B 부인의 화장대가 무슨 말을 듣지 못했겠는가? 근엄한 역사가들이여, 그대들은 골머리를 싸매고 원인으로까지 거슬러올라가고자 한다! "원인 없는 결과는 없다"는 것이 그대들의 신조인가? 그러나 물리에서 진실인 것이 정치에서도 진실이지는 않다. 그러니 그대들의 심층 연구를 그만두라. 이 세상의 가장 중대한 사건들은 결코 원인이 없거나, 적어도 원인이 몹시 사소하고 맥락이 몹시 미세해서, 원인과 맥락을 감지하려면 정말로 날카로운 눈썰미가 필요할 것이다.

단 한 명의 증인이 100종의 신문보다 더 낫나니,
신들이여! 화장대로 하여금 말하게 하소서,
그러면 우리가 국가들의 비밀을 알 것이로다.

1764년 로마로 돌아온 어느 이탈리아인이 프랑스 정부에 관해 말했는데, 내게 강한 인상을 준 이미지들에 입각하여 그것을 이제 곧 나열할 터이니, 들어보시라.

> 그가 본 것은 우선 모든 시대의 연대장 노릇을 하고 왕국의 도처로 연대를 마음대로 이동시키는 전쟁의 왕, 다음으로 항구에서 예포로 경례받는 해군의 왕을 보았고, 뒤이어 절친한 친구들에게 돈을 주므로 늘 아첨의 무리가 따르는 재정의 왕, 많은 신부에게 엄청난 특전을 줌으로써 그들을 부유하게 해주는 사제들의 왕, 다른 이들이 전쟁을 하는 반면에 홀로 평화를 위해 애쓰는 외교의 왕, '투옥하는 사람'이라는 별명으로 불리고 이 고약한 권력을 상냥한 정부에게 양도한, 왜소하고 정신이 박약하고 몰인정한 바스티유의 왕, '사면장'을 발부하고 교수형에 처한 자들의 형을 면제해주는 '국새'의 왕, 젊은 여자 청탁자들이나 덜 가늘기 때문에 그만큼 더 맛좋기 일쑤인 '노란 소시지'를 가져오는 자들을 승소하게 하는 사법관들의 왕, 천민을 꾸짖고 냉혹하게 비세트르로 보내는 경찰의 왕, 다리와 제방의 왕에 온 힘으로 맞서는 물과 숲의 왕, 책이나 소책자를 인가하고 금지하는 인쇄의 왕, 신봉자들이 '그가 말했노라'고 하면서 전가의 보도처럼 휘두르는 운문 칙령으로 사람들에게서 재능을 박탈하거나 부여하는 문인들, 명성을 좋아하는 노인들의 왕이었다.

단언컨대, 이 왕들은 모두 각 관할 부문에서 절대권을 행사한다. 이 모든 왕보다 더 위대하고 그들을 유리잔처럼 깨뜨리는 왕이 있다고 내게 주장한 사람도 있지만, 그의 권한이 어느 정도인지는 정확하게 가늠할 수 없다. 실제로 사방에서 그를 잡아당겨서 그는 어느 쪽에 귀를 기울일지 모른다. 또한 그가 행하기를 다른 왕들이 바라는 것을 하면서 평생의 4분의 3을 보낼 뿐만 아니라, 그들을 마음대로 교체하기도 하고, 백성이 크게 만족하여 희망과 용기를 갖도록 어느 날 아침 느닷없이 그들을 쫓아내기도 한다.

이 이탈리아 소극은 모든 계획과 기도가 좋건 나쁘건 단 한 사람의 이름으로 행해지고 파기되는 것이 무엇과 같은지를 설명하고자 했다. 그렇지만 언제나 온전하고 한 사람의 수중에 변함없이 존속하는 그 권력은 여러 가지 상황에서 찬탄할 만하고 유익한 것이 된다. 왜냐하면 다른 정부들은 잘못을 그만큼 용이하게, 그만큼 신속하게 바로잡을 수 없기 때문이다. 다시 말해서, 다른 정부들은 자체의 질병으로 소멸하기 때문이다. 여기에서는 심급(審級)의 유일성에 쇄신이 기인한다. 막대하고 필요한 조처가 한순간에 왕국의 도처에서 실행되고, 왕국의 기운을 회복시키며, 잘리고 분리된 부분들을 소생시킴으로써 전체의 이익에 부합하게 하고, 마침내 민중의 함성을 가라앉힐 수 있다. 가증스러운 기도와 함께 달아나고 사라지는 우상들을 진정한 왕이 제거하고, 평온이 되살아난다. 왜냐하면 정치의 가장 큰 과오는 평온을 흩뜨렸다는 것이고, 국가의 주요한 활동은 자연의 장엄한 움직임, 즉 '고요'와 '평안'의 흐름을 띠어야 하기 때문이다.

845 여성작가

우리 사이에서 여자들은 언제나 사회의 암묵적 동의를 획득하고자 열망한다. 이런! 지적 능력이라고 해서 아름다운 입을 거치지 말란 법이 어디 있겠는가? 거기에서 문예의 함양까지는 한 걸음밖에 떨어져 있지 않았다. 정겨운 여가의 한가운데에서 대화가 책과 연극작품 쪽으로 흘러가면, 시민생활의 힘겨운 직분을 다할 수 없는 여자들은 '책을 쓰자'고 말한다.

음악, 회화, 소묘는 여자들에게 금지되어 있지 않는데도 문학만 굳이 못하게 할 이유가 있을까? 여자를 무지, 즉 명예롭지 않은 결함 속으로 떼미는 것은 남자의 수치스러운 질투 때문일지 모른다. 감각과 지각의 능력을 지닌 존재가 자연으로부터 활발한 상상력을 부여받았을 때, 어떻게 그로부터 상상력을 자기 마음대로 사용할 권리를 박탈할 수 있겠는가?

그러나 바로 여기에 위험이 도사리고 있다. 남자는 언제나 여자의 어떤 우월성이건 꺼려하고, 여자가 자기 존재의 절반만 향유하기를 바란다. 남자는 여자의 정숙함을, 더 분명하게 말하자면 여자의 겸손함을 여자의 모든 특징 중에서 가장 아름다운 것으로 높이 산다. 여자가 남자보다 더 많은 지적 능력을 타고난 터이므로, 남자는 결코 그 보는 능력, 그 통찰력을 좋아하지 않는다. 남자는 여자가 남자의 악덕과 특히 결점을 알아차릴까 봐 두려워한다.

여자들이 작품을 펴내자마자 우선 여성의 대다수가 반감을 내보이고, 오래지 않아 모든 남자가 반발한다. 남자는 변함없이 여자의 지적 능력보다 여자의 아름다움을 더 좋아하게 되는데, 왜냐하면 여성의 지적 능력은 모든 이가 향유할 수 있기 때문이다.

남자는 자신에 대한 경탄을 나날의 조공으로 요구한다. 반면에 여자가 남자와 경쟁하고 동등한 재능을 내보이고자 할 정도로 높이 올라가는 것은 결코 바라지 않는다. 그래서 여자에게 남자를 이해할 만큼의 지적 능력만 있기를 은근히 바라게 된다.

모든 남자의 가슴속에 감춰져 있는 이러한 감정은 남자들이 많이 모여 있을 때 왕성하게 일깨워진다. 예컨대, 여자들이 창작하는 희곡은 지나칠 정도로 엄정한 평가를 받는다. 그럴 때 가슴아파하는 유일한 남자가 있는데, 그는 이 여자의 애인이다. 그리고 이러한 관념으로 인해 다른 관객들이 더 준엄해지기도 한다.

그러므로 여자의 작품을 판단하기 위해 모인 청중에게는 신사도가 존재하지 않는다. 신사도의 발휘라니, 어림도 없는 일이다. 저마다 애인이 되기를 바랄 것이므로, 아무도 친구가 아니다. 그러한 사랑은 어떤 남자의 마음에도 들지 않는데, 왜냐하면 남자는 여자의 재능에 매료되지는 않는다 해도 여자의 아름다움에 사로잡히는 것만으로 충분하기 때문이다. 게다가 모든 남자는 높은 명성을 얻고자 하는 여자를 깎아내리는 은밀한 성향을 지니고 있다. 여성작가들로부터의 평가로 말하자면, 여자는 자신이 사랑하지 않는 것을 판단할 때 꽤나 냉혹하므로 같은 여성으로 인해 대가를 치른다. 빛나는 성공은 남자들의 오만과 자유에 몹시 우려할 만한 제약을 가할지 모른다.

진정한 겸손은 여자와 가장 무관한 것인 만큼, 남자가 여자에게 불어넣고자 할지 모르는 것은 바로 이 미덕이고, 여자가 가장 받아들이려 하지 않는 것도 바로 이 미덕이다. 여자는 자신의 의무는 소홀히하면서도 자신의 특권은 늘 기억한다.

그래서 남자가 여자에게 지나치게 베푸는 온갖 칭찬에는 여자의 성공에 대한 남자의 불안감이 비춰 보이는데, 남자는 여자의 자존심이 그로 인해 높아지지나 않을까, 여자를 통제하는 데 2배의 비용이 들지나 않을까 두려워한다. 남자는 여자를 온전히 지배하고자 하며, 여자에게 특별한 명성을 허용하는 것도 자기 자신이 그것을 알리고 추인할 때일 뿐이다. 여자의 명성에 관한 한 남자는 자신이 최초의 심판자 겸 가장 가까운 감정인으로 여겨질 경우에만 여자가 명성을 갖는 것에 동의한다.

글을 쓰는 여자는 예외로 쳐야 한다고들 인정하게 되는데, 그렇게 되면 남자는 이 창의적인 지적 능력의 발휘로 인해 연인, 배우자, 어머니, 자매, 친구로서의 의무가 약간 저버려지기 일쑤인 만큼, 명성의 환희 때문에 감성의 자질이 식어버리게 되지나 않을까 봐 걱정한다. 요컨대, 남자는 여자가 일종의 마법에만 민감하기를 열망하고, 여자에게 이 마법만을 고취하고자 할지 모른다.

만일 여자들이 과학계를 장악하기라도 한다면 큰 문제가 있을 것이라고 생각할지 모르지만, 그렇지 않다. 여자들은 여전히 경쾌함, 섬세함, 감정, 독창적인 상상력의 축복, 우리의 결점들에 대한 묘사를 연구, 학업, 아카데미 없이도 잘만 발휘한다.

여자들은 세 번째 문장에서 현학자를 꿰뚫어보고, 계제에 맞게 침묵한 이에게서 지적 능력을 알아본다. 평범한 지적 능력의 무리는 바로 이것을 용서하지 못하고, 여자들로부터 영속적인 열등의 고백을 요구하고 싶어 할지도 모른다.

그러나 불운한 아벨라르의 충실한 제자가 글을 남기지 않았더라면 우리는 손해를 보지 않았을까? 적어도 저명한 '이조르', '페트라르카'의 아름다운 정부, 창의력이 풍부한 '스퀴데리', 향락적이고 바람기 있는 '니농', 유명한 '크리스틴', 매력적인 '라쉬즈', 고혹적인 '망시니', 흉내낼 수 없는 다감한 '세비녜', 너그러운 '랑부예', 짓궂은 '라사블리에르', 관능적인 '빌디외', 덕성스런 '세롱', 점잖고 분별 있는 '망베르', 쾌활한 '도누아', 유명한 '다시에', 겸허한 '베르나르', 밝고 발랄한 '루방쿠르', 박식한 '뤼상', 상냥한 '스탈', 불멸의 '데줄리에르'에 대해서는 어느 정도 인정하자.

그리고 이탈리아에 관한 '뒤 보카주' 부인의 편지들, 그토록 순수한 문체로 쓰인 '리코보니' 부인의 소설들, 매쪽 깊이 성찰된 교훈이 담겨 있는 '시으리' 후작부인의 작품들, 제목을 그토록 완벽하게 구현하고 있는 그녀의 『도덕극』, 지적 능력과 감정 그리고 세계의 인식이 그토록 조화롭게 녹아들어 있는 '보아르네' 백작부인의 독창적인 작품들, 역사물을 다루는 '케랄리오' 양의 남성적인 필치, '바즈' 남작부인과 그녀의 자매 '분테르스' 양의 더욱 아름다워진 모작들에 의해 우리의 문학이 풍요로워지지 않았을까? '당트르몽' 부인, '로랑생', '고댕' 양의 시를 즐겁게 읽지 않았는가? 또한 '브누아' 부인, '오방통' 부인, '모네' 부인, '오르무아' 부인, 모든 것을 자연에 빚지고 있는 '구주' 부인은 흥미진진하고 상상력이 풍부하며 우리의 풍속이 충실하게 묘사되어 있는 글을 남겼다. 그리고 사교계에 호사가 필요하다면 여성의 작품들보다 더 반갑고 유쾌한 호사는 없을 것인데, 우리는 여성들의 깊은 마음속에 놓여 있고 여성들의 눈길과 말보다 여성들의 글을 통해 더 솔직하게 드러나는 관념과 감정을 찾으러 가길 좋아한다.

846 찬모

여성은 남성보다 더 섬세한 기관, 더 세련된 미각을 지니고 있으며, 독주를 비롯하여 혀끝의 유두(또는 원형 돌기)를 무디게 하는 모든 것을 남성보다 더 삼가는 편이어서 더 오랫동안 미각을 유지한다. 남자 요리사들은 50세가 되면 모두 미각이 떨어지지만, 여자 요리사들은 그 나이에도 여전히 미각이 양호하다. 요컨대, 요리에는 수컷보다 암컷이 더 적임이다.

내가 일본 황제의 총신이라면, 가장 아리따운 궁녀들에게 고급 과자, 단것, 후식을 조리하게 하고 5년마다 그녀들을 경질하게 하라는 어명을 내리라고 그에게 넌지시 아뢰겠는데, 이 재능을 지니고 있지 않을 또 다른 무리의 궁녀들은 청춘의 여신처럼 옷을 입고 황제와 몇몇 고위 참석자에게 술을 따르게 하면 될 것이다. 황제의 주연을 빛낼 귀부인들은 사랑의 신, 아도니스, 제피로스처럼 차려입은 시동의 시중을 받게 된다. 주연에 곁들어지는 감미롭고 다양한 풍악이 귀를 즐겁게 할 것인데, 주연이 파하면 참석자들의 시중을 든 남녀들이 흥겹게 춤을 추는 듯하다. 이 참석자들은 아주 율동적인 음악에 이끌려 침실로나 적어도 궁궐 밖으로 퇴장하는 것 같다.

미셸 드 몽테뉴는 성격이 활달했고, 그의 말에 따르면 이는 즐거운 화음에 잠이 깨도록 한 아버지 덕분이었다. 나라면 일본 제국 전역에서 화음의 사용을 쇄신할지 모른다. 환희는 자연스럽건 인공적이건 사람들로 하여금 많은 범죄를 단념하게 하고, 심지어는 모든 이의 마음에 들려는 욕망이나, 적어도 남을 슬프게 만들지 모른다는 두려움을 불러일으킨다.

"지성을 함양해야 하나니." 황제는 "식사에 '수다를 곁들이면' 소화가 더 잘 된다"는 결정적인 금언을 좇아 자신의 오른편에 대화의 수고를 적절하게 분담할 퐁트넬 같은 사람, 쇼리외 같은 사람, 다르장송 백작 같은 사람을 근속 연수에 따라 교대로 두는 듯이 보인다.

일본 국왕의 왼쪽에는 네 번째 미의 여신이나 프시케 같은 여자, 열 번째 뮤즈나 니농 같은 여자, 발랄하고 다감한 경이로운 여자, 예쁘고 얌전하며 재치가 있고 품행이 바른 여자가 있는 것 같고, 그들 앞에서 합창대는 선행을 현양하는 몇몇 2행시를 노래하는 듯하다. 모든 선행은 젊게 하고 기운을 북돋우는 약이자, 모든 병을 예방하고 치유하는 진정한 만병통치약이다.

많은 이가 들먹이는 "나는 하루를 잃었노라"는 결코 발설되지 않은 듯하다. 나는 금전상의 어떤 보수도 가져다주지 않을 '호의적인 사자(使者)'의 직 12개가 생겨나도록 하련다. 황제의 선행을 알리는 이 천사들은 종려나무 잎, 석류꽃, 장미꽃, 월계수 잎으로 장식된 단봉낙타를 탔으면 한다. 그들은 황제의 은혜, 요구했거나 뜻하지 않은 호의와 공정한 행위를 알리기 위해 자비(自費)를 들여 신속하게 달리게 될 것이다.

바로 이것이 저녁식사를 기다릴 때, 그리고 한 명의 찬모(饌母)만을 두고 있을 때 잠기는 몽상이지만, 찬모를 잘만 선택한다면 특별히 건강을 해치지 않을 몇 가지 고급 요리를 여전히 맛볼 수 있다.

파리에서는 대망(待望)의 찬모가 과자까지 만들 줄 알기를 요구해서는 안 되고, 다만 '수프', '소스', '요리용 즙', 그리고 다른 통상적인 양념들, '젤리', '과일 졸임'을 만들 줄 아는 것으로 충분하다. 왜냐하면 과자 제조는 별도의 기술이기 때문이다.

피카르디 출신의 찬모는 다른 지방 출신의 찬모보다 더 섬세한 미각을 지니고 있고, 그다음으로는 오를레앙과 플랑드르 출신의 찬모를 친다. 노르망디 출신의 찬모는 모든 점에서 가장 형편없고, 부르고뉴 출신의 찬모는 가장 충직하다. 유능한 하녀는 뜻밖에 구하게 되는 만큼, 90명의 후보 중에서 선택해야 한다. 하녀의 급료는 보통 1년에 50에퀴지만, 이것은 최저의 급료이다. 파리에서는 하녀가 지방에서보다 절반 정도의 노동을 한다. 게다가 안주인의 속내 이야기를 들어주지도 않는다. 그래서 하녀에 대한 존경, 배려, 관심이 덜하다. 파리에서 하녀의 심심풀이로는 층계참에서 재잘거리거나 부르주아 집안에서 벌어지는 모든 일을 과일 가게에서 헐뜯는 것이 고작이며, 한 부르주아 집안을 어려움도 고민도 없이 나가 또 다른 부르주아 집안으로 옮겨가나, 거기에서라고 더 오래 붙어 있지도 않는다.

847 월요일

민중의 일정 부분이 겪고 있는 극단적인 빈곤은 대개의 경우 '월요일'에 휴업하고 술집에서 지출하는 비용 때문임이 틀림없다. 그날은 모든 노동자가 일을 하지 않는데, 이는 근절할 수 없는 오랜 관례이다. 게다가 술이 맛있다면! 때때로 나는 맛없는 술이라도 엄청나게 비쌌으면 좋겠다는 바람이 생기지만, 곧 마음을 고쳐먹는다. 백성의 극단적인 폭음이 국왕의 재정에는 이익이 되고, 국왕의 재정은 민중을 죽이는 것에 의해 풍부해진다.

파리 근교에서 마시는 술은 지나치게 덜 숙성되었건 해로운 혼합에 의해 달콤해졌건, 그 자체로 갖가지 질병을 초래한다. 민중을 우둔하게 만들고 인부들의 자녀에게서 일주일치의 빵을 앗아가는 이 야만스러운 방탕으로부터 민중을 끌어내기 위해서는 치안 담당자에게 사제가 딸려야 할지 모른다.

실제로 민중은 수입의 상당 부분을 카페와 술집에서 낭비하는데, 카페와 술집은 다른 날들보다 일요일과 축제일에 더 붐빈다. 노동자들은 '월요일'과 심지어 '화요일'을 휴업일이라 부른다. 일주일에 이틀이나 나태와 음주로 헛되이 지나간다. 술집이 폭음과 상스런 언행의 성역으로 자리 잡고 있는데도 평일에 아무런 시간의 제한도 없이 문을 열도록 어떻게 허용할 수 있단 말인가? 누구라도 술집에 빈번히 드나들면서 무질서를 목격한다면, 마호메트의 율법이 프랑스에서도 시행되었으면 하는 바람이 솟구칠지 모르지만, 이는 오직 인간에게 유익하도록 포도나무를 창조한 신의 주된 자비 가운데 하나를 포기하는 것이 될 것이다.

게다가 힘겨운 노동에 시달리지 않을 수 없고, 내가 알기로 거의 언제나 치즈나 몇 가지 과일만 먹고사는 그 불우한 사람들에 대해 어떤 것도 눈감아주지 않아야 할까? 그들은 거의 술만을 위안으로 삼아 살아간다. 술만이 그들로 하여금 고통과 피로를 잊게 해주고, 거친 노동의 지겨운 단조로움을 달랠 수 있다. 그러므로 그들에게 술을 허용하자. 그러나 술집 주인이 치명적인 혼합물을 타지 못하도록 하고, 이처럼 건강에 해독을 끼치는 자의 수와 술집의 수를 줄이자. 특히 우리가 겪는 온갖 해악의 원인인 지독한 과세를 사라지게 하자.

848 해독제

기관에 장애를 일으킬 수 있는 물질에 둘러싸여 있는 인간은 이성 없는 동물이 갖고 있는 유용한 본능이 전혀 없다. 이성 없는 동물은 독을 간파하고 유독식물을 구별해내지만, 우리는 고약한 악의의 침해에 계속적으로 노출되어 있다. 이로 인해 유해물질이 생겨나지만, 우리는 유해물질을 경계심 없이 먹는다.

몸을 마비시키는 독이 간악한 사람들에 의해 산출되곤 했는데, 호의를 보이면서 유해한 음료를 내놓는 이 배신행위는 피할 수도 알아볼 수도 없는 것으로서 으뜸가는 범죄행위이자 가장 비겁한 폭행이다. 살인자는 대담성을 갖고 있다. 여기에서 가장 사악하고 비열한 사람의 잔혹성이 드러난다. 이 끔찍한 배신의 무기들에 사법관들이 경악했다. 오직 마비시키려고만 하는 자들도 독살자로 취급되었다. 그들이 독의 성질을 알지 못했다고 해서, 왜 그들에게 책임이 없겠는가?

관공서에서는 이 위험을 민중에게 알리기 위해 소임에 충실했고, 조언과 처방을 아끼지 않았다.

가장 부드러운 먹거리인 우유는 구리 양동이에 오랫동안 담겨 있으면 유독해진다. 구리 양동이가 금지되었고 이제는 보이지 않는다. 그러나 작은 냄비는 여전히 어린이들에게 설사의 고통을 초래하고, 납빛의 석회가 들어가는 채색 니스를 칠한 스튜 냄비는 빈민의 건강에 해롭다. 이에 대한 경고가 빈민에게 반복되었고, 마침내 빈민이 이러한 경고를 받아들여 조심하고 있다.

이처럼 끊임없이 민중을 둘러싸는 위험에 관해 민중을 깨우치려는 노력에 결코 소홀함이 없었다. 사회의 모든 계층이 유용한 과학에 차츰 설복되고 유용한 과학에 힘입어 무지로 인한 범죄가 예방되기까지에는 아직도 시간이 필요하지만, 예전에는 으레 관심조차 없었던 최하층의 부류로까지 이러한 지식을 내려가게 하려는 시도가 갖가지 교화의 경로를 통해 다양하고도 반복적으로 이루어졌다. 오늘날 내각은 온정과 배려로써 그들을 더 잘 지켜보고 있다. 익사자들과 질식한 이들, 그리고 몇몇 위험한 주류(酒類)를 들이킨 이들을 위한 구급조치가 도처에서 신속하게 행해지고 있다.

849 밀린 월세 지불하기

내 친애하는 가련한 파리인들이여, 그대들 중에서 '밀린 월세 지불하기'라는 이번 장(章)의 제목만 읽어도 해쓱해질 이가 얼마나 많은지! 이 제목에서는 음산한 소리가 들려온다. 아니, 누구도 이 지불을 나중으로 미룰 수 없을 것이다. 옷값의 절반을 받을 때 이미 2배의 이윤을 남기는 여성복 상인, 그리고 자신이 틀림없이 가장 지독한 채권자일 것이라는 것을 잘 알고 있고, 심지어는 이런 사실을 거침없이 털어놓는 가발업자와는 합의가 비교적 쉽게 이루어진다. 카페의 주인과도 합의를 보기가 쉽다. 그곳의 종업원은 '부르주아' 주인의 '기억력'에 관해 험담하지만, 만일 '바리에테 아뮈장트 극장'[88]에 가야 한다고 그에게 넌지시 말하면서 '30수'를 주면 공손히 입을 다문다. 식료품상, 푸주한, 재단사, 심지어 유대인과도 합의가 수월하지만, 전대인(轉貸人)과는 결코 합의가 이루어지지 않는다.

그렇다, 3개월마다 마지막 달 8일에 당신이 전대인에게 밀린 월세를 지불하지 않으면, 이튿날 아침 7시에 전대인이 당신에게 와서 "오늘이 9일이오. 자, 여기 영수증이 있으니 돈을 내고 받아가시오"라고 말한다. 당신이 머뭇거리면, 그는 "여기에서 맨 먼저 지불해야

88 1778년 레클뤼즈에 의해 구상되고 복스홀 옆의 탕플 신작로에 세워진 바리에테 아뮈장트(또는 바리에테) 극장은 1779년에 개장하여 큰 인기를 누렸다. 치안총감 르누아르가 후원한 이 극장은 1787년부터 더 멋진 공연장이 지어지기까지 팔레루아얄에 자리를 잡게 되었다. 1787년에 기공되어 1790년에 완공된 새 공연장은 오늘날에도 코메디 프랑세즈가 들어서 있는 곳이다.

하는 것은 밀린 월세요"라고 덧붙인다. 그러고 나서 그는 모든 가구를 둘러보면서 "그런데 지금 형편이 안 좋다 해도, 내가 가져갈 몇몇 거울도 있고, 실내장식업자인 내 처남이 좋은 값을 쳐줄 수 있는 이 서랍장도 있질 않소. …" 하고 말한다.

전대인은 4분기마다 모습을 보이는 비정한 채권자이지만, 전대인 자신은 건축업자에게 갚을 빚이 있고 세 가지 20분의 1세의 징수관에게 세금을 내지 않고 완고하게 버티는 집주인에게 들볶인다. 20분의 1세의 징수관은 세 가지 20분의 1세를 받아내지 못하면 3배로 상환하게 되어 있기 때문에, '왕의 이름으로' '명령'을 남발한다.

그래서 '정월', '4월', '7월', '10월'에는 밀린 월세를 반드시 지불해야 한다. 그런 날들에는 어느 집에서나 커다란 웅성거림이 들려온다. 당신이 지불을 위한 방문을 하지 않으면, '인지를 붙인 서류'가 배달되고, 온갖 집행관이 들이닥쳐 오른쪽에서는 압류물품을 지정하고 왼쪽에서는 압류를 실행하며, 선취특권이 있는 전대인들은 벨벳이 깔린 '강아지 집'도 갖고나가지 못하게 한다. 지불이 훨씬 더 어려운 포부르들에서는 덜 정중한 모습을 보이고 노발대발 위협하는 어조로 '파출소장'과 '노천매각'을 들먹이며, 소로 쪽으로 난 문을 걸어잠그고, 혹시 가구를 야간에 몰래 반출할까 봐 감시하기도 한다. 그러므로 밀린 월세를 지불하지 않는 것은 주거와 관련하여 저지를 수 있는 가장 엄청난 범법행위이다. 이것을 제외한 다른 모든 죄과는 묵인된다.

행동거지가 수상쩍은 여자라도 월세를 꼬박꼬박 내면 곧바로 매우 정숙한 여자가 된다. 밀린 월세를 지불하지 않는 여자는 동네에서 아무리 얌전하고 유덕한 여자일지라도 매춘부보다 못한 대우를 받는다. 요컨대, 3개월의 기한이 차자마자 전대인을 만족시켰을 때에야 비로소 신사나 숙녀로 행세할 수 있고, 전대인은 심지어 지불기한을 엄수하지 못한 이에게는 인사조차 하지 않는다.

포부르들에는 분기마다 월세를 치르지 못하고 합쳐도 80프랑의 값어치도 안 되는 가구를 3개월마다 누옥에서 누옥으로 옮기는 3~4천 세대가 있다. 그들은 돈을 치르지 않고 가구를 하나씩 들어내지만, 가구 하나만은 변상용으로 남기기 때문에 2~3년 후에는 가구가 남아나지 않는다. 전혀 동정심 없는 인두세 징수관이 '왕의 이름으로' 도착하여 마지막 가구를 탈취한다.

그러나 밀린 월세가 지불되면, 위기가 지나간 후인지라 빵집과 과일 가게에서 외상 거래가 늘어나고 오래 갚지 않아도 되고 갱신될 수 있기 때문에 누추한 집일망정 큰 기쁨이 넘친다. 이 가난한 사람들은 3개월의 유예를 선고받은 셈이다. 그들에게는 이 유예가 영원한 평안과 행복이다. 부자들이여! 당신들은 이것을 느끼지 못한다. 그러나 다음 분기의 말이 되면 근심이 다시 시작된다. 초하루에는 7일의 여유밖에 없다. 왜냐하면 '보름'까지 탈 없이 살아갈 수 있기 위해서는 100에퀴의 월세를 수중에 갖고 있어야 하기 때문이다.

이 가난한 가구들에서는 밀린 월세를 낼 수 없으리라는 것을 15~20일 전에 예상하고서 딸을 수습 미용사들에게 보내는 일이 때때로 일어난다. 이 시대의 이피게네이아인 가련한 딸은 빨갛게 달군 인두, 긴 머리털을 잡아당기고 꼬고 곱슬곱슬하게 하고 지지는 조악하고 둔한 손들에 맡겨진다. 정말이지 죄 없는 머리를 이 형리들에게 내맡긴다. 그녀는 살갗이나 귀에 화상을 입기도 하고, 미숙한 손에 들린 빗에 관자놀이가 찢기기도 하는 등 종일토록 수난을 당하지만, 슬프게도 20수를 벌기 위해 이 고통스러운 신체형을 순순히 감내한다.

두 '얼치기 미용사' 사이에서 받을 돈보다 더 많은 눈물을 흘리는 그녀를 생각해보라. 실습 과정에서 벌어지는 온갖 큰 실수로 그녀의 젊은 머리가 짓눌린다. 그녀는 초라한 블라우스 차림일 뿐인데, 머리는 공작부인처럼 손질된다. 그녀는 긴 양말도 구두도 신고 있지 않는데, 머리는 3파운드의 분과 2파운드의 포마드로 뒤덮인다. 그러나 머리모양은 세련미 없이 거창하기만 할 터이고, 이는 형편없는 무지한 손길로 머리가 다듬어졌음을 일러준다. 왜냐하면 첫 빗질로 '레오나르'[89] 같은 사람이 되지는 않기 때문이다. 사람들은 하층민 여자들을 오랫동안 괴롭혔고, 올림포스 여신들의 머리털을 손질하기 전에 하층민 여자들의 머리털을 먼저 훼손했다.

그러므로 우리의 가련한 이피게니아는 조잡하고 우스꽝스러운 머리모양을 하고서 아버지 집으로 돌아온다. 그녀는 길에서도 사람들의 조롱을 받아 상심에 젖는다. 머리와 발의 대조적인 모습에서 머리치장에 신음하는 희생자를 알아볼 수 있다. 그녀는 15일 동안 이 짓을 계속하게 되고, 그러는 동안 머리껍질이 벗겨지지만, 즉 하루에 10번 머리를 풀었다가 다시 손질하는 일을 당하지만, 독촉이 극성스러운 '밀린 월세'를 낼 돈만큼은 벌게 된다.

아! 화려한 머리치장을 한 부인들이여! 그대들의 우아한 머리 스타일을 처음부터 능란하게 빚어낼 수는 없는 노릇이다. 그대들의 머리를 더 잘 꾸미기 위해 사전에 60명의 머리를 실습 삼아 볼품없게 손질해본 것이다. 그대들의 둥글거나 물결치는 머리털을 자연스럽고 우아한 모양으로 만들기 위해 먼지 투성이의 미용 실습실에서 그대와 같은 여성이 얼마나 많은 눈물을 흘렸고 얼마나 깊은 슬픔에 잠겼는지 모른다. 부인들이여, 그대와 이 사실에 관심을 갖게 될까? 그러리라 생각하지 않는다. 그렇지만 그대들이 이러한 고통을 면하

89 마리앙투아네트의 미용사.

게 된 것은 그대들과 같은 여성의 일부 덕분이고, 그녀들의 '고통'으로 그대들이 더 아름다워지는 것이니, 그녀들을 잊지 말라. 음! 어쨌든 그녀들의 고통이 그대들에게 여분의 쾌락으로 여겨지지 않기를!

'전대인'으로 하여금 '전차인'의 인두세를 책임지도록 하려는 구상이 없지 않았는데, 이는 끝없는 논쟁거리이다. 왜냐하면 인두세 영수증을 보여준 이후에야 나갈 수 있기 때문이다. 징수관은 아주 오래전의 인두세까지 받아내려 할 것이다. '수사'이거나 '가구 딸린 방'에 거주하는 이는 행복하도다! 그런 이는 이 아름다운 왕국에 있을 수 있는 모든 관청의 가장 무례한 서기들과 끝없는 다툼을 벌이지 않고 살아갈 수 있다.

잿개비 판매상, '깨진 병' 판매상, '배수구 청소부', '고철 및 헌 모자 가두판매인'은 숙소가 있고 '인두세'를 낸다. 대낮에 모든 길에 인파가 붐빌 때에는 이 많은 사람이 저녁에 어디에서 잠을 자는지 얼른 이해하기 어렵다. 그들은 붕붕거리는 '꿀벌 떼'와 같다. 그러나 날개 달린 곤충은 저마다 균등한 자신의 '칸'이 있지만, 인간 '꿀벌 떼'의 경우에는 '칸'의 크기가 엄청난 차이를 보인다. 10마리의 곤충이 한 구멍으로 꾸물꾸물 들어가는 반면에, 또 다른 곤충은 기름진 음식의 조리 과정에서 생기는 연기가 하늘로 뭉게뭉게 피어오르는 60배 넓은 공간으로 동물들이 끄는 마차를 타고 들어간다.

30년 전부터 새로운 주택 1만 채가 건설되어 왔고, 아파트 8,000여 곳이 비어 있다. 자, 누구나 주거를 정하고자 할 때면 관습 때문에 몹시 당혹스럽다. 또한 주거공간이 예전보다 더 넓다. 40년 전부터 파리 인구가 줄었는지 늘었는지 판단하기가 매우 어려운데, 나는 줄었다고 생각한다. 적은 평수의 셋방으로 훨씬 더 많은 경합자가 몰린다. 50에퀴의 방 한 칸에 100명이 다녀가게 되고, 월세가 12,000리브르인 저택은 임대광고가 '게시판'에 오랫동안 내걸린다. 모든 차이를 고려할 때, 빈자는 부자보다 더 많은 주거비를 지출하고, 그 밖의 비용들의 경우에도 사정은 마찬가지인데, 바로 이것이 내 책의 흐름 전체에서 발견되는 가장 명백하고 가장 슬프고 가장 교훈적인 진실이다. 감히 말하건대, 내가 그렇게 한 것은 현재와 미래의 위대한 경찰 행정가들에게 이 진실을 분명하게 주입하기 위해서일 뿐이다. 인간의 법이 가장 높은 지혜를 펼쳐보이는 것은 바로 약자와 빈자를 보호하면서이고, 그렇게 함으로써 왕국들은 가장 먼 후세에까지 영광을 누린다.

참고문헌

1. 사전류

Dictionnaire de L'Académie, 1694.

Encyclopédie, 1751-1772.

Dictionnaire de Trévoux, 1771.

Bely, Lucien, *Dictionnaire de l'Ancien Régime*, PUF, 1996.

Bluche, François, *Dictionnaire du Grand Siècle*, Fayard, 1990.

Bollème, Geneviève, *Dictionnaire d'un polygraphe, textes de L. S. Mercier établis et présentés par G. Bollème*, collection 10/18, Union Générale d'Éditions, 1978.

Chéruel, Adolphe, *Dictionnaire historique des Institutions, moeurs et coutumes de la France*, Hachette, 1855.

Franklin, A., *Dictionnaire historique des arts, métiers et professions exercés dans Paris depuis le treizième siècle*, H. Welter, 1905-6.

Hillairet, Jaques, *Dictionnaire historique des rues de Paris*, 1957.

Lalanne, L., *Dictionnaire historique de la France contenant pour l'histoire civile, politique et littéraire... pour l'histoire militaire... pour l'histoire religieuse... pour la géographie historique*, Hachette, 1872.

2. 파리에 관한 연구

Bancquart, Marie-Claire, *Le Paris des surréalistes*, Seghers, 1972.

————, *Images littéraires du Paris, fin de siècle*, La Différence, 1979.

Benjamin, Walter, "Paris, capitale du XIX siècle" (1935), *Essais 1935-1940*, Denoël-Gonthier, 1983.

————, "Paysages urbains", *Sens unique*, Letters nouvelles-Maurice Nadeau, 1972.

Bourguinat, Elisabeth, *Les Rues de Paris, au XVIIIe siècle*, Paris-Musées, 1999.

Caillois, Roger, "Paris, mythe moderne", *Le Mythe et l'Homme*, Gallimard, 1938.

Caramaschi, Enzo, "Ville et individu", *Corps écrit*, n° 29: *La Ville*, PUF, 1989.

Citron, Pierre, *La Poésie de Paris dans la littérature française de Rousseau à Baudelaire*, Ed.

de Minuit, 1961.

Corbin, Alain, *Le Miasme et la Jonquille. L'Odorat et l'Imaginaire social. XVIIIe-XIXe siècles*, Aubier, 1982.

Davies, Simon, "Paris and the Provinces in 18th Century Prose Fiction", *Studies on Voltaire*, n° 214, 1982.

Ehrard, Jean, "L'Ami des hommes, Paris et la Capitale du Royaume", *Les Mirabeau et leur temps*, Société des études robespierristes, 1968.

Guichardet, Jeannine (éd.), *Errances et parcours parisiens de Ruteboeuf à Crevel*, Sorbonne Nouvelle, 1986.

Hillaire, Norbert, "L'Ange et le Flâneur", *Lumières de la ville*, n° 1, 1989.

Joly, Robert, *La Ville et la civilisation urbaine*, Messidor, 1985.

Jüttner, Siegfried, "Grossstadtmythen. Paris-Bilder des 18 Jahrhudert. Eine Skizze", *Deutshe Vierteljahsschrift für Literaturwissenschft und Geitesgeschichte*, 1981.

Kahn, Gustave, *L'Esthétique de la rue*, Charpentier, 1901.

Macchia, Giovanni, *Paris en ruines*, Flammarion, 1988.

Oster, Daniel et Jean Goulemot, *La Vie parisienne. Anthologie des mœurs du XIX siècle*, Sand/Conti, 1989.

Plumyène, Jean, *Trakets parisiens*, Julliard, 1984.

Rieger, Dietmar, *Diogenes als Lumpensammler. Materialien zu einer Gestalt der französischen Literatur des 19* Jahrhunderts, München, Fink, 1982.

Roncayolo, Marcel, *La Ville et ses territoires*, Gallimard, 1990.

Sansot, Pierre, *Poétique de la ville*, Klincksieck, 1971.

Simmel Georg, "Les grandes villes et la vie de l'esprit"(1903), *Philosophie de la modernité. La Femme, la ville, l'individualisme*, Payot, 1989.

La Ville au XVIIIe siècle. colloque d'Aix-en-Provence, Édisud, 1975.

La Ville. Histoire et mythe, éd. par M.-C. Bancquart, université de Nanterre, 1984.

Paris au XIXe siècle. Aspects d'un mythe littéraire, colloque de Francfort, Presses universitaire de Lyon, 1984.

Paris et le phénomène des capitales littéraires, carrefour ou dialogue des cultures, Paris-Sorbonne, 1986.

3. 파리의 역사와 건축사

Babeau, Albert, *Paris en 1789*, Firmin-Didot, 1889.

Benevolo, Leonardo, *Aux sources de l'urbanisme moderne*, Horizons de France, 1972.

Bertaud, Jean-Paul, *La Vie quotidienne des Français au temps de la Révolution 1789-1795*, Hachette, 1983.

Braham, Allan, *L'Architecture des Lumières de Soufflot* à *Ledoux*, Berger-Levrault, 1982.

Chagniot, Jean, *Paris au XVIIIe siècle*, Hachette, 1988.

Couperis, Pierre, *Paris au fil du temps. Atlas historique d'urbanisme et d'architecture*, Joël Cuénot, 1968.

Farge, Arlette, *Le Vol d'aliments* à *Paris*, Plon, 1974.

———, *Vivre dans la rue* à *Paris au XVIIIe siècle*, Gallimard, 1979.

———, *La Vie fragile. Viloence, pouvoirs et solidarités* à *Paris au XVIIIe siècle*, Hachette, 1986.

Fournel, Victor, *Le Vieux Paris. Fêtes, jeux et spectacles*, Tours, Mame, 1887.

Gallet, Michel, "Ledoux et Paris", *Cahiers de la Rotonde*, n° 3, 1979.

Gaxotte, Pierre, *Paris au XVIIIe siècle*, Arthaud, 1968: rééd. 1982.

Godechot, Jacques, *La Vie quotidienne en France sous le Directoire*, Hachette, 1977.

Histoire de la France urbaine, t 3: *La Ville classique*, éd. du Seuil, 1981.

Kaplan, Steven L., *Les Ventres de Paris, Pouvoir et Approvisionnement dans la France d'Ancien Régime*, Fayard, 1988.

Kapufmann, Emil, *L'Architecture au siècle des Lumières*, Julliard, 1963.

Lacombe, Paul, *Bibliographie parisienne. Tableaux de mœurs (1600-1880)*, Paris, 1887.

Lavedan, Pierre, *Histoire de Paris*, *3e* éd., PUF, 1977.

L'Uranisme à *l'époque moderne*, Arts et métiers graphiques, 1982.

Le Parisien chez lui au XIXe siècle. 1814-1914, Archives nationales, 1976.

Lepetit, Bernard, *Les Villes dans la France moderne (1740-1840)*, Albin Michel, 1988.

Le Roy Ladurie, Emmanuel, *La Ville classique*, *Histoire de la France urbaine*, t. III, sous la direction de Georges Duby, Seuil, 1981.

Le Sain et le Malsain, numéro spécial de la revue *Dix-huitième siècle*, n° 9, 1977.

Les Architectes de la liberté. 1789-1799, École nationale supérieure des beaux-arts, 1989.

Loyer, François, *Paris XIXe siècle. L'immeuble et la rue*, Hazan, 1987.

Moser, Monique et Daniel Rabreau, *Charels de Wailly, peintre architecte (1730-1798)*, Caisse nationale des monuments historiques, 1979.

Paris et la Révolution, colloque de Paris, éd. M. Vovelle, Publications de la Sorbonne, 1989.

Paris, genèse d'un paysage, sous la direction de Louis Bergeron, Picard, 1989.

Quétel, Claude, *La Bastille. Histoire vraie d'une prison légendaire*, Robert Laffont, 1989.

Rabreau, Daniel et Moser, Monique, "Paris en 1779: l'architecture en question", *Dix-huitième siècle*, n° 11, 1979.

Radicchio, Giuseppe et Michèle Sajous d'Oria, "Parigi: i teatrinegli anni della Rivoluzione", *Atoria della citta*, n° 47, 1989.

Roche, Daniel, *Le Peuple de Paris. Essai sur la culture populaire au XVIIIe siècle*, Aubier-Montagne, 1981.

———, *La France des Lumières*, Paris, 1993.

———, *La Ville promise: Mobilité et accueil à Paris fin XVIIe-début XIXe siècle*, Paris, 2000.

Soufflot et son temps. 1790-1980, Caisse nationale des monuments historiques, 1980.

Soufflot et l'architecture des Lumières, Paris, 1980.

Tulard, Jean, *Paris pendant la Révolution*, Hachette, 1989.

4. 루이세바스티앵 메르시에 연구

Aggéri, Robert, *Louis-Sébastien Mercier, la Brouette du vinaigrier*, Nouveaux classiques Larousse, 1972.

Béclard, Léon, *Mercier. Sa vie, son œuvre, son temps d'après des documents inédits. Avant la Révolution (1740-1789)*, Champion, 1903.

Bonnet, Jean-Claude, *Louis-Sébastien Mercier: un hérétique*, Paris, 1995.

Bruneteau, Claude et Bernard Cottret, *Louis-Sébastien Mercier, Parallèle de Paris et de Londres*, Didier érudition, 1982.

Cousin d'Avallon, Charles-Yves, *Merciériana, ou Recueil d'anecdotes sur Mercier; ses paradoxes, ses bizarreries, ses sarcasmes, ses plaisanteries*, P. H. Krabbe, 1834.

Darton, Darnton, *The Forbidden Best-Sellers of Pre-Revolutionary France*, New York, W. W. Norton, 1996.

Delisle de Sales, "Funérailles de L. S. Mercier le 27 avril 1814", suivi de "De Mercier considéré comme homme d'Etat" et d'une "Notice raisonnée des ouvrages de Mercier", Imprimerie de L. P. Sebier fils, 1814.

Frantz, Pierre, "Appropriation bourgeoise et populaire de l'Histoire nationale dans le drame historique de Sébastien Mercier", *Cahiers d'Histoire des littératures romanes*, Heft 3-4, Carl Winter. Universitätsverlag, Heidelberg, 1979.

Girard, Gilles, *Louis-Sébastien Mercier, dramaturge*, thèse pour le doctorat de troisième cycle, université d'Aix-Marseille, 1970.

———, "Inventaire des manuscrits de L. S. Mercier à la Bibliothèque de l'Arsenal", *Dix-huitième siècle*, n° 5, 1973.

Guyot, Charly, "Mercier à Neuchâtel", *De Rousseau à Mirabeau, pèlerins de Môtiers et prophètes de 89*, Victor Attinger, 1936.

Hofer, Hermann éd., *L. S. Mercier précurseur et sa fortune*, München, Fink, 1977.

Majewski, Henry F., *The Preromantic Imagination of L. S. Mercier*, New York, Humanities Press. 1971.

Monselet, Charles, "*Mercier*", *Les Oubliés et les Dédaignés Poulet-Malassis*, 1857, repris dans *Le Plaisir et l'Amour*, anthologie choisie et présentée par Sylvain Goudemare, Ed. du Griot, 1988.

Mormile, M., *La Néologie révolutionnaire de L. S. Mercier*, Rome, 1973.

Patterson, Helen, "*Poetic Genesis: Sébastien Mercier into Victor Hugo*", *Studies on Voltaire and the 18th century*, XI, 1960.

Pons, Alain, Edition de *L'An deux mille quatre cent quarante*, F. Adel, 1977.

Pusey, William, *Louis-Sébastien Mercier in Germany. His Vogue and influence in the eighteenth century*, Columbia University Press, 1939.

Rufi, Enrico, *Les Conceptions esthétiques de Louis-Sébastien Mercier, aperçu d'une poétique laïque*, thèse pour le doctorat, université de la Sorbonne nouvelle, 1992.

————, *Le Rève laïque de Louis-Sébastien Mercier entre littérature et politique*, Oxford, 1995.

Senancour, Étienne Pivert De, "Remarques sur deux notices relatives à L. S. Mercier, mort le 24 avril à l'âge de 73 ans dix mois et demi", *Mercure de France*, mai 1814; "Sur L. S. Mercier", *Le Mercure du XIXe siècle*, vol. 6, 1824, pp. 461-470.

Trousson, Raymond, *L'An deux mille quatre cent quarante, édition, introduction et notes*, Ducros, 1971.

Varrot d'Amiens, "Tribut de mon dernier hommage aux mânes de M. L. S. Mercier, Mathiot, 1814; "Mémoires sur la vie et les ouvrages de L.-S. Mercier", 1825, B. N., dép des ms. nouv. acq. fr. 10260.

Vecchi, Paola, "La balance et la mort; progrès et compensation chez Louis-Sébastien Mercier", Actes du Septième Congrès international des Lumières, *Studies on Voltaire*, n° 264, Oxford, 1989.

Wilkie, Everett C., jr., "Mercier's *L'An 2440*: Its Publishing History during the Author's Lifetime", *Harvard Library Bulletin* vol. l XXXII, 1984.

5. 『파리의 풍경』에 관한 연구

Bouard, Alain de, *Table analytique de Tableau de Paris*, Imprimerie nationale, 1908.

Hayer, Horst Dieter, "Paris dans *Les Caractères* de La Bruyère et dans le *Tableau de Paris* de Mercier", *Paris au XIXe siècle. Aspects d'un mythe littéraire*, colloque de Francfort, Presses universitaires de Lyon, 1984.

Julien, Jean-Rémy, "Paris: cris, sons, bruits. L'environnement sonore des années pré-révolutionnaires d'après le *Tableau de Paris* de S. Mercier", *Orphée phrygien. Les Musiques de la Révolution*, Ed. du May, 1989.

Küpper, Joachim, "Merciers Dramentheorie und die faktographische Gattung des Tableau de Paris", *Ästhetik des Wirklichkeitsdarstellung und Evolution des Romans von der französischen Spätaufklärung bis zu Robbe-Grillet*, Stuttgart-Wiesbaden, 1987.

Lough, John, "Women in Mercier's *Tableau de Paris*", *Woman and Society in Eighteenth-Century France. Essays in honor of John Stephenson Spink*, London, The Athlone Press, 1979.

Patterson, Helen "L. S. Mercier's *Tableau de Paris* (1781-1788)", *The Modern Language Review*, Cambridge, Oct. 1948.

Vissière, Jean-Louis, "La culture populaire à la veille de la Révolution d'aprés le *Tableau de Paris* de Mercier", *Image du peuple au XVIIIe siècle*, Colin, 1973.

단턴, 로버트, 『책과 혁명』, 주명철 옮김, 길, 2003.

뒤비, 조르주·로베르 망드루, 『프랑스 문명사』, 김현일 옮김, 까치, 1995.

샤르티에, 로제, 『프랑스 혁명의 문화적 기원』, 백인호 옮김, 일조각, 1999.

주명철, 『서양금서의 문화사』, 길, 1996.

주명철, 「루이 세바스티앵 메르시에의 앙시앵 레짐 문화비평」, 『서양사』, 책세상, 2007.

최갑수 외, 『프랑스 구체제의 권력구조와 사회』, 한성대학교출판부, 2009.

6. 「파리의 풍경」 선집

• 프랑스어본

Desnoireterres, Gustave, *Mercier: Tableau de Paris* (choix de textes) avec en préface "une étude sur la vie et les ouvrages de Mercier", Pagnerre, 1853.

Tableau de Paris. Collection des meilleurs écrivains. Librairie de la Bibliothèque nationale, 1884.

Tableau de Paris. Nouvelle édition avec notice. Dentu, 1889.

Tableau de Paris, édition abrégée, préface et notes par Lucien Roy, Louis-Michaud, 1908.

Tableau de Paris. Avant-propos de Louis Chaumeil, Horizons de France, 1947.

Tableau de Paris, anthologie choisie et présentée par Jeffry Kaplow, collection "La découverte", Maspero, 1979.

Paris le jour, Paris la nuit, par Michel Delon et Daniel Baruch (anthologie de textes de Mercier et de Rétif de la Bretonne, à partir du *Tableau de Paris*, du *Nouveau Paris* et des *Nuits de Paris*), collection Bouquins, Laffont, 1990.

Tableau de Paris. Édition établie sous la direction de Jean-Claude Bonnet, Mercure de France, 1994.

7. 「파리의 풍경」 번역본

• 독일어 번역본

Schilderung von Paris, aus dem französischen. Auszugsweise übersetzt [von Samuel Gottlieb Bürde], Breslau, Löwe, 1783-1784, in-8°.

Paris, ein Gemählde von Mercier, verdeutscht von Bernhard Georg. Walch. Leipzig, Schwickert, 1783-1784. In-8°.

Kleines Tableau von Paris, übersetzt und mit anmerkungen begleitet, von Bernhard Georg

Walch, Halle, 1784.

Historisch-kritische enzyclopädie über verschiedene Gegenstände, Begebenheiten und charaktere berühmter Menschen, herausgegeben von H. G. Hoff. Pressburg, Mahler, 1787.

Merciers neuestes Gemälde von Paris, für Reisende und Nichtreisende. Leipzig, Jacobäer, 1789.

Pariser Nahaufnahmen, Frankfurt am Main, Limitierte und numerierte, 2000.

• 네덜란드어 번역본

Nogle stykker af Tableau de Paris fremstillede med anmaerkninger til dem, hvis Indflydelse paa en Stats Regering er betydelig, af Professor Olivarius, Kiel, 1786.

Ansichten der Hauptstadt des französischen Kayserreichs, vom jahre 1806 an, von Pinkerton, Mercier und C. F. Cramer, Amsterdam, im Kunst und Industrie-Comptoir, 1807-1808, in-16.

Niemand ontbijt meer met een glas wijn: ableau van Parijs, 1781-1788, Amsterdam, De Arbeiderspers, 1999.

• 영어 번역본

Paris in Miniature: taken from the French picture at full length, entituled *Tableau de Paris*, together with a preface and a postface. By the english Limner [J. P. Macmahon]. London, G. Kearsley, 1782, in-8°

Paris delineated, from the French of Mercier, including a description of the principal edifices and curiosities of that metropolis, London, H. D. symonds, 1802.

Paris: including a description of the principal edifices and curiosities of that metropolis... [translated and adapted from the French] London, 1817. In-8°.

The Picture of Paris, before and after the Revolution, by Louis-Sébastien Mercier (The Broadway Library of Eighteenth Century French literature). Translated with and introduction by Wilfrid and Emilie Jackson. London, G. Routledge and Sons, 1929.

The Waiting City: Paris, 1782-1788. Being an abridgment of Louis-Sébastien Mercier's *Tableau de Paris*. Translated and edited with a preface and notes by Helen Simpson. London, Harrap, 1933.

Panorama of Paris, Selected from Le Tableau de Paris, J. D. Popkin(ed.), Pennsylvania State University Press, 1999.

• 일본어 번역본

十八世紀パリ生活誌: タブロー・ド・パリ, Jūhasseiki pari seikatsushi, taburō do pari, 原宏, 1929.

Louis-Sébastien Mercier; Hiroshi Hara, 東京: 岩波書店, 1989.

찾아보기

[사항]

[인명]

집필진 소개

지은이

루이세바스티앵 메르시에(Louis-Sébastien Mercier, 1740~1814)
파리의 전형적인 노동자 계층 출신이지만, 정규교육을 받고 교사·신문기자 생활을 하며 문학작품을 발표했다. 1771년 익명으로 발표한 『2440년, 한 번 꾸어봄직한 꿈』으로 큰 성공을 거둔 뒤, 파리의 살롱, 문학클럽, 카페에 드나들며 당대 최고의 철학자들과 교류했다. 1781년부터 출판하기 시작한 『파리의 풍경』이 18세기 최대의 베스트셀러가 되어 인기작가가 되었다. 1789년 혁명이 일어나자 일간지 『프랑스의 애국 문학 연보』를 창간하고 1791년 국민공회 의원에 선출되었으나, 루이 16세 처형 반대를 계기로 감옥에 갇혔다. 테르미도르 반동 이후 감옥에서 나온 뒤, 1797년 에콜 상트랄의 역사 교수가 되었으며, 1798년 『파리의 풍경』의 후편 격으로 혁명 당시의 파리를 묘사한 『새로운 파리』 6권을 출판했다.

옮긴이

송기형(건국대학교 영화예술학과)
『프랑스 문화와 예술』(공저, 한국방송통신대학교출판부, 2011)
『프랑스의 열정, 공화국과 공화주의』(공저, 아카넷, 2011)

양희영(서울여자대학교 사학과)
자크 고드쇼, 『반혁명』(역서, 아카넷, 2012)
『프랑스의 열정, 공화국과 공화주의』(공저, 아카넷, 2011)

이규현(서울대학교 불어불문학과)
미셸 푸코, 『말과 사물』(역서, 민음사, 2012)
『한국근현대문학의 프랑스문학수용』(공저, 서울대학교출판문화원, 2009)

이영림(수원대학교 사학과)
미셸 페로, 『방들의 역사』(공역, 글항아리, 2013)
『루이 14세는 없다』(푸른 역사, 2009)

장진영(서울대학교 불어불문학과)
장 도르메송, 『세계창조』(역서, 솔, 2008)
레미 코페르, 『앙드레 말로, 소설로 쓴 평전』(역서, 이룸, 2001)

주명철(한국교원대학교 역사교육과)
『오늘 만나는 프랑스 혁명』(소나무, 2013)
『서양 금서의 문화사』(길, 2006)

최갑수(서울대학교 서양사학과)
『근대 유럽의 형성 16-18세기』(공저, 까치, 2011)
『프랑스 구체제의 권력구조와 사회』(공저, 한성대학교출판부, 2009)